KB041817

제7판

新법학개론

김영규 · 나달숙 · 박영준
박종선 · 배유진 · 안은진
이우진 · 최호진 · 하정철

박영사

제7판을 내며

2011년 첫 판을 낼 때 어떻게 하면 법을 처음 접하는 독자들에게 법에 대한 방대한 이론과 추상적 내용에 대해 이해를 높이고 흥미를 다지며, 법학 전공자들이나 법학 인접 학문 전공자들에게는 꼭 필요한 법지식의 기초를 다지도록 도와줄 것인가에 대한 깊은 고민을 하며 한 글자 한 글자 집필 원고를 작성한 때가 떠오른다.

어느덧 '강산이 변한다'는 10년도 더 지나 신법학개론 제7판을 내면서 초판의 원고를 탈고할 때의 초심을 다지며, 판을 거듭할 수 있도록 이 책을 사랑해주신 독자들에게 감사의 마음이 앞선다.

이 책은 모든 법의 공통적인 이해를 다지기 위한 총론인 제1부 법의 기초이론과 개개의 단행법에 대한 개괄적 이해를 위한 각론으로서 제2부 공법(헌법·행정법·형법·국제법), 제3부 사법(민법·상법), 제4부 사회법(노동법·경제법·사회보장법), 제5부 소송법(헌법소송·형사소송·민사소송·가사소송) 등 5개 부분으로 나누어 실체법과 절차법의 기본적인 내용을 담고 있다. 또 본서는 기본적인 법의 이론은 물론이고 실제 분쟁을 해결함에 있어서 중요한 판례와 사례를 담기 위해 노력하여 왔다.

특히 제7판에서는 최근에 격변하는 사회변화에 따른 관련 단행법과 법조문의 제정과 개정 및 폐기를 빠짐없이 반영하여 2022년 8월 현재에 발맞춘 법학입문서가 되도록 공저자들이 각자 맡은 전공 영역에서 힘을 모았다.

코비드 상황 등으로 더욱 불확실해지는 파고를 피할 수 없는 출판계의 환경과 계속하여 거듭되는 경제불황 등으로 인한 각종 어려움 속에서도 제7판의 출판을 쾌히 결정해주신 박영사의 안종만 회장님과 안상준 대표님, 책이 출간되도록 힘써주신 편집팀의 이승현 팀장님, 마케팅팀의 오치웅 대리님에게도 감사드린다.

2022. 8. 10.

공저자 씀

처음 법학개론서를 발간한 지 어언 10여 년이 되고, 이번에 신법학개론 제6판을 발간하게 되어 감회가 새롭고 감사한 마음이 앞선다.

시중에는 법학입문서들이 많지만 실체법과 절차법에 이르기까지 법학 전반을 포함하는 서적은 흔치 않다. 본서는 이를 염두에 두면서 법학을 전공하고 기초지식을 바탕으로 더 깊고 전문성 있는 학문을 연구하려는 사람들의 입문서로서의 수요에 부응하고, 일상에서 법학 관련 전반적 법지식을 얻고자하는 사람들, 뿐만 아니라 자신에게 필요한 자격증의 취득과 법학기초를 쌓으려는 사람들에게도 유익한 서적을 발간하고자 하였다.

본서의 저술에는 각계 법학분야의 전문학자와 법실무 현장의 경험자들이 참여하여 법이론과 실제 적용을 활용하여 저술하였다. 법학기초에서 소송법에 이르기까지 주요핵심적인 이론과 학설, 판례를 수록함으로써 법지식과 법활용 능력을 배양하고자 하였고, 본서를 잘 활용하면 독자가 원하는 소기의 성과가 가시적으로 나타나리라 확신한다.

본서의 구성은 법의 기초이론, 실체법으로서 공법과 사법 그리고 사회법, 절차법으로서 헌법소송, 형사소송, 민사소송, 가사소송에 관한 법이론과 판례 및 사례를 수록하였다.

이번 개정판에서는 기존의 형식을 기본으로 하고 개정된 법의 내용을 추가하여 수정하였다. 특히 2017년 개정된 민법 가족편의 친생부인 허가청구 및 인지의 허가청구제도 도입에 관한 것과 가사비송절차, 민사소송법상 고등법원 추가(수원) 내용을 수록하였다. 특히 올 2월 4일에 법률 제16924호로 개정된 형사소송법 제95조인 종전 검사에게 있던 수사지휘권이 검사와 사법경찰관의 서로 협력관계로 변경되는 내용을 수록하였다.

본서가 현실적 수요에 부응하는 법학입문서로서 많은 분야의 이용자와 수요자의 요구를 충족시키려는 노력을 하였지만, 혹여 미진한 부분에 대해서는 계속적 보완을 다짐하면서 본서가 법학의 기초서적으로서 널리 활용되기를 바란다. 또한 추후에도 법개정이 있을 경우 이를 반영하여 시의에 적절한 변화를 반영한 명실상부한 서적으로 자리매김하도록 하고자 한다.

끝으로 본 서적의 출판을 허락해주신 박영사 안종만 회장님과 안상준 대표님, 책이 발간되기까지 힘써주시고 수고해주신 편집부 김선민 이사님 그리고 이승현 과장을 비롯한 편집부 여러분께 감사를 드린다.

2020. 3. 1.

공저자 씀

제5판을 내며

법학자들은 아직도 법의 개념을 찾고 있다는 철학자의 말과 같이 법의 개념을 정립하는 것부터 시작하여 개별 단행법에 대한 이해를 하는 것은 일반인이나 법을 공부하고자 하는 사람 모두에게 어려운 일이다.

이 책은 법학을 처음 접하는 사람에게 법학에 대한 이해를 높이고 흥미를 유발하여 법에 대한 기초적 이해를 돕고 법학을 전공하는 사람에게도 각개의 단행법을 이해함에 있어서 공법과 사법, 사회법 등 실체법과 절차법인 소송법에 걸쳐서 필요한 기본적인 법 이론을 체계적으로 쌓을 수 있도록 하기 위해서 2011년 2월 '신법학개론'이라는 이름으로 출간되었다.

또한 2012년의 전정판, 2013년의 제3판, 2014년의 제4판과 2015년의 제4판에 대한 중판을 거듭하면서 법에 대한 좀 더 쉬운 이해를 위하여 관련 판례와 사례들을 수록하였고, 독자들에게 좀 더 가까이 가는 법학 입문서가 되도록 하기 위하여 필요한 부분을 추가하면서도 다소 불필요한 부분은 수정, 삭제하면서 전체적으로는 초판 당시의 면수를 유지하면서 간행되었다.

이번 제5판에서는 제4판 발간 이후 최근까지 이루어진 관련 입법의 개정·제정·폐기에 따른 내용을 충실히 반영하여 관련 부분을 수정하고 보완하면서도 보다 간결한 법학 입문서가 되도록 노력하였다.

법조인 양성을 위한 로스쿨 체제의 도입 이후 특히 변화된 법학 서적의 출판 환경에도 불구하고 이 책이 2011년 출간된 이후 제5판을 간행할 수 있었던 것은 무엇보다 독자들의 사랑에 힘입은 바 크다는 사실을 느끼며, 깊이 감사드린다.

이 책의 부족한 부분들은 계속하여 독자들의 관심과 질정(叱正)을 거울삼아 절차탁마(切磋琢磨)를 거듭하여 보다 좋은 법학 개론서로 거듭나는 계기로 삼고자 다짐한다.

변화된 출판환경과 경제불황 등으로 출판계의 거듭되는 어려움 속에서도 제5판의 출판을 쾌히 결정해주신 박영사의 안종만 회장님과 안상준 상무님, 기획마케팅팀 나영균 과장님과 편집 및 교정에 수고해주신 이승현 대리님을 비롯한 편집부 여러분에게 고마움을 전한다.

2017. 2. 27.

공저자 씀

제4판을 내며

일반인들이 느끼는 것보다 법은 우리 생활과 밀접하게 관련되어 있고 일상생활에서 법을 알지 못하는 경우 피해를 보는 경우도 적지 않다. 하지만 법학은 법률과 이론, 판례의 방대한 양뿐만 아니라 생소한 법률용어들로 인해 처음 접하는 이들에게 당혹감을 주는 경우가 적지 않다.

이에 필자들은 2011년 법학을 전공하는 학생들뿐 아니라 법학에 관심 있는 누구에게나 법학에 흥미를 유발하고 법학의 큰 그림을 조망할 수 있게 하고자 본서를 출간하였고, 많은 독자들의 성원에 힘입어 2012년의 전정판과 2013년의 제3판을 거쳐 지금의 제4판에 이르게 되었다. 본 제4판에서는 기본적으로 초판이나 제3판의 기본틀은 유지하되 다소 불필요하다고 판단된 부분은 삭제하고 수정된 법률과 독자들의 이해를 위해 저자들이 필요하다고 생각한 부분은 추가하였다.

사실 개론서를 통하여 특정 학문의 입문자나 일반인들에게 해당 학문을 쉽고 친숙하게 다가가게 하는 것은 쉬운 일이 아니다. 필자들이 직업적 사명감을 가지고 시중의 다른 개론서보다 이해하기 쉽고 보다 충실한 내용을 담으려고 노력하였지만 본서에 여전히 미진한 점이 많을 것이다. 이 부분에 대해서는 독자들의 지속적인 관심을 부탁드리며, 이를 통해 본서가 법학의 기본 개념은 물론 학생들이 체계적인 법률지식 배양을 위한 기초를 마련하는 데 도움을 줄 수 있는 더 좋은 법학 개론서로 자리매김하는 것이 필자들의 간절한 바람이다.

끝으로 이 책의 출판을 허락해 주신 박영사 안종만 회장님과 안상준 상무님 그리고 출판을 위해 수고해 주신 김선민 부장님과 이승현 님을 비롯한 편집부 여러분께 깊은 감사를 드린다.

2014년 7월 23일
공저자 씀

제3판을 내며

법학개론의 초판을 낸 지 2년 만에 다시 제3판을 내게 되어 공저자 모두가 한마음으로 독자들에게 깊은 감사를 드린다.

본서는 법학의 개론서이지만 시중에 나와 있는 서적들과 차별성을 두려고 하였다. 많은 법학개론 서적들이 독자에게 쉽게 다가간다는 취지로 사례 중심으로 내용을 서술하고 있고, 법학의 최소한의 기본적인 부분만을 다루고 있어 법학 기초 이론서로서 전반적인 기초를 다져주기에는 한계성을 지니고 있었다. 그래서 본서에서는 법학 전반에 대한 기초지식을 넓히는 데 주안점을 두되 접근을 용이하게 하고자 반드시 알아야 할 기본이론을 익히도록 하면서 이론에 관련된 판례들을 수록하여 그 이해도를 높이고자 하였다. 법학을 전공하려는 학생들에게는 개별법을 익히기 전에 법체계를 세우고 기본이론을 익히는 데 필요한 법지식을 쌓기 위한 초석이 되도록 하였고, 법학에 대한 전반적 이해를 필요로 하는 일반인에게는 법을 좀 더 쉽게 이해할 수 있도록 이론과 함께 관련 판례와 사례를 수록하였다.

이번 제3판은 전정판을 낸 이후에 변화된 법환경을 반영하고자 하였다. 개개 법부문의 법조문이 개정되기도 하였고 미진하고 수록하지 못해 아쉬웠던 부분을 수정하고 보완하고자 하였다.

본 제3판 또한 초판의 기본틀을 유지하면서 각 법분야의 최고의 전문가들이 더욱 정제된 내용으로 독자들의 성원에 보답하고자 하였다. 공저자들 모두가 더 좋은 내용을 수록하여 더 알찬 서적을 만들고자 하는 바람으로 법을 처음 접하거나 법의 기초지식을 쌓고자 하는 독자들의 의견을 반영하여 가능한 한도 내에서 분량을 축소하고 이해하기 쉽게 쓰고자 노력하였다. 본서를 통하여 독자들이 성취하고자 하는 소기의 목적을 달성하기를 바라며, 한 번 보고 버려지는 서적이 아닌 곁에 두고 자주 활용이 되는 서적이 되었으면 하는 바람이다.

이 책의 출판을 허락해 주신 안종만 회장님과 출판을 위해 수고해 주신 박영사 편집부 우석진 부장님, 그리고 독자들의 의견을 반영하고자 자주 왕래하여 더 좋은 책이 나오도록 많은 관심과 배려를 해 주신 안상준 상무님께 감사를 드리며 박영사의 무궁한 발전을 기원한다.

2013년 2월 10일

공저자 씀

전정판을 내며

　인간의 사회생활에서 법의 존재는 질서를 유지해 주는 데서 비롯되었지만 오늘날 법이 인간생활에 미치는 영역은 인간의 삶 그 자체라고 해도 과언이 아닐 만큼 인간 생활과 밀접한 관계를 가지고 있다. 그래서 본서에서도 이를 반영하고자 하였다.

　본서를 저술한 동기는 법학 전반에 대한 입문서로서 이해를 높이기 위해 법학을 전공하는 학생들뿐 아니라 법학에 관심 있는 누구에게나 필요한 법 내용을 용이하게 접하고, 이를 통하여 필요한 법 전반에 대한 이해와 체계를 세우는 데 많은 도움을 주고자 하였다.

　2011년에 본서의 초판을 낸 이후로 많은 독자들의 성원에 힘입어 올해 다시 전정 판을 내게 되었다. 그동안에 상법이 크게 개정되고 그 외 법들도 약간씩의 개정이 있 었다. 이에 따라 독자들의 편의를 위해 본서를 개정하는 것이 필요했고, 또한 이러한 시대 상황을 반영한 법 개설서를 출간하고자 하는 저자들의 사명감에서 비롯된 것 또 한 크게 작용하였다. 본 전정판은 초판에서 서술했던 기본방향과 내용은 여전히 계속 되는 연장선에 있다고 생각하면 된다. 그 기본틀은 유지하되 불필요한 부분은 과감히 삭제하고 필요한 부분은 추가하였다. 주어진 현실에서 좋은 책을 만들어 독자들에게 법학 안내서로서 도움을 주려고 애를 썼지만 미진한 부분도 있어 이 부분에 대한 지 속적인 독자들의 관심과 질정을 바라며, 이를 통해 더 좋은 법학 개론서로 자리매김 하는 것이 저자들의 바람이다.

　이 책의 출판을 허락해 주신 안종만 회장님과 출판을 위해 수고해 주신 박영사 편집부 홍석태 차장님, 그리고 많은 관심과 배려를 해 주신 안상준 상무님께 감사를 드린다.

2012년 1월 26일

공저자 씀

머 리 말

　　법학을 처음 접하는 학생들은 방대한 이론과 추상적인 개념에 대한 이해부족으로 말미암아 법학에 대한 체계적 지식 함양이 어려운 경우가 많았다. 시중에는 많은 종류의 법학개론서들이 나와 있으나 중요한 분야를 중심으로 한 개괄적 서술을 하고 있는 경우가 많아 세분화·전문화되어 가는 현대법학의 조류에는 부응하지 못하는 문제점이 있었다. 또한 일부 생활법률 책들은 지나치게 사례 중심이어서 법조문과 판례를 설명하고 있는 함축적인 법률문장에 익숙해져야 할 법학전공 학생들에게는 아쉬운 부분이 있는 것도 사실이다.

　　이에 본서는 법학입문자들에게는 법학에 대한 이해를 높이고 흥미를 유발하며, 기초를 다질 수 있도록 할 뿐만 아니라 법학전공자들에게는 필요한 법지식을 체계적으로 쌓는 데 유용하도록, 각계 법학분야의 전문 학자들과 법실무자들이 참여하여 법의 이론과 실제적 적용을 염두에 두고 저술하였다. 이러한 작업을 통하여 본서가 비록 개론이지만 법학의 기본 개념은 물론 수준 있는 학설과 판례까지 익힐 수 있도록 배려하여 학생들의 체계적인 법률지식 배양을 위한 토양으로서의 역할을 하게 될 것이라고 확신한다.

　　본서의 구성내용은 실체법인 공법과 사법, 절차법인 소송법 그리고 사회법을 수록함으로써 다양한 법적 수요를 충족하고자 하였으며, 특히 법이론과 동시에 판례와 사례를 수록하여 이론을 실제적으로 적용하도록 하였다. 비록 본서가 법조문, 법이론, 판례, 사례 등 어느 것 하나 소홀한 부분이 없도록 노력하였으나 그럼에도 불구하고 미흡한 부분들이 있을 것이다. 이는 추후 개정을 통하여 계속 보완해 나갈 것을 다짐하며 본서가 법학의 기초지식을 습득하고자 하는 학생들에게 많은 도움이 되기를 간절히 바란다.

　　끝으로 이 책의 출판을 허락하여 주신 박영사의 안종만 회장님과 세심하게 지원해 주신 홍석태 차장님, 정순정 님을 비롯한 편집부 여러분께 깊은 감사를 드린다.

2011년 1월 26일

공저자 씀

차 례

제 2 부 공 법

제3부 사 법

제4부　사 회 법

제 5 부 소 송 법

제1부

법의 기초이론

Introduction to Law

제 01 장

법의 본질

김 영 규*

제1절 법의 개념

I 법의 개념정립의 곤란성

법의 개념은 "법이란 무엇인가?"에 대한 문제로서, 이는 법학에 입문하면 처음으로 접하게 되는 첫 문제이다. 이에 대하여 칸트는 "법학자들은 아직도 법의 개념에 관한 정의(定義)를 찾고 있다"고 말하고 있다. 이는 그동안 많은 학자들이 법의 개념에 대하여 여러 가지 정의를 내려왔지만 모든 사람들이 공감할 만한 개념을 정립하는 것은 여전히 어렵다는 것을 보여준다.

II 법의 어원과 개념에 대한 대표적인 언급

1._ 의   의

법의 개념을 한마디로 단정하기가 어렵다하더라도, 법과 관련된 또 다른 문제를 다루기 위해서는 법의 개념이 정립되어야 한다. 다음에서는 법이란 무엇인가에 관한 이해를 돕기 위하여 법의 어원(語源) 및 법의 개념에 대한 대표적인 언급을 살펴본다.

---

* 백석대학교 경찰학부 교수.

2._ 법의 문자적 어원

(1) 동양에서의 유래

동양에서 법이라는 말의 유래는 한자에서 찾을 수 있다. 법(法)이라는 글자는 '물 수(水)'와 '갈 거(去)' 두 부분으로만 이루어져 있으나, 본래의 글자는 이외에 '치(廌)'라는 부분이 합하여 세 부분으로 이루어져 있었다. 이 글자는 중국의 전설적 외뿔동물인 치(해태)라는 동물에서 유래하는 것으로서, 이 동물은 선과 악·옳고 그름인 시시비비(是是非非)를 지혜롭게 분별하였다고 한다. 이 글자의 유래에 비추어 보면 법이란 물이 흘러가듯이 공평하게 분쟁을 해결하는 규범, 옳고 그름을 분별하여 악을 제거하는 규범이라는 의미를 지니고 있다고 할 수 있다.

(2) 서양에서의 유래

서양에서 법이라는 말은 그리스의 'nomos'라는 말에서 유래하며, 이는 자연질서를 의미하는 'physis'에 대응되는 개념으로 인간의 행위를 규율하기 위한 규범을 지칭하는 것을 의미하였다. 이는 오늘날 법이라는 표현인 'law, droit, recht'라는 말에 해당하는 것으로서, 이에는 올바름·정의·공평·권리 등의 의미가 담겨있다. 이는 결국 법이 지향하는 바가 옳은 것이라는 점과 이를 지키는 것이 권리라는 의미를 지니고 있다고 할 수 있다.

3._ 법의 정의에 대한 견해

"법이란 무엇인가?"에 대한 대표적인 언급으로는 다음과 같은 것들이 있다.

(1) 법은 공동체의 살아있는 의지이다(Larenz).

(2) 법은 사회적 조직체의 공동정신이다(Henkel).

(3) 법은 법이념에 봉사한다는 의미를 지니는 현실이다(Radbruch).

(4) 법은 도덕의 최소한이다(Jellinek).

(5) 법은 주권자가 그에게 복종하는 국민에게 내린 명령이다(Austin).

(6) 법은 일정한 제약적 조건(bedingender Tatbestand)과 피제약적 조건(bedingter Tatbestand)으로서의 강제효과를 결합시키는 강제규범이다(Kelsen).

(7) 법은 인간본성에 내재하고 있는 최고이성으로서 행하여야 할 바를 명하고, 행하여서는 안 되는 것을 금지하는 규범이다(Cicero).

(8) 법은 도덕의 최대한이다(Schmoller).

(9) 법 개념 없이는 법 속에 들어갈 수 없지만, 법 개념은 법을 알고 난 다음에야 비로소 형성될 수 있다(Zippelius).

(10) 법은 사회생활 속에서 자기가 목적한 바를 향해 나아감에 있어서 남으로부터 부당하게 방해를 받지 않도록 자신을 방어하기 위하여 적시(適時)에 이용하는 일종의 무기(武器)가 되는 규범이다(황산덕).

Ⅲ 법의 개념요소와 다른 규범과의 관계

1._ 법의 개념을 이루는 요소

법의 어원과 법학자들의 언급을 종합하여보면 법이라는 개념은 다음과 같은 공통적인 요소를 가지고 있다.

(1) 법은 규범이다

사물을 지배하는 법칙에는 자연법칙과 규범(규범법칙)이 있다. 앞 것은 "밤이 지나가면 아침이 온다", "태어난 자는 모두 죽는다", "A는 B이다" 등과 같이 원인이 있으면 일정한 결과가 반드시 지배하는 필연의 법칙이다. 이에 비하여 규범은 "빌린 돈을 갚아라", "사람을 살해하지 말아라", "A는 B이어야 한다" 등과 같이 사람에게 작위(作爲) 또는 부작위(不作爲)를 명하는 당위의 법칙이다. 자연법칙은 예외가 없다. 이에 비하여 규범은 사실의 발생을 예견하고 있는 법칙으로서, 법은 자연법칙이 아닌 규범이다.

(2) 법은 사회규범이다

규범에는 개인규범과 사회규범이 있다. 개인규범은 좌우명·생활신조 등과 같이 개인이 자신의 사생활을 위하여 정한 것으로서 그 개인에게만 적용되는 규범이다. 이에 비하여 사회규범은 사회가 유지되기 위하여 사회일반에게 적용되기 위한 규범인 바, 법은 개인규범이 아닌 사회규범이다. 여기서 사회는 사람과 사람이 서로 결합하여 공동생활을 영위하는 집단으로서, 가정으로부터 학교·회사 등의 공사의 단체·국가·국제사회 등을 포함한다. 이 중 국가는 가장 통일된 조직과 이를 뒷받침하는 권력을 가진 영향력 있는 사회라고 할 수 있다.

(3) 법은 강제규범이다

사회규범에는 비강제규범과 강제규범이 있다. 비강제규범은 도덕·종교(신앙) 등과 같이 규범에 위반하는 행위에 대하여 외부적 제재가 가해지지 않는 규범이다. 이에 비하여 강제규범은 규범에 위반하는 행위에 대하여 그 실효성을 확보하기 위하여 외부적 제재가 가해지는 규범이다. 법은 국가권력에 의하여 승인되고 그 위반행위에 대하여 일정한 제재를 가하여 집행한다. 즉 법은 그 위반행위가 있을 때에는 손해배상·강제이행·형벌·과태료·징계 등과 같은 제재가 가하여지게 되므로, 법은 강제규범이다.

(4) 총   괄

법의 개념을 한 마디로 정립하기는 곤란하나 법은 자연법칙이 아닌 규범이고, 규범 중 개인규범이 아닌 사회규범이며, 사회규범 중 비강제규범이 아닌 강제규범이라고 할 수 있다. 또한 법은 국가권력에 의하여 승인되고 강제됨으로써 비로소 그 실효성이 보장되므로, "법은 국가권력에 의하여 강제되는 사회규범"이라고 정의할 수 있다.

2._ 법과 도덕

(1) 법과 도덕의 구별

1) 법과 도덕의 구별 표준

도덕은 사람이 사회생활을 영위함에 있어서 마땅히 지켜야 할 행위나 그 도리가 되는 규범으로서, 법과 가장 가까운 사회규범이다. 법과 도덕은 법의 개념요소에서 살펴본 바와 같이 강제성 여부에 의하여 구별된다. 이 밖에 스스로 자각에 의하여 실천되는 도덕의 자율성(自律性)과는 달리 법은 외부의 강요에 의하여 규율되는 타율성(他律性)을 띤다. 또 규범의 형식이 표시되지 않은 채 의무만을 규율한다는 점에서 도덕이 일면성을 띠는 것과는 달리, 법은 대부분 문자로 표시되고 권리와 의무 양자를 모두 규율하는 양면성을 띤다. 이와 같이 도덕이 비강제성·내면성·자율성·일면성을 띠고 문자로 표시되지 않는 규범인데 비하여 법은 강제성·외면성·타율성·양면성을 띠고 문자로 표시되는 규범이다.

2) 법과 도덕의 구별 곤란성

그러나 이러한 성질상의 차이에 의하여 법과 도덕을 구별하는 것은 일반적인 경우를 기준으로 할 것일 뿐이고, 구체적으로는 양자를 구별하기가 매우 어려운 경우가 많다. 법과 도덕의 양자를 명확히 구별하는 것이 매우 어려운 문제인가에 대하여 Jhering은 "법과 도덕의 관계는 법철학의 케이프 혼(Cape Horn: 케이프 혼은 남아메리카 대륙 최남단에 위치한 곳인 혼곶의 이름으로서 그 주변의 바다가 강풍과 큰 파도, 빠른 해류와 유빙 때문에 극히 위험하고 물살이 혼돈 속에 빠져 선원의 무덤으로 알려진 곳)"이라고 말하였다

(Jhering은 바로 법과 도덕의 구별을 위의 케이프 혼에 비유하여 혼돈 속에 빠지게 됨을 비유적으로 표현한 것이다).

(2) 법과 도덕의 관계

법과 도덕의 관계는 내용과 효력에 관한 것으로 나누어 살펴볼 수 있다. 먼저 법과 도덕의 내용에 관한 것은 "법은 도덕의 최소한이다"라는 Jellinek의 말에 잘 나타나 있다. 즉, 법의 내용은 도덕으로부터 비롯되는 것이고, 법이 실제에 있어서 잘 행하여짐에 있어서는 도덕을 그 기본으로 하여야 한다. 또한, 법과 도덕의 효력에 관한 것은 "법은 도덕의 최대한이다"라는 Schmoller의 말에 잘 나타나 있다. 즉, 도덕이라는 사회규범 중 가장 중요하고 필요한 것은 법에 의하여 강제함으로 실제적인 효력을 가지게 되는 것이고, 법이라는 사회규범의 실효성은 법의 준수라는 도덕에 의하여 뒷받침되게 된다.

법과 도덕의 구별에 관한 사례

1) 새벽 1시에 A지역의 교차로에서 파란 신호등을 보고 횡단보도를 걷던 乙은 신호위반을 한 차량에 의하여 상해를 입고 위 뺑소니차량이 도망가자, 마침 이 장면을 목격한 또 다른 운전자 甲은 乙을 병원으로 응급후송을 할까 하다가 귀찮다는 생각에 이를 못 본 체하고 지나갔다. 이 경우, 甲이 乙에 대하여 응급구조를 이행하지 않은 경우, 이에 대하여 甲은 어떤 책임을 지는가?

2) 우리나라에서는 '선한 사마리안 법'을 강제성을 띠는 법규범으로서 규정하고 있지 않다('선한 사마리안 법'은 예수님께서 이웃이 누구인가를 묻는 율법교사의 물음에 대하여 비유적으로 말씀하신 것을 기록한 성경의 누가복음 10장 30절부터 35절에 나오는 말씀에 기초하여, 강도당한 자를 보고 지나가던 선한 사마리안이 행한 응급구조행위에 대하여 이를 법규범으로 입법화한 것을 말한다). 따라서 위 사례에서 甲의 乙에 대한 구조의무는 도덕규범의 위반으로서 도덕적 책임은 물을 수 있지만, 법규범의 위반으로서 법적 책임은 물을 수 없게 된다.

※ 참고: 누가복음 10장 30절부터 35절

30 예수께서 대답하여 이르시되 어떤 사람이 예루살렘에서 여리고로 내려가다가 강도를
　　만나매 강도들이 그 옷을 벗기고 때려 거의 죽은 것을 버리고 갔더라
31 마침 한 제사장이 그 길로 내려가다가 그를 보고 피하여 지나가고
32 또 이와 같이 한 레위인도 그 곳에 이르러 그를 보고 피하여 지나가되
33 어떤 사마리아 사람은 여행하는 중 거기 이르러 그를 보고 불쌍히 여겨
34 가까이 가서 기름과 포도주를 그 상처에 붓고 싸매고 자기 짐승에 태워 주막으로

> 데리고 가서 돌보아 주니라
> 35 그 이튿날 그가 주막 주인에게 데나리온 둘을 내어 주며 이르되 이 사람을 돌보아
> 주라 비용이 더 들면 내가 돌아올 때에 갚으리라 하였으니

3._ 법과 관습

관습은 일상생활 속에서 자연적으로 발생하여 반복적으로 행하여 온 관행(慣行)으로서 풍속(風俗), 관례(慣例), 습속(習俗)이라고도 한다. 원시사회에서는 법이나 도덕이 관습과 분화되지 않은 상태에서 관습으로 존재하고 있었다고 할 수 있다. 이러한 법과 도덕 및 관습의 관계에 대하여는 Radbruch가 "관습은 법과 도덕의 예비학교"라고 한 말에 잘 나타나 있다. 관습은 법과 마찬가지로 어느 정도 강제성을 띤 사회규범이지만, 법은 관습과 달리 국가권력에 의하여 강행되는 사회규범이라는 점에서 본질적인 차이가 있다. 그러나 일상생활 속에서 자연적으로 발생하여 반복적으로 행하여 온 관습이 불특정 다수인에 의하여 법적 인식을 수반하게 되면 관습법이라는 불문법이 된다.

제2절 법의 구별개념과 법의 구조

Ⅰ 법과 구별되는 개념

1._ 법   률

법은 성문법과 불문법을 포함한 법규범 전체를 의미한다. 이에 비하여 법률은 일반적으로 국회의 의결을 거쳐 제정된 성문법(형식적 의미의 법률)만을 의미한다. 다만, 법률이 법규범 전체 모두를 의미하는 경우에는, 이를 '실질적 의미의 법률'이라고 한다.

또 민법 제1조(법원)에서의 '법률'은 민사관계를 규율하는 일체의 성문법을 의미한다.

2._ 법   규

법규는 일반적으로 전체 법규범 중 직접 국민의 권리·의무와 관계있는 법규범만을 의미한다. 또한 법규라고 하면 불문법을 제외한 성문법만을 의미하는 경우도 있다.

3._ 법   령

법령은 일반적으로 전체 법규범 중 법률과 명령만을 의미한다. 또 법령은 법규에서와 마찬가지로 성문법만을 의미하는 경우도 있다.

Ⅱ 법의 구조

1._ 의   의

법은 일반적으로 사람에게 어떠한 행위를 명하는 행위규범으로서만 존재하는 이외에 재판규범·조직규범이라는 다중구조(3중구조)를 가지고 있다.

2._ 행위규범

법은 일반인에게 일정한 행위, 즉 작위 또는 부작위를 명하는 행위규범으로서의 구조를 갖는다. 여기서 작위를 명하는 규범은 일정한 행위에 대한 금지를 명하는 규범의 성격을 띠고, 부작위를 명하는 규범은 부작위 행위자에 대해서 요구를 명하는 규범의 성격을 띤다. 예컨대, 법은 "채무를 이행하라", "사람을 살해하지 말라"는 것과 같이 정언명령(定言命令 : 누구나 따라야 할 무조건의 명령)의 형식을 취한다. 법은 이 명령을 통하여 사회 일반인의 행위의 준칙을 정하게 되므로, 행위규범은 일반인을 그 대상으로 한다.

3._ 재판규범

법은 행위규범을 위반한 자에 대하여 재판을 통해서 일정한 제재를 명하는 규범으로서의 성격을 띠며, 이를 재판규범이라고 한다. 예컨대, 법은 "채무를 이행하지 않은 자에게는 손해배상을 부담시킨다(민법 제390조 참조)", "영리를 목적으로 도박을 하는 장소나 공간을 개설한 사람은 5년 이하의 징역 또는 3천만원 이하의 벌금에 처한다(형법 제247조 참조)"는 것과 같이 가언명령(假言命令 : 어떤 목적을 달성하기 위해서 내리는 조건부의 명령)의 형식을 취한다. 법은 이 명령을 통하여 일정한 요건(예컨대, 앞에서 본 채무불이행, 도박장개장)이 충족되면 법관으로 하여금 일정한 법적 효과(손해배상 또는 형벌, 또는 과태료 등)를 부여하도록 명한다는 점에서, 재판규범은 법관을 그 대상으로 한다.

4._ 조직규범

법은 행위규범과 재판규범의 '2중구조'로 되어 있는 것이 일반적이지만, 법 중에는 국가 및 공공단체 또는 사적 단체의 설치 · 조직 · 권한 등을 정하는 규범이 있는데, 이를 조직규범이라고 한다. 조직규범의 대표적인 모습으로는 국가의 통치조직을 정하는 헌법 · 국회조직을 정하는 국회법 · 정부조직을 정하는 정부조직법 · 법원조직을 정하는 법원조직법과 민법(상법)의 법인(회사)의 기관 관련 규정 등을 들 수 있으며, 조직규범은 주로 해당 국가 및 공공단체 또는 사적 단체를 그 대상으로 한다.

제 *02* 장

법의 존재형식

제1절 법원과 법의 존재형식

Ⅰ 법원의 의의

법원(法源)이란, 법의 연원(淵源)으로서 법의 존재형식을 말하는 것으로 이를 이해하는 것이 일반적이다. 그러나 법원은, 실질적으로는 법의 존재형식뿐만 아니라 관습·전통·도덕·종교·학설·외국법 등과 그 외에 법을 구성하는 각종의 재료, 법전·판례집·국회의사록·저서 등 법률지식을 얻는 각종의 자료, 법을 제정하는 힘 등이 모두 포함된다.

Ⅱ 형식적 법원과 법의 존재형식

종래 법원의 의미로 사용되어 온 것은 법의 존재형식인바, 이는 법이 존재하고 있는 모습을 말한다는 점에서 형식적 법원이라고 할 수 있다. 이는 성문법과 불문법으로 나누어진다.

제2절   성 문 법

Ⅰ 성문법의 의의와 성문법주의

1._ 성문법의 의의

성문법(成文法)은 일정한 형식과 절차에 따라 문자로 만들어진 법으로서, 제정법(制定法)이라고도 한다. 이러한 성문법의 모습으로는 최고법인 헌법을 비롯하여 법률·명령·조례·규칙·조약 등을 들 수 있다.

2._ 성문법주의

법의 중심적 존재형식이 성문법으로 이루어져 있는 경우에 그 나라는 성문법주의(제정법주의)를 취한다고 한다. 이는 독일·프랑스 등 대부분 대륙에 위치한 나라들에서 취하고 있다는 점에서 대륙법주의라고도 하며, 우리나라도 이에 속한다. 성문법주의는 문자로 표시되어 있기 때문에 법의 존재가 명확하고 그 통일 및 정비가 용이하므로 법적 질서가 안정적이라는 장점을 가진다. 그러나 이 입법주의는 사회현실의 변화에 능동적으로 적응하지 못한다는 점에서 법의 경화(硬化) 현상이 나타날 수 있다는 단점을 가진다. 이에 따라 성문법주의를 취하는 나라에서도 그 단점을 보완하기 위하여 관습법 등의 불문법을 부분적으로 인정한다.

Ⅱ 성문법의 분류

1._ 헌   법

헌법은 국민의 기본권과 통치기구 및 그 작용에 관한 것을 규율하는 최고기본법이다. 광의의 실질적 헌법에는 '헌법'이라는 이름을 가지고 있는 헌법전(憲法典) 이외에 관습헌법을 비롯하여 국회법, 정부조직법, 법원조직법, 헌법재판소법 등 국가의 기본법을 구성하는 일체를 의미하나, 형식적으로는 헌법전을 의미한다. 모든 법의 제정은 헌법에 그 근거를 두고 있으며, 헌법을 만드는 힘은 오직 국민이 갖는다. 또한 헌법은 가장 강한 효력을 갖는 최고법이므로, 성문법주의를 취하는 입장에서는 일반적으로 그 개정을 가장 까다롭게 한다. 우리 헌법도 헌법개정은 국회의원 재적 과반수 또는 대통령의 발의로 제안하고 이를 공고한 후, 국회재적의원 3분의 2 이상의 찬성을 얻어 국회의 의결을 거친 헌법개정안은 다시 국회의원 선거권자 과반수의 투표와 투표자 과반수의 찬성을 얻어 비로소 확정되도록 그 절차를 규정하고 있다(헌법 제128조·제130조).

2._ 법률, 대통령의 긴급재정·경제명령과 긴급명령

(1) 법   률

법률은 입법기관인 국회가 제정한 성문법이다. 국회의원과 정부는 법률안을 제출할 수 있고, 국회에서 법률안이 국회재적의원 과반수의 출석과 출석의원 과반수의 찬성으로 의결된다(헌법 제52조·제49조). 의결된 법률안은 정부에 이송되어 15일 이내에 대통령이 이를 공포하며, 법률에 특별한 규정이 없는 한 공포한 날로부터 20일이 경과함으로써 효력을 발생하게 된다(헌법 제53조).

(2) 대통령의 긴급재정·경제명령과 긴급명령

대통령은 내우·외환·천재·지변 또는 중대한 재정·경제상의 위기에 있어서 국가의 안전보장 또는 공공의 안녕질서를 유지하기 위하여 긴급한 조치가 필요하고 국회의 집회를 기다릴 여유가 없을 때에 한하여 최소한으로 필요한 재정·경제상의 처분을 하거나 이에 관하여 법률의 효력을 가지는 명령인 '긴급재정·경제명령'을 발할 수 있다(헌법 제76조 1항). 또한 대통령은 국가의 안위에 관계되는 중대한 교전상태에 있어서 국가를 보위하기 위하여 긴급한 조치가 필요하고 국회의 집회가 불가능한 때에 한하여 법률의 효력을 가지는 명령인 '긴급명령'을 발할 수 있다(동조 2항). 따라서 이러한 명령은 성문법으로서 법원이 된다. 다만 대통령의 위 명령은 보통의 명령과 달리 법률과 같은 효력을 가진다는 점에서 차이가 있다. 또 대통령이 위의 처분 또는 명령을 한 때에는 지체 없이 국회에 보고하여 그 승인을 얻어야 하며, 승인을 얻지 못한 때에는 그 처분 또는 명령은 그 때부터 효력을 상실한다. 이 경우 그 명령에 의하여 개정 또는 폐지되었던 법률은 그 명령이 승인을 얻지 못한 때부터 당연히 효력을 회복한다(동조 3항 및 4항). 위의 대통령의 긴급재정·경제명령이 민법의 법원이 된 것으로는 "실지명의에 의한 금융거래를 실시하고 그 비밀을 보장하여 금융거래의 정상화를 기함으로써 경제정의를 실현하고 국민경제의 건전한 발전을 도모함을 목적"으로 금융실명제를 실시하기 위해서 1993년 8월 12일 내려졌던 '금융실명거래 및 비밀보장에 관한 긴급재정경제명령'(대통령긴급재정경제명령 제16호, 1993년 8월 12일 시행)을 들 수 있다.

3._ 명령 · 규칙

(1) 명   령

① 의 의   명령은 국회의 의결을 거치지 않고 행정기관에 의하여 제정된 성문법으로서, 그 형식적 효력이 법률의 하위에 존재한다. 명령은 그것을 발하는 주체에 따라 대통령령 · 총리령 · 부령으로 나누어지고, 그 성질에 따라 위임명령 · 집행명령으로 나누어진다.

② 주체에 따른 분류   대통령령은 대통령이 법률에서 구체적으로 범위를 정하여 위임받은 사항과 법률을 집행하기 위하여 필요한 사항에 관하여 발하는 명령으로서(헌법 제75조), 이는 명령의 중심을 이룬다. 또한 총리령과 부령은 국무총리와 행정각부의 장이 소관사무에 관하여 법률이나 대통령령의 위임 또는 직권으로 발하는 명령이다(헌법 제95조).

③ 성질에 따른 분류   위임명령은 헌법에 근거하고 법률에서 구체적으로 범위를 정하여 위임받은 사항을 정하는 명령으로서, 이는 법률의 내용을 보충하는 의미를 가지므로 '보충명령'이라고도 한다. 예컨대, 민법 제312조의2는 전세금증감청구권을 규정하면서 그 단서에서 전세금의 "증액의 경우에는 대통령령이 정하는 기준에 따른 비율을 초과하지 못한다"고 규정하고 있다. 그리하여 이에 기초하여 증액에 대한 구체적 범위를 정하기 위하여 '민법 제312의2단서의 시행에 관한 규정(規程)'인 대통령령이 제정되어 있는 것을 들 수 있다(동 시행령에 의하면 전세금의 증액청구의 비율은 약정한 전세금의 20분의 1을 초과하지 못함은 물론이고, 계약이 있은 날 또는 약정한 전세금의 증액이 있은 날로부터 1년 이내에는 증액청구를 하지 못한다). 또한 집행명령은 헌법에 근거하여 법률을 집행하기 위하여 필요한 세칙에 관한 사항을 정하는 명령이다. 예컨대, 구 유실물법(2011년 개정전 유실물법) 제16조는 "본법 시행에 관하여 필요한 사항은 대통령령으로 정한다"고 규정하고 있는 것에 기초해서 동법의 집행(시행)에 관한 세칙을 정하기 위하여 '유실물법시행령'인 명령이 제정되어 있는 것을 들 수 있다.

(2) 규   칙

규칙은 헌법에서 행정부 이외에 특별한 독립적 국가기관에 의하여 제정케 한 명령으로서의 성격을 띠는 성문법이다. 이는 명령과 같은 효력을 갖는 것이라는 점에서, 조례와 더불어 자치법규로서 다루어지는 규칙과는 구별된다. 규칙은 헌법상 독립적 국가기관이 내부규율과 사무처리에 관하여 자율권을 위하여 인정되는 것으로서, 이의 모습으로는 국회 · 대법원 · 중앙선거관리위원회 · 헌법재판소가 헌법에 근거하여 제정하는 국회규칙 · 대법원규칙 · 중앙선거관리위원회규칙 · 헌법재판소규칙을 들 수 있다(헌법 제64조 1항 · 제108조 · 제114조 6항 · 제113조 2항).

4._ 자치법규

자치법규는 지방자치단체가 법령의 범위 안에서 제정하는 성문법이다. 헌법 제117조 1항은 "지방자치단체는 주민의 복리에 관한 사무를 처리하고 재산을 관리하며, 법령의 범위 안에서 자치에 관한 규정을 제정할 수 있다"고 규정하여 지방자치단체의 자치입법권을 인정하고 있으며, 이에 따른 자치법규에는 조례와 규칙이 있다. 이 중 조례는 지방의회가 법령의 범위에서 그 사무에 관하여 제정한 것이고(지방자치법 제28조), 규칙은 지방자치단체의 장이 법령 또는 조례가 위임한 범위 안에서 그 권한에 속하는 사무에 관하여 제정한 것이다(지방자치법 제29조).

5._ 조   약

조약은 문서에 의한 국가와 국가 사이의 합의를 말하며, 그 명칭이 조약은 물론이고 헌장 · 협약 · 의정서 · 결정서 · 협정 · 약정 · 교환공문 · 잠정협정 등의 어떠한 명칭에 의하든지 국가 사이의 합의는 모두 조약이다. 조약은 대통령이 국무회의의 심의를 거쳐 체결하며(헌법 제89조 3호), 상호원조 또는 안전보장에 관한 조약 등은 국회가 체결 · 비준에 대한 동의권을 갖는다(헌법 제60조). 헌법에 의하여 체결 · 공포된 조약은 국내법과 동일한 효력을 가지므로(헌법 제6조 1항), 조약은 성문법으로서 법원이 된다.

제 3 절   불 문 법

Ⅰ 불문법의 의의와 불문법주의

1._ 불문법의 의의

불문법(不文法)은 일정한 형식과 절차에 따라 문자로 만들어지지 않은 법을 말한다. 이러한 불문법의 모습으로는 관습법 · 조리 · 판례법 등을 들 수 있다.

2._ 불문법주의

　　법의 중심적 존재형식이 불문법으로 이루어져 있는 경우에 그 나라의 입장을 불문법주의를 취한다고 부른다. 이는 영국·미국 및 이들 국가의 법문화에 영향을 받은 영연방 등의 나라에서 취하고 있으므로 영미법주의라고도 한다. 불문법주의는 사회현실의 변화에 능동적으로 적응하게 되어 법이 경화하지 않는다는 장점을 가지고 있다. 그러나 이 입법주의는 법이 문자로 표시되어 있지 않기 때문에 법의 존재가 명확하지 못하고 그 통일정비가 용이하지 않다는 점에서 법적 안정성이 유동적이라는 단점을 내포하고 있다. 이에 따라 불문법주의를 취하는 나라에서도 그 단점을 보완하기 위하여 부분적으로 성문법을 인정하게 된다.

Ⅱ 불문법의 분류

1._ 관 습 법

(1) 의　　의

　　관습법은 일상생활 속에서 자연적으로 발생하여 반복적으로 행하여온 관행(慣行)이 불특정 다수인에 의하여 법적 인식(확신, 지지)을 수반하게 된 것을 말한다. 불문법주의를 취하고 있는 국가는 물론이고 성문법주의를 취하는 국가에서도 그 단점을 보완하기 위하여 관습법을 법의 존재형식으로 인정하게 된다.

(2) 관습법의 성립

　　① 관습법의 성립에 관한 학설　　관습법이 법의 존재형식으로 인정되는 근거에 관하여는 종래 반복적으로 행해지는 관습은 법으로서 인정된다는 '관행설', 불특정 다수인이 관행에 따라 행하는 것이 권리·의무라고 확신될 때 성립한다는 '법적 확신설', 관행이 유효한 법이 되기 위하여서는 국가의 승인을 요한다는 '국가승인설' 등의 학설이 대립되어 왔다. 그러나 관습인 관행 자체와 관습법을 구별한다는 점에서 관행설은 타당하지 않고, 국가승인설도 국가의 승인이 있기 이전에 관습법은 이미 존재하는 것이어서 타당하지 않다는 점에서 법적 확신설에 의하여 관습법의 성립을 이해하는 것이 다수설이다.

　　② 관습법의 성립요건　　법적 확신설에 의하여 관습법의 성립을 이해하는 경우, 관습법으로 성립하기 위해서는 다음의 요건을 갖추어야 한다.

(i) 관행이 있을 것   관습법이 성립하기 위해서는 먼저 관행이 존재하여야 한다. 여기서 관행의 존재는 법적 내용에 관한 관행이 상당히 오랜 기간 동안 넓은 지역에 걸쳐서 같은 행위가 반복적으로 행해지는 상태를 일컫는다.

(ii) 관행에 법적 확신이 존재할 것   관습법이 성립하기 위해서는 관행에 대하여 불특정 다수인이 준수하여야 할 법규범, 즉 관행에 따라 행하는 것이 권리 · 의무라는 확신이 있어야 한다. 이러한 법적 확신은 현실적으로 분쟁이 발생하였을 때 판결을 통하여 평가된다.

(iii) 관행이 공서양속 및 강행법규에 합치할 것   법은 국가사회의 공공질서를 유지하기 위하여 존재하는 것이므로 관습법이 앞의 요건을 갖추었더라도 이것이 선량한 풍속 기타 사회질서에 어긋나는 것은 그 효력이 인정되지 않으므로(민법 제103조 참조), 관습법이 법의 존재형식으로 인정되기 위해서는 공서양속(선량한 풍속 기타 사회질서)에 부합하여야 한다. 아울러 선량한 풍속 기타 사회질서와 관계있는 규정인 강행법규에 위반하면 무효가 되므로, 관습법은 강행법규에 위반하지 않는 경우에 한하여 법으로서 인정된다. 예컨대, 장기나 난자매매에 대하여 관행이 존재하고 법적 확신의 수반이 인정된다 하더라도 이는 공서양속에 반하므로 이러한 관행은 관습법으로 성립될 여지가 없다.

(3) 관습법의 효력과 법원성

① 민사관계와 관습법의 효력

(i) 원 칙   민사관계에 있어서 관습법은 위의 요건을 갖추면 성립하고 법원성이 인정되나, 관습법의 효력이 어떻게 될 것인가의 여부가 문제된다. 이는 관습법이 성문법에 대하여 어떠한 지위를 가지느냐에 관한 것으로서 역사적 변천을 거쳤을 뿐만 아니라 현재에도 여러 학설이 대립되어 있다. 이에 관하여 다수설은 "민사에 관하여 법률에 규정이 없으면 관습법에 … 의한다"는 민법 제1조의 규정을 근거로 관습법은 원칙적으로 성문법에 규정이 없는 때에 한하여 보충적으로 그 효력이 인정된다고 이해하는 '보충적 효력설'을 취하고 있다.

(ii) 예 외   일정한 경우에는 관습법이 성문법에 대하여 보충적 효력이 아닌 대등적 효력 내지 우월적 효력이 인정된다. 먼저 관습법에 대등적 효력이 인정되는 모습으로는 민법 제185조가 "물권은 법률 또는 관습법에 의하는 외에는 임의로 창설하지 못한다"고 규정하고 있는 것을 들 수 있다. 이는 민법 제1조의 예외규정으로서 물권의 창설과 관련하여 관습법에 대하여 성문법에 대하여 대등적 효력이 인정된다

(반대의 견해 있음). 또한 상관습법은 일정한 경우 성문법을 변경하는 우월적 효력이 인정된다. 즉 상법 제1조는 "상사에 관하여 본법에 규정이 없으면 상관습법에 의하고, 상관습법이 없으면 민법의 규정에 의한다"고 규정하고 있으므로, 상관습법은 민법에 대하여 우월적(변경적, 개폐적) 효력이 인정된다.

② 형사관계와 관습법의 법원성   형법은 "법률 없으면 범죄 없고, 법률 없으면 형벌 없다"는 죄형법정주의의 원칙을 최고의 지도원리로 한다. 이는 어떠한 행위를 범죄로 하고 그에 대하여 형벌을 가할 것인가에 대하여 미리 성문법으로 규정하고 있어야 한다는 원칙으로서, 형벌권의 남용으로부터 인권을 보장하기 위한 것이다. 이러한 죄형법정주의의 파생원칙으로 형사관계에서는 관습형법배제(금지)의 원칙이 다루어지고 있다. 따라서 형법의 존재형식은 성문법에 한정되며, 관습법은 형법의 법원으로서 인정되지 않는다.

2._ 판례법

(1) 의   의

판례법이란 법원의 판결을 통하여 밝혀진 이론이나 법칙인 판례의 형태로 존재하는 법을 말한다. 여기서 판결이란 권리자로부터 권리보호의 청구인 소의 제기가 있을 때 추상적 법규를 대전제로 하고 당사자 사이의 구체적 사건을 소전제로 하여 법원이 내리는 법적 판단으로서, 먼저 내려진 특정한 사건에 대한 법원의 판결이 그 후 다른 유사한 사건에 관하여 반복되면 판례법이 성문법과 같은 규범력을 가지게 된다.

(2) 판례법의 효력과 법원성

불문법주의를 취하는 나라에서는 먼저 내려진 법원의 판결이 그 후 유사한 사건에 관하여 구속력을 갖게 되는 '선례구속의 원칙'이 적용된다. 그러나 성문법주의를 취하는 우리나라에서는 다음과 같은 이유에서 판례법의 법원성을 부정하는 것이 다수설이다. 즉, 현행법상 이를 인정할 아무런 근거규정이 없고, 판례법에 법원성을 인정하면 법원에 입법권을 부여하는 결과가 되어 권력분립의 원칙에 어긋날 뿐만 아니라 법원조직법 제8조는 '상급심재판의 기속력(羈束力)'에 관하여 "상급법원의 재판에 있어서의 판단은 해당 사건에 관하여 하급심을 기속한다"고 규정하고 있으므로, 선례구속의 원칙이 제도적으로 보장되어 있지 않다. 그러나 현실적으로 분쟁의 당사자나 법원에서 선례(先例)의 태도가 어떠한 입장인가의 여부는 중요하다.

3._ 조   리

(1) 의   의

조리란 보통 사람의 생각으로 판단할 수 있는 사물의 이치나 도리로서, 경험칙·
사회관념·정의·형평·이성 등의 모습으로 표시된다. 이는 사회공동생활의 원리로
서 경위(經渭)를 말한다.

(2) 조리의 효력과 법원성

성문법과 관습법만으로는 모든 법률관계를 다 규율할 수 없기 때문에 조리에 의
하여 이러한 법의 흠결을 보충할 수 있을 것인가가 문제로 된다.

① 민사관계와 조리의 법원성   민사관계에서 조리의 법원성을 인정할 것인가
에 대하여서도 학설이 대립되어 있다. 이에 관하여 다수설은 "민사에 관하여 법률에
규정이 없으면 관습법에 의하고, 관습법이 없으면 조리에 의한다"는 민법 제1조의 규
정에 근거하여 조리는 성문법과 관습법도 존재하지 않는 경우에 이를 보충하기 위한
제3차적 법원으로서 그 효력이 인정된다는 입장을 취하고 있다. 이는 민사관계에서
성문법과 관습법이 없다고 하여 법관은 '법의 흠결'을 이유로 재판을 거부할 수 없으
므로, 자기가 입법자라면 어떠한 법규범을 설정할 것인가에 의하여 재판을 하여야 하
는 것이라는 점에서 법관에게 보충입법권을 부여하는 결과가 된다.

② 형사관계와 조리의 법원성   형사관계에서는 죄형법정주의에 의하여 형벌
법규는 그 구성요건과 법적 효과를 누구나 알 수 있도록 사전에 성문법에 의하여 명
확하게 알 수 있도록 하는 '명확성의 원칙'이 인정되어야 한다. 따라서 형사관계는 오
직 법률(성문법)에 의해야 하므로, 조리의 법원성이 부정된다.

제 <u>03</u> 장
법의 분류와 체계

제1절　서　론

　　사람의 일상생활을 규율하는 법은 보는 관점에 따라 여러 가지로 나누어 볼 수
있다. 먼저 크게 국제법과 국내법으로 나누어 볼 수 있고, 국내법은 공법과 사법 및
사회법으로 다시 나눌 수 있다. 또한 법의 해석과 적용상의 혼란을 초래하지 않기 위
하여서는 일정한 기준에 따라 법은 일반법과 특별법, 실체법과 절차법, 강행법과 임의
법 등으로 나누어진다.

제2절　국제법과 국내법

Ⅰ　국 제 법

　　국제법은 국제사회에서 국가 · 국제조직 · 개인 상호간의 권리 · 의무를 규율하는
법이다. 이는 문자에 의한 명시적 합의인 조약과 국제사회의 관행에 대하여 법적 확
신이 부여된 국제관습법의 형식으로 존재한다. 국제법은 국가 · 국제조직만이 이를 정
립하는 주체가 되고, 개인은 이의 규율을 받는 수동적인 대상이 되는데 불과하다.

Ⅱ 국 내 법

국내법은 한 국가 안에서 인정되고 적용되는 법으로서, 국가·공공단체와 국민, 또는 개인 상호간의 권리·의무를 규율하는 법이다. 국내법은 헌법·법률·명령·조례·규칙 등의 성문법과 관습법·판례법·조리 등의 불문법의 형식으로 존재한다.

제3절 공법과 사법 및 사회법

Ⅰ 의   의

국내법을 공법(公法)과 사법(私法)으로 대별하는 것은, 로마법시대에 Ulpianus가 공법은 국가와 관련된 법이고 사법은 개인의 이익과 관련된 법으로 나누고 있었던 것에 기인한다. 이와 같이 공법과 사법의 구별은 근대 자본주의가 생성됨에 따라 법의 적용에 있어서 개인의 사적 자치를 적용할 것인가의 여부를 기준으로 한다. 그러나 자본주의가 고도로 발전하면서 부익부·빈익빈 등의 모순을 수정하기 위하여 제3의 법의 영역인 사회법(社會法)이 나타나게 되었다.

Ⅱ 공법과 사법의 구별

1._ 구별에 관한 학설

무엇을 공법 또는 사법으로 볼 것인가에 대하여서는 정설(定說)이 없으며, 종래 여러 가지 학설이 대립되어 있다.

(1) 이 익 설

이 설은 국가·사회의 이익인 공익(公益)의 보호를 목적으로 하는 법이 공법이고, 사익(私益)의 보호를 목적으로 하는 법을 사법이라고 이해하는 견해이다. 그러나 무엇이 공익이고 사익인가의 구별 자체가 언제나 용이한 일은 아니며, 법이 공익과 사익의 보호를 같이 도모하는 경우가 있게 된다. 즉, 사법 중에서도 공익의 보호에 관한 규정이 있고(예컨대, 사법인 민법 제103조에 의하여 반사회질서의 법률행위를 무효로 하는 경우), 또

공법 중에서도 사익의 보호에 관한 규정이 다수 존재한다(예컨대, 공법인 헌법 제10조 이하의 기본권보호에 관한 규정). 따라서 이 설에 의하여 공법과 사법을 구별하는 것은 난점이 있다.

(2) 주 체 설

이 설은 법이 규율하는 법률관계의 당사자(주체)가 누구냐에 따라 국가 또는 공공단체가 당사자의 어느 한쪽이 되는 경우가 공법이고, 사인(私人)이 당사자가 되는 관계를 규율하는 법이 사법이라고 이해하는 견해이다. 그러나 국가 또는 공공단체가 사인과 같은 자격으로 사인과 매매를 통하여 물건을 구입하거나 임대차를 통하여 차임채무를 부담하는 경우가 있으므로, 이 설에 의하여 공법과 사법을 구별하는 것도 난점이 있다.

(3) 성질설(법률관계설)

이 설은 법이 규율하는 법률관계의 성질을 기준으로 명령·복종의 불평등관계를 규율하는 법이 공법이고, 대등한 성질을 띠는 평등관계를 규율하는 법이 사법이라고 이해하는 견해이다. 그러나 국가 사이의 대등한 관계를 규율하는 국제법은 공법이지만, 이 설에 의하면 사법으로 다루게 되는 난점이 있게 된다.

(4) 생활관계설

이 설은 국가생활관계(납세·병역 등 국가를 전제로 하는 국민으로서의 생활관계)를 규율하는 법이 공법이고, 개인적인 사회생활관계(매매 등의 재산관계와 혼인 등의 가족관계 등 개인 상호간의 생활관계)를 규율하는 법이 사법이라고 이해하는 견해이다. 그러나 무엇이 국가생활이고 사회생활이냐를 구별하는 것이 언제나 용이하지 않다는 점에서 이 설에도 난점이 있으나, 이 견해가 종래의 다수설이다.

(5) 총   괄

위에서 여러 학설을 살펴보았듯이 공법과 사법의 구별에 관한 절대적 기준을 찾는 것은 용이한 일이 아니다. 따라서 공법과 사법의 구별은 여러 학설에서 다루는 복수의 기준을 같이 고려하는 것이 타당할 것이나, 대체로 통치관계를 그 핵심으로 하는 국가생활관계를 주로 규율대상으로 하는 법은 공법이고 그렇지 않은 법은 사법으로 이해하는 것이 비교적 무난하다. 이에 따르면, 헌법·형법·행정법(각종의 행정법규)·민사소송법·형사소송법 등은 대표적인 공법이고, 민법·상법 등은 대표적인 사법이다.

2._ 구별의 실익

(1) 사적 자치의 적용 여부

공법과 사법을 구별하는 가장 큰 실익은 공법은 일정한 목적 아래 국가생활관계를 규율하게 되므로, 대체로 사적 자치의 원칙이 배제되나, 사법에서는 개인 상호간의 생활관계를 다루게 되므로 대체로 사적 자치의 원칙이 적용된다는 점에 있다. 그러나 이는 절대적인 것은 아니며, 공법에서도 개인의 사적 자치가 인정되는 경우가 있고(예컨대, 당사자가 합의로 제1심 관할법원을 정할 수 있도록 규정하고 있는 민사소송법 제29조의 합의관할의 경우) 사법에서도 사적 자치가 배제되는 경우가 있다(예컨대, 민법 제809조의 근친혼금지 등 사법 중 강행규정이 적용되는 경우).

(2) 재판관할의 결정 여부

재판관할은 행정사건인가 아니면 민사사건인가의 여부에 따라 소송의 관할을 달리한다. 공법상의 소송인 행정소송의 경우는 제1심이 행정법원이 되고 원칙적으로 소송 전 행정심판을 제기할 수 있다(행정소송법 제9조, 행정심판법 제3조 참조). 그러나 민사사건은 3심제가 적용되어 지방법원이 제1심이 되고 소송을 제기하기 전 행정심판을 제기할 수 없다(민사소송법 제2조·제248조·제390조·제422조 참조).

Ⅲ) 제3의 법의 영역과 사회법

1._ 사회법의 출현

자본주의가 고도로 발전하면서 부익부·빈익빈의 부조리, 노사간의 갈등 등이 심화됨에 따라 소유권 등의 재산권과 사적 자치에 대하여 제한할 필요성이 대두되게 되었다. 이러한 자본주의사회의 모순을 어떻게 극복할 것인가의 문제에 대하여 사유재산권과 개인의 의사 자체를 배제함으로써 자본주의 자체를 부정하는 사회주의사회를 뒷받침하기 위한 법으로 나타난 것이 사회주의법이다. 그러나 이와는 달리 사유재산권과 계약자유의 원칙을 전면적으로 부정하는 것이 아니라 자본주의체제를 유지하면서 이의 모순을 부분적으로 수정하기 위하여 경제적 약자를 보호하고 노사간의 대립을 완화하기 위하여 국가가 간섭하고 조정함으로써 사법적인 영역에 공법적인 요소가 가미되는 제3의 법의 영역인 사회법이 나타나게 되었다.

2._ 사회법의 모습

(1) 노 동 법

노동법은 자본주의 경제질서에 있어서 종속적 노동관계를 맺고 있는 근로자의 생존권확보를 보장하기 위하여 근로자와 사용자 사이의 근로관계를 규율하는 법이다. 노동법은 근로자의 단결권·단체교섭권·단체행동권(쟁의권)의 보장과 근로조건의 최저기준을 정하는 것을 그 핵심내용으로 하며, 이의 대표적인 것으로는 근로기준법·노동조합 및 노동관계조정법·산업재해보상보험법·남녀고용평등과 일·가정 양립지원에 관한 법률, 최저임금법·노동위원회법·임금채권보장법·직업안정법 등이 있다.

(2) 경 제 법

경제법은 국민경제의 균형 있는 경제발전을 꾀하기 위하여 사적인 경제활동에 대하여 국가의 규제를 규율하기 위하여 제정된 법이다. 경제법은 기업가의 과도한 경제활동에 대한 규제를 핵심내용으로 하며, 이의 대표적인 것으로는 독점규제 및 공정거래에 관한 법률·물가안정에 관한 법률·소비자기본법·할부거래에 관한 법률·제조물책임법·약관의 규제에 관한 법률·방문판매 등에 관한 법률·전자상거래 등에서의 소비자보호에 관한 법률 등이 있다.

(3) 사회보장법·사회복지법

사회보장법은 국가가 국민의 생존권을 확인하고 빈곤·질병 등의 위험으로부터 국민의 생활을 보장하기 위한 국가의 정책을 수행하는 것을 목적으로 하는 법이다. 이의 대표적인 것으로는 사회보장기본법을 들 수 있고, 이 밖에 국민연금법·국민건강보험법 등도 이 법의 영역에 속한다. 또한 사회복지법은 경제적, 사회적 약자인 국민에 대하여 국가가 적극적으로 더욱 빈곤하게 되지 않도록 하기 위한 사회복지에 관한 것을 목적으로 하는 법이다. 이의 대표적인 것으로는 국민기초생활 보장법·노인복지법 등이 있다. 이 밖에 북한이탈주민이 모든 생활영역에서 대한민국에 신속히 적응·정착하는 데 필요한 보호 및 지원에 관한 사항을 규정하고 있는 북한이탈주민의 보호 및 정착지원에 관한 법률 등도 다수의 사회복지 관련 규정을 두고 있다.

제4절   일반법과 특별법

I) 의   의

법은 그 효력이 미치는 범위를 표준으로 하여 일반법과 특별법으로 나누어진다. 일반법은 법이 미치는 범위에 제한이 없이 적용되는 법이고, 특별법은 일정한 사항・사람・장소의 범위 안에서만 제한적으로 적용되는 법이다.

II) 구별의 표준

1._ 사항을 표준으로 한 구별

어떤 사항 전반을 규율대상으로 하여 효력이 미치는 법이 일반법이고, 특정한 사항만을 규율대상으로 하는 법이 특별법이다. 예컨대, 민법은 민사에 관한 일반사항을 규율대상으로 하는 일반법이고, 상법은 민사 중 특히 상인들의 거래인 상사만을 규율대상으로 하는 특별법이다.

2._ 사람을 표준으로 한 구별

법의 효력이 모든 국민에게 적용되는 법이 일반법이고, 어떤 특정한 신분(직업)을 가진 자에게만 적용되는 법이 특별법이다. 예컨대, 민법・형법은 모든 대한민국 국민에게 적용되는 일반법인 데 비하여, 상법・군형법은 상인・군인 및 군무원의 신분을 가진 자에게만 적용되는 특별법이다.

3._ 장소를 표준으로 한 구별

법이 국가의 모든 지역에 적용되는 법이 일반법이고, 국가의 일정 지역에만 적용되는 법이 특별법이다. 예컨대, 지방자치법은 전국에 걸쳐서 적용되므로 일반법이고, 시・도의 조례 및 규칙은 해당 시・도에만 적용되는 특별법이다.

Ⅲ 구별의 실익

일반법과 특별법을 구별하는 실익은 동일한 사안에 대하여 일반법과 특별법이 병존하는 경우에는 특별법이 일반법에 우선하여 적용된다는 점에 있다(이른바, '특별법우선의 원칙'의 적용). 여기서, 유의하여야 할 것은 특별법과 일반법의 관계는 법령 상호간의 관계에서만 적용되는 것이 아니라 동일한 단행 법령의 규정 상호간에도 적용된다는 점이다. 예컨대, 민법 중 채권의 소멸시효기간을 10년으로 규정하고 있는 제162조 1항의 규정은 일반규정(일반법)이나, 이자채권의 소멸시효기간을 3년으로 규정하고 있는 제163조의 규정은 제162조 1항에 대한 특별규정(특별법)이다. 또, 형법 중 형벌을 '사형, 무기 또는 5년 이상의 징역'으로 규정하는 보통살인죄에 관한 제250조 1항은 일반규정이나, 형벌을 '10년 이하의 징역'으로 규정하는 '영아(嬰兒) 살해죄'에 관한 제251조는 제250조 1항에 대한 특별규정이다.

제 5 절 실체법과 절차법

Ⅰ 의 의

법은 그 규정내용을 표준으로 하여 실체법과 절차법으로 나누어진다. 실체법은 직접 권리 · 의무의 실체(권리 · 의무의 성질 · 내용 · 범위 및 그 발생 · 변경 · 소멸 등)를 규율하는 법이고, 이에 비하여 절차법은 권리 · 의무의 실현절차(실체법상의 권리 · 의무의 행사 · 보전 · 이행 · 강제 등)를 규율하는 법이다. 실체법을 주법(主法)이라고도 하고, 절차법을 조법(助法) 또는 형식법(形式法)이라고도 한다.

Ⅱ 실체법과 절차법의 모습

헌법 · 민법 · 형법 · 상법 · 각종 실체적 내용을 규정하는 행정법규 등은 대표적인 실체법이고, 사법은 실체법에 속한다. 이에 비하여 민사소송법 · 형사소송법 · 행정소송법 · 부동산등기법 · 민사집행법 · 소액사건심판법 · 공탁법 · 민사조정법 · 가사소송법·비송사건절차법 등은 대표적인 절차법이다. 여기서, 절차법은 직접 소송에 관한 것이 대부분이나, 비송사건절차법·부동산등기법과 같이 직접 소송에 관한 것이 아닌 것도 있다. 또 절차법은 권리와 의무의 귀속확정과 관련하여 국가기관인 법원과 당사자 사이를 규율한다는 점에서 국가생활관계를 규율대상으로 하는 공법에 속하게 된다.

Ⅲ 실체법과 절차법의 관계

법률관계를 통한 분쟁이 발생하면 실체법에서 아무리 권리를 잘 규정하고 있어도 이를 실현하기 위한 절차법이 없으면 그 권리는 유명무실하게 될 뿐이다. 즉, 형사관계나 민사관계 등의 법률관계에 대하여 실체법이 없는 경우 법원은 무죄판결이나 조리에 의하여 판결을 하여야 하나, 실체법이 있어도 절차법이 없으면 법원은 재판을 할 수 없게 된다. 따라서 분쟁이 발생하면 실체법의 내용은 절차법을 통하여 현실화함으로써 법은 비로소 그 목적을 달성하게 된다.

제6절　강행법과 임의법

Ⅰ 의　　의

법은 그 효력이 절대적인 것인가 임의적인 것인가를 표준으로 하여 강행법과 임의법으로 나누어진다. 강행법은 당사자가 법의 규정과 다른 의사표시를 했을 때에도 절대적으로 적용되는 법으로서, 그 법의 규정을 강행규정 또는 강행법규라고 한다. 이에 비하여 임의법은 당사자가 법의 규정과 다른 의사표시를 하지 않았을 때에만 적용되는 법으로서, 그 법의 규정을 임의규정 또는 임의법규라고 한다.

Ⅱ 강행법과 임의법의 모습

일반적으로 공법(헌법, 형법, 행정법, 민사소송법, 형사소송법 등)은 강행법이고, 사법(민법, 상법)은 임의법이다. 그러나 이는 절대적인 것이 아니다. 즉, 사법인 민법 중 물권법이나 가족법(친족·상속편)에 관한 규정은 강행규정이 다수 존재하고, 공법인 민사소송법 중 합의관할에 관한 규정(동법 제29조)은 임의규정이다. 따라서 어떤 법이 강행법인가 임의법인가는 각 단행법 전체를 단정적으로 말할 수는 없고, 단행법의 각 법조문에 대하여 개별적으로 평가하여야 한다.

Ⅲ) 강행법과 임의법의 구별

1._ 구별의 표준

강행법과 임의법을 구별하는 기준은 쉽지 않으나, 법조문에 "…하여야 한다", "…하지 않으면 …하지 못한다" 등으로 규정하고 있으면 일반적으로 강행법이고, 법조문에 "다른 의사표시가 없으면…", "…달리 정한 바가 있으면 그에 의한다" 등으로 규정하고 있으면 일반적으로 임의법이다. 그러나 법조문에 위와 같은 표현이 없는 경우에는 각 조문의 입법취지·규정의 성질과 내용 등을 종합적으로 검토하여 "선량한 풍속 기타 사회질서에 관계있는 규정"은 강행법이고, "선량한 풍속 기타 사회질서에 관계없는 규정"은 임의법으로 판단하여야 한다(민법 제105조 참조). 또 강행법규는 당사자 쌍방에 적용되는 것이 원칙이나, 예외적으로 일방 당사자에게 불리한 경우에만 그 법률행위를 무효로 하는 것이 있으며 이를 편면적 강행규정이라고 한다(주택임대차보호법 제10조, 상가건물 임대차보호법 제15조, 집합건물의 소유 및 관리에 관한 법률 제9조 4항 참조).

2._ 구별의 실익

임의법은 당사자가 법의 규정과 다른 의사표시(특약)를 했을 때에도 유효하나, 강행법은 당사자가 법의 규정과 다른 의사표시를 하였을 때에는 효력이 발생하지 않고 무효 또는 취소의 대상이 되거나 그 밖에 일정한 제재가 가하여진다. 또한 강행법은 법률행위의 해석의 표준이 되지 않으나, 임의법은 법률행위를 해석함에 있어서, 당사자의 의사와 관습에 이은 제3의 표준이 된다(민법 제105조, 제106조 참조).

제 **04** 장
법의 해석

제 1 절   법의 해석의 의의

법의 해석이라 함은 법규범이 가지는 의미와 그 내용을 명백히 확정하는 것을 말한다. 즉, 법을 구체적인 사건에 적용하기 위해서 그 전제가 되는 법규의 의미와 내용을 확정하는 조작이 법의 해석이다. 이러한 법의 해석은 관습법과 같은 불문법에서는 관행에 의하여 그 법의 존재가 평가되기 때문에 주로 추상적이고 고정적인 성문법에서 주로 다루어진다.

제 2 절   법의 해석의 방법

I 법의 해석의 방법과 종류

법의 해석의 방법은 국가기관에 의한 권한 있는 해석인 공권해석(유권해석)과 국가기관에 의하여 권한이 부여되어 있지 않고 다만 학리적 사고에 의한 해석인 학리해석(무권해석)으로 나누어진다. 여기서, 공권해석은 법을 해석하는 국가기관의 모습에 따라 입법해석·사법해석·행정해석으로 나누어지고, 학리해석은 법조문의 의미를 어떻게 이해할 것인가에 따라 문리해석과 논리해석으로 나누어진다. 다만, 유권해석도 학리해석을 그 기초로 하게 된다.

Ⅱ 공권해석

1._ 입법해석

입법해석은 법령의 용어를 법문(法文) 중에서 해석하는 경우이다. 예컨대, 민법 제98조에서 '물건의 정의'와 관련하여 "본법에서 물건이라 함은 유체물(有體物) 및 전기기타 관리할 수 있는 자연력을 말한다"고 규정하고 있는 것이 그 대표적인 예이다. 또, 근로기준법에서 '근로자의 정의'와 관련하여 "'근로자'란 직업의 종류와 관계없이임금을 목적으로 사업이나 사업장에 근로를 제공하는 사람을 말한다"고 규정하고 있는 것(동법 제2조 1호)과 '사용자의 정의'와 관련하여 "'사용자'란 사업주 또는 사업 경영담당자, 그 밖에 근로자에 관한 사항에 대하여 사업주를 위하여 행위하는 자를 말한다"고 규정하고 있는 것(동법 제2조 2호)도 그 예이다. 이와 같은 입법해석은 그 자체가해석을 포함하는 독립한 법규라는 뜻에서 법규해석이라고도 하고, 개념에 대한 정의를 다루고 있는 규정이라는 뜻에서 해당 조문을 정의규정(定義規定)이라고도 한다.

2._ 사법해석

사법해석은 법관이 법을 적용함에 있어서 판결을 통하여 행하는 해석이다. 법원조직법 제8조는 "상급법원의 재판에 있어서의 판단은 해당 사건에 관하여 하급심을기속한다"고 규정하고 있으므로, 대법원의 판결을 통한 해당 사건에 관한 법규범의내용에 대하여는 하급심을 구속하는 권위를 가지게 된다. 예컨대, 대법원은 이미 부동산을 매각한 매도인이 또 다른 매수인에게 중복하여 매각한 부동산 이중매매가 민법제103조의 반사회질서의 법률행위로서 무효가 되느냐의 여부에 관하여 "부동산 이중매매는 당연히는 무효가 아니고 유효인 법률행위이나, 제2매수인이 매도인의 배임행위에 적극 가담한 경우에는 반사회질서의 법률행위로서 무효가 된다"고 판단하고 있는 것(대판 1980. 5. 27, 80다565)이 그 대표적인 예이다.

> ### 사법해석의 예(분묘기지권의 취득)와 사례
>
> 甲은 자기 소유의 토지 A에 증조모의 분묘 B가 설치되어 있는 乙에게 甲이 세운 경고판을 넘어뜨려 분묘를 설치하였고 乙이 자신의 소재를 드러내지 않았으므로 B에 대한 분묘기지권의 성립요건을 갖추지 못하였다고 주장하여 B의 이전을 청구하였다. 이에 대해乙은 B가 증조모가 사망한 무렵인 1880년 내지 1890년경에 설치되었다고 주장하면서

적어도 丙이 B를 관리하여 온 1972년경에는 설치된 것이므로 그 때부터 현재까지 20년이 넘도록 평온·공연하게 분묘(B)의 기지를 점유하여 왔으므로, 분묘기지권을 취득하였다고 항변하였다.

사법해석의 예(분묘기지권의 취득)와 판례

타인 소유의 토지에 소유자의 승낙 없이 분묘를 설치한 경우에는 20년간 평온, 공연하게 그 분묘의 기지를 점유하면 지상권 유사의 관습상의 물권인 분묘기지권을 시효로 취득하는데, 이러한 분묘기지권은 봉분 등 외부에서 분묘의 존재를 인식할 수 있는 형태를 갖추고 있는 경우에 한하여 인정되고, 평장되어 있거나 암장되어 있어 객관적으로 인식할 수 있는 외형을 갖추고 있지 아니한 경우에는 인정되지 않으므로, 이러한 특성상 분묘기지권은 등기 없이 취득한다(대판 1996. 6. 14, 96다14036).

3._ 행정해석

행정해석은 행정관청이 법을 집행함에 있어서 질의에 대한 회답·훈령·지령 등의 모습으로 내린 해석이다. 예컨대, 한국공인중개사협회(전 전국부동산중개업협회)에서 '변호사가 부동산중개업을 할 수 있는지'를 질의한 데 대하여 법무부가 "공인중개사법 소정의 '중개'는 법률사무에 포함되지 않는다고 봄이 타당할 것으로 판단되므로 변호사는 공인중개사처럼 중개대상물의 매도인(임대인), 매수인(임차인) 등 당사자 양측의 사이에서 계약을 성사시키기 위한 알선행위는 할 수 없다고 할 것이다"라고 회답하였다(법무 61005-140호, 2002. 1. 24). 이는 변호사의 '법률사무'와 공인중개사의 '중개업무'의 독립성에 대하여 상급행정기관이 내린 대표적인 행정해석의 예이다.

행정해석의 예(충분한 진단이 결여된 진단서의 발급)와 질의

교통사고로 인한 환자가 부재중인 의원에 내원하여 방사선 사진을(환부에 대한) 촬영을 하고 치아상절치(이가 부러진 것)를 동의원에 남겨 놓고 의사가 부재중이므로 타 의원으로 환자가 후송되었을 경우 동의원의 부재 중인 의사가 30분 후 내원하여 상기 환자의 방사선 사진과 치아상절치만 관찰 후 진단서 발급하였을 경우 의료법 제18조(현행 제17조)를 위반한 것으로 처리하여야 하는지 여부?

행정해석의 예(충분한 진단이 결여된 진단서의 발급)와 회답

의료법 제18조(현행 제17조)의 규정에 의하면 의료업에 종사하는 의사가 자신이 진찰 또는 검안한 것이 아니면 검안서 또는 증명서를 교부하지 못하도록 규정되어 있으므로 귀 질의 내용과 같은 경우 의사가 환자를 직접 진단하지 아니하고 방사선 사진과 환자의 것인지 알 수 없는 절치된 치아만의 판단으로 진단서를 교부하였다면 자신이 환자를 직접 진단하였다고 볼 수 없으므로 의료법 제18조(현행 제17조)에 위배되는 것으로 사료됨.

Ⅲ) 학리해석

1._ 문리해석

문리해석은 법조문의 문자가 가지는 의의에 따라서 법문의 자구(字句)에 얽매여서 법규의 의미를 확정하는 해석의 방법이다. 문리해석은 학리해석의 첫 단계이다.

2._ 논리해석

논리해석은 법문의 자구(字句)에 얽매이지 않고 법질서 및 법전 전체와의 유기적인 관련 하에 입법의 목적·제정 당시의 사회사정 및 현실의 요구·법규의 연혁 등을 참작하여 논리적인 타당성을 도모하는 해석이다. 논리해석은 학리해석의 두 번째 단계로서, 어떻게 논리적인 타당성을 도모하여 해석할 것인가에 따라 다음의 여러 가지 방법이 다루어진다.

(1) 확장해석

이는 법규의 내용에 포함되는 개념을 문자 자체의 보통의 뜻보다 확장해서 효력을 인정함으로써 법의 타당성을 확보하려는 해석의 한 방법이다. 예컨대, 민법 제752조의 생명침해로 인한 위자료청구권자의 범위 중 '배우자'의 개념을 법률상의 배우자뿐만 아니라 사실상의 배우자(혼인신고가 되어 있지 않고 단순히 사실상 부부생활의 실제를 영위하고 있는 배우자)도 포함시켜서 해석하는 것이 그 예이다.

(2) 축소해석

이는 확장해석의 정반대의 경우로서, 법규의 내용에 포함되는 개념을 문자 자체의 보통의 뜻보다 축소시켜 해석함으로써 법의 타당성을 확보하려는 해석의 한 방법이다. 예컨대, 근로기준법 제38조의 근로자의 임금채권의 우선변제권행사의 대상이 되는 '사용자'의 개념을 동법 제2조 2호의 사용자 중 '사업주'에 한정하여 그 범위를 해석하는 것이 그 예이다.

(3) 반대해석

이는 서로 반대되는 A와 B라는 두 개의 사실 중의 A의 사실에 관하여서만 규정되어 있는 경우에, B에 관하여서는 법문과 반대의 결과를 인정하는 해석방법이다. 예컨대, 민법 제762조는 태아에게 예외적으로 권리능력을 인정하는 개별적 보호주의의 모습으로 불법행위에서 "태아는 손해배상청구권에 관하여는 이미 출생한 것으로 본다"고 규정하고 있는데, '불법행위'가 아닌 '채무불이행'으로 인한 경우에는 태아에게 손해배상청구권을 인정하지 않는 것이 그 예이다.

(4) 유추해석

이는 A와 B라는 유사한 두 개의 사실 중 법규에 A라는 하나의 사실에 관하여서만 규정되어 있는 경우에 B라는 다른 사실에 대하여서도 이와 같은 효과를 인정하는 해석방법이다. 예컨대, 인접하는 부동산소유자 사이에 부동산의 상호이용을 합리적으로 조절하기 위한 법률관계 중 민법 제217조의 '매연 등에 의한 인지(隣地)에 대한 방해금지' 등의 상린관계의 규정을 부동산소유자 아닌 서로 인접하는 부동산임차인 사이에도 적용하는 것이 그 예이다. 그러나 형법에서는 "법률 없으면 범죄 없고, 법률 없으면 형벌 없다"는 죄형법정주의의 원칙에 따라 행위자에게 불리한 유추해석은 금지된다.

(5) 물론해석

이는 법문이 경미하거나 좁은 것에 관하여 규정하고 있는 경우에 대하여 입법상의 취지로 미루어 다른 사항(정황이 더욱 중하거나 넓은 사항)에 관하여는 그 성질상 더 한층 강한 이유로 타당한 경우에, 그 법문의 규정이 적용된다고 해석하는 방법이다. 예컨대, 민법 제396조·제763조는 손해배상과 관련하여 "채권자(피해자)에게 과실이 있는 경우는 손해배상의 책임 및 그 금액을 정함에 있어서 이를 참작하여야 한다"고 규정하고 있는데, 이는 채무자(가해자)가 채권자(피해자)에게 부담하는 손해배상의 공평·타당을 기한다는 취지를 고려할 때 채권자에게 '과실' 아닌 '고의'가 있는 경우에도 당연히 과실상계를 적용하는 것이 그 예이다.

(6) 연혁해석

이는 입법자의 의도, 의사록 등 입법 당시의 여러 사정을 두루 참작하여 법규의 의미를 보충하여 법규의 본래의 뜻을 밝히는 해석의 방법을 말한다.

(7) 변경해석(보정해석)

이는 법문의 용어에 명백한 착오나 잘못이 있는 경우, 법문의 자구를 변경 또는 보정하여 법의 본래의 뜻에 합당하도록 해석하는 방법이다. 예컨대, 민법 제7조는 "법정대리인은 미성년자가 아직 법률행위를 하기 전에는 전2조의 동의와 허락을 취소할 수 있다"고 규정하고 있는데, 우리 민법은 취소와 철회를 구별하고 있음을 고려해서 위 제7조의 '취소'를 소급효가 없는 '철회'로 해석하는 것이 그 예이다.

제 *05* 장
법의 적용과 효력

Ⅰ 법의 적용의 의의

법의 적용이라 함은 구체적인 법률관계(민사관계, 형사관계 등 법에 의하여 규율되는 생활관계)를 해석에 의하여 확정된 법규(민법, 형법 등의 관련 법)에 의해서 평가하여 잘잘못을 판단하는 것이다.

Ⅱ 법의 적용의 단계

법원(法院)은 일반적으로 확정된 사실에 대하여 법규범을 다음과 같은 3단계에 따라 적용하게 된다. 즉, 법의 적용의 단계를 보면 우선 구체적 사건의 내용을 확정하고 (사실문제), 다음에 해당 사건에 관한 법규를 발견하여 그 의미나 내용을 명확히 한 후 (법률문제), 일반적ㆍ추상적인 법규를 대전제로 하고 구체적인 사실을 소전제로 하여 법적 판단을 내린다(법의 적용).

Ⅲ 법의 적용과 전문용어의 해석

법을 적용함에 있어서 그 전제가 되는 각종의 법규범의 전문용어와 관련하여서는 준용ㆍ추정ㆍ간주ㆍ의제 등이 중요시되며, 이는 다음과 같이 해석된다.

1._ 준 용

준용(準用)은 입법기술상의 한 방법으로 법규를 제정할 때에 법률의 간결을 위하여 비슷한 사항에 관하여는 유사한 다른 법규를 유추적용할 것을 규정한 것이다(민법 제59조 2항 참조).

2._ 의 제

의제(擬制)는 당사자에게 증거에 의하여 사실을 인정하는 입증에 대한 부담을 지우지 않게 하기 위하여 법의 규정에 의하여 사실을 인정하는 것이다(민법 제826조의2, 형법 제346조 참조). 이에는 추정과 간주가 있다.

3._ 추정 · 간주

추정(推定)은 법의 규정에 의하여 사실을 인정하는 것 중 반대의 증거가 제출되면 법규정의 적용이 배제되는 의제의 방법이다(민법 제30조 참조). 이에 비하여 간주(看做)는 법의 규정에 의하여 사실을 인정하는 것 중 반대의 증거제출을 허용하지 않고 바로 법률이 정한 효력을 당연히 생기게 하는 의제의 방법이다. 이에 대해서 민법은 이를 "…으로 본다"고 표현하고 있고, 형법은 "…로 간주한다"고 표현하고 있다(민법 제28조, 형법 제346조).

제2절 법의 효력

Ⅰ 때에 관한 효력

1._ 의 의

법의 때에 관한 효력은 법이 언제부터 언제까지 효력을 갖는가의 시간적 한계에 관한 것이다. 성문법은 그 시행일부터 폐지일(시행기간, 유효기간)까지 효력을 갖는다. 관습법은 성립시(관행에 대하여 불특정다수인이 법적 확신을 갖게 된 시점)부터 그 효력이 인정되나, 그 성격상 명백하지 않은 것이 보통이다.

2._ 법의 시행과 폐지

(1) 법의 시행

법은 제정(또는 개정) 공포와 동시에 효력을 발생하는 것이 아니라, 원칙적으로 법이 공포된 후 국민들에게 이를 알리기 위한 일정한 기간, 즉 시행예정기간(일명 주지기간〈周知期間〉)의 경과 후에 시행된다. 여기서, 시행예정기간은 해당 법의 부칙에 특별히 정함이 없으면 20일이다(헌법 제53조 7항 참조).

(2) 법의 폐지

법이 시행되는 한계시점인 폐지는 명시적 폐지와 묵시적 폐지로 나누어 볼 수 있다.

① 명시적 폐지   명시적 폐지의 대표적인 모습으로는 법이 처음부터 미리 시행기간을 정하여 두고 해당 기간의 만료로 법이 소멸하는 한시법(限時法)의 기간이 만료된 경우를 들 수 있다. 예컨대, 1987년 11월 28일, 법률 제3971호로 제정되었던 '혼인에 관한 특례법'은 1988년 1월 1일부터 12월 31일까지 1년 동안만 효력을 가졌으므로, 1988년 12월 31일에 명시적으로 폐지된 바 있다. 이 밖에 특정사항을 목적으로 하여 제정된 법에서 그 목적사항이 소멸된 경우와 신법이 구법의 폐지를 명시하고 있는 경우도 명시적 폐지의 한 예가 된다.

② 묵시적 폐지   묵시적 폐지는 신법과 구법이 서로 충돌하는 경우, 신법우선의 원칙에 따라 구법이 폐지되는 경우가 가장 대표적이다. 그러나 특별법우선의 원칙에 따라 '신(新) 일반법'은 '구(舊) 특별법'을 폐지하지 못한다.

3._ 법률불소급의 원칙

(1) 의   의

법률불소급의 원칙이라 함은 법은 그 시행기간 중에 발생한 사항에 대하여만 적용되고, 그 시행일 이전에 발생한 사항에 대하여는 소급하여 적용되지 않는다는 원칙을 말하며, 이는 법의 안정성·인권보장·기득권존중 등을 위하여 인정되는 법리이다. 헌법은 모든 국민은 행위시의 법률에 의하여 범죄를 구성하지 아니하는 행위로 소추되지 않는다는 것과 소급입법에 의하여 참정권의 제한을 박탈당하지 아니한다고 규정함으로써 이 원칙을 밝히고 있다(헌법 제13조).

(2) 민법과 법률불소급의 원칙

민법은 "본법은 특별한 규정이 있는 경우 외에는 본법 시행일 전의 사항에 대하여도 이를 적용한다"고 규정하여 소급효를 인정하고 있으며(민법 부칙 제2조 본문), 따라서 법률불소급의 원칙은 법의 시행에 있어서 절대적 원칙은 아니다. 이는 민법에서 신법을 소급하여 적용하는 것이 민사관계와 관련된 사회현실의 요구에 적합하다는 취지에서 다루어지는 것이다.

(3) 형법과 법률불소급의 원칙

형법은 죄형법정주의의 파생원칙으로 소급효금지의 원칙(형벌불소급의 원칙)이 적용되어 형법은 그 시행 이후의 행위에만 적용되고, 시행 이전의 행위에까지 소급하여 적용되지 않는다. 그러나 이 원칙도 행위자에게 불리한 소급효를 금지하며, 피고인에게 유리한 경우에는 소급적용이 허용된다. 즉, 형법은 "범죄 후 법률이 변경되어 그 행위가 범죄를 구성하지 아니하게 되거나 형이 구법보다 가벼워진 경우에는 신법에 따른다"(형법 제1조 2항)고 하고, "재판이 확정된 후 법률이 변경되어 그 행위가 범죄를 구성하지 아니하게 된 경우에는 형의 집행을 면제한다"고 규정하고 있다(형법 제1조 3항).

(4) 경과규정

경과규정(經過規定)이라 함은 구법시대에 발생한 어떤 사항이 신법시대에도 계속 진행되는 경우에 신법과 구법 사이에 서로 충돌되는 규정을 해결하기 위하여 만들어진 규정을 말한다. 예컨대, 우리 민법은 '법률행위로 인한 부동산소유권이전'에 관하여 구법 당시에는 등기를 요하지 않는 의사주의를 취하다가 신법인 현행 민법에서는 등기를 요하는 형식주의를 취하고 있는데, 이와 관련하여 민법 부칙 제10조 1항이 "본법 시행일 전의 법률행위로 인한 부동산에 관한 물권의 득실변경은 이 법 시행일로부터 6년 내에 등기하지 아니하면 그 효력을 잃는다"고 규정하고 있는 것이 그 대표적인 예이다.

Ⅱ 사람에 관한 효력

1. 속인주의와 속지주의의 원칙

법은 속인주의(일명, 대인고권〈對人高權〉)의 효과로 국민이 자국 안에 있거나 타국에 있거나의 여부를 불문하고 모든 한국인에게 적용된다. 또 속지주의(일명, 영토고권〈領土高權〉)의 효과로 대한민국의 영토 안에 있는 모든 사람, 즉 한국인은 물론이고 외국인에게도 적용되는 것을 원칙으로 한다.

2._ 원칙에 대한 예외

그러나 위의 원칙 중 외국인에 관하여는 사람의 신분 · 능력에 관한 예외가 있다. 즉, 외국의 원수나 외교사절 및 그의 가족 등의 일정한 신분을 가진 자는 국제법상 현재 체류하는 나라의 재판권 · 경찰권 · 과세권에 복종하지 않는 외교상의 특권인 '치외법권'에 따라 대한민국의 법의 효력이 제한된다. 또한, 주한미군의 경우는 주둔군지위협정에 의하여 제한적으로만 대한민국의 법의 효력이 미치므로, 주한미군도 제한적으로 치외법권(治外法權)을 향유한다.

또, 각국의 사법이 통일되어 있지 않은 오늘날에 있어서는 이른바 각국의 사법 사이에 서로 '법의 충돌(저촉)'되는 문제가 발생하므로, 이의 해결을 위하여 국제사법(2022. 법 18670호)을 두고 있다.

Ⅲ) 장소에 관한 효력

1._ 원   칙

대한민국의 법은 영토 · 영해 · 영공 등 대한민국의 모든 영역에 그 효력이 미친다(헌법 제3조 참조).

2._ 예   외

(1) 국제법상의 예외

자국의 군함 · 선박 · 항공기가 공해 또는 타국에 있을 때에는 자국영토의 연장으로서, 이곳에 대하여서도 대한민국 법의 효력이 미친다. 또한 외교사절의 공관 · 주한미군의 주둔지에는 치외법권에 따라 대한민국 법의 효력이 제한된다.

(2) 국내법상의 예외

성문법 중 지방의회 및 지방자치단체의 장이 제정하는 자치법규인 조례와 규칙은 성격상 해당 지방자치단체에만 적용되고, 다른 지역에는 적용되지 않는다.

제 *06* 장
법률관계와 권리 · 의무

제1절 **법률관계**

I 법률관계와 권리 · 의무관계

1._ 법률관계의 의의와 내용

사람이 살아가는 도덕 · 종교(신앙) · 법률 등의 여러 가지 사회생활관계 중 법에 의하여 규율되는 관계를 법률관계라고 한다. 법률관계는 당사자 사이에 누가 권리를 갖고 누가 의무를 부담하느냐에 관한 권리 · 의무관계를 그 핵심내용으로 한다. 예컨대, 물건을 팔겠다는 매도인과 사겠다는 매수인 사이에 그 합의가 이루어져 매매라는 법률관계가 성립하면 매도인에게는 대금지급청구권과 재산권이전의무가 그 효과로서 나타나고, 매수인에게는 재산권이전청구권과 대금지급의무가 나타난다.

2._ 법률관계와 권리 · 의무관계의 변모

근대 이전의 봉건사회에서는 각 개인은 신분상의 지배 · 복종의 체제 아래에서는 의무가 법률관계의 중심을 이루었으나 근대 이후에는 각 개인이 모두 법 앞에 평등한 인격체라는 법인격평등의 원칙에 따라 권리가 법률관계의 내용으로 강조되었다. 또한 오늘날은 권리에 버금가게 의무의 측면이 같이 강조되어, 법률관계에서는 당사자 사이의 권리와 의무 모두가 법률관계의 내용으로 중요시된다고 할 수 있다.

Ⅱ 호의관계와 법률관계

1._ 호의관계의 의의와 법률관계와의 구별

호의관계는 호의에 의하여 일정한 이익을 주고받는 생활관계를 말한다. 예컨대, 친구나 지나가는 행인의 편의를 위하여 자기 차에 동승시키거나 식사에 지인을 초대하는 경우가 이의 대표적인 모습이다. 이러한 호의관계는 제공자가 호의를 통하여 이익을 제공 받는 자에게 어떤 법률상 의무가 없음에도 불구하고 대가 없이 무상으로 급부를 하는 데 그 특징이 있으므로 당사자 사이에 권리·의무관계가 존재하지 않는다. 따라서 호의를 베풀고자 했던 제공자가 그 급부를 거절하여도 상대방은 이행청구권이나 채무불이행을 근거로 손해배상청구권을 행사하지 못하게 된다.

2._ 호의관계와 법률관계의 적용

호의관계는 법률관계가 아니므로 원칙적으로 법률상의 권리·의무관계가 존재하지 않는다. 그러나 호의동승 중 자동차사고가 난 경우와 같이 호의관계를 통하여 손해가 발생한 경우에는 누가 그 손해를 부담할 것인가에 따라 법률관계가 적용된다(민법 제750조 참조).

제2절 권리와 의무

Ⅰ 권 리

1._ 의 의

권리(權利)의 본질이 무엇인가에 관하여는 종래 법에 의하여 주어진 의사의 힘이라고 이해하는 견해인 의사설, 법에 의하여 보호되는 이익 그 자체라고 이해하는 견해인 이익설, 일정한 이익을 누릴 수 있도록 법이 인정하는 힘이라고 이해하는 견해인 권리법력설 등의 견해가 대립되어 왔다. 이 중 의사설에 의하면 유아(幼兒)와 같이 의사능력(사물변식능력)이 없는 자의 권리를 설명하는 데 난점이 있고, 이익설에 의하면 친권(親權)과 같이 권리자에게 이익을 가져다주기보다 책임이 강조되는 권리를 설명하는데 난점이 있게 된다. 이러한 점에서 비교적 결함이 적은 권리법력설에 의하여 권리를 이해하는 것이 통설이다.

> **권리의 예(분묘를 수호 · 관리하는 권리)와 판례**
>
> 무릇 종손이 있는 경우라면 그가 제사를 주재하는 자의 지위를 유지할 수 없는 특별한 사정이 있는 경우를 제외하고는 일반적으로 선조의 분묘를 수호 · 관리하는 권리는 그 종손에게 전속된다고 봄이 상당하고 종손이 아닌 자가 제사주재자로서의 분묘에 대한 관리처분권을 가지고 있다고 하기 위해서는 우선 종손에게 제사주재자의 지위를 유지할 수 없는 특별한 사정이 있음이 인정되어야 한다(대판 2000. 9. 26, 99다14006).

2._ 권리와의 구별개념

(1) 권　한

권한(權限)은 타인을 위하여 일정한 법률효과를 귀속시키는 행위를 할 수 있는 자격을 말한다. 따라서 권리의 경우는 권리자가 이를 행사하였을 때 자신에게 그 법률효과가 귀속됨에 비하여 권한의 경우는 권한자가 이를 행사하였을 때 타인에게 그 법률효과가 귀속된다는 점에서 양자는 구별된다. 예컨대, 대통령의 법률 공포권 · 법률안 거부권, 법인 이사의 대표권 · 사무집행권, 감사의 감독권, 대리인의 대리권 등은 대표적인 권한의 모습이다.

(2) 권　능

권능(權能)은 권리의 내용을 구성하는 개개의 법률상의 작용을 말한다. 예컨대, 민법 제211조는 "소유자는 법률의 범위 내에서 그 소유물을 사용, 수익, 처분할 권리가 있다"고 규정하고 있는데, 여기서 소유권은 권리이지만 이를 구성하는 개개의 작용으로서의 사용권 · 수익권 · 처분권은 권능으로서의 성질을 띤다는 점에서 양자는 구별된다. 그러나 권리가 하나의 권능으로 성립하는 경우에는 권리와 권능이 같이 취급된다.

> **권능의 예(등기된 임차권의 권능)와 판례**
>
> 등기된 임차권에는 용익권적 권능 외에 임차보증금반환채권에 대한 담보권적 권능이 있고, 임대차기간이 종료되면 용익권적 권능은 임차권등기의 말소등기 없이도 곧바로 소멸하나 담보권적 권능은 곧바로 소멸하지 않는다고 할 것이어서, 임차권자는 임대차기간이 종료한 후에도 임차보증금을 반환받기까지는 임대인이나 그 승계인에 대하여 임차권등기의 말소를 거부할 수 있다고 할 것이고, 따라서 임차권등기가 원인 없이 말소된 때에는 그 방해를 배제하기 위한 청구를 할 수 있다(대판 2002. 2. 26, 99다67079).

(3) 권   원

권원(權原)은 일정한 법률상 또는 사실상의 행위를 정당화시키는 법률상의 원인(근거)을 말한다. 예컨대, 사람이 자신이 거주하는 주택에 살면서 의식주 등의 주거행위를 하는 것은 소유권·임차권·전세권 등의 법률상의 근거인 권원이 있기 때문이다.

> **권원의 예(토지에 물건을 부합시킨 권원)와 판례**
> 부동산에 부합된 물건이 사실상 분리복구가 불가능하여 거래상 독립한 권리의 객체성을 상실하고 그 부동산과 일체를 이루는 부동산의 구성부분이 된 경우에는 타인이 권원에 의하여 이를 부합시킨 경우에도 그 물건의 소유권은 부동산의 소유자에게 귀속된다(대판 1985. 12. 24, 84다카2428).

(4) 반 사 권

반사권(反射權)이란 법이 특정인 또는 일반인에게 어떠한 특정 행위를 명함으로써 그 반사적 효과에 의하여 또 다른 특정인이나 일반인이 받은 이익을 말하며, 이는 반사적 이익이라고도 한다. 따라서 법에 의하여 보호되는 이익인 권리가 침해되었을 때는 법원에 소를 제기할 수 있는 것과는 달리 반사적 이익은 그 이익의 향유와 관련하여 소를 제기할 수 없다는 점에서 양자는 구별된다.

> **반사적 이익의 예(건축법상 도로 폭의 제한과 반사적 이익)와 판례**
> 건축법에 건축과 관련하여 도로에 관한 폭 등의 제한규정이 있다 하더라도 이는 건물 신축이나 증, 개축 허가시 그와 같은 범위의 도로가 필요하다는 행정법규에 불과할 뿐 위 규정만으로 당연히 포위된 토지 소유자에게 그 반사적 이익으로서 건축법에서 정하는 도로의 폭이나 면적 등과 일치하는 주위토지통행권이 바로 생긴다고 할 수 없다(대판 1994. 2. 25, 93누20498).

Ⅱ) 의   무

1._ 의의 및 종류

의무(義務)란 행위자가 자신의 개인적 의사와 관계없이 일정한 행위를 하여야 할 법적 구속(강제)을 말한다. 의무는 그 내용을 기준으로 행위자가 어떤 적극적인 거동인 작위를 하여야 할 작위의무와 어떤 행위를 하지 않을 것인 부작위를 하여야 할 부작위의무로 나누어진다. 예컨대, 물건을 산 매도인이 물건 값을 주어야 할 대금지급의무는 작위의무이나(민법 제568조 참조), 의료인이 태아의 성감별을 목적으로 임산부를 진찰 또는 검사를 하지 않아야 할 태아성감별 금지의무는 부작위의무이다(의료법 제20조 참조). 또 의무는 목적 달성에 필수불가결한 의무이냐의 여부를 기준으로 필수불가결한 의무인 본체적 의무(주된 의무)와 필수불가결하지 않은 의무인 부수적 의무로 나누어진다. 예컨대, 매매에 있어서 매도인의 재산권이전의무와 매수인의 대금지급의무는 본체적 의무이나, 매도인이 목적물을 인도할 때까지 부담하는 선량한 관리자의 주의로써 보존하여야 할 의무와 매수인이 부담하기로 하는 공과세 부담의무는 부수적 의무이다.

> **주된 의무, 부수적 의무와 해제 여부와 판례**
> 채무불이행을 이유로 매매계약을 해제하려면, 당해 채무가 매매계약의 목적 달성에 있어 필요불가결하고 이를 이행하지 아니하면 매매계약의 목적이 달성되지 아니하여 매도인이 매매계약을 체결하지 아니하였을 것이라고 여겨질 정도의 주된 채무(주된 의무)이어야 하고 그렇지 아니한 부수적 채무(부수적 의무)를 불이행한 데에 지나지 아니한 경우에는 매매계약 전부를 해제할 수 없다(대결 1999. 4. 7, 97마575).

2._ 의무와의 구별개념(간접의무)

간접의무(間接義務)란 관련 규정에 위반하면 행위자에게 일정한 불이익이 나타나지만 그 상대방이 소를 제기하여 강제집행을 할 수 없고 의무위반에 손해배상을 청구할 수 없는 것을 말한다. 법에서 의무라고 표현하는 것 중에서 증여자나 사용대주의 하자고지의무(민법 제559조·제612조 참조)는 이의 대표적인 예이다. 이러한 간접의무를 책무(責務), 또는 부담(負擔)이라고도 한다.

3._ 권리와 의무의 대응관계

(1) 원 칙

권리와 의무는 서로 대응하는 관계로 나타나는 것이 일반적이다. 예컨대, 매도인의 대금지급청구권에 대응하여 매수인에게 대금지급의무가 존재하고, 소유권 등 물권자의 물권에 대응하여 물권자 이외의 자에게 불가침의 의무가 존재한다. 또 부모의 친권에 대응하여 미성년자녀에게 복종의무가 존재하고, 국가의 조세징수권인 조세채권에 대응하여 국민에게 납세할 의무인 조세채무가 존재하게 된다.

(2) 예   외

법률관계의 내용 중에는 대응하는 의무 없이 권리만 있는 경우도 있고, 반대로 대응하는 권리 없이 의무만 있는 경우도 있다. 예컨대, 취소권·해제권 등의 형성권은 그 권리행사로 법률관계를 소멸시킬 뿐 이에 대응하는 의무가 없고(민법 제141조·제543조 참조), 책임무능력자의 불법행위와 관련하여 감독자는 감독의무만 있을 뿐 이에 대응하는 권리는 없다(민법 제755조 참조).

제3절   권리의 분류

I 의   의

한 나라의 법의 모습을 공법과 사법 및 사회법으로 대별하여 볼 수 있듯이, 법률관계에서 존재하는 권리도 크게 공법상의 권리인 공권(公權)과 사법상의 권리인 사권(私權) 및 사회법상의 권리인 사회권(社會權)으로 구별할 수 있다.

II 공   권

1._ 의   의

공권은 공생활관계(공법상의 생활관계)에서 당사자가 갖는 권리로서 크게 국제법상의 공권과 국내법상의 공권으로 나눌 수 있고, 또 국내법상의 공권은 국가공권과 국민공권으로 나눌 수 있다.

2._ 분   류

(1) 국제법상의 공권

국제법상의 공권은 국제법의 주체인 당사자가 갖는 권리이다. 이의 대표적인 것으로는 독립권·평등권·자위권·교통권 등을 들 수 있다.

(2) 국내법상의 공권

① 국가공권   국가공권은 통치관계를 핵심으로 하는 공생활관계에서 국가

또는 공공단체가 국민에 대하여 갖는 권리이며, 국가적 공권이라고도 한다. 이는 그 작용에 따라 입법기관이 갖는 입법권·사법기관이 갖는 사법권·집행기관이 갖는 행정권으로 나눌 수 있고, 그 목적에 따라 조직권·형벌권·경찰권·재정권 등으로 나눌 수 있다.

② 국민공권 　 국민공권은 통치관계를 핵심으로 하는 공생활관계에서 국민이 국가 또는 공공단체에 대하여 갖는 권리이며, 개인적 공권이라고도 한다. 이는 종래 평등권·자유권·수익권·참정권 등으로 구분되어 왔다.

Ⅲ 사　권

1._ 의　의

사권은 사생활관계에서 당사자가 갖는 권리로서 크게 내용을 기준으로 인격권·가족권·재산권·사원권으로 나누어지고, 작용(효력)을 기준으로 지배권·청구권·형성권·항변권으로 나누어진다. 이 밖에 의무자의 범위를 기준으로 하여 절대권·상대권, 권리와 그 주체의 긴밀성의 정도를 기준으로 일신전속권·비전속권, 권리의 독립성을 기준으로 하여 주된 권리·종된 권리, 권리의 성립요건의 실현 여부를 기준으로 기성의 권리·기대권으로 각각 나눌 수 있다.

2._ 분　류

(1) 내용을 기준으로 한 분류

① 인격권 　 인격권은 권리주체인 사람과 운명을 같이 하는 생명·신체·성명·명예·초상·정조·신용 등 각종의 인격적 이익의 향유를 그 내용으로 하는 권리이다. 이는 거래의 객체가 될 수 없고, 그 침해시 불법행위를 구성하게 된다(민법 제750조, 제751조 참조).

② 가족권 　 가족권은 부부·친자·형제자매 등 가족관계에 있는 자들 사이에서 그 지위에 따르는 이익을 향유하는 것을 그 내용으로 하는 권리이다. 예컨대, 부부 사이의 배우자권과 이와 관련하여 다루어지는 동거청구권·부양청구권 및 이혼에 의하여 다루어지는 재산분할청구권·면접교섭권 등과 부모의 자녀에 대한 친권이 가족권의 대표적인 모습이다. 이는 크게 친족권과 상속권으로 나누어지며, 의무적 색채가 짙은 권리로서 거래의 객체가 될 수 없다.

③ 재산권   재산권은 금전으로 가치를 평가할 수 있는 각종의 재산적(경제적) 이익의 향유를 그 내용으로 하는 권리이다. 재산권은 종래 사람이 물건을 직접 지배해서 사용·수익·처분 등의 이익을 향유하는 것을 내용으로 하는 권리인 '물권'과 특정인인 채권자가 또 다른 특정인에게 특정의 행위를 청구하는 권리인 '채권'을 2대 지주(支柱)로 다루어왔다. 이 중 물권은 소유권을 중심으로 점유권·지상권·지역권·전세권·유치권·질권·저당권 등이 있다. 또 채권은 채권발생에 대한 당사자 사이의 합의인 계약에 의하여 발생하는 것이 주된 발생원인이나 법이 정하는 사무관리·부당이득·불법행위에 의해서도 발생한다. 그러나 오늘날은 이외에 저작·발명·디자인·상표·실용신안 등 사람의 정신적·지능적 창작물을 독점적으로 이용하는 것을 내용으로 하는 권리인 지식재산권도 재산권으로서 중요하게 다루어지고 있다. 이의 구체적인 모습으로는 각 창작물을 기준으로 저작권·특허권·디자인권·상표권·실용신안권 등이 있다. 지식재산권은 지적 재산권·지적 소유권·무체재산권이라고도 하며, 저작권 이외에 뒤의 4가지를 가리켜 산업재산권·공업소유권이라고도 한다.

④ 사원권   사원권은 단체의 구성원인 사원의 지위에 기인하여 가지는 권리이다. 이는 단체 전체의 이익을 위하여 인정되는 공익권(共益權)과 사원 자신의 이익을 위하여 인정되는 자익권(自益權)으로 나누어진다. 공익권은 비영리사단법인의 사원이 갖는 중심적 권리로서 대표권·사무집행권·의결권·감독권 등이 그 대표적인 모습이다. 또 자익권은 주식회사의 주주와 같이 영리사단법인의 사원이 갖는 중심적 권리로서 이익배당청구권·잔여재산분배청구권 등이 그 대표적인 모습이다.

(2) 작용을 기준으로 한 분류

① 지배권   지배권은 권리자가 권리객체를 직접 지배하고 타인의 침해를 배제하는 것을 통하여 이익을 향유하는 권리이다. 이의 대표적인 모습으로는 물권·인격권·지식재산권 등을 들 수 있다.

② 청구권   청구권은 특정인이 다른 특정인에 대하여 일정한 행위(작위 또는 부작위)를 청구하는 권리이다. 이는 대인권(對人權)이라고도 하며 채권의 본질적 내용을 이룬다. 그러나 청구권은 채권 이외에 물권·친족권·상속권·지식재산권 등으로부터도 나올 수 있고, 청구권이 채권 그 자체는 아니다. 청구권은 그 기초가 되는 권리와 불가분적으로 결합하고 있으므로, 기초가 되는 권리와 분리해서 청구권만을 양도하지 못한다.

③ 형성권   형성권은 권리자의 일방적 주장(의사표시 또는 소에 의한 법원의 판결)

에 의하여 법률관계의 발생·변경·소멸을 일어나게 하는 권리이다. 이는 상대방의 협력이 없이도 권리자의 주장에 따른 법률효과의 형성을 가능케 한다는 점에서 가능권(可能權)이라고도 한다. 형성권 중에는 동의권·철회권·해제권(민법 제5조·제16조 1항·제543조 1항 참조) 등과 같이 권리자의 의사표시만으로 효력이 발생하는 것과 채권자취소권·재판상이혼권·친생부인권(민법 제406조·제840조·제846조 참조) 등과 같이 법원의 판결에 의하여 비로소 그 효력이 발생하는 것이 있다.

④ 항변권　　항변권은 상대방의 청구권의 행사에 대하여 그 작용을 저지할 수 있는 효력을 가지는 권리이다. 이는 권리자 자신에 대한 타인의 공격을 방어하는 데 그친다는 점에서 반대권(反對權)이라고도 한다. 항변권에는 쌍무계약 당사자의 동시이행항변권·보증인의 최고 검색의 항변권(민법 제536조·제437조 참조)과 같이 상대방의 청구권행사를 일시적으로만 저지할 수 있는 연기적 항변권과 상속인의 한정승인항변권(민법 제1028조 참조)과 같이 영구적으로 저지할 수 있는 영구적 항변권이 있다.

(3) 그 밖의 분류

① 절대권·상대권　　절대권·상대권은 의무자의 범위를 기준으로 하여 권리를 분류한 것이다. 즉, 절대권(絕對權)은 권리자가 객체에 대한 배타적 지배를 내용으로 하므로, 권리자 이외의 모든 사람에 대하여 주장할 수 있는 권리이다. 소유권 등의 물권·인격권·무체재산권은 절대권의 대표적인 모습이다. 이에 비하여 상대권(相對權)은 특정인만을 의무자로 하여 그 특정인에 대해서만 주장할 수 있는 권리로서, 채권이 이의 대표적인 모습이다.

② 일신전속권·비전속권　　일신전속권·비전속권은 권리와 그 주체의 긴밀성의 정도를 기준으로 권리를 분류한 것이다. 즉, 일신전속권(一身專屬權)은 양도·상속 등으로 타인에게 이전할 수 없는 권리로서, 인격권·가족권이 이의 대표적인 모습이다. 이에 비하여 비전속권(非專屬權)은 양도·상속 등으로 타인에게 이전할 수 있는 권리로서, 재산권이 이의 대표적인 모습이다.

③ 주된 권리·종된 권리　　주된 권리·종된 권리는 권리의 독립성을 기준으로 권리를 분류한 것이다. 즉, 다른 권리에 대하여 종속관계에 서는 권리가 종된 권리이고, 이의 전제가 되는 다른 권리가 주된 권리이다. 따라서 종된 권리는 주된 권리의 존재를 전제로 하여 발생하는 것으로서, 이의 대표적인 모습으로 이자채권은 원본채권의 종된 권리이다. 종된 권리는 주된 권리와 권리의 발생·변경·소멸 등에서 법률적 운명을 같이 하는 부종성(附從性)을 띤다.

④ 기성의 권리·기대권　　기성의 권리·기대권은 권리의 성립요건의 실현 여부를 기준으로 권리를 분류한 것이다. 즉, 권리의 성립요건이 모두 실현되어서 이미 성립한 권리를 기성(旣成)의 권리이고, 보통의 권리는 기성의 권리이다. 이에 비하여 아직 실현되지 않은 요건이 실현되면 장래에 권리를 취득할 수 있는 상태에 대하여 법이 주고 있는 보호를 기대권(期待權)이라 하고, 이를 희망권(希望權)이라고도 한다. 장래 조건의 성취를 전제로 취득되는 조건부권리(민법 제148조·제149조), 기한의 도래를 전제로 취득되는 기한부권리(민법 제154조), 상속이 개시되기 전의 추정상속인(민법 제1004조)의 지위 등은 기대권의 대표적인 모습이다.

Ⅳ 사 회 권

1. 의　의

　사회권은 사회법상의 생활관계에서 당사자가 갖는 권리이다. 사회법이 공법과 사법의 혼합적인 성격을 지니는 것과 같은 맥락에서 사회권도 공권과 사권의 혼합적인 성격을 띠는 특성이 있다. 이의 가장 대표적인 것으로는 노동법상 근로자에게 인정되는 노동3권을 들 수 있으며, 이 밖에 경제법·사회보장법·사회복지법 등에서 인정되는 권리도 사회권이다.

2. 분　류

(1) 근로자의 노동3권

　① 단결권　　단결권은 근로자가 자주적으로 단결하여 근로조건의 유지·개선 기타 근로자의 경제적·사회적 지위의 향상을 도모하기 위한 단체인 노동조합의 결성을 위하여 단결할 수 있는 권리이다(헌법 제33조 1항, 노동조합 및 노동관계조정법 제2조 4호 참조). 단결권에 의하여 근로자는 자유로이 노동조합을 조직하거나 이에 가입할 수 있으나, 공무원과 교원에 대하여는 법률에 의하여 일정한 제한이 가하여진다(노동조합 및 노동관계조정법 제5조).

　② 단체교섭권　　단체교섭권은 근로자가 근로조건의 유지·개선 기타 근로자의 경제적·사회적 지위의 향상을 도모하기 위하여 사용자와 단체적으로 교섭할 수 있는 권리이다(헌법 제33조 1항). 노동조합의 대표자는 그 노동조합 또는 조합원을 위하여 사용자나 사용자단체와 교섭하고 단체협약을 체결할 권한을 가지며, 단체협약이

유효하기 위하여서는 반드시 서면으로 작성하여 당사자 쌍방이 서명 또는 날인하여야 한다(노동조합 및 노동관계조정법 제29조·제31조).

③ 단체행동권　　단체행동권은 근로자가 근로조건의 유지·개선 및 단체교섭을 실질적으로 관철하기 위하여 파업·태업 등의 쟁의행위를 할 수 있는 권리이다(헌법 제33조 1항, 노동조합 및 노동관계조정법 제2조 6호 참조). 단체행동권은 쟁의권이라고도 하며, 쟁의행위는 그 목적·방법 및 절차에 있어서 법령 기타 사회질서에 위반하지 않아야 하고, 조합원은 노동조합에 의하여 주도되지 않는 쟁의행위를 할 수 없고 폭력행위는 금지된다(노동조합 및 노동관계조정법 제37조·제42조).

(2) 그 밖의 사회권

경제법상 인정되는 권리도 사회권에 속하며, 그 대표적인 모습으로는 소비자의 권리로서 다루어지는 안전할 권리·정보제공을 받을 권리·선택할 권리·의견을 반영시킬 권리·적절한 피해보상을 받을 권리·교육을 받을 권리·알 권리·단결권과 단체행동권·환경권 등 소비자의 기본적 권리(소비자의 8대 권리)를 들 수 있다(소비자기본법 제4조 참조). 또한 사회보장법·사회복지법상 인정되는 사회권으로는 사회보장에 관한 관계법령이 정하는 바에 의하여 사회보장의 급여를 받을 권리인 사회보장수급권(사회보장기본법 제3조 1호·제9조 참조)과 생활무능력자의 생계급여수급권 등을 들 수 있다(국민기초생활 보장법 제2조 1호·제7조 참조).

제 2 부

공 법

Introduction to Law

제 01 편

제 헌 법

제 01 편 헌 법

제*01*장

헌법총론

나 달 숙*

제1절 헌법의 기초이론

Ⅰ 헌법의 의의

1._ 헌법의 개념

헌법은 국가의 기본법으로서 국가의 통치조직과 통치작용의 원칙을 정하고, 국민의 기본권을 보장하는 국내 최고법이다. 헌법(Constitutional Law, Verfassungsrecht, droit Constitutionell)이란 용어는 원래 국가의 조직·구조·체제·제도라는 의미를 가지는 것이었고, 그것이 성문화됨으로써 헌법규범으로서 의의를 갖게 되었다.

헌법은 국가의 통치질서를 정하는 공법영역에 속하는 것으로서 개인 상호간의 관계를 규율하는 사법과 다른 영역이다. 또한 헌법은 한 국가 내에서 효력을 가지는 법인 국내법이란 점에서 다수의 국가들 사이에 효력을 가지는 국제법과 다르다.

---

* 백석대학교 경찰학부 교수.

2._ 역사적 발전과 헌법개념

(1) 고유의 의미의 헌법

고유의 의미의 헌법이란 국가의 통치체제에 관한 기본사항을 정한 국가의 기본법을 가지는 국가의 헌법을 말한다. 이러한 의미의 헌법은 어떠한 국가든지 헌법을 가지고 있다는 헌법개념으로, 성문헌법이나 불문헌법에 상관없이 국가가 있는 곳이면 언제나 존재하는 헌법개념이다.

(2) 근대입헌주의적 헌법

근대입헌주의적 헌법(시민국가적 헌법)은 개인주의·자유주의·법치주의와 같은 일정한 이데올로기를 지향하면서, 개인의 자유와 권리를 보장하고(기본권 보장) 권력분립에 의하여 국가권력이 남용되는 것을 억제하려는(권력분립) 헌법개념이다. 1789년 프랑스 인권선언 제16조는 "권리의 보장이 확보되지 아니하고, 권력분립이 규정되어 있지 않은 사회는 헌법을 가진 것이 아니다"라고 하여 입헌주의적 헌법에 대해 선언하였다.

근대입헌주의적 헌법에 공통되는 기본원리로는 ① 국민주권주의, ② 기본권보장, ③ 권력분립주의, ④ 법치주의, ⑤ 성문헌법 등을 들 수 있다.

(3) 현대복지국가적 헌법

현대복지(사회)국가적 헌법이란 복지국가의 원리를 바탕으로 하는 헌법으로, 근대입헌주의적 헌법의 기반 위에 실질적·사회적 이념이 첨가되어진 헌법이다.

현대 자본주의사회의 구조적 모순과 부조리를 해결하기 위해 국가가 적극적으로 개입하여 경제적·사회적 불평등을 해소하고, 형식적인 평등만을 강조하던 것이 내용과 절차적인 면에서의 평등도 중요시하게 되었다.

현대복지국가적 헌법에 공통되는 기본원리로는 ① 국민주권의 실질화, ② 기본권보장의 실질화, ③ 실질적·절차적 법치주의, ④ 권력분립주의의 완화, ⑤ 사회적 시장경제주의, ⑥ 행정국가화·적극국가화 경향, ⑦ 헌법재판제도의 확립, ⑧ 국제평화주의 등을 들 수 있다.

3._ 존재론적 측면과 헌법개념

존재론적 측면에서 헌법은 실질적 의미의 헌법과 형식적 의미의 헌법이 있다.

실질적 의미의 헌법은 헌법, 법률, 명령 또는 성문법, 불문법에 상관없이 국가의 기본법 전부를 말한다. 국가의 조직과 작용, 권한 등을 규정한 모든 규범으로, 헌법전은 물론 법률·명령·규칙 및 관습이나 조리까지도 포함하는 개념이다.

형식적 의미의 헌법은 내용을 불문하고 헌법전이라는 형식을 갖추어 존재하는 헌법을 말한다. 오늘날 영국을 비롯한 몇몇 국가를 제외하고 대부분의 국가가 가지고 있는 헌법이다.

형식적 의미의 헌법은 대체로 실질적 의미의 헌법과 그 내용이 일치하지만 반드시 일치하는 것은 아니다. 헌법개정을 어렵게 하려는 헌법정책적 이유로 실질적 의미의 헌법의 내용이 아니어도 형식적 의미의 헌법전에 편입시키는 경우가 있다(예, 스위스헌법의 도살조항, 독일 바이마르헌법의 풍치조항, 미연방헌법의 금주조항 등).

Ⅱ) 헌법의 특성

1._ 사 실 성

(1) 정 치 성

헌법은 역사적으로 정치권력을 잡은 세력들에 의해 그 지배체제가 형성되고 이를 규정한 것으로 정치세력들에 의해 형성된 결정체, 정치세력들의 타협물로서 정치성을 띠고 있다. 독일의 법학자 칼 슈미트(Carl Schmitt, 1888~1985)는 헌법제정을 '제정자의 정치적 결단'이라고 하여 헌법이 그 내용뿐 아니라 결과도 정치적인 것임을 잘 표현한 바 있다.

(2) 역 사 성

헌법은 그 이념과 가치질서가 정치·경제·사상 등 그때그때의 역사적 여건과 지배 상황에 의하여 제약을 받는 역사성을 갖는다. 근대입헌주의적 헌법이 봉건적 전제군주의 압제에 대항하여 탄생한 것과 현대복지국가적 헌법이 자본주의의 모순을 해결하기 위해 절대적 자유와 형식적 평등에서 상대적 자유와 실질적 평등으로 변천한 것은 모두 역사적인 것이다.

(3) 이 념 성

헌법은 한 국가가 추구하는 시대정신을 반영하는 이념과 가치질서의 산물이다. 근대입헌국가적 헌법은 자유를 시대적 이념으로 삼고, 국민의 자유와 국민의 기본권(인권) 보장을 국가의 최고이념으로 삼았다. 현대복지국가적 헌법은 실질적 평등 이념을 강조하고 사회적 약자의 보호를 위한 복지국가를 지향하였다.

(4) 개 방 성

헌법이 국가생활 전반에 관한 모든 사안에 대해 구체적으로 규정을 하는 것은 불가능하고 그 대강의 경우만을 규정해 놓아 헌법규정에 대한 해석을 가능하게 한다. 헌법규정은 헌법규범에 대한 해석을 통하여 헌법의 과제와 기능에 대해 연구할 수 있도록 개방되어 있는 것이다.

2._ 규 범 성

(1) 최고규범성

헌법은 실정법 내에서는 그 이상의 상위규범이 없는 최상위 법규범이다. 헌법은 최고규범성으로 인해 법률, 명령, 규칙 등의 하위법령을 제정하는 기준이 되며, 하위법령의 효력근거가 된다. 법률의 위헌여부를 심사하는 위헌법률심사제를 두는 것, 헌법개정절차를 다른 일반 법률의 개정절차보다 까다롭게 규정하고 있는 것은 이러한 헌법의 최고규범성에서 나오는 것이다.

(2) 기본권보장규범성

근대입헌주의적 헌법과 현대복지국가적 헌법은 기본권보장을 규정하여 국민의 자유와 권리의 확보를 선언하고 있다. 현행헌법 제10조에서 "모든 국민은 인간으로서의 존엄과 가치를 가지며, …국가는 개인이 가지는 불가침의 기본적 인권을 확인하고 이를 보장할 의무를 진다"라고 규정하여 국민의 기본적 인권보장을 명시하고 있다.

(3) 조직규범성

모든 국가기구는 헌법이 규정한 통치에 관한 기본구조에 의해 조직되고 작용한다는 조직규범성을 갖는다. 현행헌법은 입법권은 국회(제40조)가, 행정권은 대통령을 수반으로 하는 정부(제66조 4항)가, 사법권은 법관으로 구성된 법원(제101조 1항)이 행사하는 것으로 규정하여 각 국가기구에 부여한 권한의 범위 내에서 그 통치작용을 정하고 있다.

(4) 수권규범성

모든 국가기관은 헌법이 위임한 권한만을 행사하여야 하며, 국가권력이 이를 초월하여 권력행사를 하는 것은 인정되지 않는 수권규범성을 갖는다. 이같이 헌법은 다른 법규범의 존재와 타당범위 그리고 통치기관의 권한 범위를 정하고 있다.

(5) 권력제한규범성

일반적으로 헌법은 국가권력을 입법권·집행권·사법권으로 분립하여 이를 각

국가기관에 분담시키고 이들 상호간에는 견제와 균형을 유지하게 함으로써 국가권력의 자의적 행사를 미연에 방지하고자 하고 있다. 헌법에 권력을 분립하여 규정함으로써 국민의 기본권을 보장하고자 하는 것은 국가기구에 부여한 권력 작용만을 행사할 것을 요하는 권력제한규범으로서의 성격을 갖는다.

(6) 자기보장규범성

헌법은 다른 하위규범과는 달리 그 실효성을 확보하거나 그 내용을 직접 강제할 수 있는 기관이나 수단을 구비하고 있지 않고 헌법 자체에 스스로를 보장하는 수단을 가지고 있는 자기보장성을 지닌다.

Ⅲ 헌법의 분류

1._ 존재형식에 따른 분류 – 성문헌법과 불문헌법

헌법의 존재형식이 성문이냐 불문이냐에 따라 성문헌법과 불문헌법으로 나뉜다. 성문헌법(written Constitution)이란 성문화된 형식적 헌법전을 갖는 헌법을 말하는데, 대부분의 국가는 성문헌법을 가지고 있다. 이에 대해 불문헌법(unwritten Constitution)은 성문화된 헌법전은 없지만 실질적인 헌법의 구실을 하는 법을 가진 헌법을 말한다(영국헌법, 캐나다헌법, 뉴질랜드헌법 등). 성문헌법국가에서는 판례나 관습헌법 등 불문헌법이 법원성을 갖느냐가 문제인데, 일반적으로 관습헌법은 성문헌법의 보충적 효력을 갖는다고 본다(헌재 2004. 10. 21, 2004헌마554 등).

2._ 개정난이에 따른 분류 – 경성헌법과 연성헌법

경성헌법(rigid Constitution)은 헌법의 개정절차가 일반 법률의 개정절차보다 까다로운 헌법을 말하며, 현대국가의 성문헌법은 대부분이 이에 속한다. 연성헌법(flexible Constitution)은 헌법의 개정절차가 일반 법률의 개정과 동일한 절차를 갖는 헌법을 말한다(예, 영국헌법, 1848년의 이탈리아헌법, 1876년의 스페인헌법, 1947년의 뉴질랜드헌법 등).

3._ 제정주체에 따른 분류 – 흠정헌법 · 협약헌법 · 민정헌법 · 국약헌법

흠정헌법은 군주국가에서 군주 한 사람의 의사로 제정된 헌법을 말하며, 협약헌법은 군주의 권력이 약화되어 군주와 국민 또는 국민의 대표기관과의 협의에 의해 제정된 헌법을 말한다. 민정헌법(민약헌법)은 국민주권사상에 입각하여 국민 또는 국민의 대표자가 제정한 헌법으로(오늘날 대다수 민주국가의 헌법), 국약헌법은 둘 이상의 국가 간 협약에 의하여 제정되는 헌법을 말한다(예, 1871년 독일제국헌법, 1992년 독립국가연합헌법(CIS) 등).

4._ 독창성 여부에 따른 분류 – 독창적 헌법과 모방적 헌법

독창적 헌법이란 헌법이 이미 존재하는 다른 헌법에서 유래되지 않고 최초로 창조된 헌법을 말한다(예, 1787년의 미연방헌법의 대통령제, 나폴레옹헌법의 인민투표적 황제주의제, 1793년의 프랑스헌법의 국민공회정부제, 1918년의 레닌헌법의 노동자·농민·병사의 평의회제, 1931년의 중국국민당헌법의 오권분립제, 1935년의 폴란드 필수츠키헌법의 신대통령제 등).

모방적 헌법은 국내 또는 외국에서 성립된 헌법을 모방하여 제정된 헌법을 말한다(예, 영국연방의 여러 헌법, 일본헌법, 터키헌법, 태국헌법, 우리나라 헌법 등 대부분 국가의 헌법).

5._ 헌법규범과 헌법현실의 일치여부에 따른 분류 – 규범적 헌법·명목적 헌법·장식적 헌법(뢰벤쉬타인의 분류)

헌법규범과 헌법현실과의 일치 여부를 기준으로 규범적 헌법, 명목적 헌법, 장식적 헌법으로 분류하는데, 규범적 헌법은 개인의 자유와 권리의 보장을 최고이념으로 하는 실효성 있는 헌법이다. 이는 헌법규범과 헌법현실이 일치하는 헌법으로, 완전한 규범력을 발휘하는 가장 바람직한 헌법이다(서구의 헌법).

명목적 헌법은 헌법이 현실적 규범으로서의 기능을 발휘하지 못하고 다만 명목적인 데 불과한 헌법을 말한다. 이는 정치적 교육, 훈련 결여, 기타 현존 사회적·경제적 조건 때문에 헌법규범과 헌법현실이 완전히 일치하지 못하고 장래에 일치할 것을 예상하여 만들어진 헌법이다(아시아, 아프리카 헌법).

장식적 헌법이란 헌법이 현실 규율의 목적이 아니라 헌법을 외국에 과시하기 위해서 또는 권력자가 자기를 정당화하기 위한 수단으로 만들어진 헌법을 말한다. 이는 형식적인 헌법의 존재와 권력과정의 실제적인 운영이 다른 헌법규범과 헌법현실이 일치하지 않는 헌법이다(공산국가, 독재국가의 헌법).

6._ 국가형태에 따른 분류 – 단일국가헌법과 연방국가헌법

국가형태에 따라 단일국가에서 취하는 헌법을 단일국가헌법이라고 하며, 연방국가에서 취하는 헌법을 연방국가헌법이라 한다. 연방국가에서의 각 지분국은 국가적 성격을 갖고 각각의 헌법을 가지고 있다(미국, 독일, 스위스, 구소련 등).

Ⅳ 헌법의 제정 · 헌법제정권력

1._ 헌법의 제정

헌법의 제정(Constitution-Making)이란 헌법제정권력이 헌법을 최초로 창설하는 것으로, 한 국가의 기본적 법규범을 국민적 합의를 통하여 정립하는 행위를 말한다. 헌법이 제정되는 경우는 국가가 새로 성립되거나 기존의 헌법을 폐지하고 이와 다른 새로운 헌법을 정립하는 때이다.

2._ 헌법제정권력

(1) 헌법제정권력의 의의

헌법제정권력(Constituent Power)이란 헌법을 최초로 창설하는 권력, 즉 헌법을 창조하는 시원적인 권력을 말한다(시원적 제헌권). 칼 슈미트는 헌법제정권력이란 고유의 정치적 실존의 종류와 형태에 관하여 전체적인 근본결단을 내릴 수 있는 권력이나 권위를 가진 정치적 의사라고 하였다. 이러한 헌법제정권력은 헌법의 창조에 근본적 결단을 내리는 권위를 가진 정치적 의사임과 동시에 헌법규범을 창설하는 것에 대한 정당성을 부여해주는 권력이라 할 수 있다.

현행헌법은 헌법 전문에 헌법의 제정경위를 밝히고 있고, 헌법 제1조 2항 전단에서 "대한민국의 주권은 국민에게 있고"라고 규정하여 국민이 헌법제정권력의 주체임을 선언하고 있다.

(2) 헌법제정권력의 본질

헌법제정권력은 헌법질서를 창설하는 시원적인 힘으로, 헌법제정권을 합법화시키는 그 이상 상위의 실정법규범이 존재하지 않으며(시원성), 자기 자신에 의하여 자신을 정당화하는 자율성을 가진다(자율성). 또한 헌법제정권력은 헌법에 의하여 만들어진 헌법개정권력이나 헌법에 의해 조직화된 권력인 입법권 · 행정권 · 사법권의 통치권과 달리 이들의 포괄적 기초가 되며 분할될 수 없는 권력이다(불가분성). 또한 이 권력은 민주국가에서 국민에게만 있는 것으로 양도할 수 없고(불가양성), 한 번 행사하였다고 소멸되지 않는다(항구성).

Ⅴ 헌법의 개정

1._ 헌법개정의 의의 및 불가피성

헌법의 개정(Amendment, Revision)이라 함은 헌법에 규정된 개정절차에 따라 기존헌법의 기본적 동일성을 유지하면서 의식적으로 헌법전 중의 어떤 조항을 수정 또는 삭제하거나 새로운 조항을 추가하는 행위를 말한다. 헌법규범은 현실을 규율하기 위한 것이지만 현실의 변천으로 헌법규범과 현실사이에는 간격이 생기게 되는데, 이때 헌법의 현실적 규범력을 유지하기 위해서 헌법개정이 불가피하게 된다.

2._ 헌법개정의 한계성 및 한계사유

헌법의 개정에 있어서 헌법에 규정된 개정절차에 의하기만 하면 어떠한 조항도 개정할 수 있으며, 나아가 명문으로 개정을 금지하는 조항도 헌법개정의 대상이 된다고 보는 개정무한계설(개정한계부정설)과 헌법에 규정된 개정절차에 의하더라도 특정한 조항이나 일정한 내용은 자구수정 외에는 할 수 없다고 하는 개정한계설(개정한계긍정설)이 있다. 개정한계설이 통설적인 견해이다.

헌법개정한계설에서 들고 있는 일정한 개정한계 사유로는 인류보편의 원리인 자연법의 원리, 일반적으로 확립된 국제법상의 일반원칙의 초헌법적 제약, 명문으로 일정한 제약을 하고 있는 실정헌법상 제약, 헌법제정권자의 근본적 결단인 헌법의 핵은 개정할 수 없다는 헌법내재적 제약을 들고 있다.

3._ 현행헌법의 개정절차

현행헌법의 개정절차는 헌법 제10장 제128조~제130조에 규정되어 있다. 헌법개정안은 국회의원 재적과반수 이상의 찬성이나 대통령이 제안할 수 있다. 제안된 헌법개정안은 20일 이상의 기간 동안 공고하고, 국회는 헌법개정안이 공고된 날로부터 60일 이내에 의결하여야 한다. 헌법개정안에 대한 국회의 의결은 재적의원 2/3 이상의 찬성을 얻어야 한다. 국회의 의결을 거친 헌법개정안은 국회가 의결한 후 30일 이내에 국민투표에 회부하여 국회의원선거권자 과반수의 투표와 투표자 과반수이상의 찬성을 얻어 확정된다. 대통령은 헌법개정에 관하여 거부권을 행사할 수 없으며, 즉시 이를 공포하여야 한다.

헌법개정 절차

제안(국회재적의원 과반수 이상, 대통령) → 공고(20일 이상) → 국회의결(공고후 60일 이내, 국회재적의원 2/3이상 찬성, 표결은 기명투표) → 국민투표(국회의결후 30일 이내, 국회의원선거권자 과반수투표, 투표권자 과반수 이상 찬성) → 공포(즉시, 대통령)

Ⅵ) 헌법의 변천

헌법규정은 그대로 유지하면서 헌법의 의미와 내용에 실질적인 변화를 가져오게 되는 경우를 헌법의 변천이라고 한다. 미국헌법은 연방대법원에 위헌법률심사권을 부여하고 있지 않음에도 불구하고 헌법해석을 통하여 연방대법원이 위헌법률심사권을 가진 것으로 해석해오고 있는 것, 영국에서 국왕이 실권이 상실되고 형식적·명목적 권한으로 변질된 것, 일본이 평화헌법조항의 규정의 존재에도 불구하고 전력의 증강을 계속해오고 있는 것은 헌법의 변천의 예이다.

Ⅶ) 헌법의 보장

헌법의 핵심적 내용이나 규범력이 헌법에 대한 침해로 인하여 변질되거나 훼손되지 않도록 그 침해를 사전에 예방하거나 사후에 배제하여 헌법의 존속을 확보하는 것을 헌법의 보장이라 한다. 헌법보장은 평시와 비상시로 나눌 수 있는데, 평상시 헌법보장제도로는 사전·예방적 헌법수호제도와 사후·교정적 헌법수호제도가 있고, 비상시 헌법수호제도로는 국가긴급권과 저항권 행사가 있다.

국가긴급권은 평상시의 입헌주의적 통치기구로서는 대체할 수 없는 국가적 위기상황이 발생한 경우에 국가의 존립보전을 위해 특정한 국가기관이 긴급조치를 취할 수 있는 권한이다. 저항권은 공권력이 헌법적 질서나 기본권 보장을 위협하거나 침해한 경우 더 이상의 합법적인 대응수단이 없는 경우에 국민이 실력을 행사하여 공권력에 저항하는 권리를 말한다. 국가긴급권은 위에서부터 아래로 발동되는 반면 저항권은 아래에서부터 위로 행사된다.

제 **02** 장

대한민국헌법 총설

제1절 대한민국의 구성요소

I 국 민

1._ 개 념

국민(Nation)은 한 국가의 구성원으로서 국적을 가진 모든 사람을 말하며, 국적(Nationality)은 국민이 되는 자격을 말한다. 우리 헌법은 "대한민국의 국민이 되는 요건은 법률로 정한다"(제2조 1항)라고 규정하여 국적의 단행법주의를 취하고 있다. 국적의 취득·상실·회복 등은 국적법에 규정하고 있다. 한국은 단일국적주의, 부모양계혈통주의를 원칙으로 하고 있어, 이중국적자는 대한민국의 국적을 취득한 날로부터 1년 내에 외국국적을 포기하여야 한다.

2._ 국적의 취득요인

국적의 취득에는 출생에 의해 국적을 취득하는 선천적 취득과 인지·귀화·수반 등 출생 이외의 일정한 사유에 의해 국적을 취득하는 후천적 취득이 있다. 선천적 취득은 부모의 국적에 따라 출생자의 국적을 결정하는 속인주의(혈통주의)와 부모의 국적에 관계없이 출생한 지역에 따라 국적을 결정하는 속지주의(출생지주의)가 있다.

후천적 취득요인 중 인지는 혼인 외의 출생자를 자기의 자녀라고 인정하는 의사표시를 말하며, 귀화는 일정한 요건을 갖춘 자가 타 국적을 가지려는 의사에 의하여 그 국가의 허가를 얻어 국적을 취득하는 것을 말한다. 타인의 국적취득에 수반하는 국적취득은 외국인의 자로서 대한민국의 민법상 미성년인 자가 그 부 또는 모가 귀화

허가를 신청할 때 함께 국적을 신청할 수 있고 귀화의 허가를 받은 때에는 부모와 함께 국적을 취득한다.

Ⅱ 국가권력

국가의 권력은 주권과 통치권을 포함하는 것이다. 주권(Sovereignity)은 일반적으로 국가의사를 전반적·최종적으로 결정하는 국내적으로 최고의 권력이고 국외적으로는 독립된 권력을 의미한다. 주권은 본질적으로 최고성·독립성·시원성·자율성·단일불가분성·불가양성·항구성 등을 그 속성으로 한다.

역사적으로 주권이 최종적으로 누구에게 있느냐에 따라 군주주권론, 국민주권론, 국가주권론 등이 있으나 오늘날 민주국가에서는 국민에게 주권이 있다는 국민주권론에 입각해 있다.

통치권(공권력)이라 함은 국가목적을 달성하기 위하여 헌법에 근거하여 조직된 권력을 말하며, 그 발동형태에 따라 입법권·사법권·집행권으로 나누어진다. 주권은 단일불가분·불가양의 권리인데 반해, 통치권은 주권에서 유래하고 주권에 의해 조직되어 국가목적을 수행하기 위해 주권이 위임한 권력으로 분할과 양도가 가능하다.

우리 헌법 제1조 2항의 "대한민국의 주권은 국민에게 있고 모든 권력은 국민으로부터 나온다"는 규정에서 '주권'은 본래적 의미의 주권을 의미하고, '모든 권력'은 통치권을 의미한다.

Ⅲ 영 역

영역(Territory)은 국가법이 적용되는 공간적 범위를 말하며 영토·영해·영공으로 구분된다. 영역에 대한 국가권력을 영역권 또는 영토고권이라 하는데, 이는 영역을 자유로이 사용·수익·처분할 수 있고, 영역 내에서 인과 물을 독점적·배타적으로 지배할 수 있는 권력을 말한다.

북한주민의 법적 지위

우리 헌법은 제헌헌법 이래로 "대한민국의 영토는 한반도와 그 부속도서로 한다"는 규정을 두고 있다. 대법원은 이를 근거로 하여 북한지역도 대한민국의 영토에 속하는 한반도의 일부를 이루는 것이어서 대한민국의 주권이 미치고 북한주민도 대한민국 국적을 취득·유지하는데 아무런 영향이 없는 것으로 해석하고 있다(헌재 2000. 8. 31, 97헌가12).

제2절 헌법의 기본질서

I 헌법의 기본질서의 의의

헌법은 한 국가의 생활영역 전반을 규범적으로 주도하고 규율하는 국가질서에 관한 기본적 사항을 규정한다. 이러한 헌법에 의거하여 형성되고 국가적 생활 전반의 준칙이 되는 질서를 헌법의 기본질서라고 하며, 헌법형성의 기초가 되는 원리를 헌법의 기본원리라고 한다.

헌법의 기본원리의 의의

헌법의 기본원리는 헌법의 이념적 기초인 동시에 헌법을 지배하는 지도원리로서 입법이나 정책결정의 방향을 제시하며 공무원을 비롯한 모든 국민·국가기관이 헌법을 존중하고 수호하도록 하는 지침이 되며, 구체적 기본권을 도출하는 근거로 될 수는 없으나 기본권의 해석 및 기본권제한 입법의 합헌성심사에 있어 해석기준의 하나로서 작용한다(헌재 1996. 4. 25, 92헌바47).

II 국민주권주의

국민주권주의라 함은 주권이 국민에게 있다는 원리로, 국가적 의사를 전반적·최종적으로 결정할 수 있는 최고의 권력인 주권을 국민이 보유한다는 것과 모든 국가권력의 정당성의 근거를 국민에게서 찾아야 한다는 것을 내용으로 하는 원리를 말한다.

헌법 제1조 2항은 "대한민국의 주권은 국민에게 있고, 모든 권력은 국민으로부터 나온다"라고 규정하고 있다. 이는 국민주권을 선언한 규정으로 국가권력의 정당성이 국민에게 있고, 모든 국가통치권력의 행사를 최종적으로 국민의 의사에 귀착시킬 수 있다는 뜻이다.

국민주권원리는 우리 헌법에 담겨있는 최고이념이며 모든 국가기관과 국민이 존중하고 지켜나가야 하는 최고의 가치규범이다. 따라서 이 원리는 헌법전을 비롯한 모든 법령해석의 기준이 되며, 입법형성권 행사의 한계와 정책결정의 방향을 제시한다. 또한 이는 헌법의 핵심조항으로, 헌법개정의 한계사항이기도 하다.

Ⅲ 자유민주주의

자유민주주의는 국가권력의 간섭을 배제하고 개인의 자유와 자율을 존중할 것을 요구하는 자유주의와 국민에 의한 지배 또는 국가권력이 국민에게 귀속되는 것을 내용으로 하는 민주주의의 양자가 결합된 정치원리이다. 이 자유민주주의는 인민민주주의와 사회민주주의 등과 구별되는 개념이다.

헌법은 전문에서 "자유민주적 기본질서를 더욱 확고히 하여"라고 하고, 제4조에서 "자유민주적 기본질서에 입각하여"라고 하며, 제8조 4항에서 "정당의 목적이나 활동이 민주적 기본질서에 위배되어서는 안 되며"라고 하여 우리 헌법이 자유민주주의를 기본이념으로 하고 있음을 명시하고 있다.

Ⅳ 법치주의

법치주의는 법에 의한 통치, 법우위의 원칙에 따라 모든 국가작용을 법규범에 따르게 함으로써 국민의 자유와 권리를 보장하려는 원리를 말한다. 우리 헌법은 국민주권의 이념에 따라 통치권을 기본권에 기속시킴으로써 국가권력이 악용 내지 남용되는 일이 없도록 법치주의의 원리를 헌법상의 기본원리로 삼고 있다. 우리 헌법이 채택하고 있는 법치주의 원리는 법률의 형식만을 중요시하는 형식적 법치주의가 아니라 자유·평등·정의를 실현시키려는 실질적 법치주의를 의미한다.

법치주의는 개인의 권리가 침해된 경우 사법적 권리보호가 요청되는 국가권력을 통제하고 제한하는 소극적 기능뿐만 아니라 국가권력을 구성하고 국가권력의 발동근거가 되는 적극적 의미를 지닌다.

Ⅴ 사회국가원리

사회국가원리라 함은 실질적인 자유·평등·사회정의 구현과 다양한 생활형태를 보장함으로써 모든 국민의 복지적 생활환경을 조성하기 위한 국가적 원리를 말하는 것으로, 바이마르공화국에 와서 이를 헌법적 차원에서 다루기 시작했다.

사회국가는 자본주의 경제질서를 유지하면서 그 모순점을 해결하려는 것으로 생존보장, 완전고용 등 사회적 정의를 위해 국가가 적극적으로 개입을 한다. 그 제도적 유형으로는 생존권적 기본권의 보장, 재산권의 사회적 구속, 소득의 적정분배, 사회보장제, 경제에 대한 규제와 조정 등을 들 수 있다.

Ⅵ 사회적 시장경제주의

사회적 시장경제주의는 자본주의적 자유시장경제를 근간으로 하면서 사회복지 및 사회정의를 실현하기 위한 범위 내에서 사회주의적 계획경제나 통제경제를 가미한 경제주의를 의미한다. 시민적 법치국가(근대입헌주의국가)의 자유방임주의는 자유시장경제주의를 원칙으로 하여 산업발달의 원동력이 되었다. 그러나 빈부격차의 심화, 독과점의 폐해 등 자본주의의 모순과 위기를 초래하자 이를 해결하기 위해 자유시장경제질서를 기본틀로 하면서 점진적 개량정책을 통한 부분적 사회화를 도모하는 경제질서가 독일에서 등장한 사회적 시장경제질서이다.

우리 헌법은 자유시장경제질서를 기본으로 하면서 경제정의와 경제민주화를 위하여 국가의 시장경제에 대한 개입을 허용하는 사회적 시장경제주의를 지향하고 있다. 그러나 이러한 국가의 시장경제에 대한 간섭은 어디까지나 필요최소한에 그치는 예외적인 것이어야 하며, 사회주의적 계획경제 내지 전면적 사회화는 허용되지 않는다.

Ⅶ 국제평화주의

헌법전문은 "항구적인 세계평화와 인류공영에 이바지함으로써"라고 규정하고, 제5조 1항은 "대한민국은 국제평화의 유지에 노력하고 침략적 전쟁을 부인한다"라고 하여 우리 헌법이 국제평화주의를 지향하고 있음을 명시하고 있다. 헌법에서는 일체의 전쟁을 금지하는 것은 아니며, 침략전쟁만을 부인하고 방위전쟁, 자위전쟁은 인정한다. 더 나아가 평화적 생존을 할 수 있는 평화적 생존권을 보장하고 있다.

헌법 제6조 1항은 "헌법에 의하여 체결·공포된 조약과 일반적으로 승인된 국제
법규는 국내법과 같은 효력을 가진다"라고 하여 국제법의 국내법에의 수용과 국제법
존중을 규정하고 있다. 또한 제6조 2항에서 "외국인은 국제법과 조약이 정하는 바에
의하여 그 지위가 보장된다"라고 규정하여 외국인의 법적 지위를 보장하고 있음을 명
시하고 있다.

Ⅷ 평화통일주의

우리 헌법은 전문에 조국의 평화적 통일의 사명을, 제4조에 평화적 통일정책의
수립과 추진을, 그리고 제66조 3항에 대통령의 조국의 평화적 통일을 위한 성실한 의
무를 규정하고 있다. 또한 제69조에서 대통령취임선서에서 조국의 평화적 통일에의
노력을, 제92조 1항에서 민주평화통일자문회의를 규정하고 있다. 또한 제72조에 통일
에 관한 중요정책을 국민투표에 부칠 수 있게 하여 통일정책에 대한 민주적 정당성을
확보하게 하고 있다.

이러한 평화통일에 관한 조항은 국민적 합의에 바탕한 국민의 정치적 결정을 규
범화한 것으로, 우리의 국가적 목표이자 민족의 지상과제로서의 평화통일의 책무를
헌법에 규정한 것이다.

제 3 절   제도적 보장

Ⅰ 제도적 보장의 의의 및 구별

제도적 보장이라 함은 전통적으로 확립된 객관적 제도를 헌법의 수준에서 보장함
으로써 해당 제도의 본질을 유지하려는 것이다.

기본권은 본질적으로 전국가적·자연권적인 것으로 최대한의 보장을 요하나, 제
도적 보장은 해당 제도의 본질을 유지하기 위한 최소한의 보장이라는 점에서 기본적
인 차이가 있다. 제도적 보장은 기본권과 관련이 있는 경우도 있지만 반드시 필수적
인 관련이 있는 것은 아니다.

우리 헌법상 기본권과 제도적 보장을 구분하는 것이 다수설의 견해이며, 헌법재판소는 의무교육제도, 대학의 자율권, 직업공무원제도, 지방자치제도 등을 제도적 보장으로 보고 있다.

Ⅱ 정당제도

18·19세기의 대의제민주주의는 국민주권원리, 의원의 국민대표성과 독립성, 민주적 선거제도, 무기속위임원칙 등을 헌법의 기본원리로 보았다. 20세기에 들어 정당이 헌법상 중요한 기능을 담당하고 국정운영의 중심이 되는 정당제민주주의가 등장하였다. 라이프홀츠는 선거는 국가기관의 구성 이외에 어느 정당에 국가권력을 담당케 할 것인가라는 정부선택을 위한 국민투표제적 성격을 가지며, 의원이 정당에 예속되고 무기속위임원칙은 명목적인 것이 되고 있다고 보았다.

헌법은 제8조 2항에서 정당의 목적·조직과 활동이 민주적이어야 할 것과 국민의 정치적 의사형성에 참여하는 데 필요한 조직을 가져야 함을 규정하고 있다. 또한 정당설립의 자유를 규정하고 복수정당제를 보장하고 있다.

헌법 제8조 4항에 "정당의 목적이나 활동이 민주적 기본질서에 위배될 때에는 정부는 헌법재판소에 그 해산을 제소할 수 있고, 정당은 헌법재판소의 심판에 의하여 해산된다"라고 규정하여 그 해산요건을 일반결사에 비하여 엄격하게 규정하고, 사법절차에 의한 정당해산제도를 채택하고 있다.

Ⅲ 선거제도

1._ 의의 및 기본원칙

헌법은 대의민주주의의 이념 실현을 위해 선거제도를 보장하고 있다. 선거는 국민주권원칙의 실현을 통하여 대표자를 결정하게 한다. 또한, 대표자를 교체시킴으로써 정부와 의회의 쇄신을 가능하게 하며, 정권담당자를 교체함으로써 평화적인 민주질서와 정부구성을 가능하게 한다.

현대 자유민주국가의 대다수는 선거의 기본원칙을 헌법 또는 각종 선거법에 명문으로 규정하여 원칙의 합리적인 운용을 위한 제도적 장치를 마련해 놓고 있다. 선거제도에 관한 기본원칙으로 보통, 평등, 직접, 비밀, 자유선거의 원칙을 두고 있다.

2._ 선거구와 대표제

선거구란 국회의원을 선출하는 단위인 지구로, 1선거구에 1명의 대표자를 선출하는 소선거구, 1선거구에서 2인 내지 4인의 대표자를 선출하는 중선거구, 1선거구에서 5인 이상의 대표자를 선출하는 대선거구로 나누어진다.

대표제라 함은 의원정수의 당선결정방법을 말하는데, 일반적으로 대표제의 종류로는 다수대표제·소수대표제·비례대표제·직능대표제·혼합대표제를 들고 있다. 다수대표제는 총유효투표의 다수표를 얻은 자를 당선자로 결정하는 제도이고, 소수대표제는 총유효투표 중 소수표를 얻은 자도 당선자가 되는 제도이다. 비례대표제는 둘 이상의 정당이 분립되어 있는 경우에 그들 정당의 유효득표수에 비례하여 의원수를 공평하게 배정하려는 제도이다.

우리나라 국회의원에 대한 지역구 선거는 1선거구에서 1인의 국회의원을 선출하는 소선거구제와 다수대표제를 채택하고 있다. 비례대표국회의원선거에서 유효투표 총수의 100분의 3 이상을 득표하였거나 지역구국회의원총선거에서 5석 이상의 의석을 차지한 정당에 대하여 비례대표국회의원선거에서 얻은 득표비율에 따라 비례대표 국회의원의석을 배분하는 저지조항을 두고 있다.

> **지역구국회의원선거구 획정**
>
> 헌법재판소는 1995년 결정에서 국회의원선거구 획정에 있어서 인구편차가 4:1 이상일 경우에는 위헌임을 선언하였고, 2001년 결정에서는 합헌적인 선거구 인구편차를 3:1로 변경하였고, 2014년 결정에서 헌법이 허용하는 선거구 인구편차의 기준을 인구편차 상하 $33\frac{1}{3}$%, 인구비례로 2:1을 넘지 않는 것이라고 보았다.

Ⅳ) 공무원제도

헌법 제7조 1항은 "공무원은 국민전체에 대한 봉사자이며, 국민에 대하여 책임을 진다"고 하고, 2항에서 "공무원의 신분과 정치적 중립성은 법률이 정하는 바에 의하여 보장된다"고 하여 공무원의 헌법상 지위 및 직업공무원제도에 관하여 규정하고 있다.

직업공무원제도는 정권교체에 관계없이 행정의 독자성을 유지하기 위한 것으로, 헌법 또는 법률에 의하여 공무원의 신분이 보장되는 현대국가에 있어서 통치기관의 불가결한 구성원리로 간주된다. 직업공무원제도의 확립을 위해서는 공무원의 과학적

직위 분류제, 성적주의의 확립, 인사의 공정성 확보 등이 필요하며 특히 헌법상 규정하고 있는 공무원의 신분보장과 정치적 중립성의 확보가 중요하다.

Ⅴ 지방자치제도

지방자치제도란 일정한 지역을 중심으로 주민이 독자적인 자치기구를 설치하고 그 자치단체의 고유사무를 그들의 책임 하에 자신들이 선출한 기관을 통해 직접 처리하게 하는 제도를 말한다.

헌법은 제117조 1항에서 "지방자치단체는 주민의 복리에 관한 사무를 처리하고 재산을 관리하며, 법령의 범위 안에서 자치에 관한 규정을 제정할 수 있다"라고 하여 지방자치단체가 자치행정권, 자치재정권, 자치입법권의 권한을 갖고 있음을 규정하고 있다. 즉 지방자치단체는 주민의 복리를 위하여 행정을 하는 자치행정권, 재산을 관리하고 형성·유지하는 자치재정권, 법령의 범위 안에서 지방의회가 제정하는 조례와 지방자치단체장이 제정하는 규칙을 정하는 자치입법권을 가지고 있다.

Ⅵ 교육제도

모든 국민은 기본적 인권으로서의 '교육을 받을 권리'가 있으며, 이 권리의 보장을 위하여 교육의 기본을 법률로 정하고, 균등한 교육을 받을 기회를 부여하고 있다.

헌법은 교육제도에 관하여 제31조에서 교육을 받을 권리를 규정하고 교육의 기본원칙과 대학자치제를 핵심으로 하는 교육제도를 보장하고 있다. 또한 헌법 제31조 4항에서 교육의 자주성·전문성·정치적 중립성 등을 교육의 기본원칙으로 명시하고, 동조 6항에서 국가에 의한 교육의 자의적인 규제를 배제하기 위하여 교육제도를 비롯한 그 운영·교육재정·교원의 법적 지위 등의 법정주의를 규정하고 있다.

제**03**장

기 본 권

제1절　기본권 총론

Ⅰ　기본권의 의의

　　인권 혹은 인간의 권리(human Rights)란 인간이 태어날 때부터 인간이기 때문에 당연히 갖는 생래적이며 기본적인 권리를 말한다. 근대 자연법론자들은 인간은 고유한 천부인권을 가지고 있으며, 이를 보장받기 위하여 사회계약을 체결하였다고 주장하였다. 천부인권론은 1776년 미국 버지니아 권리장전과 1789년 프랑스 「인간과 시민의 권리」선언에서 규정되었다. 이러한 천부인권사상은 근대 이래 민주적 정치발전과 밀접한 결합을 하고 국가권력을 제한하고자 하였다.

　　기본권(fundamental Rights)은 헌법이 보장하는 국민의 기본적 권리를 의미하며, 인간의 자연권 내지 천부인권사상을 한 국가의 실정법체계에 편입시킨 것이다. 그리고 인권은 인간의 본성에서 나오는 생래적인 권리로, 국가성립 이전의 자연권으로 헌법에의 규정 여부와 상관없이 보장되는 권리이다. 이에 대해 시민의 권리는 국가의 구성원으로서의 국민 내지 시민의 권리를 말한다. 이는 자연권을 확보하기 위하여 국가가 인정하는 권리로 헌법에 규정되는 경우에 인정되는 권리라는 측면에서 인권과 구별하여 이해하기도 한다.

Ⅱ　기본권의 법적 성격

　　기본권의 성격에 대하여는 기본권이 국가이전의 권리인 자연권이라는 자연권설과 국가가 부여하는 경우에 인정되는 실정권설의 대립으로 다루어지고 있다.

우리 헌법에는 기본권의 성격에 대한 명시적인 규정은 없지만 기본적으로 자연권설에 입각해 기본권을 파악할 수 있는 것으로 본다. 그 대표적인 것으로 헌법 제10조인 "모든 국민은 인간으로서의 존엄과 가치를 가지며 국가는 개인이 가지는 불가침의 기본적 인권을 확인하고 이를 보장할 의무를 진다"라는 규정, 헌법 제37조 1항인 "국민의 자유와 권리는 헌법에 열거되지 아니한 이유로 경시되지 아니한다"라는 규정 등을 들 수 있다.

또한 기본권은 국가의 침해를 방어 또는 배제할 수 있는 개인이 누리는 주관적 공권성을 가지며, 국가는 개인의 기본권을 보호할 의무를 지니므로 공동체질서를 위한 객관적 가치질서로서의 의미를 함께 갖는다.

기본권의 이중성

오늘날 정치적 기본권은 국민이 정치적 의사를 자유롭게 표현하고, 국가의 정치적 의사형성에 참여하는 정치적 활동을 총칭하는 것으로 넓게 인식하고 있다. 정치적 기본권은 기본권의 주체인 개별 국민의 입장에서 보면 주관적 공권으로서의 성질을 가지지만, 민주정치를 표방한 민주국가에 있어서는 국민의 정치적 의사를 국정에 반영하기 위한 객관적 질서로서의 의미를 아울러 가진다(헌재 2004. 3. 25, 2001헌마710).

Ⅲ 기본권의 분류

기본권을 분류하는 기준으로는 여러 가지가 있으나 일반적으로 내용을 기준으로 하는 분류가 많이 사용된다. 기본권을 내용적으로 인간의 존엄과 가치·평등권·자유권·청구권(기본권보장을 위한 기본권)·참정권(정치적 기본권)·사회권(생존권)으로 분류한다.

자유권은 국가권력으로부터의 침해를 배제할 수 있는 방어권으로서 소극적 권리이다. 자유권은 그 내용에 따라 ① 생명권, 신체의 자유를 포함하는 인신의 자유, ② 양심의 자유, 종교의 자유, 언론·출판·집회·결사의 자유, 학문과 예술의 자유를 포함하는 정신적 자유, ③ 사생활의 비밀과 자유, 주거의 자유, 통신의 자유를 포함하는 사생활 자유, ④ 거주·이전의 자유, 직업선택의 자유, 재산권, 소비자의 권리를 포함하는 사회적·경제적 자유 등으로 나눌 수 있다.

참정권은 국민이 국정에 참여할 수 있는 권리로, 선거권, 공무담임권, 국민표결권

등이 있다.

청구권은 국가에 대하여 특정의 행위를 요구하거나 국가의 보호를 요청하는 적극적 공권으로, 청원권, 재판청구권, 국가배상청구권, 손실보상청구권, 형사보상청구권, 범죄피해자구조청구권 등이 있다.

사회권(생존권)은 국가에게 일정한 급부를 청구할 수 있는 적극적 권리이다. 이에는 인간다운 생활을 할 권리, 교육의 권리, 근로의 권리, 사회보장을 받을 권리, 가족·혼인과 보건 등에 관한 권리, 깨끗한 환경에서 생활할 권리 등이 있다.

Ⅳ 기본권의 주체

헌법이 규정하는 기본권은 원칙적으로 모든 국민에게 보장되는 것으로 헌법상 기본권의 주체 내지 향유자는 국민이다.

기본권은 자연인의 권리보장에 있으므로 원칙적으로 자연인을 그 주체로 하나, 자연인 중 외국인에게는 초국가적인 인간의 권리에 해당하는 권리나 일정한 기본권과 결부된 청구권은 인정된다고 본다. 예컨대 신체의 자유, 주거의 자유, 사생활의 비밀과 자유, 통신의 자유, 양심의 자유, 종교의 자유, 학문과 예술의 자유, 재판을 받을 권리, 형사보상청구권, 국가배상청구권, 범죄피해자구조청구권 등은 외국인도 기본권의 주체가 된다고 본다.

오늘날에 와서는 사회적으로 법인의 활동이 증가되고 활동 영역이 확대됨으로써 법인에게도 기본권의 주체성을 인정하게 되었다. 그러나 법인은 자연인과 달리 법인에게 성질상 인정할 수 있는 기본권에 한해서 기본권의 주체성이 있다고 본다. 법인이 누릴 수 있는 권리로는 평등권, 재산권, 직업선택의 자유, 거주이전의 자유, 통신의 자유, 결사의 자유, 재판을 받을 권리 등이 있다.

Ⅴ 기본권의 효력

기본권의 효력은 기본권이 그 의미와 내용대로 실현될 수 있는 힘을 말한다. 기본권은 원래 국가에 대해서만 구속력이 있는 대국가적 효력을 갖는 것으로서 국가권력에 대한 방어권인 개인의 주관적 공권이다. 그러나 오늘날 기본권은 국가 이외에도 거대한 사회적·경제적 단체·조직·사인에 의해서도 침해되는 경우가 점점 증가하고 있다. 여기서 국가가 아닌 사회적 세력이나 사인도 기본권에 구속되어야 한다는 것이 주장되게 되었고 이것이 기본권의 대사인적 효력(기본권의 제3자적 효력)이다.

Ⅵ 기본권의 경합과 충돌

1._ 기본권의 경합

기본권의 경합은 동일한 기본권의 주체를 전제로 한 것으로, 단일의 기본권의 주체가 국가에 대해 동시에 둘 또는 그 이상의 기본권의 적용을 주장하는 경우를 말한다. 예컨대 종교집회에 참가한 사람을 체포·구속한 경우에 신체의 자유와 종교의 자유, 그리고 집회의 자유를 동시에 주장할 수 있고, 종교단체가 발행하는 잡지에 대해 국가가 간섭하는 경우에 발행인은 종교의 자유와 동시에 언론의 자유를 주장할 수 있다.

2._ 기본권의 충돌

기본권의 충돌은 하나의 동일한 사건에서 상이한 기본권 주체가 서로 대립되는 기본권 적용을 주장하면서 서로 충돌하는 권익을 실현하기 위한 것을 말한다. 기본권의 충돌문제는 국가권력이 일방 사인의 기본권을 보호하려고 하는 경우에 부득이하게 이와 대립하는 타방 사인의 기본권을 제한하는 경우에 제기되는 것으로 국가가 대립의 해소를 위해 개입하게 된다.

> **기본권의 충돌**
>
> 흡연자들이 자유롭게 흡연할 권리를 흡연권이라고 한다면, 이러한 흡연권은 인간의 존엄과 행복추구권을 규정한 헌법 제10조와 사생활의 자유를 규정한 헌법 제17조에 의하여 사생활의 자유뿐만 아니라, 생명권에까지 연결되는 것이므로 혐연권이 흡연권보다 상위의 기본권이라 할 수 있다. 이처럼 상하의 위계질서가 있는 기본권끼리 충돌하는 경우에는 상위기본권우선의 원칙에 따라 하위기본권이 제한될 수 있으므로, 결국 흡연권은 혐연권을 침해하지 않는 한에서 인정되어야 한다(헌재 2004. 8. 26, 2003헌마457).

Ⅶ 기본권의 제한

1._ 기본권 제한의 의의

국가존립이나 헌법적 가치질서의 보호를 위하여 필요한 경우에 기본권을 제한할 수 있는데, 이를 기본권의 제한이라고 한다. 국가는 개인의 기본권을 제한하려는 경우에 개인이 지닌 기본권을 최소한으로 제한하면서 국가의 목적을 달성하여야 하며, 이 때 비로소 국가가 개인의 기본권을 제한하는 정당성이 확보된다.

현대 민주국가헌법은 이러한 기본권의 제한과 한계를 명시하는 기본권의 명시적 제약을 하는 것이 일반적이다. 그러나 기본권은 그 제약에 관한 명문규정이 없는 경우에도 무제한적인 것은 아니며 일정한 제약을 받는다고 보아야 한다.

2._ 기본권 제한의 유형

기본권의 제한에는 헌법에 직접 기본권을 제한하는 명시적 규정을 두어 제한하는 헌법유보에 의한 제한과 법률에 의해 기본권을 제한한다는 명시적 규정을 두는 법률유보에 의한 제한이 있다.

헌법유보에 의한 제한에는 ① 기본권 일반이 헌법적 질서 또는 특정의 헌법원리에 의하여 제약되는 것을 헌법에 직접 명시하는 일반적 헌법유보에 의한 제한과, ② 특정의 개별적 기본권이 헌법적 질서나 특정의 헌법원리에 의하여 제약된다는 명문규정을 헌법에 두는 개별적 헌법유보에 의한 제한이 있다.

법률유보에 의한 제한에는 ③ 기본권제한의 목적·방법을 모든 기본권에 적용되도록 일괄해서 규정하는 일반적 법률유보에 의한 제한과, ④ 개별적인 기본권 조항에 법률이 정하는 바에 따라 기본권을 제한할 수 있음을 명시하는 개별적 법률유보에 의한 제한이 있다. 법률유보에 의한 제한의 가능성이 개별 기본권에 규정되어 있는 경우에는 그에 따라 그 기본권이 제한된다. 그러나 이러한 개별적 기본권에 대해 제한가능성이 규정되어있지 않은 경우에는 기본권에 대한 제한은 헌법 제37조 2항의 일반적 법률유보에 의해 제한된다. 즉 국민의 모든 자유와 권리는 국가안전보장·질서유지 또는 공공복리를 위하여 필요한 경우에 한하여 법률로써 제한할 수 있다. 이때 기본권을 제한함에는 과잉금지원칙이 적용된다. 기본권을 제한하는 경우에도 자유와 권리의 본질적인 내용은 침해할 수 없다.

과잉금지의 원칙

국가작용 중 특히 입법작용에 있어서의 과잉입법금지의 원칙이라 함은 국가가 국민의 기본권을 제한하는 내용의 입법활동을 함에 있어서 준수하여야 할 기본원칙 내지 입법활동의 한계를 의미하는 것으로서, 국민의 기본권을 제한하려는 입법의 목적이 헌법 및 법률의 체제상 그 정당성이 인정되어야 하고(목적의 정당성), 그 목적의 달성을 위하여 그 방법이 효과적이고 적절하여야 하며(방법의 적정성), 입법권자가 선택한 기본권제한의 조치가 입법목적달성을 위하여 설사 적절하다 할지라도 보다 완화된 형태나 방법을 모색함으로써 기본권의 제한은 필요한 최소한도에 그치도록 하여야 하며(피해의 최소성), 그 입법에 의하여 보호하려는 공익과 침해되는 사익을 비교형량할 때 보호되는 공익이 더 커야 한다(법익의 균형성)는 법치국가의 원리에서 당연히 파생되는 헌법상의 기본원리의 하나인 비례의 원칙을 말하는 것이다(헌재 1992. 12. 24, 92헌가8).

Ⅷ 기본권의 보호

1._ 기본권의 보호의무

기본권보호의무란 국가가 개인의 기본권을 보호하고 실현해야 할 의무로, 헌법 제10조 제1항은 "국가는 개인이 가지는 불가침의 기본적 인권을 확인하고 이를 보장할 의무를 진다"라고 규정하여 국가가 적극적으로 국민의 기본권을 보호하고 실현할 지위에 있음을 천명하고 있다.

2._ 기본권의 침해와 구제

기본권은 본래 국가의 침해만이 문제가 되었으나 오늘날에 와서는 사인에 의한 기본권침해도 중요시되어, 불법행위에 의한 것 이외에도 합의·협정 등에 의한 것이 문제가 되고 있다. 따라서 기본권의 침해는 입법부·사법부·행정부와 같은 국가기관에 의해 침해되는 경우와 사인에 의해 침해되는 경우로 크게 나눌 수 있다.

헌법이 규정하는 기본권의 구제수단으로는 청원권, 재판청구권, 행정쟁송제도, 국가배상청구권, 형사보상청구권, 위헌법률심사권, 명령·규칙·처분심사권, 헌법소원 등이 있다. 기본권을 구제하기 위한 제도로는 사법기관에 의한 구제가 가장 효과적이며, 헌법재판소에 제기하는 헌법소원은 다른 기관을 거친 후에 제기하는 최종적인 구제수단이라고 할 수 있다.

인간의 존엄과 가치·행복추구권·평등권

I 인간의 존엄과 가치

헌법 제10조 1항은 "모든 국민은 인간으로서의 존엄과 가치를 가지며"라고 규정하고 있다. 여기서 '인간'은 사회공동체 생활을 자율적으로 형성해 나갈 수 있는 자주적 인간이라는 것과 인간은 인격을 가진 존재로 대우받을 것이 요청되는 인격체로서의 인간을 의미한다. 인간의 존엄과 가치는 어떠한 경우에도 양도하거나 포기할 수 없는 인간 고유의 인격가치를 의미한다.

인간의 존엄과 가치는 헌법 제10조 1항에서 제36조까지의 개별적 기본권 보장을 통해 실현되며, 그 외에도 헌법에 열거되지 아니한 권리가 보장된다.

인간의 존엄과 가치는 헌법의 기본원리를 나타내는 헌법의 근본적 규범으로, 이는 모든 국가작용의 목적이 되며 국가 활동에 대한 가치판단의 기준 및 모든 법의 해석기준이 된다. 또한 인간의 존엄과 가치는 우리 헌법상 기본권실현의 이념적 기초와 법의 보완원리가 되며 헌법개정의 한계와 기본권 제한 입법의 한계가 된다.

> **인간의 존엄과 가치**
>
> 1. 차폐시설이 불충분한 유치장 화장실의 사용강제는 인간의 존엄과 가치로부터 유래하는 인격권을 침해한다(헌재 2001. 7. 19, 2000헌마546).
> 2. 수형자를 교정시설에 수용할 때마다 전자영상 검사기를 이용하여 수용자의 항문부위에 대한 신체검사를 하는 것이 필요한 최소한도를 벗어나 과잉금지원칙에 위배되어 청구인의 인격권 내지 신체의 자유를 침해한다고 볼 수 없다(헌재 2011. 5. 26, 2010헌마775).

II 행복추구권

행복추구권이란 소극적으로는 고통과 불쾌감이 없는 상태를 추구할 권리이고, 적극적으로는 만족감을 느끼는 상태를 추구하는 권리라고 할 수 있다.

행복이라는 개념이 명확하고 고정화하기 어려운 점이 있는 것은 사실이나 행복추구권을 기본권의 전 체계와 조화롭게 해석하여, 행복추구권은 포괄적 성격을 지니면서 다른 기본권에 대한 보충적 성격을 가지는 것이라 본다.

행복추구권은 최초로 미국의 버지니아 권리장전에 '행복과 안전의 추구'에서, 그리고 미국독립선언서의 개인의 '생명·자유 및 행복을 추구할 권리'에서 찾아볼 수 있다.

행복추구권은 포괄적 기본권성을 지니고 있으며 그 내용도 다양하다. 헌법상 열거된 기본권으로서 행복추구의 수단이 될 수 있는 개별적 기본권은 물론 헌법상 열거되지 아니한 것으로 행복추구의 수단이 될 수 있는 권리도 포함한다. 즉 행복추구권은 일반적 행동자유권, 생명권, 자기결정권, 휴식권, 수면권, 일조권, 평화적 생존권 등을 포함하는 것이다.

> **수형자의 사복착용과 행복추구권**
>
> 민사재판에 당사자로 출석하는 수형자에 대해 사복착용을 불허하는 것은 청구인의 인격권과 행복추구권을 침해하지 아니한다. 형사재판에 피고인으로 출석하는 수형자에 대하여 사복착용을 불허하는 것은 공정한 재판을 받을 권리, 인격권, 행복추구권을 침해한다(헌재 2015. 12. 23, 2013헌마712).

제3절 평 등 권

I 의의 및 성격

평등권은 국가로부터 불평등한 대우를 받지 아니하고 국가에 대하여 평등한 처우를 요구할 수 있는 권리이다. 헌법 제11조 1항 2문에서 누구든지 성별·종교 또는 사회적 신분에 의하여 차별을 받지 아니한다는 차별의 금지사유를 규정하고 있다.

> **호주제의 평등권 침해**
>
> 호주제는 성역할에 관한 고정관념에 기초한 차별로서, 호주승계 순위, 혼인 시 신분관계 형성, 자녀의 신분관계 형성에 있어서 정당한 이유없이 남녀를 차별하는 제도이고, 이로 인하여 많은 가족들이 현실적 가족생활과 가족의 복리에 맞는 법률적 가족관계를 형성하지 못하여 여러모로 불편과 고통을 겪고 있다. 숭조(崇祖)사상, 경로효친, 가족화합과 같은 전통사상이나 미풍양속은 문화와 윤리의 측면에서 얼마든지 계승, 발전시킬 수 있으므로 이를 근거로 호주제의 명백한 남녀차별성을 정당화하기 어렵다(헌재 2005. 2. 3, 2001헌가9).

평등권은 형식적 평등뿐만 아니라 실질적 평등을 보장하는 권리이다. 평등권이 정치적인 면에서는 참정권의 평등을 보장받을 권리로 파악될 것이지만, 경제적인 면에서는 실질적인 평등한 처우를 요구할 수 있는 권리인 점에서 적극적인 권리로서의 측면도 가지고 있다. 이점은 자유권이 개인의 국가로부터의 방어권인 소극적인 권리인 점과 다르다.

평등권은 국민의 기본권보장에 관한 최고원리로, 기본권 중의 기본권이다. 따라서 입법과 법의 해석 및 집행의 기준이 되고, 헌법 개정에 의해서도 폐지할 수 없는 헌법개정의 한계사유가 된다.

Ⅱ 평등원칙 및 심사기준

헌법 제11조 1항 1문의 "모든 국민은 법 앞에 평등하다"는 것은 그 보호영역을 한정할 수 없는 일반적 평등원칙을 규정한 것이다. 구체적으로 평등원칙이 적용될 경우에 일정한 사항을 직접 규정하는 개별적 평등원칙이 우선 적용되며, 이러한 개별적 평등원칙이 존재하지 않을 경우에는 일반적 평등원칙이 적용된다.

헌법상 법 앞의 평등은 법적용의 평등뿐만 아니라 입법에 있어서 법내용의 평등까지 요구된다. 따라서 평등원칙은 집행권과 사법권 및 입법자 모두를 구속하는 것이다.

평등원칙은 모든 국가권력을 구속하는 원칙이지만 입법자의 평등에 대한 판단을 헌법재판소가 심판하는 경우에 그 심사기준과 심사한계가 문제된다. 평등에 있어서는 둘 이상의 대상을 전제하므로 우선 비교의 관점에 따른 비교대상을 정하고 나서, 본질적으로 동일한 것을 다르게 취급하고 있는지의 여부를 정한 다음, 그 차별이 헌법상 정당한지의 여부를 결정할 것이다.

여기서 적용하는 심사기준으로 대표적인 것이 독일의 자의금지원칙과 비례성원칙, 미국의 합리성심사, 중간심사, 엄격심사 기준이다. 우리 헌법재판소는 그동안 평등심사기준으로 자의성(합리성)심사와 비례성심사를 기준으로 적용해왔다.

제대군인에 대한 가산점부여와 평등권

가산점제도는 헌법 제32조 제4항이 특별히 남녀평등을 요구하고 있는 '근로' 내지 '고용'
의 영역에서 남성과 여성을 달리 취급하는 제도이고, 또한 헌법 제25조에 의하여 보장된
공무담임권이라는 기본권의 행사에 중대한 제약을 초래하는 것이기 때문에 엄격한 심사
척도가 적용된다. … 차별취급을 통하여 달성하려는 입법목적의 비중에 비하여 차별로
인한 불평등의 효과가 극심하므로 가산점제도는 헌법 제11조에 위배된다(헌재 1999. 12.
23, 98헌마363).

제4절 자유권적 기본권

Ⅰ) 생 명 권

생명은 死에 반대되는 개념으로 생명권은 인간의 육체적, 인격적 존재로서 생명
을 유지하고 보호받을 생존에의 권리를 의미하는 것이다. 인간 존재의 생명에 대한
권리인 생명권은 인간의 생존본능과 존재목적에 바탕을 둔 자연법적인 권리로, 헌법
에 규정된 모든 기본권의 전제가 되는 기본권이라 할 수 있다. 생명은 모체에 착상으
로 시작되므로 헌법에서는 태아도 생명권의 주체가 된다. 다만 생명권의 주체가 되는
시기에 대해서는 각국의 태도가 달라 논란이 있다.

생명권은 생명처분이나 박탈 및 단축의 금지를 핵심적 내용으로 하므로 생명에의
제한은 생명권을 침해하게 된다. 다만 생명권의 본질적 내용을 침해하지 않으면서 필
요한 최소한의 범위 내에서는 그 제한이 예외적으로 허용되고 있다. 생명권의 제한과
관련하여 구체적으로 문제가 되는 것이 사형제도와 낙태 그리고 안락사 등이다.

Ⅱ) 신체의 자유

1._ 의의 및 보장영역

신체의 자유란 신체안전의 자유와 신체자율의 자유를 포함한 신체활동의 자유를
말한다. 신체의 자유는 자유민주주의 헌법질서의 기초가 되는 가장 기본적인 자유

이다.

헌법 제12조 1항에서는 "누구든지 법률에 의하지 아니하고는 체포·구속·압수·수색 또는 심문을 받지 아니하며, 법률과 적법한 절차에 의하지 아니하고는 처벌·보안처분 또는 강제노역을 받지 아니한다"라고 하여 신체의 자유의 보장영역을 규정하고 있다.

2._ 실체적 · 절차적 보장

신체의 자유의 실체적 보장으로는 이미 제정된 정당한 법률에 의하지 아니하고는 처벌받지 아니한다는 죄형법정주의, 형사판결이 확정되어 기판력이 생기면 동일한 사건에 대하여 거듭 심판할 수 없다는 이중처벌금지원칙, 그리고 자기의 행위가 아닌 친족의 행위로 인한 불이익한 처우를 받아서는 안된다는 연좌제금지가 있다.

신체의 자유의 절차적 보장으로는 ① 입법·사법·집행 등 모든 국가작용은 정당한 법률을 근거로 정당한 절차에 따라 발동되어야 한다는 적법절차원칙, ② 수사기관이 형사절차에 있어서 체포·구속·수색 등 강제처분을 하는 경우에 법관이 발부한 영장에 의하도록 하는 영장주의, ③ 피의자와 피의자가족에게 체포 또는 구속의 이유, 일시, 장소, 변호인의 조력을 받을 권리가 있음을 고지하는 체포·구속이유 등 고지제도, ④ 체포 또는 구속을 당한 때에는 적부의 심사를 법원에 청구할 체포·구속적부심사제도 등이 있다.

3._ 형사피의자 및 형사피고인의 권리

형사피의자와 형사피고인의 인권보장을 위한 법원칙과 형사절차상의 권리로는 ① 유죄의 판결이 확정될 때까지는 무죄로 추정된다는 무죄추정의 원칙, 체포 또는 구속의 경우 그 이유 등을 고지받을 권리, ② 형사상 자기에게 불리한 진술을 강요당하지 않을 불리한 진술거부권, ③ 자백을 얻기 위하여 가하는 폭력인 고문을 받지 아니할 권리, ④ 임의성 없는 자백과 보강증거 없는 불리한 유일한 자백은 정식재판에서 증거능력 또는 증명력을 갖지 못한다는 자백의 증거능력과 증명력의 제한, ⑤ 체포 또는 구속을 당한 때에는 즉시 변호인의 조력을 받을 권리, 신속한 공개재판을 받을 권리, ⑥ 형사소송기록과 소송계속 중인 증거서류의 열람·복사 요구권, ⑦ 형사피의자 또는 형사피고인으로서 구금되었던 자가 법률이 정하는 불기소처분을 받거나 무죄판결을 받은 때에는 법률이 정하는 바에 의하여 국가에 정당한 보상을 청구하는 형사보상청구권 등을 보장하고 있다.

> **수형자의 운동금지와 신체의 자유**
>
> 금치수형자에 대하여 일체의 운동을 금지하는 것은 수형자의 신체적 건강뿐만 아니라 정신적 건강을 해칠 위험성이 현저히 높다. … 수형자의 헌법 제10조의 인간의 존엄과 가치 및 신체의 안전성이 훼손당하지 아니할 자유를 포함하는 제12조의 신체의 자유를 침해하는 정도에 이르렀다고 판단된다(헌재 2004. 12. 16, 2002헌마478).

Ⅲ 양심의 자유

헌법이 보장하고자 하는 양심이란 어떤 일의 옳고 그름을 판단함에 있어서 그렇게 행동하지 않고는 스스로의 인격적 가치가 파멸(동일성의 상실)되고 말 것이라는 진지한 마음의 소리로서의 절박하고 구체적 양심을 말하는 것으로서, 인간의 윤리적, 도덕적 판단뿐 아니라 세계관, 인생관, 신조 등도 포함하는 것이다.

헌법 제19조가 보장하는 양심의 자유는 양심형성의 자유와 양심유지의 자유 그리고 양심실현의 자유를 그 내용으로 하고 있다.

양심의 형성의 자유란 외부의 어떠한 간섭이나 강제를 받지 않고 스스로 무엇이 옳고 그른가를 판단하는 내면적 확신에 도달하는 것을 말한다.

양심유지의 자유에는 침묵의 자유, 양심추지금지, 충성선서 등이 있다. 침묵의 자유란 양심을 언어 등으로 외부에 표명하도록 강제당하지 않을 자유를 말하며, 양심추지란 일정한 행동을 강제하여 내심의 양심을 간접적으로 표명하게 하고 그 행동을 통해 내면의 양심을 추정하는 것을 말한다. 충성선서란 공직자의 재직 또는 임용시 헌법이나 국가에 대한 충성을 선서하게 하거나 반국가성을 심사하여 공직을 박탈하거나 임용을 거부하는 것으로 양심의 자유를 침해한다고 보고 있다.

양심에 반하는 행위를 강제당하지 않을 자유라는 소극적 양심실현의 자유로는 사죄광고를 명하는 판결의 경우에 양심상 도저히 수용할 수 없다는 사죄광고, 양심상의 이유로 병역을 거부하는 경우에 양심상 결정을 표명하는 양심적 병역거부가 있다. 헌법재판소는 사죄광고와 양심적 병역거부는 위헌적인 것으로 보고 있다. 적극적 양심실현의 자유란 신앙고백, 윤리, 도덕적 판단, 신조 등을 외부에 표명하는 행위를 말하며, 형성된 양심에 따라 행동하는 자유를 말한다.

양심의 자유와 양심적 병역거부

양심적 병역거부자에 대한 대체복무제를 규정하지 아니한 병역종류조항은 과잉금지원칙
에 위배하여 양심적 병역거부자의 양심의 자유를 침해한다.

헌법재판소는 2004년 입법자에 대하여 국가안보라는 공익의 실현을 확보하면서도 병역
거부자의 양심을 보호할 수 있는 대안이 있는지 검토할 것을 권고하였는데, 그로부터
14년이 경과하도록 이에 관한 입법적 진전이 이루어지지 못하였다. 그사이 여러 국가기
관에서 대체복무제 도입을 검토하거나 그 도입을 권고하였으며, 법원에서도 양심적 병역
거부에 대해 무죄판결을 선고하는 사례가 증가하고 있다. 이러한 사정을 감안할 때 국가
는 이 문제의 해결을 더 이상 미룰 수 없으며, 대체복무제를 도입함으로써 기본권 침해
상황을 제거할 의무가 있다(헌재 2018. 6. 28, 2011헌바379 등).

Ⅳ 종교의 자유

종교의 자유란 자신이 자유로이 선택한 종교를 자신이 원하는 방법대로 믿을 자
유를 말한다. 종교의 자유는 신앙의 자유를 핵심으로 하고 있고 이 신앙의 자유는 내
심의 자유로 절대 제한할 수 없다. 헌법 제20조가 보장하는 종교의 자유는 동일한 신
앙을 가진 사람들이 공동으로 종교행사를 거행하고, 종교적 단체를 결성하여 선교활
동과 교육활동 등을 행할 수 있는 적극적인 자유뿐 아니라, 소극적으로 신앙을 갖지
않고 종교적 행사, 선교, 교육활동, 집회, 결사 등에의 참여를 강제당하지 않을 자유를
포함한다.

우리 헌법 제20조 2항은 국교를 인정하지 아니하는 국교부인의 원칙과 종교와 정
치는 서로 분리된다는 정교분리의 원칙을 규정하고 있다.

Ⅴ 언론 · 출판 · 집회 · 결사의 자유

1._ 언론 · 출판 · 집회 · 결사의 자유의 의의

헌법 제21조는 언론 · 출판 · 집회 · 결사의 자유를 규정하고 있다. 언론 · 출판의
자유라 함은 사상이나 의견을 표명하고 전달하는(연설, 담화, 토론, 방송, 음악, 연극, 도서, 문
서, 서화, 사진, 조각 등의 방법) 자유를 말하며, 오늘날에는 알권리 · 액세스권 · 반론권 ·
언론기관설립의 자유 등도 포함한다. 알권리는 정보원으로부터 일반적으로 정보를 받
아들이고, 취사 · 선택하고, 수집할 수 있는 권리를 말하며, 액세스권은 일반국민이 언

론매체에 접근하여 언론매체를 이용할 수 있는 권리를 말한다. 반론권은 언론보도로 인하여 피해를 입은 자가 제기하는 권리를 말하며, 언론기관의 설립의 자유가 인정되나 언론기관설립의 남용에 대한 폐해를 방지하기 위해서 통신·방송의 시설기준을 요구하는 언론기관설립의 자유에 제한을 두고 있다.

2._ 언론·출판·집회·결사의 자유의 제한 및 침해금지

헌법 제21조 2항은 언론·출판에 대한 허가나 검열과 집회·결사에 대한 허가는 인정되지 아니한다고 규정하고 있다. 또한 제21조 4항에 의해 언론·출판은 타인의 명예나 권리 또는 공중도덕이나 사회윤리를 침해하여서는 안되며, 언론·출판이 타인의 명예나 권리를 침해한 때에 피해자는 이에 대한 피해의 배상을 청구할 수 있다.

검열제 금지원칙

영상물등급위원회는 실질적으로 행정기관인 검열기관에 해당하고, 이에 의한 등급분류 보류는 비디오물 유통 이전에 그 내용을 심사하여 허가받지 아니한 것의 발표를 금지하는 제도, 즉 검열에 해당되므로 헌법에 위반된다(헌재 2008. 10. 30, 2004헌가18).

야간옥외시위와 허가제금지

집시법 제10조 본문은 야간옥외집회를 일반적으로 금지하고, 그 단서는 행정권인 관할경찰서장이 집회의 성격 등을 포함하여 야간옥외집회의 허용 여부를 사전에 심사하여 결정한다는 것이므로, 결국 야간옥외집회에 관한 일반적 금지를 규정한 집시법 제10조 본문과 관할 경찰서장에 의한 예외적 허용을 규정한 단서는 그 전체로서 야간옥외집회에 대한 허가를 규정한 것이라고 보지 않을 수 없고, 이는 헌법 제21조 제2항에 정면으로 위반된다(헌재 2009. 9. 24, 2008헌가25).

공적 인물과 표현의 자유의 제한

표현의 자유와 명예의 보호는 인간의 존엄과 가치, 행복을 추구하는 기초가 되고 민주주의의 근간이 되는 기본권이므로, 이 두 기본권을 비교형량하여 어느 쪽이 우위에 서는지를 가리는 것은 헌법적 평가 문제에 속한다. 명예훼손적 표현의 피해자가 공적 인물인지 아니면 사인인지, 그 표현이 공적인 관심 사안에 관한 것인지 순수한 사적인 영역에 속하는 사안인지의 여부에 따라 헌법적 심사기준에는 차이가 있어야 하고, 공적 인물의 공적 활동에 대한 명예훼손적 표현은 그 제한이 더 완화되어야 한다. 다만, 공인 내지 공적인 관심 사안에 관한 표현이라 할지라도 일상적인 수준으로 허용되는 과장의 범위를 넘어서는 명백한 허위사실로서 개인에 대한 악의적이거나 현저히 상당성을 잃은 공격은 제한될 수 있어야 한다(헌재 2013. 12. 26, 2009헌마747).

Ⅵ　학문·예술의 자유

학문의 자유란 학문적 활동을 가능하게 하는 자유를 말하는 것으로, 인간이 문화를 창조하고 문화적 생활을 가능하게 함으로써 자신의 인격을 자유롭게 발전시킬 수 있게 하는 권리이다.

학문의 자유는 연구의 자유와 교수의 자유를 기본내용으로 한다. 연구와 교수의 자유 이외에 연구결과발표의 자유, 학문적 활동을 위한 집회·결사의 자유를 그 내용으로 한다. 또한 대학의 자치도 포함된다.

예술의 자유는 모든 인간에게 주어지는 자유로, 예술작품의 창작, 예술의 표현, 예술적 집회·결사의 자유를 내용으로 한다.

그 밖에도 헌법은 인간 정신활동의 산물인 지식재산권의 보호를 규정하고 있다.

Ⅶ　사생활의 비밀과 자유

헌법 제17조가 보장하는 사생활의 비밀과 자유는 사생활 비밀의 불가침과 사생활 자유의 불가침 그리고 자기정보의 관리통제권을 그 내용으로 한다.

사생활의 비밀의 불가침은 개인에 관한 공개하고 싶지 않은 사항, 사생활의 독거나 평온의 침해금지, 오해를 낳게 하는 사사의 공표금지, 인격적 징표를 이용한 사생활의 불가침을 말한다.

사생활 자유의 불가침은 사생활의 자유로운 형성과 전개를 방해받지 아니할 권리이다. 개인은 자기의 인격발현에 관해 자율적으로 선택하고 결정할 자기결정의 권리를 갖는다. 즉 결혼, 이혼, 임신, 피임, 낙태, 성생활, 교육, 장발, 취미생활 등의 자유를 간섭받거나 방해받지 않고 자신이 원하는 방식의 사생활을 적극적으로 형성하고 전개하는 것을 그 내용으로 한다.

자기정보관리통제권이란 자신에 관한 정보의 공개와 유통을 스스로 결정하고 통제할 수 있는 권리를 말한다. 개인정보의 보호를 위해 공공부문과 민간부분에 모두 적용되는 개인정보 보호법이 제정되어 시행되고 있다(2011. 3. 29. 제정, 2011. 9. 30. 시행).

CCTV설치와 사생활의 비밀과 자유

엄중격리대상자의 수용거실에 CCTV를 설치하여 24시간 감시하는 것은 ⋯ 과잉금지원칙을 위배하여 청구인의 사생활의 비밀과 자유를 침해하였다고는 볼 수 없다(헌재 2011. 9. 29, 2010헌마413).

개인정보자기결정권과 사생활의 비밀과 자유

모든 등록대상자에게 20년 동안 신상정보를 등록하게 하고 위 기간 동안 각종 의무를 부과하는 것은 비교적 경미한 등록대상 성범죄를 저지르고 재범의 위험성도 많지 않은 자들에 대해서는 달성되는 공익과 침해되는 사익 사이의 불균형이 발생할 수 있으므로 이 사건 관리조항(성폭력특례법 제45조 제1항)은 개인정보자기결정권을 침해한다(헌재 2015. 7. 30, 2014헌마340 · 672, 2015헌마99(병합)).

낙태죄와 여성의 자기결정권 침해

자기낙태죄 조항은 모자보건법이 정한 예외를 제외하고는 임신기간 전체를 통틀어 모든 낙태를 전면적 · 일률적으로 금지하고, 이를 위반할 경우 형벌을 부과함으로써 임신의 유지 · 출산을 강제하고 있으므로, 임신한 여성의 자기결정권을 제한한다(헌재 2019. 4. 11, 2017헌바127).

Ⅷ 주거의 자유

주거의 자유란 이러한 자신의 주거의 평온과 안전을 국가권력이나 제3자로부터 침해당하지 아니할 권리를 말한다. 주거의 자유는 개인에게 있어서 자유로운 인격의 발현을 위한 공간적 생활영역의 기초를 보장해 준다.

헌법 제16조가 보장하는 주거의 자유는 사생활이 전개되는 공간영역으로서 주거의 불가침을 그 내용으로 한다.

주거의 자유를 제한함에 있어서는 영장주의가 원칙이다. 주거의 자유를 제한하는 경우에도 법률이 규정한 목적의 달성을 위해 필요한 최소한에 그쳐야 하고, 그 본질적 내용은 침해할 수 없다.

Ⅸ 통신의 자유

헌법 제18조에 규정하고 있는 통신의 자유는 우편물이나 전기통신을 통해 전달, 교환되는 내용 등이 본인의 의사에 반하여 제3자에 의해 공개되지 않을 자유를 말한다.

오늘날 통신의 발달은 인간에게 편리함을 제공하고 있지만 그러한 편리함과 함께 통신의 내용이 제3자에 의해 열람, 누설되는 등 부당하게 침해될 가능성도 높아졌다. 따라서 통신의 자유는 개인의 자유로운 의사교환에 있어서의 비밀을 보장하고 통신을 통해 사생활이 침해되는 것을 보호하고자 하는 데에 그 의의가 있다.

Ⅹ 거주 · 이전의 자유

거주 · 이전의 자유란 국가권력의 간섭을 받지 않고 자신이 원하는 곳에 거주지나 체류지를 정하거나, 그곳에서 자유로이 이전 · 체류 · 변경하거나 거주지를 변경하지 않을 자유를 말한다.

헌법 제14조가 보장하는 거주 · 이전의 자유는 국내에서의 거주지와 체류지를 자유롭게 정할 수 있는 자유를 보장하며, 국외에로의 이주의 자유, 출국과 입국의 자유, 해외여행의 자유를 포함한다. 거주 · 이전의 자유는 대한민국의 국적을 가진 사람이 한국국적을 포기하고 외국국적을 취득할 수 있는 국적변경 내지 국적이탈의 자유를 보장한다(다수설). 그러나 국가 간의 관계에 있어서나 개인의 이익보호의 차원에서 무국적의 자유까지 보장한다고 볼 수는 없다.

Ⅺ 직업선택의 자유

직업선택의 자유란 사회적 · 경제적 생활수단을 얻고 유지하기 위한 활동인 직업을 자유로이 선택하고 종사하는 직업에 관한 종합적이고 포괄적인 자유를 말한다. 직업의 자유는 개인이 직업에 종사함으로써 사회에 기여하고, 자신의 능력을 발휘함으로써 인격형성을 이룩하게 하는 데 중요한 의의가 있다.

헌법 제15조 직업의 자유는 직업선택의 자유와 직업행사의 자유로 구분된다.

직업선택의 자유란 개인이 외적 영향을 받지 않고 자유로이 원하는 직업을 선택할 수 있는 자유로 무직업의 자유를 포함한다. 직업행사의 자유란 직업이나 영업활동

의 모든 자유를 말하는 것으로 영업의 자유, 경쟁의 자유를 포함한다. 직업행사의 자
유(영업의 자유)는 직업선택의 자유에 비해 상대적으로 폭넓은 법률상의 규제가 가능하다.

직업의 자유의 제한에도 단계적 제한이 필요하다고 보고 있다. 직업의 자유에 대
한 제1단계 제한은 그 침해가 가장 경미한 직업행사의 자유를 제한함으로써 그 제한
의 목적을 달성하는 것이다. 제2단계 제한은 제한의 목적달성을 위해 일정한 주관적
사유에 따라 직업선택의 자유를 제한하는 것을 말한다. 이는 직업의 성질상 전문적
자격, 기능요건, 교육과정의 이수, 시험의 합격 등을 갖춘 자에게만 직업을 선택할 수
있게 제한하는 것이다. 제3단계 제한은 개인의 자격이나 능력 등에 관계없이 제한의
목적달성을 위해 객관적 사유에 따라 직업선택의 자유를 제한하는 것이다.

XII) 재 산 권

헌법 제23조에 의해 보호되는 재산권은 민법상의 소유권, 물권, 채권 및 특별법상
의 광업권·어업권·특허권·저작권·수리권·하천점유권 등을 모두 포함하는 사법
상·공법상의 경제적 가치가 있는 제 권리를 말하는 것으로, 민법상의 소유권보다 넓
은 개념이다.

재산권은 국가안전보장·질서유지 또는 공공복리를 위해서(제37조 2항) 그리고 공
공필요에 의해서(제23조 3항) 제한할 수 있다. 재산권제한의 일반적 형태로는 수용·사
용·제한이 있다. 수용은 개인의 특정 재산권을 종국적·강제적으로 취득하는 것을
말하며, 사용은 개인의 토지 기타 재산권을 일시적·강제적으로 사용하는 것을 말한
다. 그리고 제한은 개인의 특정 재산권에 대하여 가하는 공법상의 제한을 말한다.

또한 헌법 제23조 2항은 "재산권의 행사는 공공복리에 적합하도록 하여야 한다"
라고 하여 재산권 행사에 헌법적 한계를 설정하고 있다.

제5절 참정권

I 선거권

선거권이란 선거에 참여하여 투표를 행할 수 있는 지위 또는 자격으로 국민이 공무원을 선출하는 권리를 말한다. 구체적으로 대통령선거권(제67조 1항)과 국회의원선거권(제41조 1항)을 규정하고 있다. 또한 지방의회의원선거권을 규정하고, 지방자치단체장의 선임방법은 법률로 정하도록 규정하고 있다(공직선거법 제15조 2항).

국민은 선거권을 행사함으로써 국가권력을 형성하고, 정치적 의사형성에 참여하여 국가권력의 창설에 정당성을 부여할 수 있다.

II 공무담임권

공무담임권은 입법부·집행부·사법부 및 지방자치단체 등 모든 국가공무원으로 선임되어 공무를 담당할 권리를 말하는 것으로, 선출직공무원과 임명직공무원이 되는 권리를 포함하는 포괄적인 권리이다. 공무담임권은 공무원으로서 직무를 담당할 권리 이외에 공직을 부당하게 박탈당하지 않을 권리도 포함한다. 따라서 공직취임 후 공무원의 직위유지권도 보장되도록 하는 것이 헌법상 직업공무원제도의 보장취지에도 맞는 것이다. 공무를 담당하려면 일정요건과 결격사유가 없어야 하는 요건을 필요로 한다.

III 국민투표권

국민투표권이란 특정의 국정사안에 관하여 국민이 직접 국가의사결정에 참여하는 권리를 말한다. 국민투표제도는 국민발안, 국민소환 등과 더불어 직접민주주의를 대표하는 제도이다. 헌법은 대의제를 기초로 하는 간접민주주의를 원칙으로 하면서도 예외적으로 국민투표제를 인정하여 대의제에 민주주의적 정당성을 부여하고자 하고 있다.

민주주의적 정당성을 부여하는 국민표결에는, 국민이 일정한 중요사항을 투표로 확정하기 위해 국민의 의사를 묻는 협의의 국민표결인 레퍼렌덤(Referendum)과 영토의 귀속이나 집권자에 대한 신임과 같이 집권자가 특정 사안에 대해서 국민에게 신임 여부를 묻는 신임투표인 플레비지트(Plébiscite)가 있다. 우리 헌법은 헌법개정안에 대한 국민투표를 규정하고 국가안위에 관한 중요정책에 관한 국민투표에 대해 레퍼렌덤을 규정하고 있다.

제6절 청 구 권

Ⅰ 청 원 권

헌법 제26조에 규정된 청원권은 국민이 국가기관에 대해 일정한 사항에 관한 의견이나 희망을 호소하여 청원을 심사하고 통지할 것을 요청하는 권리를 말한다.

청원권은 국민이면 누구나 제기할 수 있다는 점에서 청구적격성을 요구하는 재판청구권과는 성질을 달리한다.

청원권에 있어서 청원은 국가기관의 권한에 속하는 거의 모든 사항을 포함하므로, 국가의사의 의사형성에 있어 국민에게 참여기회를 부여한다는 점에서 대의정치를 보완하는 기능을 지닌다.

Ⅱ 재판청구권

재판청구권이란 누구든지 권리가 침해되거나 분쟁이 발생한 경우에 국가에 대하여 재판을 청구할 수 있는 권리를 말한다. 헌법 제27조에 규정하는 재판을 받을 권리란 헌법과 법률이 정한 자격과 절차에 의하여 임명되고, 물적 독립과 인적 독립이 보장된 법관에 의한 재판을 받을 권리를 말한다. 또한 절차법이 정한 절차에 따라 실체법이 정한 내용대로 재판을 받는 법률에 의한 재판을 받을 권리를 말한다.

Ⅲ 국가배상청구권

헌법 제29조에 규정하는 국가배상청구권은 국민이 고의, 과실 등 공무원의 직무상 불법행위로 손해를 입은 경우에 국가 또는 공공단체에 대해 배상을 청구할 수 있는 권리를 말한다. 국가배상청구권은 위법한 국가작용으로 인한 국민의 권리침해를 재판에 의해 보호받는 권리보호수단이다. 이는 위법한 국가작용으로 인한 국민의 손해를 사후적으로 보장하는 것으로 오늘날 법치국가에서 인정하는 권리이다.

Ⅳ 형사보상청구권

형사보상청구권은 형사피의자 또는 형사피고인으로 구금되었던 자가 불기소처분을 받거나 확정판결에 의하여 무죄를 선고받은 경우에 국가에 대하여 물질적·정신적 손실에 대한 보상을 청구할 수 있는 권리를 말한다. 형사보상청구권은 국가가 형사사법의 과오로 원래 형사책임을 추궁당하지 않을 자를 범죄인 또는 범죄혐의자로 다룸으로써 그로 인해 입은 손실을 국가가 사후적으로나마 보상한다는 것으로 인권보장의 차원에서 중요한 것이다.

우리 헌법은 건국헌법 이래 형사보상청구권을 보장하고 있다. 현행헌법도 제28조에서 형사보상청구권보장을 규정하고 있으며, 이를 구체화한 법률로 「형사보상 및 명예회복에 관한 법률」이 있다.

Ⅴ 범죄피해자구조청구권

헌법 제30조에 규정하는 범죄피해자구조청구권은 본인에게 귀책사유가 없는 타인의 범죄행위로 인하여 생명을 잃거나 신체상의 피해를 입은 국민이나 그 유족이 가해자로부터 충분한 피해배상을 받지 못한 경우에 국가에 대하여 일정한 보상을 청구할 수 있는 권리를 말한다.

가해자가 불명이거나 도주한 경우 또는 충분한 배상능력이 없는 경우에는 배상을 받을 수 없다. 이런 경우에 국가에 대하여 일정한 보상을 청구함으로써 피해자와 가족 또는 유족을 보호하고 사회안정에 기여하고자 이러한 범죄피해자구조제도를 두고 있다.

현행헌법은 범죄피해자구조제도를 처음으로 신설하였고 이 규정에 따라 2005년에 「범죄피해자 보호법」이 제정되어 시행되고 있다.

제7절　사 회 권

I　사회권의 의의 및 법적 성격

사회권은 국민 개개인이 국가에 대해 일정한 물질적 급부와 적절한 배려를 청구할 수 있는 권리이다.

근대 산업사회와 더불어 등장한 노동자들은 사회적·경제적으로 열악한 여건하에 생계를 유지하게 되고 이들의 경제적 빈곤은 사회문제가 되었다. 이러한 사회적 약자를 보호하고 개인이나 집단이기주의에 대하여 공공복리를 확보하고, 정의를 실현하기 위하여 국가의 적극적 활동이 요청되게 되었다. 인간의 실질적 자유는 생존에 필요한 최소한도의 물질적 보장 없이는 불가능하다. 사회적·경제적 약자가 인간으로서 인간답게 살아갈 수 있도록 함으로써 정의로운 사회질서를 형성하려는 데 사회권의 의의가 있다.

사회권의 법적 성격에 관하여는 헌법규정에 대한 주관적 권리성을 인정하지 않고 국가에게 의무만을 부여하는 선언적 규정으로 보는 프로그램적 규정설, 헌법규정이 입법을 통해 구체적인 법적 권리가 될 때까지는 단지 추상적 권리에 불과하다고 보는 추상적 권리설, 국민은 기본권규정을 가지고 국가에 대하여 생존에 관한 조치 등을 해줄 것을 적극적으로 요구할 수 있다는 구체적 권리설 등이 있다. 추상적 권리설과 구체적 권리설은 사회권을 법적 권리로 보며, 헌법재판소는 추상적 권리설에 입각해 있다.

II　인간다운 생활을 할 권리

헌법 제34조가 규정하는 인간다운 생활을 할 권리는 인간적 생존에 필요한 최소한의 물질적 생활을 국가에게 요구할 수 있는 권리를 말한다. 인간다운 생활을 할 권리는 대표적인 사회권으로 인간생존에 필요한 최소한의 물질적 확보를 통해서 인격의 자유로운 발현을 가능하게 하고, 자율적인 사회생활기반을 형성하는 바탕을 마련해 주는 기본권이다.

국가는 사회보험·공공부조·사회복지 등의 사회보장제도를 통하여 국민의 인간다운 생활을 보장할 의무를 수행하여야 한다.

> **인간다운 생활을 할 권리**
>
> 인간다운 생활을 할 권리로부터는 인간의 존엄에 상응하는 생활에 필요한 '최소한의 물
> 질적인 생활'의 유지에 필요한 급부를 요구할 수 있는 구체적인 권리가 상황에 따라서는
> 직접 도출될 수 있다고 할 수는 있어도, 동 기본권이 직접 그 이상의 급부를 내용으로
> 하는 구체적인 권리를 발생케 한다고는 볼 수 없다고 할 것이다. 이러한 구체적인 권리는
> 국가가 재정형편 등 여러 가지 상황을 종합적으로 감안하여 법률을 통하여 구체화할
> 때 비로소 인정되는 법률적 권리라고 할 것이다(헌재 1995. 7. 21, 93헌가14).

Ⅲ 교육을 받을 권리

헌법 제31조가 규정하는 교육을 받을 권리는 개인의 능력과 적성에 따라 교육을
받을 권리인 학습권과 국민이 국가에 대하여 교육조건의 개선·교육제도의 정비와
교육기회의 균등보장을 적극적으로 국가에 요구하는 권리인 수학권을 포함한다. 교육
을 받을 권리는 국민이 교육을 통하여 민주시민으로서의 자질을 갖추게 하여 민주주
의를 발전시키는 기능을 한다. 또한 교육을 통한 문화생활로 문화국가를 촉진하는 기
능을 하며, 인격을 발현할 수 있도록 하는 기능을 한다.

교육을 받을 권리는 능력에 따라 균등하게 교육을 받을 권리를 내용으로 하고 있
다. 그리고 이를 실현하기 위하여 교육을 받게 할 의무, 무상교육의무제, 교육의 자주
성·전문성·정치적 중립성 및 대학의 자율성, 국가의 평생교육진흥의무, 교육제도의
법정주의 등을 그 내용으로 규정하고 있다.

Ⅳ 근로의 권리와 노동3권

헌법 제32조가 규정하는 근로의 권리는 다른 사람으로부터 방해받지 않고 자유롭
게 자신이 원하는 노동을 하는 권리이며 동시에 국가에 대하여 근로 기회의 제공을
적극적으로 청구할 수 있는 권리이다.

헌법은 근로의 권리를 보장하기 위하여 국가의 고용증진의무, 적정임금의 보장의
무, 최저임금제 시행, 근로의무의 내용과 기준의 법정주의, 근로조건의 법정주의, 여자
의 근로에 대한 특별한 보호와 근로관계에 있어서 여성의 차별금지, 연소근로자의 특

별보호, 국가유공자 · 상이군경 및 전몰군경의 유가족에 대한 우선적 근로의 기회부여 등에 관해 규정하고 있다.

헌법 제33조가 규정하는 노동3권은 근로자가 근로조건의 향상을 위하여 자주적으로 조직체를 결성하고(단결권), 그 조직체를 통하여 사용자와 교섭하고(단체교섭권), 교섭이 원만하게 이루어지지 않을 경우에 단체행동을 할 수 있는 권리(단체행동권)를 말한다. 노동3권은 근로자의 이익과 지위를 향상시켜준다는 데 그 의의가 있다고 할 수 있다.

Ⅴ 환 경 권

건강하고 쾌적한 환경에서 살 권리인 환경권에는 자연환경은 물론 보다 좋은 사회적 환경, 문화적 환경인 교육환경, 종교환경, 주거환경까지 포함하는 광의의 환경을 포함하는 것으로 이해하는 것이 타당하다고 본다.

헌법 제35조에 규정된 환경권은 사람이 인간다운 생활을 영위함으로써 인간으로서의 존엄을 유지하기 위한 필수적인 것으로 모든 사람에게 보장되는 보편적인 권리로서의 성질을 가진다.

건강하고 쾌적한 환경에서 생활하려면 공해의 발생을 사전에 예방하고, 발생된 공해를 배제하도록 하여야 한다. 또한 국민은 국가에 대하여 쾌적한 주거환경을 조성해줄 것을 요구할 수 있다.

일조방해행위와 수인한도

건물의 신축으로 인하여 그 이웃 토지상의 거주자가 직사광선이 차단되는 불이익을 받은 경우에 그 신축 행위가 정당한 권리행사로서의 범위를 벗어나 사법상 위법한 가해행위로 평가되기 위해서는 그 일조방해의 정도가 사회통념상 일반적으로 인용하는 수인한도를 넘어야 하고, 일조방해행위가 사회통념상 수인한도를 넘었는지 여부는 피해의 정도, 피해이익의 성질 및 그에 대한 사회적 평가, 가해건물의 용도, 지역성, 토지이용의 선후관계, 가해 방지 및 피해 회피의 가능성, 공법적 규제의 위반 여부, 교섭 경과 등 모든 사정을 종합적으로 고려하여 판단하여야 한다(대판 2007. 6. 28, 2004다54282).

제**04**장
국가권력구조

제1절 국가권력구조의 의의 및 근본이념

I 국가권력구조의 의의

국가권력구조는 국민주권주의를 이념적 기초로 한 국민적 합의를 통하여, 기본권보장을 실현하기 위한 국가권력의 기능적·제도적 장치라고 할 수 있다. 모든 국가권력의 원천은 국민에게서 유래하고 국가의 권력구조는 국민의 기본권보장을 위한 조직이며 제도이어야 한다. 따라서 국가권력구조는 기본권적 가치와 유리될 수 없고 항상 기본권을 실현하기 위한 수단적 의미와 기능을 갖는 것이다.

현대 민주국가에 있어서 국가권력구조는 통치권의 민주적 정당성의 요청을 충족시키는 것으로, 국민적 합의에 그 바탕을 두어야 한다. 그리고 현대 민주국가의 국가권력구조는 마땅히 법치주의적 요청을 충족시키며 법치주의적 요청과 조화를 이루어야 한다. 또한 권력이 남용되거나 악용되지 않도록 국가권력에 대한 합리적이고 효율적인 통제수단을 마련함으로써 민주적인 절차적 정당성을 충족시켜야 한다. 헌법에는 이러한 국가권력구조의 근본이념을 실현하기 위한 제도적 장치를 마련하고 있다.

제2절 국가권력구조의 구성원리

I 대 의 제

대의제(representative System)란 주권자인 국민이 직접 국가의사를 결정하는 것이 아니라 대표자를 선출하여 그 대표가 국가의사를 결정하게 하는 구성원리이다. 대의제는 통치자와 주권자를 구별하여 대표자의 정책결정권과 국민의 국가기관 구성권의 분리를 전제로 한다.

국민주권의 이념을 존중하고 현대 대중사회가 안고 있는 민주정치의 장애요인들을 극복하기 위해 대의제를 원칙으로 하면서도 국민투표제, 주민투표제 등의 직접민주제를 보완적으로 채택하고 있다.

II 권력분립제

권력분립주의(Separation of Powers)란 국민의 자유와 권리를 보장하기 위하여 국가권력을 분할하고 이들 권력을 각각 분할된 국가기관에 분산시킴으로써 국가권력이 특정 개인이나 집단에 집중되지 않고 권력상호간에 억제와 균형(Checks and Balances)이 유지되도록 하는 통치기관의 구성원리이다.

로크는 위임계약사상에 바탕을 둔 국민주권의 원리에 따라 2권분립론을 주장하였다. 그는 국가의 최고권력은 국민에게 있고, 그 아래에 입법권(legistlative Power)이 있고, 입법권 아래에 집행권(executive Power)과 연합권(동맹권, federative Power)이 있어야 한다고 보았다. 이는 영국 의원내각제의 성립에 이론적 기초를 제공하였다.

몽테스키외는 모든 국가에는 입법권, 국제법에 속하는 사항의 집행권, 시민법에 속하는 사항의 집행권(사법권)의 3가지 권력이 있다는 3권분립론을 주장하였다. 이는 미국식 대통령제의 발전에 초석이 되었다.

오늘날에 와서 여러 가지로 변화된 현대적 상황에 대응하기 위해서는 권력의 집중과 통합이 어느 정도 불가피하게 되었고, 그 대표적인 것이 뢰벤쉬타인의 동태적 권력분립론이다. 그는 국가기능의 동태적인 측면을 중시하여 정책결정(Policy Determination), 정책집행(Policy Execution), 정책통제(Policy Control)로 3분하고 이중에서 정책통제기능을 핵심적 국가기능으로 이해하였다. 정책통제는 수직적 통제와 수평적 통제로 구분하고 각각을 기관간통제와 기관내부의 통제로 구별하였다.

제3절 정부형태

I 의원내각제

의원내각제는 행정부가 대통령(또는 군주)과 내각이 이원적으로 구성되어 입법부와 공존하는 제도를 말한다. 이러한 의원내각제는 영국에서 군주와 의회가 서로 투쟁하는 과정에서 성립된 제도이다. 입법부와 행정부의 양 기관이 권력적으로 균형을 이루고 있으며, 권력 간의 균형은 특히 의회의 내각불신임제와 내각의 의회해산제를 통하여 유지된다.

II 대통령제

대통령제는 입법부·행정부·사법부간의 엄격한 권력분립과 권력기관 상호간의 권력적 균형이 유지되고, 대통령이 독립하여 집행권을 행사하는 정부형태를 말한다. 대통령제에 있어서는 행정부가 일원화되어 있으며 대통령은 국가원수와 행정부수반의 지위를 겸한다. 행정부와 입법부는 서로간의 간섭이 금지되는 것으로 상호 독립하여 존재한다.

제4절 국 회

I 의회주의

의회주의란 국민에 의해 선출된 의원들로 구성된 합의기관인 의회가 국가의 정책결정과 의사결정에 참여하는 정치원리를 말한다. 이러한 의회주의는 국민주권주의에 기초하는 대의정치를 직접적 이념으로 한다. 이는 입법 등의 방식을 통하여 정치세력 사이의 다른 견해를 토론을 통한 타협으로 국가의 중요정책을 실현하는 정치원리이다.

Ⅱ 국회의 헌법상 지위

주권자인 국민이 직접 국정을 운영하는 것이 가장 이상적이나 오늘날 현실적 상황은 국민의 의사를 대변하는 자(국회)에 의해 국정을 운영하는 대의제를 필수원리로 하게 되었다. 국회는 국민의 주권적 의사를 대변하는 합의체로 국민적 대표기관이다. 또한 국회는 법률제정을 주된 권한으로 하는 입법기관으로 입법심의과정의 중심기관이며, 국정통제기관으로서 행정부와 사법부를 감시·비판·견제하는 지위를 갖는다.

Ⅲ 국회의 구성 및 조직

국회는 단일의 합의체를 갖는 단원제이다. 국회는 국민이 직접 선출한 200인 이상의 의원으로 구성하되, 비례대표제를 가미하고 있다. 국회의원의 임기는 4년이며, 국회는 국정조사권·국정감사권, 국무총리·국무위원의 해임건의권, 대법원장·대법관임명동의권, 국무총리임명동의권, 감사원장임명동의권, 입법권, 예산심의·확정권 등을 가지고 있다.

Ⅳ 국회의 운영과 의사절차

국회의 활동은 회기를 통하여 이루어진다. 국회의 회기는 소집일로부터 기산하여 폐회일까지이며, 정기회와 임시회 그리고 특별회가 있다.

국회의 의사절차로는 국회의 회의는 공개한다는 의사공개의 원칙, 국회에 제출된 법률안 기타의 의안은 회기 중에 의결되지 못한 이유로 폐기되지 아니한다는 회기계속의 원칙, 의회에서 일단 부결된 의안은 동일회기 중에 다시 발의나 심의를 하지 못한다는 일사부재의의 원칙이 적용된다.

Ⅴ 국회의 권한

국회의 권한을 실질적 견지에서 파악할 때 입법에 관한 권한, 재정에 관한 권한, 국정통제에 관한 권한, 국회내부에 관한 권한(국회의 자율권) 등으로 구분한다.

국회의 대표적인 권한이 입법권으로 법률안의 심의·의결을 한다. 헌법개정의 심의·의결권, 조약의 체결·비준에 대한 동의권, 국회규칙제정권 등이 있다.

재정은 집행부가 행하는 집행 작용이지만 재정의 조달이 국민의 부담을 통하여 이루어지는 것이므로 재정의 중요한 사항은 국회가 의결하도록 하고 있다.

국회는 탄핵소추권, 국정감사·조사권, 긴급명령 등에 대한 승인권, 계엄해제요구권, 국방·외교정책에 대한 동의권, 일반사면에 대한 동의권, 국무총리·국무위원에 대한 해임건의권, 국무총리·국무위원 등의 국회출석요구 및 질문권을 통해 국정통제를 한다. 기타 의사와 내부사항에 대한 독자적인 국회 자율권을 갖는다.

제5절 정 부

Ⅰ 대 통 령

대통령은 국민의 직접 선거에 의하여 선출된다. 대통령은 국가의 원수이며 외국에 대하여 국가를 대표한다. 국가의 독립, 영토의 보전, 국가의 계속성과 대통령의 위헌정당제소권, 국가긴급권을 통한 헌법을 수호할 책무를 진다. 국가기능의 효율성을 유지하고 국론통일을 위해 국정의 통합·조정권을 대통령에게 부여하고 있다. 그 밖에 대법원장, 헌법재판소장, 감사원장 등 헌법기관을 구성할 권한을 대통령에게 부여하고 있다.

대통령은 집행부수반으로서 집행에 관한 최고책임자로서의 지위, 집행부 조직자로서의 지위, 국무회의의장으로서의 지위 등을 갖는다.

Ⅱ 집 행 부

집행부는 국무총리와 국무위원으로 구성된다. 국무총리는 대통령이 궐위되거나 사고로 인하여 직무를 수행할 수 없을 경우에 제1순위로 권한대행권을 가진다. 국무총리는 대통령의 보좌기관으로 대통령의 명을 받아 행정각부를 통할하고, 행정각부와의 관계에서 상급행정관청으로서의 지위를 갖는다. 또한 행정부의 권한에 속하는 중요한 정책심의에 있어서 국무회의의 부의장으로서 대통령을 보좌하며, 대통령의 모든 국법상 행위에 대하여 부서를 한다.

행정각부는 대통령을 수반으로 하는 집행부의 구성단위로 대통령이 결정한 정책과 그 밖의 집행부 권한에 속하는 사항을 집행하는 중앙행정기관이다. 행정각부의 장은 국무위원 중에서 임명하며, 행정각부는 대통령이나 국무총리의 지휘와 통할하에 소관사무를 담당한다.

제 6 절 법 원

I 법원의 의의

법원은 법 또는 권리에 관한 다툼이나 법익이 침해된 경우에 직접 조사한 증거를 가지고 객관적 사실을 바탕으로 법을 해석·적용하는 사법기관이다. 법원은 다른 국가기관으로부터 독립하여 제3자인 위치에서 재판권을 행사함으로써 국민주권주의 및 국민의 재판을 받을 권리 등을 실현한다.

II 사법권의 독립

사법권의 독립은 법원이 다른 국가기관이나 국민의 간섭을 받지 않고 법관은 오직 법에 의거해서만 재판권을 행사하여 법을 선언함으로써, 법질서의 정당성을 유지하도록 하는 헌법원리이다. 사법권의 독립을 위해서는 법관은 독립하여 오직 헌법과 법률 그리고 자신의 양심에 따라서 재판을 하는 법관의 직무상 독립과, 법관의 자격·임기·연임여부·정년 등 인사독립을 통하여 법관의 신분을 보장함으로써 공정한 재판을 이루기 위한 법관의 신분상 독립이 보장되어야 한다.

Ⅲ 법원의 조직과 운영

법원은 최고법원인 대법원과 각급법원으로 조직되며, 특별법원으로서 군사법원을 둘 수 있다.

소송절차를 신중히 함으로써 공정한 재판을 확보하려는 목적으로 심급제를 채택하고 있고, 재판의 심리와 판결은 공개하도록 하는 재판공개의 원칙을 규정하고 있다. 국민참여형사재판에서는 법률전문가가 아닌 국민 중에서 선출된 배심원이 재판의 사실심에 관여하고 있다.

Ⅳ 대법원의 권한

대법원은 명령·규칙이 헌법이나 법률에 위반되는지의 여부가 재판의 전제가 된 경우에 이를 최종적으로 심사할 권한인 명령·규칙심사권을 갖는다. 또한 대법원은 법원의 자주성과 독립성을 확보하고 법원의 실정에 맞는 규칙을 제정하는 규칙제정권을 가진다.

제 7 절   헌법재판소

Ⅰ 헌법재판소의 지위

헌법재판소의 지위는 헌법기관에 부여된 권한에 의해 정해지기 때문에 헌법재판소의 지위는 헌법재판소의 권한과 불가분의 관계를 가진다. 헌법재판소는 첫째, 헌법을 보호하고 헌법을 실현하기 위한 기관으로서의 지위를 갖는다. 둘째, 헌법적인 분쟁 발생시 유권적 해석을 통해 분쟁을 해결하고 헌법을 해석하는 유권적 해석기관으로서의 지위를 갖는다. 셋째, 헌법실현을 위해 헌법 및 법률의 침해에 대한 통제, 기관간 권한 다툼을 통제하는 권력통제기관으로서의 지위를 갖는다. 넷째, 기본권의 침해로부터 기본권의 침해 구제를 통한 기본권적 가치실현을 위한 기본권 보호기관으로서의 지위를 갖는다.

Ⅱ 헌법재판소의 구성 및 조직

헌법재판소는 법관의 자격을 가진 9인의 재판관으로 구성되며, 재판관은 대통령이 임명한다. 그 중 3인은 국회에서 선출하는 자를, 3인은 대법원장이 지명하는 자를 임명한다. 헌법재판소의 장은 국회의 동의를 얻어 재판관 중에서 대통령이 임명한다.

헌법재판소장은 헌법재판소를 대표하고, 헌법재판소의 사무를 통리하며, 소속 공무원을 지휘·감독한다. 재판관회의는 재판관 전원으로 구성하며, 헌법재판소의 보조기관으로서 헌법재판소의 행정사무를 처리하기 위하여 사무처를 둔다.

재판관은 정당에 가입하거나 정치에 관여할 수 없으며, 탄핵 또는 금고 이상의 형의 선고에 의하지 아니하고는 파면되지 아니한다. 재판관회의는 7인 이상의 출석과 출석인원 과반수의 찬성으로 의결한다.

Ⅲ 헌법재판소의 권한

헌법재판소의 권한으로는 국회가 제정한 법률이 헌법에 위반되는지 여부를 심사하는 위헌법률심사권, 고위직 공무원 등이 직무수행시 헌법이나 법률에 위반한 때 탄핵하는 탄핵심판권, 정당의 목적이나 활동이 민주적 기본질서에 위반될 때 해산결정을 하는 정당해산심판권, 국가기관 상호간, 국가기관과 지방자치단체간, 지방단체 상호간의 권한의 유무나 범위에 다툼이 있는 경우에 하는 권한쟁의심판권이 있다. 그리고 공권력에 의해 기본권을 침해당한 자가 제기한 공권력의 위헌 여부 청구를 심판하는 헌법소원심판권이 있다.

제 **02** 편   행정법

제 *01* 장

행정과 행정법

배 유 진*

제1절 행 정

Ⅰ 역사적 개념으로서 행정

행정관념은 시대의 산물이다. 행정법의 대상으로서의 행정은 19세기 시민적 법치국가가 성립되면서 권력분립론을 기초로 하여 형성된 관념이다.

19세기에는 공적 안전과 질서유지가 행정의 중심 대상이었으나, 20세기 사회적 법치국가에서는 대다수 사회 · 경제적 약자를 위한 균등배분, 복리증진 등도 행정의 중심 대상이 되고 있다.

Ⅱ 행정의 의의

형식적 의미의 행정이란 국가기관을 기준으로 하는 개념으로서 행정기관에 의해 이루어지는 모든 작용을 말한다. 여기에는 성질상 입법에 속하는 것(예, 대통령령 · 총리령 · 부령의 제정)도 있고, 사법에 속하는 것(예, 행정심판재결, 소청심사위원회의 결정)도 있다.

실질적 의미의 행정이란 국가작용의 성질상의 차이를 전제로 하는 개념으로서 대

---

1) 한국사회보장정보원 연구위원

체로 "법 아래서 법의 지배를 받으면서 국가목적의 적극적 실현을 위하여 현실적·구체적으로 행하여지는 전체로서의 통일성을 가진 계속적·형성적 국가활동"이라 정의된다.

Ⅲ 행정의 종류

태어나서 죽을 때까지 인간은 광범위하고 다양한 행정작용과 관련된다(예, 출생신고·감염병 예방접종·학령아동 취학·군입대·운전면허·혼인신고·영업허가·세금납부·사망신고 등).

행정을 분류하면 ① 행정의 주체에 따라 국가행정(예, 국세부과)과 지방자치행정(예, 지방세부과), ② 행정작용의 근거가 되는 법과 관련하여 공법상의 행정(예, 건축허가)과 사법상의 행정(예, 국가 소유 영업용 건물의 임대), ③ 법적 효과에 따라 국민에게 권리나 이익을 주는 수익적 행정(예, 영업허가)과 침익적 행정(예, 영업정지), 그리고 복효적 행정(예, 연탄공장 설치허가)의 구분이 가능하다.

Ⅳ 통치행위

통치행위는 고도의 정치성을 갖는 국가작용으로서 사법심사가 배제되는 행위를 말하며, 입법·사법·행정과 구별되는 제4종의 국가작용이라고도 한다. 그 예로는 ① 대통령의 국가원수로서의 지위에서의 행위(예, 외교행위·사면·영전수여), ② 국무총리임명 등 조직법상 행위, ③ 법률안거부, ④ 국민투표회부, ⑤ 비상계엄선포, ⑥ 긴급명령 등의 행위와 ⑦ 국회의 국무총리·국무위원 해임건의, ⑧ 국회의원의 징계 등이다.

통치행위라 하여도 법으로부터 완전히 자유로운 것은 아니며, 권한이 부여된 그 목적에 구속되고(합목적적 구속), 헌법형성의 기본결단에 구속되며(헌법합치), 법치주의원리의 핵심인 정의에 합당하여야 한다.

한편, 예외적으로 사법심사가 가능한 경우가 있다. ① 정치적 법률분쟁(예, 신행정수도의 건설을 위한 특별조치법에 관한 헌법소원, 남북정상회담개최과정에서 통일부장관 승인 없이 북한에 사업권대가 명목의 송금을 한 행위)에 대하여는 사법심사가 가능하며, ② 통치행위가 국헌문란을 목적으로 하거나(예, 5·18내란과정에서의 비상계엄선포), ③ 직접 국민의 기본권을 침해하는 경우(예, 긴급재정경제명령에 대한 헌법소원)에도 사법심사의 대상이 된다.

제2절 행 정 법

I 행정법의 의의

행정법이란 행정권의 조직과 작용 및 행정구제에 관한 성문·불문의 국내공법이다. 따라서 행정법은 행정조직법(예, 정부조직법·국가공무원법·지방공무원법)과 행정작용법(예, 식품위생법·건축법) 및 행정구제법(예, 국가배상법·행정심판법·행정소송법)으로 나눌 수 있다.

행정법은 공법이므로 사법과 구별된다. 공법과 사법의 구별이 필요한 이유는 ① 민사소송과 별도로 행정소송제도(예, 단란주점 영업정지처분의 취소를 구하는 소송)가 있고, ② 법인에는 공법인(예, 한국토지주택공사)과 사법인이 있으며, ③ 우리의 법체계상으로도 공익실현을 중심으로 하는 법(예, 도로교통법, 공중위생관리법)과 사익의 조절을 중심으로 하는 법(예, 민법)으로 나뉘어 있기 때문이다.

다만 오늘날의 행정법은 단순한 공익실현법이 아닌 다양하고도 복합중첩적인 공·사익들간의 갈등 내지 충돌의 조화로운 해결을 위한 이해조절법으로도 접근될 필요가 있다(예, 새만금개발사업으로 증대되는 공익과 사익 vs 환경훼손으로 침해되는 공익과 사익들간의 이해조절).

II 헌법의 기본원리의 적용

헌법은 국가라는 하나의 공동체가 그 구성원인 국민을 위하여 어떤 모습으로 무슨 일을 하여야 하는가에 관한 기본틀을 정하는 근본법이다. 헌법 제 규정은 기본권 규정과 함께 '더불어 사는 사회'를 형성·발전시키기 위한 각각의 규범적 가치 내지 규범적 이익을 추구한다. 헌법의 구체화법(具體化法)의 하나인 행정법이 헌법이 정하는 기본틀에 합치되어야 하는 것은 당연하다.

행정법에 대한 헌법상 기본원리로는 민주국가원리·법치국가원리·사회국가원리 등을 들 수 있다. 우리가 살아가는 생활질서의 규범틀은 법치주의를 기반으로 하지만 그 틀의 형성은 민주주의에 의하며, 틀에 담기는 내용이 복리주의의 실현이 된다. 틀의 형상과 내용은 각 나라의 시대적·정치적 환경에 따라 달라질 수 있지만, 법치나 복리의 정당성의 기초는 결국 민주이다.

제3절 행정의 법률적합성의 원칙(법치행정의 원리)

I 개 념

법치행정이란 행정은 법률의 근거를 가지고 법률의 내용에 따라 행해져야 하며, 이에 위반하여 개인의 권리를 침해하는 경우 사법적 구제가 주어져야 한다는 법원리를 말한다. 법치행정의 원리는 헌법상의 법치주의의 원리가 행정에 적용된 것이다. 법치행정의 내용으로는 O. Mayer(오토마이어)가 언급한 ① 법률의 법규창조력, ② 법률의 우위, ③ 법률의 유보를 설명하는 것이 일반적이다.

II 법률의 법규창조력

1._ 의 의

원래 법률의 법규창조력이란, 국민의 권리의무에 관해 새로운 규율을 정하는 것은 국민의 대표기관인 국회만이 할 수 있으며 국민의 대표기관인 국회가 만든 법률만이 국민을 구속할 수 있다는 것을 뜻하였다. 일반적으로 의회의 입법권에 의해 제정되어지는 규율을 법률이라 하고 국민의 권리·의무에 관한 규율을 통틀어 법규라 하는 데서 연유하는 개념이다.

2._ 의미의 변화

오늘날에는 국회가 만드는 법률 외에 헌법상 규정된 대통령의 긴급명령과 긴급재정·경제명령, 국회규칙, 법원규칙, 그리고 행정법의 일반원칙 등도 국민이 따라야 하는 법이므로 법률만이 국민을 구속하는 힘을 갖는다는 법률의 법규창조력의 의미는 그 중요성이 퇴색되었다고 할 수 있다.

III 법률의 우위의 원칙

1._ 의 의

법률의 우위란 국가의 행정은 합헌적 절차에 따라 제정된 합헌적 내용의 법률에 위반되어서는 아니 된다는 것을 의미한다. 그 법률에는 헌법, 국회제정의 형식적 의미의 법률, 법률의 위임에 따른 법규명령, 행정법의 일반원칙 등이 포함된다. 법률의 우위의 원칙에 위반되면, 그러한 행위는 무효 또는 취소할 수 있는 행위가 된다. 만약 그러한 행위로 사인이 피해를 입게 되면, 사인은 국가를 상대로 손해배상을 청구할 수도 있다.

2._ 적용범위

법률의 우위의 원칙은 수익적 행위인가, 침익적 행위인가를 불문하고 행정의 전 영역에 적용된다.

Ⅳ 법률의 유보의 원칙

1._ 의   의

법률의 유보란 국가의 행정은 의회가 제정한 입법에 근거를 갖고서 또는 그러한 법률의 수권에 의해서 이루어져야 한다는 것을 의미한다. 독자들은 "법률근거의 원칙"이라 이해해도 좋다. 하지만 법학에서는 전통적으로 "법률유보의 원칙"이라는 용어를 사용하고 있으므로 이 용어에 친숙해 두는 것이 좋다.

2._ 적용범위

법률의 우위의 원칙은 모든 행정영역에 적용되지만, 법률유보의 원칙은 모든 행정에 적용되는 것은 아니다. 이에 관해서는 대한민국이라는 공동체에 중요한 사항에 관해서는 반드시 법률의 근거가 있어야 한다는 것이 학설과 판례의 입장이다. 무엇이 중요한 사항인가에 대한 판단은 일률적인 것이 아니라 개인과 공공에 대하여 얼마나 의미 있고, 중대하고, 기본적이고, 결정적인가에 따라, 즉 여러 가지 관점에 따라 개별적으로 판단해야 하는 유동적인 개념이다. 이러한 유동적이고 추상적인 판단기준 때문에 비판을 받기도 한다. 판단에 있어 일차적 기준은 헌법상 보장된 국민의 기본권이 될 것이다. 국민들에게 단순히 이익을 주는 행위는 법률의 근거가 없어도 가능하다. 물론 비용이 든다면, 국회나 지방의회에서 통과된 예산이 있어야 할 것이다.

제 4 절 행정법의 법원(法源)

I 의 의

행정법의 법원(法源)이란 넓게는 법생성 연원·법인식 연원 등의 의미로 사용되나, 여기서 말하는 법원은 행정권이 준수해야 할 행정권의 조직과 작용에 관한 행정법의 인식근거 또는 존재형식이라는 의미이다. 행정법의 법원에는 성문법과 불문법, 그리고 행정법의 일반원칙이 있다.

II 종 류

1._ 성문법원

(1) 헌 법

모든 행정법은 헌법의 기본원칙에 구속된다. 행정법은 헌법의 구체화법인 것이다.

(2) 법 률

국회가 헌법이 정한 입법절차에 따라 정하는 법 또는 법률이라는 명칭을 가진 법을 말한다.

(3) 법규명령과 행정규칙(행정입법)

법률 등의 위임에 의하여 정해지는 법규명령과 상급행정기관이 직권으로 소속행정기관 등에 대하여 가하는 내부적 규율인 행정규칙이 있다.

(4) 자치법규

지방자치법상 자치법규에는 지방의회가 정하는 조례, 집행기관인 지방자치단체의 장이 정하는 규칙이 있고, 그 밖에 지방교육자치에 관한 법률에 의거하여 교육감이 정하는 교육규칙이 있다.

(5) 국제조약·국제법규

2._ 불문법원

(1) 관 습 법

일반적으로 일정사실이 장기간 반복되어 그것이 관행으로 자리 잡고 아울러 그것이 국민의 법적 확신을 얻을 때 이를 관습법이라고 부른다. 행정법의 영역에서 관습법의 예는 많지 않다. 법률의 유보의 원리상 침익적 관습법은 인정하기 어렵다. 관습법은 성문법이 없는 경우에 보충적으로 적용된다.

(2) 판 례 법

판례에서 동일한 원칙이 반복되어 사람들이 그러한 원칙을 법적인 것으로 확신하게 되는 경우, 그러한 원칙들을 판례법이라 부른다. 우리는 영미법과 달리 선례구속성의 원칙이 직접적으로 적용되지 않는다. 하지만 실질적으로 판례를 통해 확립된 원칙들은 행정기관이나 법원에서 이를 준수하게 되는 사실상의 효력이 있으므로 판례법을 불문법으로서 행정법의 법원이라 인정할 수 있다.

(3) 조　　리

조리(條理)란 일반 사회의 정의감에 비추어 누구나 옳다고 인정하는 것을 말한다. 즉, 사물의 본성이자 일반적인 상식을 뜻한다. 법률이나 관습법이 침묵을 지키고 있는 영역은 최종적으로 조리에 의할 수밖에 없다. 오늘날 조리의 법원성은 일반적으로 인정되고 있다.

3._ 행정법의 일반원칙

(1) 행정법의 일반원칙의 성질 및 원칙위반의 효과

행정법의 일반원칙은 헌법, 정의의 관념에서 당연히 도출되는 행정법 해석의 기준이 되는 원칙을 말한다. 행정법의 일반원칙은 법원(法源)성을 가지므로 성문법과 마찬가지로 재판에서 직접 적용되며 행정법의 일반원칙을 위반하는 행위는 당연히 위법한 행위가 된다.

(2) 행정의 자기구속의 원칙

① 의　의　　　행정의 자기구속의 원칙이란 행정청은 동일한 사안에 대하여는 제3자에게 한 것과 같은 결정을 상대방에게도 동일한 결정을 하도록 행정청이 구속을 받는다는 원칙을 말한다. 행정의 자기구속의 원칙은 평등원칙을 보다 구체화한 원칙이라 할 수 있다. 행정의 자기구속의 법리는 재량권·판단여지의 행사에 있어서 행정

권의 자의를 방지하여 그 행사가 적정하게 이루어지도록 하여 국민의 권리를 보호하고 행정의 적절한 통제를 가능하게 하는 기능을 갖는다.

> 예 1: 심야영업을 한 업소에 대하여 종래 1개월의 영업정지처분을 해 오다가 유독 갑에 대해서만 2개월의 영업정지처분을 한 경우 → 자기구속의 원칙 위반

② 요 건　　i) 행정의 자기구속은 법적으로 비교할 수 있는 동일한 생활관계에서 문제된다. ii) 행정청이 이미 창조한 법적 상황과 결정을 요하는 사건이 의미와 목적에 있어서 동일한 사안이어야 한다. iii) 행정의 자기구속은 해당 처분청에만 적용된다. iv) 행정의 자기구속은 근거되는 행정관행이 적법한 경우에만 적용된다. 즉, 위법한 행정관행은 따를 필요가 없다.

(3) 비례원칙

① 의 의　　비례원칙이란 행정의 목적과 그 목적의 실현을 위한 수단의 관계에서 그 수단은 목적을 실현하는 데 적합하고 또한 최소침해를 가져오는 것이어야 할 뿐만 아니라, 아울러 그 수단의 도입으로 인해 생겨나는 침해가 의도하는 이익·효과를 능가하여서는 안 된다는 원칙을 말한다. 행정법상의 모든 일반원칙은 결국 비례원칙을 구체적인 경우에 있어 다시 요건화 한 것이며 비례원칙은 행정법의 일반원칙 중에서도 가장 일반적인 원칙이라 할 수 있다.

> 예 2: 공무원에 대한 징계시 견책처분으로 족한 데 해임처분을 한 경우 → 비례원칙 위반

② 내 용　　비례원칙은 적합성의 원칙·필요성의 원칙·좁은 의미의 비례원칙으로 구성된다.

(i) 적합성의 원칙　　침해하는 수단은 추구하는 공익목표의 달성에 법적으로나 사실상으로 적합한 것이어야 한다는 원칙이다.

(ii) 필요성의 원칙　　공익상의 목표달성을 위해 채택된 수단은 많은 적합한 수단 중에서도 개인이나 공중에 최소한의 침해를 가져오는 것이어야 한다는 원칙으로, 최소수단의 원칙 또는 최소침해의 원칙이라고도 한다.

(iii) 상당성의 원칙　　공익상의 목표달성을 위해 사용하는 수단으로부터 나오는 침해의 정도가 목적하는 공익상의 필요의 정도를 능가하여서는 안 된다는 원칙이다. 즉 이루고자 하는 공익과 침해하는 사익의 정도를 최종적으로 한번 더 비교하여야 한

다는 원칙이다. 좁은 의미의 비례원칙이라고도 한다.

적합성의 원칙, 필요성의 원칙, 그리고 좁은 의미의 비례원칙은 단계구조를 이룬다. 즉 많은 적합한 수단 중에서도 필요한 수단만이, 필요한 수단 중에서도 상당성 있는 수단만이 선택되어야 한다.

(4) 신뢰보호의 원칙

① 의 의   행정청의 어떠한 적극적 또는 소극적 행위의 존속이나 정당성을 사인(私人)이 신뢰한 경우, 보호할 만한 가치 있는 사인의 신뢰를 보호하여 주는 원칙을 말한다. 신뢰보호는 헌법상의 원칙으로도 받아들여진다.

> 예 3: 수출장려를 위한 세금감면관행을 무시하고 과세한 경우 → 신뢰보호원칙 위반

② 요 건

(i) 행정청의 선행조치   사인의 신뢰가 형성될 수 있는 대상인 행정기관의 선행조치가 있어야 한다. 선행조치에는 법령·행정규칙·확약·행정지도·사실행위 등도 포함된다.

(ii) 보호가치 있는 사인의 신뢰   행정청의 선행조치에 대한 사인의 신뢰는 보호할 만한 것이어야 한다. 말하자면 ⓐ 선행조치에 대하여 사인의 신뢰가 있고, 또한 ⓑ 그 신뢰는 보호할 만한 것이어야 한다. 그 신뢰가 보호할 가치가 있는지 여부는 정당한 이익형량에 의한다.

(iii) 사인의 처리   행정청의 선행조치에 대한 신뢰를 기반으로 사인이 어떠한 처리(예, 이주·특정한 자본의 투자)를 하여야 한다.

(iv) 인과관계   신뢰보호원칙은 선행조치에 대한 사인의 신뢰와 사인의 처리 사이에 인과관계가 있을 것을 요구한다. 계약 기타의 구체적 관계의 존재까지 요구하는 것은 아니다.

(v) 선행조치에 반하는 처분   선행조치에 반하는 행정청의 처분이 있어야 한다. 이 경우에 비로소 사인의 신뢰는 현실적으로 배반되고, 아울러 사인의 법 생활의 안정도 구체적으로 침해된다.

(5) 부당결부금지의 원칙

① 의 의   부당결부금지의 원칙이란 행정기관의 공권력적 조치와 사인이 부담하는 급부는 부당한 내적인 관련을 가져서는 아니 되고 또한 상호 결부되어서도

안 된다는 원칙을 말한다.

> 예 4: 아파트건설사업계획승인을 하면서 관공서 부지 기부채납을 요구하는 경우, 제1종
> 특수면허로만 가능한 트레일러 운전 중 면허취소사유가 발생한 경우 제1종 대형
> 및 보통면허도 취소하는 경우 → 부당결부금지원칙 위반

　② 요 건　　　부당결부금지의 원칙이 적용되기 위해서는 ⅰ) 행정청의 행정작
용이 있고, ⅱ) 그 행정작용은 상대방에 부과하는 반대급부와 결부되어 있고, ⅲ) 그
행정작용과 사인의 급부가 부당한 내적 관련을 가져야 한다.

제 **02** 장
행정법관계(행정상의 법률관계)

Ⅰ 행정법관계의 의의

행정주체가 일방 당사자인 법률관계를 행정상 법률관계라 부른다. 행정상 법률관계는 다시 행정상 공법관계(예, 도로점용허가)와 사법관계(예, 일반재산매각)로 나뉜다. 전자를 행정법관계라 부르고, 후자를 통상 국고관계라 부른다. 행정법은 공법영역에 속하므로 행정법관계에 대한 연구가 행정법의 중심테마가 된다.

Ⅱ 행정법관계의 특징

1._법 관 계

국가와 국민의 관계 또는 지방자치단체와 주민의 관계는 국민의 대표자인 국회가 정한 법에 따라 이루어지는 관계이다. 따라서 국가와 국민의 관계 혹은 지방자치단체와 주민의 관계는 법에 따라 형성되는 법관계이고, 법과 관계없이 이루어지는 사실상의 명령, 복종관계는 아니다.

2._ 불대등관계

사인 간의 법관계는 당사자 간에 대등한 것이 특징이다. 그러나 행정법관계는 기본적으로 국가나 지방자치단체가 우월한 지위에서 일방적으로 그 내용을 정하는 것이 특징이다. 물론 우리 헌법 제37조제2항에 따라 법률에 근거가 있는 경우에만 그러한 우월한 지위가 주어진다.

Ⅲ) 행정법관계의 당사자

1._ 행정주체

행정을 담당하는 행정권의 주체(主體)를 행정주체라 부른다. 행정주체가 되기 위해서는 권리·의무의 주체가 될 수 있는 자격, 즉 권리능력이 있어야 한다. 모든 권력은 국민으로부터 나오므로 궁극적으로는 국민이 행정의 주체라고 할 수 있으나, 현실적인 행정주체로는 국가·지방자치단체·공법상 법인·공무수탁사인이 있다.

(1) 국   가

행정권은 국가권력의 일종이므로 국가는 시원적인 행정주체라 할 수 있다.

(2) 지방자치단체

지방자치단체는 국가의 영토의 일부인 일정한 구역을 기초로 하여 그 지역 안의 주민을 지배하는 포괄적인 행정권을 가진 단체로서 전래적인 행정주체이다.

(3) 공법상 법인

공법상 법인은 특정 행정목적을 위하여 국가 또는 지방자치단체가 설립하거나 국민 또는 주민이 구성한 단체를 말한다. 인적 결합체인 공공조합(예, 농업협동조합·재개발조합·대한변호사회)과 인적·물적 결합체인 영조물법인(예, 한국토지주택공사·서울대학교병원)이 있다. 전자를 공사단, 후자를 공공시설법인이라고도 부른다. 이들 역시 전래적 행정주체이다.

(4) 공무수탁사인

예외적으로 사인도 행정주체로부터 공권을 수여받아 이를 행사하는 경우 그 한도 안에서 행정주체의 지위에 선다. 공무수탁사인이란 법률이나 법률에 근거한 행위로 특정의 공행정 사무를 자신의 이름으로 수행할 수 있도록 공적 권한을 부여받은 사인(자연인 또는 법인)을 말한다. 수탁사인 또는 국가적 공권이 부여된 사인이라고도 한다. 공무수탁사인은 국가배상법상 공무원에 해당한다.

예컨대 항공보안법 제22조제1항에 따라 비행기의 기장은 운항중인 항공기의 안전을 해치고 인명·재산에 위해를 주며 기내의 질서를 문란시키거나 기내의 규율에 위반하는 행위를 하는 자에 대하여 그 행위를 저지시키기 위하여 필요한 조치를 취할 수 있다. 기장이 이러한 권한을 행사하는 경우에는 기장이 경찰기관의 지위에서 경찰권을 행사하는 것이 된다. 이러한 기장의 행위는 경찰의 행위와 동일한 것으로 간주된다. 이외에도 시골의 별정우체국장, 사인(건설회사)이 공익사업 시행자로서 다른 사인의 토지를 수용하는 경우, 공증인이 공증업무를 수행하는 경우 등을 들 수 있다. 공무수탁사인은 사인이 갖는 독창성, 전문지식, 재정수단 등을 활용하여 행정의 효율을 증대하기 위한 것이지만, 행정기관의 변동을 가져오므로 법적 근거를 요한다. 공무수탁사인 전반을 규율하는 입법은 없으며 개별 근거에 의존한다.

2._ 행정의 상대방(객체)

행정법 관계의 객체란 행정주체에 의한 행정권행사의 대상이 되는 자를 말한다. 행정의 상대방이라고도 부른다. 행정의 상대방은 자연인과 사법인(私法人)인 것이 보통이나 지방자치단체 등 공법상 법인도 해당되는 경우가 있다. 지방자치단체는 구성원인 주민에 대한 관계에서 행정주체의 입장에 서지만, 국가 또는 광역지방자치단체와의 법률관계에서는 행정의 상대방의 지위에 놓이기도 한다. 행정의 상대방은 국가가 행정주체인 경우에는 지방자치단체와 공법상 법인, 그리고 사인이 행정의 상대방이 되고, 지방자치단체가 행정주체인 경우에는 공법상 법인과 사인이 행정의 상대방이 된다.

Ⅳ 행정법관계의 종류

1._ 권력관계 · 비권력관계

행정법관계는 권력관계(예, 행정대집행)와 단순공행정관계(비권력관계, 예, 문화재관리)로 구분된다. 권력관계는 행정청이 우월한 지위에서 일방적으로 형성해내는 행정법관계를 말한다. 비권력관계는 강제를 수반하지 않고 이루어지는 행정법관계를 말한다.

2._ 특별권력관계

종래 권력관계를 일반권력관계(예, 납세관계)와 특별권력관계(예, 공무원근무관계 · 재소자의 교도소 수감관계)로 나누어, 후자는 특별한 공행정목적을 위해 특별한 법률상의 원인에 근거하여 성립되는 관계로서 권력주체가 구체적인 법률의 근거 없이도 특정신분자를 포괄적으로 지배하는 권한을 가지고, 그 신분자는 이에 복종하는 관계로 이해하여 왔다. 과거에는 당사자의 신청에 의하여 일단 공무원이 되면, 개별적인 법률의 근거가 없다고 하여도 임명권자는 포괄적인 명령권과 강제권을 가지고 소속 공무원의 기본권을 제한할 수도 있고, 기본권을 제한하는 행위는 사법심사의 대상이 되지도 않는다고 하였다. 이를 특별권력관계 이론이라 하여 특히 군대, 경찰, 학교, 교도소 내에서 이루어지는 각종 인권 침해행위를 정당화 하는 이론으로도 사용되었다.

하지만 인권이 보장되고 법치주의가 전면적으로 시행되는 오늘날에는 특별권력관계를 인정할 수 없다. 법치주의 하에서는 특별한 것도 법률에 근거가 있을 때에만 그 특수성이 인정될 수 있다. 따라서 특별권력관계로 이해되어 온 것은 '특별한 실정법'에 의해 규율되는 특별행정법관계(特別行政法關係)로 대체되어야 하며, 특별행정법관계에도 법치주의·기본권보장·사법심사가 전면적으로 적용되어야 한다.

제2절 행정법관계의 내용

I 국가적 공권

국가나 지방자치단체가 법령이 정하는 바에 따라 국민이나 주민에게 과세처분을 할 수 있는 권리를 가질 뿐만 아니라, 현실적으로 국민이나 주민에게 과세처분을 하면, 국가나 지방자치단체는 국민이나 주민에 대하여 세금을 징수할 있는 권리를 갖게 되는데, 이와 같이 행정법관계에서 국가 등 행정주체가 사인에 대해 갖는 권리를 국가적 공권이라 한다. 일반적으로 행정법학은 국민이나 주민의 입장에서 어떠한 권리와 의무를 가지는지 중심으로 서술되며 따라서 국가적 공권은 국민의 의무로 표현하는 것이 일반적이다.

II 개인적 공권

1._ 개인적 공권의 의의

개인적 공권이란 개인이 공법상 자기의 고유한 이익을 추구하기 위해 국가 등 행정주체에 대하여 일정한 행위를 요구할 수 있도록 개인에게 주어진 법적인 힘을 말한다. 오늘날의 통설에 의하면, 개인적 공권은 행정권에 대하여 일정한 행위를 의무지우는 공법규정이 공익뿐만 아니라 사익에도 기여하는 것을 내용으로 하고 있을 때에 인정된다. 개인적 공권은 주관적 공권으로 불리기도 한다.

2._ 법률상 이익과의 관계

행정심판법과 행정소송법은 심판청구인적격 및 원고적격과 관련하여 법률상 이익이라는 용어를 사용하고 있다. 이 개념이 공권과 동일한 개념인가 상이한 개념인가에 관해 견해가 나뉜다. 우리의 전통적인 견해는 법률상의 이익을 개인적 공권과 법률상 보호이익을 내포하는 개념으로 이해하고 있다. 기초 수준에서는 개인적 공권과 법률상 이익은 같은 개념이라 보아도 될 것이다.

3._ 반사적 이익

개인적 공권(법률상 이익)과 구별하여야 할 개념으로 반사적 이익이 있다. 국가가 일정한 제도를 시행함으로 인해 국민들이 이익을 받는다고 하여도, 그 이익이 침해되는 경우에 법적으로 보호받지 못하는 경우, 그러한 이익을 반사적 이익이라 한다. 개인적 공권과 반사적 이익의 구별필요성은 개인적 공권을 가진 자만이 행정심판이나 행정소송을 제기할 수 있고 반사적 이익을 가진 자는 그것이 침해되어도 소송이나 심판에 의하여 구제받을 수 없다는 데 있다.

개인적 공권은 자연권으로서 헌법에서 직접 인정되는 것(예, 구속된 피고인·피의자의 접견권)도 있고, 법률의 규정에 의해 성립되는 것도 있고, 집행행위(예, 행정행위나 공법상 계약)에 의해 성립되는 것도 있다.

Ⅲ) 사인의 권리 · 지위강화

과거에 비해 오늘날에는 사인의 지위가 향상되고 권리보호가 확대됨에 따라 행정법에서는 반사적 이익의 법률상 이익화 내지 개인적 공권 등 공권개념의 확대화 경향으로 나타나고 있다. 이와 관련해서 행정절차상 개인의 참여권(예, 청문, 의견제출), 무하자재량행사청구권(처분에 이르는 과정에서 재량권의 법적 한계를 준수하면서 합당한 어떤 처분을 할 것을 구하는 권리), 행정개입청구권(행정청에 대하여 특정행위를 요구할 수 있는 실체적 공권), 정보공개청구권(예, 멜라민 유통 관련 자료요구) 등 일련의 개인적 공권이 행정법학의 큰 관심대상이 되고 있다.

Ⅳ 사인의 공법행위

공법행위란 공법적 법률효과의 발생을 목적으로 하는 모든 행위를 말한다.

사인의 공법행위란 공법관계에서 사인이 공법적 효과의 발생을 목적으로 하는 행위를 말한다. 사인이 행정법관계에서 국가기관과 독자적인 입장에서 인격주체로서의 지위가 인정될 수 있으므로, 사인이 행정과정에 주체적으로 참여하는 것이 가능하다. 사인의 공법행위에는 ① 사인의 행위만으로 법적 효과가 완성되는 경우와 ② 사인의 행위는 다만 국가나 지방자치단체의 행위의 전제요건이 될 뿐이고, 국가나 지방자치단체의 행위에 의해 법적 효과가 완성되는 경우가 있다. ①의 예로 전입신고·혼인신고·출생신고·사망신고 등을 볼 수 있고, ②의 예로 건축허가신청·단란주점영업허가신청·운전면허신청·행정심판제기 등을 볼 수 있다. ①에 속하는 사인의 공법행위를 자체완성적 사인의 공법행위라 부르며, ②에 속하는 사인의 공법행위는 행정요건적 사인의 공법행위라 부른다.

제03장
행정의 행위형식

행정의 행위형식이란 행정주체가 하는 공법행위를 그 형식에 따라 분류한 것을 말한다. 즉 행정권이 법을 집행하는 여러 방식에 대한 논의이다. 행정권이 법을 집행하는 방식에는 ① 행정권이 법령의 위임을 받거나 직권으로 법을 만드는 방식(행정입법), ② 행정권이 계획을 수립하고 시행하는 방식(행정계획), ③ 행정권이 개별 처분을 행하는 방식(행정행위), ④ 행정권이 다른 법주체와 공법의 영역에서 계약을 체결하는 방식(공법상 계약), ⑤ 행정권이 공법의 영역에서 사실작용을 행하는 방식(공법상 사실행위), 그리고 ⑥ 행정권이 사법(私法)의 형식으로 행하는 방식(사법형식의 행정작용)이 있다.

제1절   행정입법

I 행정입법의 의의(법규명령과 행정규칙의 구분)

행정입법이란 일반적으로 국가 등의 행정기관이 일반적·추상적인 규범을 정립하는 작용 또는 그에 따라 정립된 규범을 의미한다. 통설은 행정입법을 다시 법규의 성질을 갖는 법규명령과 법규의 성질을 갖지 않는 행정규칙으로 구분한다.

전통적으로 법규명령은 "법령상의 수권에 근거하여 행정권이 정립하는 규범으로서 법규성(국민에 대한 직접구속력, 재판규범성)을 가지는 규범"으로, 행정규칙은 "행정조직 내부 또는 특별한 공법상의 법률관계 내부에서 그 조직과 활동을 규율하는 일반추상적인 명령으로서 법규성을 갖지 않는 것"으로 정의되어 왔다.

Ⅱ 법규명령

1._ 법규명령의 의의와 종류

법규명령이란 법률상 수권에 의하여 행정권이 정립하는 규범으로서, 일반국민 및 법원에 대하여 법규로서의 구속력을 갖는다. 의회입법이 원칙이나 복잡다양한 행정현상을 법률(예, 건축법·식품위생법·도로교통법)로만 규율하는 데는 한계가 있기 때문에 법률이 그 범위를 구체적으로 정하여 위임한 한도 내에서 행정부가 정할 수 있도록 한 것이다.

대통령령(예, 건축법 시행령·식품위생법 시행령), 국무총리가 제정하는 총리령(예, 구 관인규정), 행정각부의 장이 제정하는 부령(예, 건축법 시행규칙·식품위생법 시행규칙·도로교통법 시행규칙) 및 중앙선거관리위원회규칙(예, 공직선거관리규칙), 지방자치단체의 조례(예, 강원도 행정정보 공개조례)와 규칙(예, 강원도 행정정보 공개조례 시행규칙)이 이에 속한다.

2._ 법규명령의 근거와 한계

법규명령은 법률이나 상위 법규명령에 근거가 있어야 한다. 근거가 없는 법규명령은 무효가 된다. 법률이 법규명령에 포괄적으로 위임하는 것(예, 나찌시대의 수권법)은 입법권의 포기를 의미하기 때문에 인정되지 않는다. 국회전속적 입법사항(예, 국적취득의 요건·죄형법정주의·행정조직법정주의·조세법률주의)도 위임의 한계가 된다.

3._ 법규명령의 적법요건과 효과

법규명령은 권한을 가진 기관(예, 대통령·국무총리·행정각부 장관)이 법령에 정한 절차(예, 국무회의 심의·법제처 심사)에 따라 조문의 형식으로 제정하여 공포하였을 때 그 효력을 발생한다. 법규명령은 국민의 권리·의무에 관련된 사항을 포함하고 있으므로, 국민의 안정된 법생활을 위해 공포하는 것은 중요하다. 법규명령도 법규이므로 이에 위반하는 행정작용은 위법이 된다.

Ⅲ 행정규칙

1._ 행정규칙의 의의

행정규칙이란 행정조직 내부 또는 특별행정법관계 내부에서의 사무처리의 지침을 정하거나 공무원의 근무에 관하여 정하기 위하여 법령상 근거와 무관하게 발해지는 일반적·추상적 명령을 말한다(예, 종합토지세전산업무처리지침·행정전산망안전진단관리지침·정부비밀문서발간관리지침).

2._ 행정규칙의 효과

조직법적 근거만 있으면 되고 국민이나 법원을 구속하지 않는 점에서 법규명령과 구분된다. 따라서 행정작용이 행정규칙을 위반하더라도 대외적으로는 위법이 되지 않고, 다만 행정조직 내부에서 문제될 뿐이다(예, 행정규칙을 위반한 공무원에 대한 징계). 법원도 행정규칙을 근거로 재판하지 않으며 행정규칙을 재판의 대상으로 하지도 아니한다.

그러나 현실적으로는 행정규칙으로 국민의 권리·의무에 관한 사항을 규율하는 경우가 많아(예, 도시·군관리계획수립지침·재산제세조사사무처리규정) 그 법규적 성질의 인정여부에 관하여 논의가 많다.

예컨대, 판례는 시행규칙 별표에 규정된 제재적 행정처분기준을 행정내부사무처리기준에 불과한 행정규칙으로 보고 있다(예, 도로교통법 시행규칙 별표상의 운전면허 취소·정지처분). 그러나 제재적 행정처분기준이 시행령이나 시행규칙에 규정되어 있다면 이를 법규명령으로 보는 것이 옳다고 하겠다.

제 2 절 행정행위

Ⅰ 행정행위의 의의와 종류

행정행위란 학문상 개념이며, 행정청이 법 아래서 구체적 사실에 대한 법집행으로서 행하는 권력적·단독행위인 공법행위를 말한다. 단독행위인 점에서 쌍방행위인 공법상 계약과 다르고, 법적인 행위인 점에서 행정지도 등의 사실행위와 다르다. 행정행위는 행정권이 행하는 가장 일반적인 행위형식이다.

행정행위 관계자에 대하여 갖는 법적 효과의 성질에 따라 수익적 행위(예, 영업허가·세금감면), 침익적 행위(예, 영업정지·세금부과), 복효적 행위(예, 연탄공장설치허가·화장장설치허가·수인이 신청한 공유수면매립면허)로 구분된다.

행정의 자유와 구속이란 관점에서 법규에서 정한 바에 따라 행정청이 반드시 일정한 행위를 하거나 하지 말아야 하는 기속행위(예, 건축허가 - 허가요건을 충족하면 허가해주어야 한다)와 법규가 여러 종류의 법효과를 설정하고 그 여러 효과 중에서 행정청이 합리적으로 판단하여 상황에 적합하게 대처할 수 있도록 행정청에 법효과에 대한 결정과 선택의 자유를 부여하는 재량행위(예, 숙박용건축허가 - 허가를 선택적으로 해줄 수 있다)로 구분된다.

Ⅱ 기속행위와 재량행위

1._ 기속행위와 재량행위의 개념

기속행위란 법규상에 구성요건에서 정한 요건이 충족되면 행정청이 반드시 어떠한 행위를 행하거나 행하지 말아야 하는지를 일의적으로 규정해 놓은 행정행위, 즉 행정청의 입장에서 법의 기계적인 집행으로서의 행정행위를 말한다.

한편, 재량행위는 행정법규는 법규상의 구성요건에서 정한 전제요건이 충족될 때 행정청이 다양한 행위가능성을 선택할 수 있도록 법효과를 설정하고 있는 경우가 있다. 여기서 행정청에 수권된 그리고 합목적성의 고려하에 이루어지는 선택과 결정의 자유가 재량(행위재량·행정재량)이고, 이러한 재량에 따른 행위가 재량행위이다.

2._ 기속행위와 재량행위의 구별기준

학설에서 전통적인 견해는 효과재량설을 기준으로 하면서 개별법령의 취지·목적 등을 고려하여 기속재량과 공익재량으로 구분하여야 한다는 입장이다. 그러나 현재 유력설로서 기본권기준설도 있다. '기본권의 최대한 보장'이라는 헌법상 명령과 행정행위의 '공익(公益)성'을 재량행위와 기속행위의 구분기준으로 하여야 한다는 설이다.

판례는 일률적으로 판단할 수는 없고 관련법령에 대한 종합적인 판단을 전제로 하여 개별적으로 재량행위와 기속행위를 구분하여야 한다는 것을 기본적인 기준으로 하면서(대판 2013. 12. 12, 2011두3388), 효과재량설을 보충적인 기준으로 활용한다(대판 2001.

2. 9, 98두17593)는 입장이다.

Ⅲ 행정행위의 주요내용

행정행위는 행정청의 의사표시를 내용으로 하는 법률행위적 행정행위와 의사표시를 내용으로 하지 않는, 즉 행정청의 판단 내지 인식의 표시에 대해 법률에서 일정한 법적 효과를 부여하는 준법률행위적 행정행위(확인·공증·통지·수리)로 구분되는데, 주요내용으로 법률행위적 행정행위인 하명, 허가, 면제, 특허를 다루고자 한다.

1._ 하명(下命)

하명이란 행정청이 사인에 대하여 작위를 명하거나(예, 위법건축물 철거명령), 부작위를 명하거나(예, 야간통행금지·음주운전금지·영업정지처분), 수인을 명하거나(예, 감염병 예방접종결정), 급부를 명하는(예, 세금부과처분) 행정행위를 말한다.

하명은 개인의 자연적 자유를 제한하여 의무를 부과시키는 행위이므로 법령상의 근거를 필요로 한다(예, 건축법·도로교통법·식품위생법·감염병예방법·소득세법·특별소비세법). 상대방이 의무를 불이행하면 행정상 강제집행이 가해지고(예, 강제철거·강제접종·강제징수), 의무를 위반하면 행정벌(예, 징역·벌금·과태료 등)이 가해지는 것이 일반적이다.

2._ 허가(許可)와 면제(免除)

허가란 법령에 의하여 가해진 일반적 금지(부작위의무)를 특정한 경우에 해제하여 적법하게 일정한 행위를 할 수 있도록 회복하여 주는 행정행위를 말한다(예, 건축허가·단란주점영업허가·운전면허 등). 면제는 일반적인 작위·급부·수인의 의무를 특정한 경우에 해제하는 행정행위를 말한다(예, 병역면제·조세감면).

허가와 면제는 의무의 해제, 즉 국민이 본래 가지고 있던 자연적 자유의 회복일 뿐 새로운 권리의 설정은 아니라는 것이 종래의 일반적인 입장이다. 이에 따라, 허가의 결과 피허가자가 회복 받는 자연적 자유는 법률상 이익으로서 보호되지만, 영업상 이익은 사실상 또는 반사적 이익일 뿐 권리로서의 이익은 아니라고 한다.

이렇게 보면 반사적 이익의 침해는 이를 행정쟁송으로 다툴 수 없다(예, 신규 단란주점영업허가로 인하여 인근 기존업자가 영업상 피해를 입더라도, 영업이익은 시장경쟁원리에 좌우되는 것이지 영업허가로 보장되는 것이 아니므로 기존업자는 신규 허가의 취소를 구하는 행정소송을 제기할 수 없게 된다).

3._ 특허(特許)

특허는 특정인에게 그가 본래 가지고 있지 아니한 특정한 권리 기타 법률상 힘을 설정해 주는 행정행위를 말한다(예, 자동차운수사업면허·하천점용허가). 단순한 자연적 자유의 회복이 아니라 타인에 대하여 주장할 수 있는 새로운 법적 힘을 부여한다는 점에서 허가와 다르고, 따라서 반드시 법률상 근거가 있어야 한다(예, 여객자동차 운수사업법·하천법).

Ⅳ 행정행위의 적법요건

행정행위가 적법한 것으로서 사인에 대하여 효력을 갖기 위해서는 성립과 효력발생에 필요한 일정한 요건이 갖추어져야 한다.

1._ 주체요건

행정행위는 권한을 가진 기관이 권한의 범위 내에서 행하는 것이어야 한다(예, 강남구청장이 송파구에 위치하는 단란주점에 대한 영업허가를 할 수 없다).

2._ 형식요건

형식에 관하여 명문의 규정이 있다면 그에 따라야 한다(예, 행정심판법상 재결은 문서형식). 개별법령에 규정이 없어도 행정청이 처분을 하는 때에는 다른 법령 등에 특별한 규정이 있는 경우를 제외하고는 문서로 하여야 함이 원칙이다(행정절차법 제24조 1항).

3._ 절차요건

법상 행정행위의 성립에 절차가 요구된다면 그 절차가 이행되어야 한다(예, 영업정지처분시 청문 필요).

4._ 내용요건

행정행위는 그 내용이 적법하고 실현가능하고, 명확한 것이어야 한다(예, 재산세 부과대상의 특정).

5._ 표시요건

이상의 요건이 갖추어지면 수령을 요하지 않는 행위의 경우에는 외부에 표시되어야 하고(예, 일정 도로의 통행금지의 경우 통행금지표지판 설치), 수령을 요하는 행위의 경우에는 관계자에게 통지되어야 한다(예, 세금부과처분의 통지·무허가건물 철거명령의 통지). 통지의 경우에는 수신자에게 도달하여야 효력이 발생하는 것이 원칙이다(도달주의).

Ⅴ 행정행위의 효력

적법요건을 갖춘 행정행위는 내용상 구속력·공정력·구성요건적 효력·존속력·강제력 등 여러 종류의 구속력을 갖는데, 이들을 행정행위의 효력이라 부른다.

1._ 내용상 구속력

적법한 행정행위는 실체법상 효과, 즉 일정한 내용의 권리·의무관계를 발생시킨다(예, 납세고지로 납세자는 일정액의 세금을 일정기간 내에 납부하여야 한다). 이와 같이 행정행위의 내용에 관해 당사자를 구속하는 힘을 내용상 구속력이라 부른다.

2._ 공 정 력

행정행위가 위법하더라도 당연 무효가 아닌 한 권한 있는 기관에 의해 취소될 때까지 상대방이나 이해관계자를 구속한다(예, 200만원의 세금부과가 적정한데 210만원이 부과되어 위법한 경우, 관할세무서장이나 법원 등에 의하여 취소되기 전까지는 절차상 일단 유효한 것으로서, 상대방은 고지된 기한 내에 일단 세금을 납부하여야 하며, 그렇지 않을 경우 미납자로서 불이익을 받게 된다). 이러한 구속력을 공정력(公定力)이라 한다.

3._ 구성요건적 효력

어떠한 행정행위가 유효인 한, 다른 행정기관과 법원은 그 행정행위와 관련된 자신들의 결정에 있어서 그 행정행위의 존재와 효과에 구속된다(예, 과세처분이 위법하더라도 무효 내지 취소되지 않는 한 부당이득반환청구소송에서 승소판결할 수 없다). 이와 같이 어떤 행위가 다른 행위의 구성요건요소가 되는 경우의 효력을 구성요건적 효력이라 한다.

4._ 존 속 력

존속력은 형식적 존속력(불가쟁력)과 실질적 존속력(불가변력)으로 나뉜다. 쟁송제기 기간의 경과 등의 경우에 상대방이나 이해관계 있는 제3자는 더 이상 그 행정행위를 다툴 수 없는데, 이를 불가쟁력(不可爭力)이라 한다. 일정한 행정행위(예, 행정심판재결 등 준사법적 행위)는 행정청도 더 이상 내용을 변경할 수 없는데, 이를 불가변력(不可變力)이라고 한다.

5._ 강 제 력

강제력은 제재력(制裁力)과 자력집행력(自力執行力)으로 나뉜다. 행정법상 의무위반 자에게 처벌을 가할 수 있는 힘을 제재력(예, 운전 중 휴대폰사용자에 대한 범칙금부과)이라 하고, 행정법상 의무불이행자에 대하여 강제로 의무를 이행시킬 수 있는 힘을 자력집 행력(예, 무허가건물을 자진철거하지 않는 경우 강제철거)이라 한다.

Ⅵ 행정행위의 하자

행정행위가 법규에 위반한 경우를 위법, 공익에 적합하지 않은 경우를 부당이라고 하며, 위법하거나 부당한 행정행위는 하자있는 행위가 된다. 행정행위의 하자가 위법인 경우 그 하자가 중대하고 명백한 위법이면 행정행위는 무효로서 처음부터 아무런 효력을 발생하지 아니하고(예, 무허가건물의 옆 건물에 대한 철거명령) 단순위법이면 행정행위는 일응 유효하며 취소의 대상이 된다(예, 청문통지 기일을 어긴 경우).

행정행위에 부당한 하자가 있는 경우에는 단지 취소의 대상이 될 뿐이다. 위법한 하자에 대해서는 행정심판 또는 행정소송으로 다툴 수 있으나, 부당한 하자에 대해서는 행정심판으로 다툴 수 있을 뿐 행정소송을 제기할 수 없는 점이 다르다.

Ⅶ 행정행위의 폐지

1._ 행정행위의 직권취소

행정행위의 직권취소란 일단 유효하게 발령된 행정행위를 처분청이나 감독청이 그 행위에 위법 또는 부당한 하자가 있음을 이유로 하여 행정청 스스로의 반성에 의거하여 직권으로 그 효력을 소멸시키는 것을 말한다. 직권취소는 유효하게 성립한 행위의 효과를 사후에 소멸시키는 점에서 처음부터 효력이 없는 무효행위를 확인하는 행위와 구별되고, 행정행위의 성립과정에 흠이 있는 행위의 효과를 소멸시킨다는 점에서 사후의 새로운 사정을 이유로 효력을 소멸시키는 철회와 구별된다.

2._ 행정행위의 철회

행정행위가 적법요건을 구비하여 완전히 효력을 발하고 있으나 사후적으로 공익상 그 효력의 존속이 불가한 새로운 사정의 발생으로 그 행위의 효력의 전부 또는 일부를 장래에 향해 소멸시키는 원행정행위와 독립된 별개의 의사표시를 행정행위의 철회라 부른다. 철회는 학문상의 용어이며 실정법상으로는 일반적으로 취소로 불리기도 한다.

3._ 행정행위의 실효

행정행위의 실효란 적법하게 성립한 행정행위의 효력이 행정청의 의사와 관계없는 일정한 사실(예, 대상의 소멸·기한의 도래·해제조건의 성취·목적의 달성·새로운 법규의 제정·개정 등)에 의해 장래를 향하여 당연히 소멸되는 것을 말한다. 행정행위의 실효는 일단 발생된 효력이 소멸된다는 점에서 행정행위의 무효와 구별되고, 효력의 소멸이 행정청의 의사와 무관하다는 점에서 행정행위의 취소·철회와 구분된다.

Ⅷ 행정행위의 부관

행정행위의 효력범위를 보다 자세히 정하기 위하여 주된 행정행위에 부가된 종된 규율을 행정행위의 부관(附款)이라 한다. 종된 규율은 주된 행정행위의 효과를 제한하거나 특별한 의무를 부과하거나 요건을 보충하는 내용으로 이루어진다. 부관의 종류로는 기한, 조건, 부담, 철회권의 유보 등이 있다.

부관의 본래적 기능은 허가를 발급 받는 데 지장을 주는 법적, 사실적 장애로 인하여 허가를 거부하기보다는 일정한 조건이나 의무를 부가시킴으로써 이러한 장애를 제거하여 허가를 발급받을 수 있도록 하는 데 있다.

전통적 견해에 따르면 부관은 의사표시를 요소로 하는 법률행위적 행정행위에만 붙일 수 있고, 의사표시를 요소로 하지 않는 준법률행위적 행정행위에는 붙일 수 없다고 한다. 또한 부관은 재량행위에만 붙일 수 있고, 기속행위에는 붙일 수 없다고 한

다. 그러나 오늘날의 부관 개념에 따르면, 의사표시를 요소로 하지 않으므로 준법률행
위적 행정행위에도 부관을 붙일 수 있다. 또한 기속행위에도 법규에 규정되어 있거나,
법상의 전제요건을 충족시키는 부관(요건충족적 부관, 요건불비의 허가신청이 있는 경우 요건보
완을 조건으로 허가하는 경우)은 가능하다. 또한 재량행위에 있어서도 성질상 부관을 붙일
수 없는 경우(예, 귀화허가)에는 부관을 붙일 수 없다.

Ⅸ 확   약

행정청이 사인에 대하여 장차 일정한 행정행위를 발령하거나 발령하지 않겠다고
하는 것을 내용으로 하는 공법상 일방적인 자기구속의 의사표시를 확약(確約)이라 한
다. 확약이 행정행위인지에 대하여 학설의 대립이 있다. 독자적 행위형식으로 보는 견
해는 행정행위가 가지는 효력인 구속효가 미치지 않고, 또한 확약은 종국적인 행위가
아닌 중간단계의 약속에 불과하다는 점을 논거로 한다. 행정행위라고 보는 견해는 종
국적인 행위 그 자체는 아니더라도 구속적인 의사표시가 행정행위의 개념요소를 만
족한다는 점을 논거로 한다. 판례는 확약은 행정처분이 아니라고 본다.

제 3 절 행정계획

Ⅰ 행정계획의 개념

행정계획이란 행정주체가 일정한 행정활동을 위한 목표를 설정하고, 그 목표달성
에 필요한 여러 관련행정수단의 유기적 조정, 체계적 종합을 준비하는 과정 또는 그
에 기해 마련된 활동기준을 말한다.

오늘날 복잡다양하면서도 급변하는 행정현상에 대하여 효율적으로 대처하기 위
해서 미래지향적 · 장래예측적 계획의 수립은 필수적이다. 계획이 잘못 수립 · 시행되
면 그 피해는 돌이킬 수 없다(예, 시화호 · 금강산댐)는 점에서 올바른 계획의 중요성은 매
우 크다. 계획은 통상 다수인의 이해에 관련되므로 계획수립단계에서부터 관계 행정
청은 이해관계인의 의견을 충분히 수렴할 필요가 있다. 계획과정에의 국민(또는 주민)
의 참여는 민주주의원리, 권익침해의 예방, 계획의 객관성 · 합리성 확보라는 측면에

서도 매우 중요하다.

Ⅱ 행정계획의 법적 성질

1._ 학 설

행정계획의 법적 성질과 관련하여 입법행위설·행정행위설·독자성설 등이 주장되어 왔다. 그러나 계획의 법적 성질은 계획마다 개별적으로 검토되어야 한다는 개별검토설이 현재 다수설이다.

2._ 판 례

판례는 도시계획결정과 관련하여 "(구)도시계획법 제12조 소정의 도시계획결정이 고시되면 도시계획구역 안의 토지나 건물 소유자의 토지형질변경, 건축물의 신축, 개축 또는 증축 등 권리행사가 일정한 제한을 받게 되는 바 이런 점에서 볼 때 고시된 도시계획결정은 특정 개인의 권리 내지 법률상의 이익을 개별적이고 구체적으로 규제하는 효과를 가져 오는 행정청의 처분이라 할 것이고, 이는 행정소송의 대상이 된다(대판 1982. 3. 9, 80누105)"고 하였다.

제 4 절   기타의 행위형식

Ⅰ 행정지도

행정지도란 행정주체가 일정한 행정목적을 실현하기 위하여 사인 등 행정의 상대방에 대하여 일정한 행위를 하게 하거나 하지 말도록 임의적 협력을 유도하는 비권력적 사실행위를 말한다(예, 물가단속·목욕료 인하유도·휴경농지 경작독려·음식물쓰레기줄이기 계도).

행정지도는 임의적 수단에 의한 편의성·마찰해소 등의 이유로 다양한 행정수단의 하나로서 행정기능의 효율성 확보를 위해 활용된다. 그러나 행정지도는 사실상의 강제성(예, 요금인하불응시 세무조사), 책임행정의 이탈과 행정지연으로 인한 피해(예, 폐수정화시설가동명령 대신 가동을 단순권고함으로써 폐수방류 방치), 행정구제의 미흡(예, 영농지도에 따른 농약살포의 부작용으로 인한 농작물피해) 등의 문제가 있어 그 남용과 폐해가 우려된다.

이 때문에 행정절차법은 행정지도가 그 목적달성에 필요한 최소한도에 그쳐야 하고, 행정지도의 상대방의 의사에 반하여 부당하게 강요하여서는 아니 되며, 행정기관은 행정지도의 상대방이 행정지도에 따르지 아니하였다는 이유로 불이익한 조치를 하여서는 아니 된다고 규정하고 있다. 또한 행정지도를 행하는 공무원은 그 상대방에게 당해 행정지도의 취지·내용 및 신분을 밝히고, 상대방이 이에 관한 서면의 교부를 요구하는 때에는 직무수행에 특별한 지장이 없는 한 이를 교부하도록 하고 있다.

Ⅱ 공법상 계약

행정주체가 직접 또는 간접으로 행정목적을 수행하기 위하여 사인 또는 다른 행정주체와 체결하는 계약을 행정계약이라고 하며, 그 중에서도 공법적 효과를 발생시키는 계약을 공법상 계약이라고 한다(예, 서울시와 경기도간의 도로건설 및 유지비용에 관한 합의, 지방전문직공무원의 채용계약).

공법상 계약은 공법적 효과를 발생시키는 점에서 사법상 계약과 구분되고, 대등당사자간의 의사의 합치라는 점에서 행정행위와 구분된다. 공법상 계약도 계약인 점에서 민법 중 계약에 관한 규정이 일반적으로 적용될 수 있으나, 행정목적의 달성을 위한 것이라는 점에서 여러 가지 공법적 특별규율을 받는 경우가 많다.

Ⅲ 공법상 사실행위

일정한 법적 효과의 발생을 목적으로 하는 것이 아니라 도로의 포장, 교량의 건설 등에서 보는 바와 같이 직접 어떠한 사실상의 효과·결과의 실현을 목적으로 하는 행정작용을 공법상 사실행위라 한다. 공법상 사실행위는 권력적 사실행위와 비권력적 사실행위로 나눌 수 있다. 권력적 사실행위란 공공의 안녕과 질서의 유지를 위해 경찰관이 범법자들에게 무기를 사용하는 것과 같이 명령적·강제적 공권력행사로서의 사실행위를 말하고, 비권력적 사실행위란 행정지도나 축사 또는 표창과 같이 명령적·강제적 공권력행사와 직접 관련성이 없는 사실행위를 말한다. 권력적 사실행위는

행정쟁송의 대상이 될 수 있지만 비권력적 사실행위는 처분성이 인정되지 않아 행정
쟁송의 대상이 될 수 없다. 그러나 경우에 따라서는 사실행위로 인하여 행정상의 손
해배상이나 손실보상이 인정될 수는 있을 것이다.

제 **04** 장
행정절차 · 행정정보

제1절   행정절차

I   행정절차의 개념과 내용

1._ 행정절차의 개념

국가권력의 하나인 행정권이 공정하고 객관적인 행정절차에 따라 행해질 때, 그 정당성은 담보될 수 있다는 점에서 행정절차의 중요성은 아무리 강조해도 지나치지 않다. 행정절차는 국민주권의 내실화, 행정의 민주화 · 합리화 · 효율화, 예측가능성의 확보와 법적 분쟁의 사전예방의 측면에서 법치주의의 실현 등의 기능을 한다. 헌법재판소도 헌법 제12조의 적법절차조항이 직접적으로는 형사사법권의 발동에 관한 것이라 할지라도, 그 취지는 입법 · 사법 · 행정의 모든 국가작용에 적용되는 것이라 하여, 행정절차의 헌법적 근거를 제시한 바 있다.

2._ 행정절차의 법제화

미국 · 영국 · 독일 · 일본 등은 행정절차법을 마련하고 있다. 우리나라도 1996년 12월 31일 법률 제5241호로 행정절차법이 제정되었으며, 1998년 1월 1일부터 시행되고 있다. 행정절차법은 행정절차에 관한 일반법이다. 특히 처분 · 신고 · 행정상 입법예고 · 행정예고 및 행정지도의 절차에 관하여 다른 법률에 특별한 규정이 있는 경우를 제외하고는 행정절차법이 정하는 바에 따르도록 하고 있다.

3._ 행정절차의 내용

(1) 사전통지

행정청은 당사자에게 의무를 부과하거나 권리를 제한하는 행정을 하는 경우에는 (예, 영업정지·운전면허의 취소) 미리 그 제목·원인과 내용 및 법적 근거·의견제출방법 등을 당사자에게 통지하여야 한다.

(2) 청문·공청회·의견청취

일정한 경우 행정청은 행정을 하기 전에 당사자나 이해관계인의 의견을 청취하여야 한다. 의견청취방법으로는 청문·공청회·의견제출의 방법이 있다. '청문'은 행정청이 어떠한 처분을 하기에 앞서 당사자등의 의견을 직접 듣고 증거를 조사하는 절차를 말한다(예, 영업정지처분시 영업주에게 변명기회부여). '공청회'는 행정청이 공개적인 토론을 통하여 어떠한 행정작용에 대하여 당사자등과 전문지식과 경험을 가진 자 기타 일반인으로부터 의견을 널리 수렴하는 절차를 말한다(예, 강남구 쓰레기소각장설치에 관한 공청회). '의견제출'은 행정청이 어떠한 행정작용을 하기에 앞서 당사자 등이 서면·컴퓨터통신 또는 구술로 의견을 제시하는 절차로서 청문이나 공청회에 해당하지 않는 절차를 말한다(예, 공시지가에 대한 의견제출).

(3) 기록열람 및 이유부기(理由附記)

청문 등과 관련하여 당사자 등은 청문 통지가 있는 날로부터 청문이 끝날 때까지 행정청에 대하여 당해 사안의 조사결과 등에 관한 문서의 열람 또는 복사를 요청할 수 있다. 행정청이 어떠한 처분을 하는 때에는 원칙적으로 그 처분의 근거와 이유를 제시하여야 한다.

Ⅱ) 행정절차의 하자

절차상 하자는 그 자체가 독자적인 위법사유가 된다. 예컨대 행정절차법은 "행정청이 당사자에게 의무를 부과하거나 권익을 제한하는 처분을 할 때 제1항(청문) 또는 제2항(공청회)의 경우 외에는 당사자 등에게 의견제출의 기회를 주어야 한다(행정절차법 제22조제3항)"고 규정하고 있는바, 침익적 처분에는 반드시 의견청취절차(청문 또는 의견제출)를 거쳐야 하고, 이를 거치지 아니하면 위법한 것이 된다.

제 2 절 정보공개청구권

I 정보공개청구권의 의의

정보공개청구권이란 국민이 공공기관에 대하여 정보를 제공해 줄 것을 요구할 수 있는 개인적 공권을 말한다. 정보공개청구권의 헌법상 근거로 헌법 제21조의 표현의 자유에 근거하는 '알권리'를 들 수 있으며, 판례는 명시적 법률규정이 없더라도, 헌법 제21조로부터 정보공개청구권이 직접 발생할 수 있다는 입장이다(헌재 1991. 5. 13, 90헌마133). 공공기관의 정보공개에 관한 일반법으로서 '공공기관의 정보공개에 관한 법률'이 있고, 정보공개청구와 관련된 개별 법률 규정들도 존재한다.

II 정보공개청구권의 주체 · 대상

1._ 정보공개청구권자

모든 국민은 정보의 공개를 청구할 권리를 가진다(공공기관의 정보공개에 관한 법률 제5조 1항). 즉, 동 법률은 특정인의 특정사안에 대한 이해관련성의 유무를 불문하고 정보에 대한 공개청구를 일반적인 권리로서 보장하고 있다.

2._ 공개대상정보

정보공개청구의 대상이 되는 정보란 공공기관이 직무상 작성 또는 취득하여 관리하고 있는 문서(전자문서 포함) · 도면 · 사진 · 필름 · 테이프 · 슬라이드 및 그 밖에 이에 준하는 매체 등에 기록된 사항을 말한다(법 제2조 1호). 공공기관이 직접 작성하지 않은 정보라도 경위를 불문하고 공공기관이 보유 · 관리하고 있는 모든 정보는 공개 대상 정보가 된다(대판 2008.9.25, 2008두8680). 문서의 사본도 공개대상정보에 해당된다(대판 2003. 12. 12, 2003두8050).

3._ 비공개대상정보

비공개대상정보는 정보공개청구에 대하여 공개가 금지되는 정보가 아니라, 공공기관이 공개를 거부할 수 있는 정보를 말한다. 공공기관의 정보공개에 관한 법률 제9

조 제1항은 비공개대상정보를 규정하고 있다.

(1) 다른 법률 또는 법률에서 위임한 명령(국회규칙·대법원규칙·헌법재판소규칙·중앙선거관리위원회규칙·대통령령 및 조례에 한정한다)에 따라 비밀이나 비공개 사항으로 규정된 정보(제1호)

(2) 국가안전보장·국방·통일·외교관계 등에 관한 사항으로서 공개될 경우 국가의 중대한 이익을 현저히 해칠 우려가 있다고 인정되는 정보(제2호)

(3) 공개될 경우 국민의 생명·신체 및 재산의 보호에 현저한 지장을 초래할 우려가 있다고 인정되는 정보(제3호)

(4) 진행 중인 재판에 관련된 정보와 범죄의 예방, 수사, 공소의 제기 및 유지, 형의 집행, 교정, 보안처분에 관한 사항으로서 공개될 경우 그 직무수행을 현저히 곤란하게 하거나 형사피고인의 공정한 재판을 받을 권리를 침해한다고 인정할 만한 상당한 이유가 있는 정보(제4호)

(5) 감사·감독·검사·시험·규제·입찰계약·기술개발·인사관리·인사관리에 관한 사항이나 의사결정 과정 또는 내부검토 과정에 있는 사항 등으로서 공개될 경우 업무의 공정한 수행이나 연구·개발에 현저한 지장을 초래한다고 인정할 만한 상당한 이유가 있는 정보(제5호)

(6) 성명·주민등록번호 등 개인에 관한 사항으로서 공개될 경우 사생활의 비밀 또는 자유를 침해할 우려가 있다고 인정되는 정보(제6호)

(7) 법인·단체 또는 개인의 경영상 비밀에 관한 사항으로서 공개될 경우 법인 등의 정당한 이익을 현저히 해칠 우려가 있다고 인정되는 정보(제7호)

(8) 공개될 경우 부동산 투기, 매점매석 등으로 특정인에게 이익 또는 불이익을 줄 우려가 있다고 인정되는 정보(제8호)

제 **05** 장

행정의 실효성 확보

행정상 의무를 그 상대방인 국민이 위반하거나 이행하지 않는 경우 행정주체는 의무위반에 대하여 처벌을 가하거나 실력을 발동하여 의무이행을 강제할 수 있다. 이를 위한 수단을 학문상 행정작용의 실효성확보수단이라고 한다. 의무위반에 대한 대표적인 제재수단이 행정벌, 의무불이행에 대한 대표적인 강제이행수단이 강제집행이다.

제1절 행 정 벌

Ⅰ) 행정벌의 개념

행정벌이란 행정의 상대방이 행정법상 의무(행정목적상의 명령·금지 위반)를 위반한 경우에 국가 또는 지방자치단체가 행정의 상대방에 과하는 행정법상의 제재로서의 처벌을 말한다. 행정벌은 간접적으로 의무이행을 확보하는 수단으로서 행정법규의 실효성확보에 그 의의가 있다. 행정벌은 행정형벌과 행정질서벌로 나누어진다.

Ⅱ) 행정형벌과 행정질서벌

1._ 행정형벌

행정형벌이란 형법에 규정되어 있는 형벌(예, 사형·징역·금고·자격상실·자격정지·벌금·구류·과료·몰수)이 가해지는 행정벌을 의미한다. 행정형벌은 형벌의 일종이므로 원칙적으로 형법총칙이 적용되며, 처벌절차도 형사소송절차에 의한다. 다만 조세범·

교통사범·관세범·출입국사범의 경우에는 통고처분제도가 인정된다(예, 도로교통법위반자에 대한 범칙금부과). 범법자가 통고처분대로 이행하면 처벌절차는 종료되고, 통고처분에 불복하면 재판절차로 넘어가게 된다.

2._ 행정질서벌

행정질서벌이란 일반사회의 법익에 직접 영향을 미치지는 않으나 행정상의 질서에 장해를 야기할 우려가 있는 의무위반(예, 각종의 등록·신고의무 불이행의 경우)에 대해 과태료가 가해지는 제재를 말한다.

행정질서벌은 형벌이 아니므로 형법총칙이 적용되지 아니한다. 질서위반행위의 성립과 과태료 처분에 관한 법률관계를 명확히 하여 국민의 권익을 보호하도록 하고, 개별 법령에서 통일되지 못하고 있던 과태료의 부과·징수 절차를 일원화하며, 행정청이 재판에 참여할 수 있도록 하였다. 또한 지방자치단체가 부과한 과태료는 지방자치단체의 수입이 되도록 하는 등 과태료 재판과 집행절차를 개선·보완함으로써 과태료가 의무이행확보수단으로서의 기능을 효과적으로 수행할 수 있도록 질서위반행위규제법이 제정·시행되고 있다.

제 2 절   행정상 강제집행

Ⅰ) 행정상 강제집행의 개념

행정상 강제집행이란 행정법상 의무(법령 또는 행정처분에 의해 과해진 의무)의 불이행이 있는 경우에 행정청이 의무자의 신체 또는 재산에 직접 실력을 가하여 그 의무를 이행하게 하거나 또는 그 의무가 이행된 것과 같은 상태를 실현하는 행정작용을 말한다. 강제집행 역시 국민의 기본권에 침해를 가져오기 쉬운 것이므로 반드시 법률의 근거를 요한다.

Ⅱ) 행정상 강제집행의 종류

행정상 강제집행의 방법으로는 대집행·행정상 강제징수·강제금(집행벌)·직접

강제 등이 있다. 어떠한 의무의 불이행에 어떠한 강제방법이 도입되어야 할 것인가는
행정청이 불이행된 의무의 성질을 전제로 하여 판단 · 결정할 문제이다.

1._ 대집행(代執行)

대집행이란 대체적 작위의무, 즉 타인이 대신하여 행할 수 있는 의무의 불이행이
있는 경우 다른 수단으로써 그 이행을 확보하기 곤란하고 그 불이익을 방치함이 심히
공익을 해할 때, 당해 행정청이 불이행된 의무를 스스로 행하거나 제3자로 하여금 이
행하게 하고, 그 비용을 의무자로부터 징수하는 것을 말한다(예, 무허가건물에 대한 철거명
령에 따르지 않는 경우 강제철거). 대집행에 대한 일반법으로 행정대집행법이 있다.

행정대집행법상 대집행은 ① 계고(戒告), ② 대집행영장에 의한 통지, ③ 대집행의
실행, ④ 비용징수의 순으로 행해진다. 대집행에 불복할 경우에는 법령이 정하는 바에
따라 행정심판이나 행정소송을 제기할 수 있고, 손해가 있는 경우에는 손해배상을 청
구할 수도 있다.

2._ 행정상 강제징수

행정상 강제징수란 사인이 국가 또는 지방자치단체에 대해 부담하고 있는 공법상
금전급부의무를 불이행한 경우에 행정청이 강제적으로 그 의무가 이행된 것과 같은
상태를 실현하는 작용을 말한다(예, 미납세금의 강제징수). 국세징수법이 강제징수에 관한
일반법적 기능을 하고 있다.

국세징수법상 강제징수는 ① 독촉, ② 압류, ③ 매각, ④ 청산의 단계로 행해진다.
압류와 매각, 청산을 합하여 체납처분이라 부른다. 행정상 강제징수에 불복할 경우에
는 개별법령에 특별규정이 있으면 그에 따라 다툴 수 있고, 특별규정이 없으면 국세
기본법 · 행정심판법 · 행정소송법이 정하는 바에 따라 행정쟁송을 제기할 수 있다.

3._ 이행강제금(집행벌)

이행강제금(집행벌)이란 의무불이행시 일정 금액의 금전적 불이익을 부과함으로써
의무자의 의무이행을 확보하기 위한 강제수단이다(예, 건축법 위반 건축물에 대한 시정명령
불이행시 이행강제금 부과). 위법한 집행벌에 대해서는 행정쟁송의 제기가 가능하다.

4._ 직접강제

직접강제란 의무불이행의 경우 행정기관이 직접 의무자의 신체 · 재산에 실력을 가하여 의무자가 직접 의무를 이행한 것과 같은 상태를 실현하는 작용을 말한다(예, 식품위생법상 무허가 · 무신고영업 또는 영업허가취소 후 영업에 대한 영업소폐쇄조치). 위법한 직접 강제에 대해서는 행정쟁송 또는 손해배상청구가 가능하다.

제3절 행정상 즉시강제

Ⅰ) 행정상 즉시강제의 의의

행정상 즉시강제란 '행정상 장해가 존재하거나 장해의 발생이 목전에 급박한 경우에 성질상 개인에게 의무를 명해서는 공행정목적을 달성할 수 없거나, 또는 미리 의무를 명할 시간적 여유가 없는 경우에 행정기관이 직접 개인의 신체나 재산에 실력을 가해 행정상 필요한 상태를 실현하는 작용'을 말한다(예, 마약중독자의 강제수용 · 감염병 환자의 강제격리 · 화재진화시 장애물제거). 즉시강제 역시 국민의 자유나 재산에 침해를 가져오는 것이므로 법적인 근거를 요한다. 경찰관 직무집행법 · 마약류관리법 · 소방법 · 감염병예방법 등이 그에 해당한다.

Ⅱ) 구별개념, 성질 및 법적 근거

1._ 구별개념

행정상 강제집행과 행정상 즉시강제 모두 행정상 필요한 상태의 실현을 위한 행위라는 점에서는 같다. 그러나 강제집행은 의무의 존재를 전제로 의무의 불이행이 있는 경우에 일정한 절차를 거치면서 실력행사가 이루어지는 것이나, 즉시강제는 구체적인 의무의 불이행이 전제되지 않고 또는 구체적인 의무의 불이행이 있어도 강제집행에 요구되는 절차를 거침이 없이 이루어지는 실력행사라는 점에서 다르다. 행정조사는 조사 그 자체를 목적으로 하나, 행정상 즉시강제는 필요한 상태를 현실적으로 실현하는 것을 목적으로 한다는 점에서 다르다.

2._ 성질 및 법적 근거

행정상 즉시강제는 사실행위와 법적 행위가 결합된 행위이다. 따라서 행정상 즉시강제는 수인의무와 관련하여 항고소송의 대상이 되는 처분의 성질을 가진다. 행정상 즉시강제는 의무자에 대한 침익적인 강제수단이므로 법적 근거를 필요로 한다. 즉시강제에 있어 영장이 필요한지 여부에 대해서는 영장이 필요하다는 학설과 필요하지 않다는 학설이 대립되고 있는바 판례는 목전에 급박한 장해의 제거라는 즉시강제의 성격상 영장이 불필요하다고 본다.

제4절　행정조사

Ⅰ　행정조사의 의의

"행정조사"란 행정기관이 정책을 결정하거나 직무를 수행하는 데 필요한 정보나 자료를 수집하기 위하여 현장조사·문서열람·시료채취 등을 하거나 조사대상자에게 보고요구·자료제출요구 및 출석·진술요구를 행하는 활동을 말한다(행정조사기본법 제2조제1호). 예컨대, 경찰의 불심검문·소방서의 화재조사·세무서의 세무조사·식품의약품안전처의 식품검사 등이다.

행정조사는 관점에 따라 권력적 조사(예, 세무조사)와 비권력적 조사(예, 인구조사)로 나눌 수 있는데, 국민의 신체나 재산에 침해를 가져오는 권력적 조사의 경우에는 법치국가원리상 당연히 법률의 근거를 필요로 한다.

Ⅱ　행정조사의 한계

모든 행정조사는 목적달성에 필요한 범위 내에서 근거 법규가 허용하는 한도 내에서만 가능하다. 행정조사는 기본권보장, 비례원칙 등 행정법의 일반원칙에 따라 행해져야 한다. 특히 권력적 행정조사의 경우 영장주의가 적용되는가의 문제가 있다. 영장주의는 원칙적으로 적용된다고 할 것이고, 다만 긴급한 경우에는 예외가 인정될 수 있겠다. 위법한 행정조사에 대해서는 행정쟁송을 제기할 수 있고, 경우에 따라서는 손해배상을 청구할 수도 있다. 2007년 행정조사기본법이 제정·시행되고 있다.

제5절   새로운 수단

기존의 수단으로는 행정작용의 실효성이 제대로 확보되지 않는 경우가 증대하게 되자(예, 대형 위법건축물의 사실상 철거불능), 다양한 행정의 실효성확보수단이 출현하게 되었다.

Ⅰ) 금전상 제재

과징금·가산세·부당이득세 등이 이에 해당한다. ① 과징금이란 행정법상 의무위반자에 대한 제재로서 행정권이 부과하는 금전적 부담 중 세법에 근거한 것을 제외한 것을 말한다(예, 식품위생법상 영업정지처분에 갈음하는 과징금부과). 부과금으로 불리기도 한다. 과징금부과도 침익적인 행정행위이므로 법률의 규정에 따라야 한다. ② 가산세란 세법에 규정하는 의무의 성실한 이행을 위하여 세법에 의하여 산출한 세액에 가산하여 징수하는 금액을 말한다(예, 취득세를 자진납부하지 않을 경우 가산세부과). 가산세부과 역시 법률의 근거를 요한다. ③ 부당이득세란 물가안정에 관한 법률이나 기타 법률에 의하여 정부가 결정·승인·인가 또는 허가하는 물품의 가격, 부동산, 물건의 임대료 또는 요금이 국세청장이 정하는 가액을 초과하여 거래함으로써 부당한 이득을 얻은 자에 대해 부과하는 금액을 말한다.

Ⅱ) 제재적 행정처분

행정법상 의무위반자에 대하여 인가·허가 등을 거부·정지·철회함으로써 위반자에게 불이익을 가하고, 이로써 행정법상 의무의 이행의 확보를 도모하는 경우가 있는데, 이를 제재적 행정처분이라 한다(예, 상습체납자에 대한 영업허가거부).

Ⅲ 공급거부

공급거부란 행정법상 의무위반 또는 불이행의 경우 행정상 일정한 재화나 서비스의 공급을 거부하는 행정작용을 말한다. 공급거부는 의무이행을 위한 직접적 수단은 아니고 의무위반 또는 불이행자에게 사업이나 생활상의 어려움을 주어 간접적으로 의무이행의 확보를 도모하는 제도이다(예, 건축법상 위반건축물에 대한 수도의 설치 · 공급금지). 사물적 관련성이 없는 공급거부의 경우 부당결부금지원칙 위반의 문제가 제기된다. 위 건축법 규정도 삭제되어, 현재는 공급금지에 관한 규정을 찾아보기 어렵다.

Ⅳ 공 표

공표란 행정법상 의무위반 또는 의무불이행의 경우 그 의무위반자 또는 불이행자의 명단과 위반 또는 불이행한 사실을 널리 일반이 알 수 있도록 공표하는 것을 말한다(예, 고액탈세자 명단공표 · 미성년 성매수자의 신상공개). 정보화사회에서 여론의 압력을 통해 개인의 명예심 내지 수치심을 자극함으로써 개인에게 제재를 가하고 의무이행을 확보하려는 제도이다. 공표는 개인의 인권 내지 프라이버시 침해라는 비판이 있기도 하다.

제 *06* 장
국가책임법(배상과 보상)

행정작용으로 인하여 개인의 권리·이익이 침해된 경우 그 개인은 국가에 대하여 그 책임을 물을 수 있다. 국가책임은 크게 위법한 행정작용으로 인한 손해배상과 적법한 행정작용으로 인한 손실보상으로 나눌 수 있다.

제1절 행정상 손해배상제도(국가배상제도)

I 행정상 손해배상제도의 의의

행정상 손해배상제도란 국가 등의 행정주체가 자신의 사무수행과 관련하여 위법하게 타인에게 손해를 가한 경우에 행정주체가 피해자에게 손해를 배상해 주는 제도를 말한다.

II 공무원의 위법한 직무집행행위로 인한 국가배상책임

1._ 국가배상의 의의

헌법 제29조제1항에 근거하여 국가배상법 제2조는 위법한 직무집행행위로 인한 배상책임을 규정하고 있다. 자기책임의 원칙에 따르면 손해를 가한 공무원이 배상을 하여야 하겠으나, 공무원의 무자력·직무위축 등을 고려하여 임용자인 국가에게 배상책임을 부여한 것이다. 손해배상에 관한 일반법이 국가배상법이다.

> **헌법 제29조**
>
> ① 공무원의 직무상 불법행위로 손해를 받은 국민은 법률이 정하는 바에 의하여 국가
> 또는 공공단체에 정당한 배상을 청구할 수 있다. 이 경우 공무원 자신의 책임은 면제되지
> 아니한다.

> **국가배상법 제2조(배상책임)**
>
> ① 국가나 지방자치단체는 공무원 또는 공무를 위탁받은 사인(이하 "공무원"이라 한다)
> 이 직무를 집행하면서 고의 또는 과실로 법령을 위반하여 타인에게 손해를 입히거나,
> 「자동차손해배상 보장법」에 따라 손해배상의 책임이 있을 때에는 이 법에 따라 그 손해
> 를 배상하여야 한다. 다만, 군인 · 군무원 · 경찰공무원 또는 향토예비군대원이 전투 · 훈
> 련 등 직무 집행과 관련하여 전사(戰死) · 순직(殉職)하거나 공상(公傷)을 입은 경우에 본
> 인이나 그 유족이 다른 법령에 따라 재해보상금 · 유족연금 · 상이연금 등의 보상을 지급
> 받을 수 있을 때에는 이 법 및 「민법」에 따른 손해배상을 청구할 수 없다.

2._ 국가배상책임의 성립요건

학설, 판례는 국가배상법의 요건 심사에 있어서는 엄격하게 해석하지 않고 넓게
이를 인정하는 경향을 보인다.

'공무원'이란 소속을 불문하고 널리 국가나 지방자치단체의 사무를 수행하는 자
를 말한다. 일시적으로 공무를 수행하는 자(예, 공무수탁사인, 소집 중인 향토예비군)도 여기
의 공무원에 해당한다. '직무'란 모든 공법상의 행정작용을 말한다. '집행하면서'란 직
무집행행위 자체 뿐만 아니라 널리 외형상 직무집행행위와 관련 있는 행위를 포함한
다(예, 출퇴근행위). '고의'란 어떠한 위법행위의 발생 가능성을 인식하고 그 결과를 인용
하는 것을 말하고, '과실'이란 부주의로 인하여 어떠한 위법한 결과를 초래하는 것을
말한다. '법령위반'이란 널리 성문 · 불문의 모든 법 위반을 의미한다. '손해'란 가해행
위로부터 발생한 모든 손해를 의미하며, 재산적 · 비재산적 손해를 불문한다.

Ⅲ 영조물의 하자로 인한 배상책임

영조물의 하자로 인한 배상책임은 헌법에서 규정하는 바가 없다. 그러나 입법자는 헌법 제29조제1항의 취지를 고려하여 국가배상법에서 영조물의 하자로 인한 배상책임에 관해 규정하고 있다(국가배상법 제5조). 표현은 영조물이지만 이 조항의 영조물은 '공물'로 해석하는 것이 학설과 판례이다.

> 국가배상법 제5조(공공시설 등의 하자로 인한 책임)
> ① 도로・하천, 그 밖의 공공의 영조물(營造物)의 설치나 관리에 하자(瑕疵)가 있기 때문에 타인에게 손해를 발생하게 하였을 때에는 국가나 지방자치단체는 그 손해를 배상하여야 한다.

본 조항에서 '도로・하천, 그 밖의 영조물'이란 공적 목적에 제공된 공물을 의미한다. 자연공물(예, 자연제방)・인공공물(예, 인공제방・교량)을 불문한다. '설치・관리상의 하자'란 공물 자체가 통상 갖추어야 할 객관적인 안전성을 결여한 것을 말한다(예, 철도 건널목 자동차단기가 고장으로 작동하지 않아 열차와 자동차의 충돌사고가 일어난 경우). 설치나 관리의 하자에 대하여 판례와 다수설은 객관설을 취하고 있다. 객관설은 하자를 공물이 항상 갖추어야 할 객관적인 안정성의 결여로 이해하는 견해이다. 즉 일반적인 사용법에 따른 것임에도 위험발생의 가능성이 객관적으로 존재함을 의미한다. 따라서 객관설은 그 하자가 관리자의 고의・과실에 의해서 비롯되었는지 여부는 문제삼지 않는다. 다만 불가항력인 경우에는 제외된다(예, 천재지변에 해당하는 대홍수로 수재가 일어난 경우).

제2절 행정상 손실보상제도

I 손실보상제도의 의의

행정상 손실보상제도란 국가나 지방자치단체가 공공의 필요에 따른 적법한 공권력행사로 인해 개인의 재산권에 특별한 희생을 가한 경우(예, 도로확장을 위하여 개인의 토지를 수용하는 경우)에 재산권보장과 공평 부담이라는 관점에서 그 개인에게 조절적인 보상을 해 주는 제도를 말한다. 헌법 제23조제3항에 근거규정을 두고 있다. 손실보상에 관한 단일법은 없고, 공익사업에 필요한 토지를 수용 또는 사용할 때의 손실보상에 관해서는 「공익사업을 위한 토지 등의 취득 및 보상에 관한 법률」이 일반법적 기능을 하고 있다.

> **헌법 제23조제3항**
> 공공필요에 의한 재산권의 수용·사용 또는 제한 및 그에 대한 보상은 법률로써 하되, 정당한 보상을 지급하여야 한다.

II 손실보상제도의 요건

'공공필요'란 도로·항만건설 등 반드시 일정한 사업만을 의미하는 것은 아니고, 무릇 공익을 위한 것이면 공공필요에 해당한다. '침해'는 재산권에 대한 것이어야 한다. 비재산권 침해에 대한 보상(예, 강제 예방접종의 부작용으로 신체상 침해가 발생한 경우의 보상)에 관한 일반적인 제도는 현재로는 없다. 제도의 보완이 필요하다. 침해는 적법한 것이어야 한다. 위법한 침해는 손해배상의 문제가 된다. 침해의 유형은 재산권을 박탈하는 수용(收用), 일시사용을 의미하는 사용, 개인의 사용·수익을 한정하는 제한이 있다. 피해가 특별한 희생에 해당하여야 한다. 재산권에 대한 일반적·사회적 제약에 대하여는 보상이 주어지지 않는다.

Ⅲ) 손실보상의 내용

헌법 제23조제3항은 재산권의 수용·사용·제한 및 보상은 법률로써 하되, 정당한 보상을 지급할 것을 규정하고 있다. 여기서 정당한 보상의 의미와 관련하여 완전보상설과 상당보상설의 대립이 있다. 완전보상설이 다수설·판례의 입장이고(대판 1989. 9. 29, 89누2776·2783·2790), 헌법재판소도 같은 입장이다(헌재 2001. 4. 26, 2000헌바31).

완전보상이란 공시지가에 따른 침해된 재산에 대한 완전보상을 의미한다. 특정한 경우에는 완전보상으로 보상이 만족스럽지 못한 경우가 있을 수 있다(공시지가가 매우 낮은 지역의 수용 등). 이러한 경우 손실보상금 외에 이주대책·생계지원대책 등도 마련해 주어야만 국민의 입장에서 수용 전과 같은 생활상태를 계속할 수 있다. 이렇게 삶의 터전을 마련해 주는 것을 생활보상이라 한다. 생활보상은 헌법 제23조제3항과 제34조제1항을 근거로 인정된다. 「공익사업을 위한 토지 등의 취득 및 보상에 관한 법률」에서는 이주대책 등 생활보상 관련 조항을 두고 있다.

Ⅳ) 손실보상의 원칙

토지보상법은 헌법상의 정당한 보상의 원칙을 실현하기 위하여 보상의 구체적인 원칙을 규정하고 있다. 첫째, 공익사업에 필요한 토지 등의 취득 또는 사용으로 인하여 토지소유자 또는 관계인이 입은 손실은 사업시행자가 이를 보상하여야 한다는 사업시행자보상의 원칙이다. 둘째, 사업시행자는 당해 공익사업을 위한 공사에 착수하기 이전에 토지소유자 및 관계인에 대하여 보상액의 전액을 지급하여야 한다는 사전보상의 원칙과 일시급의 원칙이다. 셋째, 손실보상은 다른 법률에 특별한 규정이 있는 경우를 제외하고 현금으로 지급해야 한다는 현금보상의 원칙이다. 넷째, 손실보상은 토지소유자 및 관계인에게 개인별로 하여야 한다는 개인별 보상의 원칙이다.

법치행정의 원리는 정당하고 적법한 행정권의 행사의 보장뿐만 아니라 부당하거나 위법한 행정권의 행사와 그러한 행사로 인해 야기되는 결과의 시정을 아울러 요구한다. 행정쟁송이란 행정법관계에서 위법 또는 부당한 행정작용으로 인하여 권리·이익을 침해당한 자가 일정한 국가기관에 이의를 제기하여 그 행정작용의 위법이나 부당을 시정토록 하는 제도를 말한다. 행정쟁송은 크게 ① 행정심판과 ② 행정소송으로 나눌 수 있다.

제1절　행정심판법

Ⅰ　행정심판의 의의

행정심판이란 행정청의 위법 또는 부당한 처분(處分)이나 부작위(不作爲)로 침해된 국민의 권리 또는 이익을 구제하기 위하여 행정기관이 행정상 법률관계의 분쟁을 심리·재결하는 행정쟁송절차를 말한다.

Ⅱ　행정심판의 종류, 심판기관, 당사자

1._ 행정심판의 종류

(1) 취소심판

취소심판이란 행정청의 위법 또는 부당한 처분의 취소 또는 변경을 구하는 심판

을 말한다(행정심판법 제5조제1호). 행정심판의 대부분은 취소심판이다(예, 영업정지처분취소
청구심판). 취소심판은 청구기간의 제한(행정심판법 제27조), 집행부정지의 원칙(행정심판법
제30조), 사정재결(행정심판법 제44조) 등을 특징으로 갖는다.

(2) 무효등확인심판

무효등확인심판이란 행정청의 처분의 효력유무 또는 존재 여부에 대한 확인을 구
하는 심판을 말한다(행정심판법 제5조제2호). 무효등확인심판은 취소심판의 경우와 달리
심판제기기간의 제한도 없고 사정재결도 할 수 없다(행정심판법 제27조제7항 · 제44조제3항).

(3) 의무이행심판

의무이행심판이란 행정청의 위법 또는 부당한 거부처분이나 부작위에 대하여 일
정한 처분을 하도록 하는 심판을 말한다(행정심판법 제5조제3호). 취소심판이 행정청의
적극적인 행위로 인한 침해로부터 권익보호를 목적으로 하는 데 반해서, 의무이행심
판은 행정청의 소극적인 행위로 인한 침해로부터 국민의 권익보호를 목적으로 한다
(예, 영업허가이행청구심판).

2._ 행정심판기관

행정심판위원회는 심판청구를 심리한 후 일정한 재결을 행하는 권한기관을 말한
다. 과거에는 심판의 심리(위원회)와 재결기관(재결청)을 분리하였으나, 현재는 행정심판
위원회가 심리와 재결 모두를 행한다. 각 시 · 도에 행정심판위원회를, 그리고 국민권
익위원회에 중앙행정심판위원회를 두어 행정심판 관련 사무를 수행하도록 하였다.

3._ 행정심판 당사자

(1) 심판청구인의 의의

심판청구인이란 심판청구의 대상이 되는 처분등에 불복하여 심판청구를 제기하
는 자를 말한다. 반드시 처분의 상대방만을 의미하는 것은 아니다. 제3자도 심판청구
인이 될 수 있다.

(2) 심판청구인적격

행정심판을 청구할 수 있는 자는 취소심판의 경우에는 처분의 취소 또는 변경을
구할 법률상 이익이 있는 자이고(행정심판법 제13조제1항), 무효등확인심판의 경우에는
처분의 효력 유무 또는 존재 여부에 대한 확인을 구할 법률상의 이익이 있는 자이며

(행정심판법 제13조제2항), 의무이행심판의 경우에는 행정청의 거부처분 또는 부작위에 대하여 일정한 처분을 구할 법률상 이익이 있는 자이다(행정심판법 제13조제3항).

(3) 피청구인

행정심판의 상대방인 피청구인은 처분을 한 행정청(처분청), 의무이행심판의 경우에는 처분을 하여야 함에도 처분을 하지 아니한 행정청(부작위청)이다(행정심판법 제17조제1항).

제 2 절 행정소송법

I 행정소송 개관

1._ 행정소송의 의의

행정소송이란 행정법규의 적용과 관련하여 위법하게 권리·이익이 침해된 자가 소송을 제기하고 법원이 이에 대하여 심리·판단을 행하는 정식의 행정쟁송을 말한다.

2._ 행정심판과의 관계

(1) 임의적 행정심판전치의 원칙

행정소송의 원고가 법령의 규정에 의해 행정심판을 제기할 수 있는 경우에도 원칙적으로 행정심판을 거치지 않고 곧바로 행정소송을 제기할 수도 있다(행정소송법 제18조제1항).

(2) 공 통 점

행정심판과 행정소송 모두 원칙적으로 실질적 쟁송으로서 ① 행정청의 처분을 시정하는 절차라는 점, ② 법률상 이익을 가진 자만이 제기할 수 있다는 점, ③ 당사자의 쟁송제기에 의해 절차가 개시된다는 점, ④ 당사자는 대등한 지위에 선다는 점, ⑤ 일정한 기간 내에 제기하여야 한다는 점, ⑥ 집행부정지의 원칙, ⑦ 불이익변경금지의 원칙, ⑧ 사정재결·사정판결이 인정된다는 점에서 동일하다.

(3) 차 이 점

	행정심판	행정소송
제도의 본질	행정통제적 성격이 강하다.	권리구제적 성격이 강하다.
판정기관	행정기관(행정심판위원회)	법원
심리절차	서면심리주의와 구술심리주의가 병행	구두변론주의가 원칙이다.
심리방법	비공개주의 심리주의	공개주의
쟁송대상	위법행위 외에 부당행위도 심판의 대상이 된다.	위법행위만이 소송의 대상이 된다.
쟁송유형	① 의무이행심판이 인정된다. ② 심판법상 항고쟁송, 주관적 쟁송만 인정	① 의무이행소송에 관한 규정이 없다. ② 당사자쟁송과 객관적 쟁송(민중소송, 기관소송) 인정

3._ 행정소송의 종류

　주관적 소송이란 개인의 권리(법률상 이익)의 구제를 주된 내용으로 하는 행정소송을 말하고, 객관적 소송이란 개인의 권리가 아니라 행정법규의 적정한 적용의 보장을 주된 내용으로 하는 행정소송을 말한다. 주관적 소송은 다시 항고소송과 당자사소송으로, 객관적 소송은 민중소송과 기관소송으로 구분된다(행정소송법 제3조). 항고소송은 다시 취소소송·무효등확인소송·부작위위법확인소송으로 나누어진다(행정소송법 제4조).

Ⅱ 항고소송(抗告訴訟)

1._ 취소소송

(1) 의의와 종류

　취소소송이란 행정청의 위법한 처분등을 취소 또는 변경하는 소송을 말한다(행정소송법 제4조제1호). 취소소송의 대상인 처분등은 처분과 재결을 의미하므로(행정소송법 제2조제1항제1호), 취소소송은 판결의 내용에 따라 처분(재결) 등의 취소소송·처분(재결) 등의 변경소송이 있다. 판례상으로는 무효선언을 구하는 의미의 취소소송도 인정된다.

(2) 본안판단의 전제요건

　취소소송을 제기하여 법원으로부터 본안에 관한 승소판결을 받기 위해서는 본안판단의 전제요건(소송요건)과 본안요건을 갖추어야 한다. 본안판단의 전제요건으로는

① 처분등이 존재하고, ② 관할법원에, ③ 원고가 피고를 상대로, ④ 일정한 기간 내에 소장을 제출하여야 하고, ⑤ 원고에게는 처분등의 취소 또는 변경을 구할 이익(권리보호의 필요)이 있어야 한다.

　　① 처분(處分)등의 존재(대상적격)　　　취소소송을 제기하기 위해서는 그 대상으로 처분등이 존재하여야 한다. 처분등은 "행정청이 행하는 구체적 사실에 관한 법집행으로서의 공권력의 행사 또는 그 거부와 그 밖에 이에 준하는 행정작용(이를 "처분"이라 한다) 및 행정심판에 대한 재결"을 말한다(행정소송법 제2조제1항제1호).

　　(i) 행정청에는 법령에 의하여 행정권한의 위임 또는 위탁을 받은 행정기관, 공공단체 및 그 기관 또는 사인이 포함된다(행정소송법 제2조제2항). (ii) 공권력행사란 공법에 근거하여 행정청이 우월한 지위에서 일방적으로 행하는 일체의 행정작용을 의미한다고 말할 수 있다. (iii) 공권력행사의 거부란 거부된 행정작용이 처분에 해당하는 경우만을 의미한다(예, 영업허가신청에 대한 거부처분). (iv) 행정소송법상 재결에 대한 취소소송은 재결 자체에 고유한 위법이 있음을 이유로 하는 경우에 한한다(행정소송법 제19조 단서). 따라서 취소소송은 원칙적으로 원처분을 대상으로 하며, 재결은 예외적으로만 취소소송의 대상이 될 수 있다. 이를 원처분중심주의라 부른다.

　　② 관할법원　　　행정소송에는 행정법원 – 고등법원 – 대법원의 3심제가 적용된다. 행정법원의 권한에 속하는 사건은 행정법원(합의부·단독판사)이 1심으로 심판한다(법원조직법 제40조의4). 행정법원의 재판에 대하여는 고등법원에 항소할 수 있고(법원조직법 제28조), 고등법원의 재판에 대하여는 대법원에 상고할 수 있다(법원조직법 제14조).

　　③ 당사자

　　(i) 원고적격(법률상 이익이 있는 자)　　　원고적격이란 행정소송에서 원고가 될 수 있는 자격을 의미한다. 취소소송은 처분등의 취소를 구할 법률상 이익이 있는 자가 제기할 수 있다(행정소송법 제12조제1문). 법률상 이익이란 전통적인 의미의 권리(협의의 권리개념)와 판례상 인정되어온 법률상 보호되는 이익을 포함하는 상위개념이다(광의의 권리개념). 논리적으로는 법률상 이익과 전통적 의미의 권리, 그리고 판례상 인정되어 온 법률상 보호이익이 같은 개념으로 새기는 것(법률상 이익=전통적 의미의 권리=판례상 인정되어 온 법률상 보호이익)이 일반적인 경향이다.

　　(ii) 피고적격　　　행정소송에서 피고가 될 수 있는 자격을 의미한다. 다른 법률에 특별한 규정이 없는 한 취소소송에서는 그 처분등을 행한 행정청이 피고가 된다(행정소송법 제13조제1항 전단).

④ 제소기간   제소기간이란 처분의 상대방 등이 소송을 제기할 수 있는 시간적 간격을 말한다. (i) 행정심판을 거치지 않은 경우 취소소송은 처분등이 있음을 안 날부터 90일 이내에 제기하여야 하며 행정심판을 거친 경우는 재결서 정본을 송달받은 날부터 90일 이내에 제기하여야 한다(행정소송법 제20조제1항).

(ii) 행정심판을 거치지 않은 경우 취소소송은 처분등이 있은 날부터 1년을 경과하면 이를 제기하지 못한다. 행정심판을 거친 경우에는 재결이 있은 날로부터 1년을 경과하면 제기할 수 없다(행정소송법 제20조제2항).

⑤ 권리보호의 필요(협의의 소의 이익)   취소판결의 경우, 위법한 처분을 취소한다 하더라도 원상회복이 불가능한 경우에는 그 취소의 이익은 없는 것이다. 처분등이 소멸하면 권리보호의 필요는 없게 됨이 원칙이다. 그러나 예외적으로 처분등이 집행 그 밖의 사유로 인하여 소멸된 뒤에라도 ⅰ) 위법한 처분이 반복될 구체적인 위험성이 있는 경우, ⅱ) 회복하여야 할 불가피한 이익이 있는 경우(예, 가중된 제재적 처분이 따르는 경우)에는 권리보호의 필요가 존재한다.

> 예
>
> 파면처분취소소송의 계속도중 당연퇴직된 경우, 당연퇴직이나 파면이 퇴직급여에 관한 불이익의 점에 있어 동일하다 하더라도 최소한도 이 사건 파면처분이 있은 때부터 위 법규정에 의한 당연퇴직일자까지의 기간에 있어서는 파면처분의 취소를 구하여 그로 인해 박탈당한 이익의 회복을 구할 소의 이익이 있다 할 것이다(대판 1985. 6. 25, 85누39).

(3) 본안판단

원고가 승소판결을 얻기 위해서는 원고의 주장이 정당하여야 한다. 취소소송에서 원고의 주장은 행정청의 위법한 처분등으로 자신의 권리가 침해되었다는 것이므로, 원고의 주장이 정당하다는 것은 처분등이 위법함을 의미한다. 부당은 행정소송에서 문제되지 아니한다. 위법이란 외부효를 갖는 법규위반을 의미한다.

(4) 집행부정지의 원칙과 집행정지제도

취소소송의 제기는 처분등의 효력이나 그 집행 또는 절차의 속행에 영향을 미치지 않는데, 이를 집행부정지의 원칙이라 한다(행정소송법 제23조제1항). 집행부정지의 원칙은 행정의 계속성을 확보할 수 있지만, 소송의 대상이 된 처분의 효력이나 처분의 집행·절차의 속행으로 인하여 사인의 권리가 침해될 가능성이 있다. 즉, 경우에 따라서는 판결 때까지의 상당한 시일을 기다려서는 승소하여도 권리보호의 목적을 달성할 수 없을 수도 있다. 이러한 경우에는 판결이 있기 전에 일시적인 조치를 취하여 잠정적으로 권리를 보호하여야 할 필요가 생긴다.

따라서 집행정지란 취소소송의 대상이 된 처분이나 그 처분의 집행·절차의 속행으로 인하여 회복하기 어려운 손해를 발생할 가능성이 있는 경우에, 당사자의 신청이나 법원의 직권에 의하여 처분 등의 효력이나 그 집행 또는 절차의 속행 등을 정지시킬 수 있는 제도를 말한다(행정소송법 제23조제2항 본문).

(5) 취소소송의 판결

① 판결의 종류

(i) 각하판결　　각하판결이란 소송요건(본안판단의 전제요건)의 결여로 인하여 본안의 심리를 거부하는 판결을 말한다. 각하판결은 취소청구의 대상인 처분의 위법성에 관한 판단은 아니므로 원고는 결여된 요건을 보완하여 다시 소를 제기할 수 있다.

(ii) 기각판결과 사정판결(事情判決)　　기각판결이란 원고의 청구를 배척하는 판결을 말한다. 기각판결에도 원고의 청구에 합리적인 이유가 없기 때문에 배척하는 경우, 원고의 청구에 이유가 있으나 배척하는 경우(사정판결)의 2종류가 있다. 사정판결이란 법원이 원고의 청구가 이유 있다고 인정하는 경우에도, 즉 처분등이 위법한 경우에도 처분등을 취소하는 것이 현저히 공공복리에 적합하지 아니하다고 인정하는 때에는 원고의 청구를 기각하는 판결을 말한다(행정소송법 제28조제1항 본문).

(iii) 인용(認容)판결　　인용판결이란 원고의 청구가 이유 있음을 인정하여 처분등의 취소·변경을 행하는 판결을 의미한다. 인용판결은 청구의 대상에 따라 처분(거부처분 포함)의 취소판결과 변경판결, 재결의 취소판결과 변경판결이 있다.

② 판결의 효력

(i) 자박력　　법원이 판결을 선고하면 선고법원 자신도 판결의 내용을 취소·변경할 수 없게 된다. 이를 판결의 자박력 또는 불가변력이라 부른다.

(ii) 확정력

(a) 형식적 확정력　　상고의 포기 또는 모든 심급을 거친 경우 혹은 상고제기기간의 경과 등으로 인해 판결에 불복하는 자가 더 이상 판결을 상고로써 다툴 수 없게 되는 경우에 판결이 갖는 구속력을 형식적 확정력 또는 불가쟁력(不可爭力)이라 한다.

(b) 실질적 확정력　　판결이 불가쟁력을 발생하게 되면 그 후의 절차에서 동일한 사항이 문제되는 경우에도 당사자와 이들의 승계인은 기존 판결에 반하는 주장

을 할 수 없을 뿐만 아니라 법원도 그것에 반하는 판단을 할 수 없는 구속을 받는바, 이러한 구속력을 실질적 확정력 또는 기판력이라 부른다.

(ⅲ) 형성력　　취소판결이 확정되면 행정청에 의한 특별한 의사표시 내지 절차 없이 당연히 행정상 법률관계의 발생·변경·소멸을, 즉 형성의 효과를 가져 온다. 이를 형성력이라 한다. 행정처분을 취소한다는 확정판결이 있으면 그 취소판결의 형성력에 의하여 해당 행정처분의 취소나 취소통지 등의 별도의 절차를 요하지 아니하고 당연히 취소의 효과가 발생한다.

(ⅳ) 기속력(羈束力)　　처분등을 취소하는 확정판결은 그 사건에 관하여 당사자인 행정청과 그 밖의 관계행정청에 대하여 판결의 취지에 따라야 할 실체법상의 의무를 발생시키는데 이 효력을 기속력 또는 구속력이라 한다. 그에 따라 당사자인 행정청은 물론이고 그 밖의 관계행정청도 확정판결에 저촉되는 처분을 할 수 없다(반복금지효). 또한 행정청은 판결의 취지에 따른 처분을 하여야 한다(재처분의무).

(ⅴ) 집행력(간접강제)　　집행력이란 통상 이행판결에서 명령된 이행의무를 강제집행절차로써 실현할 수 있는 효력을 의미한다. 따라서 형성판결인 취소판결에는 성질상 강제집행할 수 있는 효력, 즉 집행력이 인정되지 않는다.

이행을 확보하기 위해 행정소송법은 다음의 간접강제제도를 도입하고 있다. 행정청이 판결의 취지에 따른 처분(재처분의무)을 하지 아니한 때에는 제1심수소법원은 당사자의 신청에 의하여 결정으로써 상당한 기간을 정하고 행정청이 그 기간 내에 이행하지 아니하는 때에는 그 지연기간에 따라 일정한 배상을 할 것을 명하거나, 즉시 손해배상을 할 것을 명할 수 있다(행정소송법 제34조제1항).

2._ 무효등확인소송

(1) 의의와 종류

무효등확인소송이란 행정청의 처분등의 효력유무 또는 존재여부를 확인하는 소송을 말한다(행정소송법 제4조제2호). 무효등확인소송은 주관적 소송으로 처분등의 효력유무 또는 존재여부를 확인하는 확인의 소이며, 이 소송에 의한 판결은 형성판결이 아니고 확인판결에 속한다. 무효등확인소송에는 처분등의 유효확인소송, 처분등의 무효확인소송, 처분등의 존재확인소송, 처분등의 부존재확인소송이 있다.

(2) 취소소송과의 비교

취소소송과 비교할 때, 무효등확인소송의 경우에는 제소기간의 적용이 없고, 행정심판전치의 문제가 없다는 점이 다르다. 그 외 나머지 사항은 취소소송의 법리내용과 기본적으로 동일하다.

3._ 부작위위법확인소송

(1) 의   의

부작위위법확인소송이란 행정청이 당사자의 신청에 대해 상당한 기간 내에 일정한 처분을 해야 할 법률상의 의무가 있음에도 불구하고 이를 행하지 않는 경우, 그 부작위가 위법함의 확인을 구하는 소송을 말한다(행정소송법 제4조제3호).

부작위란 행정청이 당사자의 신청에 대하여 상당한 기간 내에 일정한 처분을 하여야 할 법률상 의무가 있음에도 불구하고 이를 하지 아니하는 것을 말한다(행정소송법 제2조제1항제2호). 상당한 기간이란 어떠한 처분을 함에 있어 통상 요구되는 기간을 의미한다(행정절차법 제19조제1항 참조). 행정청이 인용처분을 하거나 거부처분을 하였다면 부작위의 문제는 생기지 않는다. 거부처분이 있었다면 취소소송을 제기하여야 한다.

(2) 다른 소송과의 관계

부작위위법확인소송의 소송요건은 취소소송의 소송요건과 기본적으로 다를 바가 없다. 그러나 부작위위법확인소송은 무효등확인소송의 경우와 달리 제소기간의 적용가능성이 있고, 행정심판전치의 적용가능성도 있다. 그 외 나머지 사항은 취소소송의 법리와 기본적으로 동일하다.

Ⅲ 당사자소송

1._ 의   의

당사자소송이란 행정청의 처분등을 원인으로 하는 법률관계에 관한 소송, 그 밖에 공법상의 법률관계에 관한 소송으로서 그 법률관계의 한쪽 당사자를 피고로 하는 소송을 말한다(행정소송법 제3조제2호). 항고소송은 공행정주체가 우월한 지위에서 갖는 공권력의 행사·불행사와 관련된 분쟁의 해결을 위한 절차인 데 반해, 당사자소송은 그러한 공권력행사·불행사의 결과로서 생긴 법률관계에 관한 소송, 그 밖에 대등한 당사자 간의 공법상의 권리·의무에 관한 소송이다.

그 예로 ① 공법상 계약의 불이행시에 제기하는 소송(예, 토지수용에 대한 협의성립 후 보상금을 지급하지 않는 경우 보상금지급청구소송. 그러나 판례는 이를 민사소송으로 다룬다), ② 공법상 금전지급청구를 위한 소송(예, 공무원보수미지급시 지급청구), ③ 공법상 지위·신분의 확인을 구하는 소송(예, 국가유공자의 확인을 구하는 소송) 등이 있다.

2._ 당 사 자

(1) 원고적격

행정소송법상으로 당사자소송의 원고적격에 관하여 규정하는 바는 없다. 그런데 당사자소송은 민사소송에 유사한 것이므로 당사자소송에도 민사소송의 경우와 같이 권리보호의 이익이 있는 자가 원고가 된다(행정소송법 제8조제2항).

(2) 피고적격

항고소송의 경우와 달리 행정청이 피고가 아니다. 국가·공공단체 그 밖의 권리주체가 당사자소송의 피고가 된다(행정소송법 제39조). 국가를 당사자로 하는 소송(국가소송)의 경우에는 「국가를 당사자로 하는 소송에 관한 법률」에 의거하여 법무부장관이 국가를 대표한다(국가를 당사자로 하는 소송에 관한 법률 제2조). 지방자치단체를 당사자로 하는 소송의 경우에는 지방자치단체의 장이 해당 지방자치단체를 대표한다.

Ⅳ) 객관적 소송(민중소송과 기관소송)

1._ 민중소송

민중소송이란 국가 또는 공공단체의 기관이 법률에 위반되는 행위를 한 때에 직접 자기의 법률상 이익과 관계없이 그 시정을 구하기 위하여 제기하는 소송을 말한다(행정소송법 제3조제3호). 민중소송은 행정감독적 견지에서 행정법규의 정당한 적용을 확보하거나 선거 등의 공정의 확보를 위한 소송으로서 객관적 소송에 속한다. 따라서 민중소송은 법률이 규정하고 있는 경우에 한하여 제기할 수 있다(행정소송법 제45조).

민중소송의 예는 공직선거법상 선거소송과 당선소송, 국민투표법상 국민투표무효소송, 지방자치법상 주민소송, 주민투표법상 주민투표소송 등이다.

2._ 기관소송

기관소송이란 국가 또는 공공단체의 기관 상호 간에 있어서의 권한의 존부 또는 그 행사에 관한 다툼이 있을 때에 이에 대하여 제기하는 소송을 말한다(행정소송법 제3

조제4호). 즉, 기관소송은 행정기관상호간의 권한분쟁에 관한 소송이다.

기관소송의 대표적인 예는 지방교육자치에 관한 법률 제28조제3항에 의거하여 교육감이 시·도의회를 상대로 대법원에 제기하는 소송을 들 수 있다.

제03편 형 법

제01장

형법의 개념과 죄형법정주의

최 호 진*

제1절 형법의 개념

I 형법의 개념

1._ 사회규범의 하나로서 형법

사회생활을 원활하게 수행하기 위해서는 최소한의 규칙이 필요하다. 만약 개개인이 각자의 본능과 이해관계에 따라 별다른 제재 없이 자유롭게 행동한다면 사회는 약육강식의 세계가 되어 큰 혼란에 빠질 것이다. 결국 개인의 자유와 권리를 보호하기 위해서는 사회질서의 유지가 전제되어야 한다. 이를 위하여 사회는 여러 가지 통제수단을 가지고 있는데, 도덕규범・종교규범・법규범 등이 이에 해당한다. 도덕이나 종교규범과는 달리 법규범은 강제력이 있다는 점에서 차이가 있으며, 법규범 중에서도 형법은 범죄를 저지른 자에 대하여 사형・징역형을 선고할 수 있는 등 형벌이라는 가장 강력한 통제수단을 가지고 있는 국가적 법규범이다.

2._ 형법의 의의

형법은 범죄를 법률요건으로 하고, 형벌 및 보안처분과 같은 형사제재를 법률효

---

* 단국대학교 법과대학 법학과 교수.

과로 하는 국가적 법규범의 총체이다. 쉽게 말하면 형법은 범죄가 성립하기 위해서는 어떤 요건이 필요하며, 범죄가 성립한 경우 어떠한 형사제재를 부과할 것인가를 규정하고 있는 법으로 '범죄와 형사제재에 관한 법'이다.

형식적 의미의 형법은 형법전(刑法典)을 의미한다. 형법전은 총칙과 각칙으로 구성되어 있는데, 형법총칙은 형벌법규에 공통적으로 적용되는 원칙을 규정해 놓은 것이며, 형법각칙은 개별적인 형벌법규를 규정해놓은 것이다. 실질적 의미의 형법은 법률요건으로서 범죄와 이에 대한 법률효과인 형벌[1] 또는 보안처분[2]을 규정한 모든 국가적 법규범을 의미한다. 법의 명칭과 상관없이 범죄와 형벌을 규정하고 있다면 실질적 의미의 형법이라고 할 수 있다. 실질적 의미의 형법에는 특별형법, 행정형법뿐만 아니라 각종 법률의 형사처벌규정이 있다. 국가보안법, 군형법, 폭력행위 등 처벌에 관한 법률, 특정범죄 가중처벌 등에 관한 법률, 특정경제범죄 가중처벌 등에 관한 법률, 아동·청소년의 성보호에 관한 법률 등에는 범죄를 규정하고 이에 대하여 형벌을 부과하고 있기 때문에 실질적 의미의 형법에 해당한다.

주의할 점은 질서위반법은 법익보호를 목적으로 한다는 점에서 형법과 동일하지만 단순한 행정법규위반 등 질서위반에 대해 질서벌의 일종인 과태료를 부과한다는 점에서 형법과 구별된다. 우리나라에는 「질서위반행위규제법」이 2009년 10월에 제정되어 현재 시행중이다.

Ⅱ) 형법의 기능

1._ 보호적 기능

형법은 형벌이라는 수단을 통하여 법익(法益)을 보호하는 기능을 한다. 하지만, 법익보호의 기능은 형법뿐만 아니라 법 전체의 기능이기도 하지만, 형법은 형벌과 같은 특수한 강제력에 의해서 법익을 보호한다는 의미에서 다른 법과는 다른 '수단의 특수성'을 갖는다.

또한 형법을 통하여 사회윤리적 관점에서 가치 있는 행위가 보호될 수 있다. 사회윤리적 행위가치는 사회공동체의 일원으로서 개인이 실천해야 할 윤리적 의무이행을

---

1) 현행법상 형벌에는 사형, 징역, 금고, 자격상실, 자격정지, 벌금, 구류, 과료, 몰수와 같이 9종류가 있다.
2) 형벌 이외에 범죄로부터 사회를 방위하기 위한 수단을 보안처분이라고 한다. 현행법상의 보안처분에는 형법전상의 보호관찰, 사회봉사명령, 수강명령, 치료감호법상의 치료감호 등이 있다.

말한다. 형법이 범죄행위에 대하여 내리는 부정적 가치판단의 밑바탕에는 사회윤리적 평가가 있다. 즉, 일정한 행위에 대하여 사회윤리적 비난이 고조되면서 사회여론이 그 행위에 대한 처벌을 요청하고, 이러한 요청이 형법에 수용되면서 불법으로 평가되는 과정을 일반적으로 거친다. 살인행위에 대하여 형법이 처벌하는 것은 사람의 생명이라는 보호법익을 침해하였다는 의미도 있지만, 사람을 해쳐서는 안 된다는 도덕을 위반하였다는 의미를 동시에 가진다.

하지만 사회윤리적 행위가치 보호를 제1차적 또는 우선적 과제로 설정할 수는 없으며 보충적 과제로 이해하여야 한다. 특히 인간 내심의 영역에만 머물러 있는 비도덕적 태도에 대해서까지 형법이 개입하는 것은 헌법에 위반되기 때문이다. 형법은 도덕교과서가 될 수 없다.

2._ 사회보호적 기능

형법은 범죄로부터 사회질서를 보호하고 유지하는 기능을 한다. 형법의 예방기능이라고도 한다. 넓게 보면 법익보호, 사회윤리보호와 더불어 형법의 보호적 기능에 해당한다고 볼 수 있다. 형법은 평화롭게 공존하는 사회를 보호하는 수단이다. 인간이 '만인에 대한 만인의 투쟁상태'인 자연상태에서 벗어나 평화로운 공동생활을 영위하기 위해서는 법질서가 존재해야 한다. 이러한 평화로운 공존질서를 깨뜨리는 범죄에 대해서 형법은 형벌이라는 가장 강력한 수단을 사용하여 법질서를 지켜낸다. 만약 형법이 이 기능을 적절하게 수행하지 못한다면 시민들은 자력구제 수단을 동원하게 되고 결국 사회는 다시 만인에 대한 만인의 투쟁상태인 자연상태로 돌아가게 될 것이다.

사회보호적 기능에는 일반예방이론과 특별예방이론이 있다. '일반예방기능'은 일반인에 대하여 범죄발생에 대한 억압적 기능을 수행하는 기능을 말한다. 범죄자를 처벌함으로써 그 처벌을 알게 된 사회일반인의 심리에 영향을 미침으로써 범죄를 예방하고 사회를 보호할 수 있다는 기능을 말한다. 합리적 사고를 하는 이성적 인간은 범죄를 저지름으로 인하여 얻게 되는 쾌락과 형벌을 받게 되는 고통을 비교할 때 쾌락보다 고통이 크다고 판단할 때 스스로 범죄를 억제하게 된다. '특별예방기능'은 형법의 역할은 사회일반인에 대해서가 아니라 범죄자 개인에게로 향해야 한다는 것을 말한다. '특별예방기능'은 범죄인에게 법을 존중하고 질서의 길로 복귀하도록 하여 범죄인의 사회복귀를 촉진하는 기능을 말한다. 특별예방기능은 범죄자에 대한 장기간의 자유박탈을 통해 범죄자를 무해화(無害化)시켜 사회를 보호하거나, 범죄자의 개선 및 재사회화, 즉 사회복귀에 초점을 맞추어 형법을 운영한다.

3._ 보장적 기능

형법이 국가 형벌권의 한계를 명확하게 하여 자의적인 국가형벌권의 행사로부터 국민의 자유와 권리를 보장하는 기능을 말하며, 죄형법정주의가 근본원리가 된다. 이를 보장적 기능이라고 하는데, 형법은 일반국민에 대해서 행동의 자유를 보장한다. 따라서 형법상의 범죄가 아니라면 아무리 도덕적·윤리적으로 비난할 수 있더라도 처벌되지 않는다(선량한 국민의 Magna Charta). 또한 범죄인에 대해서는 형법에 정해진 형벌의 범위 내에서만 처벌된다는 것을 보장해 준다(범죄인의 Magna Charta).

제 2 절 　 죄형법정주의

I 　 죄형법정주의의 의의

1._ 죄형법정주의의 의의

죄형법정주의(罪刑法定主義)는 어떤 행위가 범죄로 되고, 그 범죄에 대하여 어떤 종류와 범위의 형벌을 과할 것인가에 대하여 미리 국회가 제정한 성문의 법률에 규정되어 있어야 한다는 원칙을 말한다. 이는 국가형벌권의 확장과 자의적 행사로부터 시민의 자유를 보장하기 위한 형법의 최고원리이다.

2._ 두 가지 의미

(1) 법률 없이는 범죄 없다(nullum crimen sine lege)

어떤 행위가 사회적 비난의 대상이 될 만큼 아무리 유해하더라도 국가는 그 행위가 법률상 행위이전에 범죄로 명백히 규정되어 있을 경우에만 형사제재의 원인으로 삼을 수 있다는 원칙이다(헌법 제13조 1항, 형법 제1조 1항).

(2) 법률 없이는 형벌 없다(nulla poena sine lege)

어떤 행위의 가벌성 자체뿐만 아니라, 형의 종류와 그 범위도 범죄행위 이전에 법률로 확정되어 있어야 한다는 원칙이다(헌법 제12조 1항, 형법 제1조 1항).

3._ 죄형법정주의의 현대적 의의

죄형법정주의의 현대적 의의는 형식적 의미의 죄형법정주의에서 실질적 의미의 죄형법정주의로 발전을 의미한다. 전통적인 형식적 의미의 죄형법정주의는 형식적인 법률만 있으면 법률의 내용을 문제삼지 않았으므로 입법자의 자의에 의한 형벌권의 남용을 방지할 수 없어 대량학살과 같은 실질적 정의에 합치하지 않는 불행한 역사를 경험하게 되었다.

이에 실질적 의미의 죄형법정주의는 실질적 법치국가원리에 근거하여 그 내용 또한 실질적 정의에 합치하는 "적정한 법률 없으면 범죄 없고 형벌 없다"는 원칙을 의미하게 된다. 법률의 형식뿐만 아니라 내용의 적정성까지 요구하게 되어 법관의 자의뿐만 아니라, 입법자의 자의로부터도 국민의 자유를 보장할 수 있게 되었다.

Ⅱ 죄형법정주의의 파생원칙

1._ 성문법률주의

범죄와 형벌은 국회가 제정한 성문의 법률에 규정되어야 하고, 관습법에 의하여 가벌성을 인정하거나 형을 가중하여서는 안 된다. 대의민주적 자유법치국가원리에 따라 국민의 자유와 권리는 오로지 국민의 대표기관인 의회의 입법에 의해서만 침해 또는 제한이 가능하다. 따라서 성문의 법률이 아닌 관습형법은 개개인에게 그 범행에 앞서 충분하고 확실하게 인식될 수 없기 때문에 형법의 일반예방적 기능을 보장할 수 없으며, 법관이 관습법을 원용하여 감정적 판결을 내릴 가능성이 있기 때문에 법적 안정성을 보장할 수 없다. 따라서 관습형법은 원칙적으로 금지된다(관습형법금지의 원칙). 그러나, 행위자에게 유리한 관습법의 적용은 예외적으로 인정될 수 있다.

원칙적으로 국회에서 제정한 법률에 의해서만 형사처벌이 가능하기 때문에 명령·조례·규칙에 의하여 범죄와 형벌을 정할 수 없다. 그러나 사회현상의 복잡다기화와 국회의 전문적·기술적 능력의 한계 및 시간적 적응능력의 한계로 인하여 형사처벌에 관련된 모든 법규를 예외 없이 형식적 의미의 법률에 의하여 규정한다는 것은 사실상 불가능할 뿐만 아니라 실제에 적합하지도 아니하기 때문에, 특히 ① 긴급한 필요가 있거나 미리 법률로써 자세히 정할 수 없는 부득이한 사정이 있는 경우에 한하여, ② 수권법률(위임법률)이 구성요건의 점에서는 처벌대상인 행위가 어떠한 것인지 이를 예측할 수 있을 정도로 구체적으로 정하고, ③ 형벌의 점에서는 형벌의 종류 및 그 상한과 폭을 명확히 규정하는 것을 전제로 위임입법이 허용되며, 이러한 위임입법은 죄형법정주의에 반하지 않는다. 헌법 또한 일정한 경우에 예외적으로 법률 이외의 명령이나 규칙에 의해서도 범죄와 형벌을 규정하는 것을 허용한다(헌법 제75조).

그러나 하위법규들이 모법보다 형사처벌의 대상을 확장하거나 형벌을 강화하는 것은 허용되지 않는다. 처벌법규의 구성요건 부분에 관한 기본사항에 관하여 보다 구체적인 기준이나 범위를 정함이 없이 그 내용을 모두 하위법령에 포괄적으로 위임하는 것은 헌법상 포괄위임입법금지 원칙 및 죄형법정주의의 명확성 원칙에 위반된다.

> **위임입법금지에 위반된다고 판단한 대법원 판례**
>
> ① 총포·도검·화약류 등 단속법이 총포의 범위를 위임하였음에도 불구하고 시행령이 총의 부품까지 총포에 속하는 것으로 규정한 경우(대판(전) 1999. 2. 11, 98도2816), ② 벌칙규정이면서도 형벌만을 규정하고 범죄의 구성요건의 설정은 완전히 각령에 백지위임하고 있는 것이나 다름없는 경우(헌재 1991. 7. 8, 91헌가4), ③ 구 근로기준법 제30조 단서의 특별한 사정이 있을 경우에는 당사자의 합의에 의하여 기일을 연장할 수 있다는 규정과는 달리 같은 법 시행령 제12조가 이를 3개월 이내로 제한한 경우(대판(전) 1998. 10. 15, 98도1759)는 위임입법금지에 위반된다고 대법원이 판단하였다.

2._ 소급효금지의 원칙

소급효금지의 원칙은 행위자의 행위 당시에 처벌법규가 존재하지 않음에도 불구하고 사후입법을 제정하는 것은 물론, 법관이 법을 적용함에 있어서 법률시행 이전의 행위에까지 행위자에게 불리하게 소급하여 적용하는 것을 금지한다는 원칙을 말한다. 즉 형법은 법시행 이후에 행해진 행위에 대하여만 적용되고, 시행 이전의 행위에까지 소급하여 적용될 수 없다는 원칙을 말한다.

형법 제1조 1항은 "범죄의 성립과 처벌은 행위시의 법률에 따른다"고 규정함으로써 소급효금지의 원칙을 선언하고 있다. 소급효금지의 원칙은 법에 대한 국민의 신뢰를 보장하여 법적 안정성과 법률에 대한 예측가능성을 담보하는 법치국가적 이념에 근거하고 있다.

행위자에게 불이익한 법률의 소급효만을 금지한다. 형법각칙상의 구성요건을 신설·개정하는 경우뿐만 아니라, 형법총칙규정을 개정하여 처벌의 범위를 확장하는 경우, 위법성조각사유의 소급적인 폐지나 제한, 객관적 처벌조건이나 인적 처벌조각사유 등을 소급적으로 제한적용하게 되면 행위자에게 불리하게 되므로 금지된다. 하지만 행위자에게 이익이 되는 법률의 소급적용은 가능하다. 따라서 형벌을 폐지하거나 감경하는 내용의 법률은 소급효가 인정될 수 있다. 행위자에게 유리한 소급적용은 형법 제1조 2항과 3항에 규정되어 있다.

3._ 명확성의 원칙

명확성의 원칙은 형법은 구성요건과 형사제재를 '명확하게' 규정해야 한다는 것을 말한다. 명확성의 원칙은 법관의 자의적 해석을 방지하여 국민의 자유와 안전을 보장한다. 어떤 행위가 형법에 의해 금지되고, 그 행위에 대해서 어떤 형벌이 과해지는가에 대한 국민의 예측가능성이 보장되어야 규범의 의사결정력이 담보될 수 있기 때문이다.

구성요건은 가능한 한 명백하고 확장할 수 없는 개념을 사용하여야 한다. 내용상 윤곽이 모호한 개념, 애매하고 불분명하여 신축이 자유로운 개념은 사용되어서는 안 된다. 국가형벌권행사의 예측가능한 한계선이 지켜질 수 있는 표현을 사용하여 국민이 법률에 의하여 금지된 행위가 무엇인가를 분명히 알 수 있어야 한다. 따라서 '건전한 국민감정에 반하는 행위를 한 자는…' '선량한 미풍양속에 반하는 행위를 한 자는…' 등과 같은 구성요건은 불명확하기 때문에 죄형법정주의 위반으로 무효이다.

또한 형사제재 역시 명확하게 규정되어 있어야 한다. 즉 형법은 그 범죄에 대하여 어떤 형벌 또는 보안처분을 과할 것인가를 명확하게 규정하여야 한다. "…자는 처벌한다"와 같이 형벌의 종류와 범위를 규정하지 않은 절대적 형벌은 형사정책적으로 불합리하므로 형벌의 종류와 범위를 특정하여야 된다.

> **불량만화사건 – 명확성의 원칙에 반한다고 본 헌법재판소 결정**
>
> 미성년자보호법 제2조의2(불량만화 등의 판매금지 등)에 따르면 미성년자에게 음란성 또는 잔인성을 조장할 우려가 있거나 기타 미성년자로 하여금 범죄의 충동을 일으킬 수 있게 하는 만화(이하 "불량만화"라 한다)를 미성년자에게 반포, 판매, 증여, 대여하거나 관람시키는 행위와 이러한 행위를 알선하거나 또는 이에 제공할 목적으로 불량만화를 소지·제작·수입·수출하는 행위를 금지하고 있다. 이에 대하여 헌법재판소는 미성년자보호법 조항의 불량만화에 대한 정의 중 전단 부분의 "음란성 또는 잔인성을 조장할

우려"라는 표현을 보면, '음란성'은 법관의 보충적인 해석을 통하여 그 규범내용이 확정될 수 있는 개념이라고 할 수 있으나, 한편 '잔인성'에 대하여는 아직 판례상 개념규정이 확립되지 않은 상태이고 그 사전적 의미는 "인정이 없고 모짊"이라고 할 수 있는바, 이에 의하면 미성년자의 감정이나 의지, 행동 등 그 정신생활의 모든 영역을 망라하는 것으로서 살인이나 폭력 등 범죄행위를 이루는 것에서부터 윤리적·종교적·사상적 배경에 따라 도덕적인 판단을 달리할 수 있는 영역에 이르기까지 천차만별이어서 법집행자의 자의적인 판단을 허용할 여지가 높고, 여기에 '조장' 및 '우려'까지 덧붙여지면 사회통념상 정당한 것으로 볼 여지가 많은 것까지 처벌의 대상으로 할 수 있게 되는바, 이와 같은 경우를 모두 처벌하게 되면 그 처벌범위가 너무 광범위해지고, 일정한 경우에만 처벌하게 된다면 어느 경우가 그에 해당하는지 명확하게 알 수 없다. …(중략)… 그러므로, 이 사건 미성년자보호법 조항은 법관의 보충적인 해석을 통하여도 그 규범내용이 확정될 수 없는 모호하고 막연한 개념을 사용함으로써 그 적용범위를 법집행기관의 자의적인 판단에 맡기고 있으므로, 죄형법정주의에서 파생된 명확성의 원칙에 위배된다(헌재 2002. 2. 28, 99헌가8).

4._ 유추적용금지의 원칙

유추(analogy)는 어떤 사실관계에 적용할 법률이 존재하지 않을 경우에 그것과 가장 유사한 사실관계에 적용되는 법률규정을 찾아내서 적용하는 것을 말한다. 민법에서는 자주 사용되는 법적용 방식이지만, 형법에서는 유추적용을 원칙적으로 금지하고 있다. 유추는 법률의 흠결이 있을 경우에 법적용자인 법관에 의한 법형성 내지 법창조를 의미한다. 행위자의 행위에 적용될 법률규정이 존재하지 않는 경우 그 행위가 적용될 수 있는 유사한 규정을 들어서 유추적용을 허용하게 되면 형벌권의 자의적 행사를 막기 어렵기 때문이다. 해석과는 달리 유추적용은 문제되는 사실관계와 가장 유사성이 있는 사실관계에 적용되는 법률규정을 찾는 일이 중요하다. 예를 들어 '승용차량 통행금지'라는 표지가 붙은 다리를 화물자동차가 통과하려고 할 경우 화물차량에 대한 규정이 없으므로 통과를 허용한다고 해석한다면 이는 '반대해석'이고, 화물차도 승용차와 비슷하므로 통과할 수 없다고 해석한다면 이는 '유추해석'이다. 여기서 유추적용이라도 할 만한 단서, 즉 비교되는 사항과의 유사성이 없으면 유추적용조차 될 수 없다.

하지만 소급효금지의 원칙과 같이 행위자에게 불리한 유추는 절대적으로 금지하고 있지만, 범죄의 성립을 조각하거나 형벌을 감경하는 사유 등 행위자에게 유리한 경우에 대해서는 유추가 허용된다.

군단 백소령 총기편취사건

피고인은 성명불상자가 "군단에서 온 백 소령이다"라고 하는 말을 만연히 믿고, 성명불상자의 소속이나 직책을 확인하지 아니한 채 성명불상자가 상황실 총기대에 거치되어 있던 총기를 어깨에 메면서 "해안순찰을 가야 하는데 여기는 간첩도 오고 위험하니 탄을 좀 달라"고 하자 피고인이 탄약고열쇠를 이용하여 보관하고 있던 탄약을 건네 준 사건에 대하여 대법원은 "군형법 제74조 소정의 군용물분실죄라 함은 같은 조 소정의 군용에 공하는 물건을 보관할 책임이 있는 자가 선량한 보관자로서의 주의의무를 게을리 하여 그의 '의사에 의하지 아니하고 물건의 소지를 상실'하는 소위 과실범을 말한다 할 것이므로, 군용물분실죄에서의 분실은 행위자의 의사에 의하지 아니하고 물건의 소지를 상실한 것을 의미한다고 할 것이며, 이 점에서 하자가 있기는 하지만 행위자의 의사에 기해 재산적 처분행위를 하여 재물의 점유를 상실함으로써 편취당한 것과는 구별된다고 할 것이고, 분실의 개념을 군용물의 소지 상실시 행위자의 의사가 개입되었는지의 여부에 관계없이 군용물의 보관책임이 있는 자가 결과적으로 군용물의 소지를 상실하는 모든 경우로 확장해석하거나 유추해석할 수는 없다"고 하였다(대판 1999. 7. 9, 98도1719).

5._ 적정성의 원칙

범죄와 형벌을 규정하는 법률의 내용은 기본적 인권을 실질적으로 보장할 수 있도록 적정해야 한다는 원칙이다. 형식적으로 적법한 절차를 거쳐서 제정된 법률이라고 할지라도 범죄로 마땅히 처벌할 만한 행위만을 처벌해야 하고, 그 처벌의 양도 그 행위의 불법과 책임의 양에 상응하도록 정해야 된다는 원칙을 말한다. 형법의 과도한 행사를 제한한다는 의미에서 '과잉금지의 원칙'이라고도 표현한다.

국가가 불합리한 내용의 법률에 의하여 국민의 자유를 침해하는 것, 즉 국가에 의하여 자행되는 법률적 불법(gesetzliches Unrecht)으로부터 국민의 자유를 보장한다. 형벌권의 행사는 법익과 행위가치를 보호하기 위해서 필요한 최소한도에 그쳐야 하며, 형벌 이외의 다른 가벼운 수단으로는 목적달성에 충분하지 않을 때에만 최후수단으로 형벌은 발동되어야 한다(보충성의 원칙). 또한 형벌법규의 처벌대상이 되는 행위는 오로지 불법행위에 한정되어야 한다. 책임이 없으면 형벌 또한 없기 때문에, 형벌은 행위자에게 책임이 있는 경우에 한하여 부과되어야 하고, 책임의 정도를 초과할 수 없다. 범죄와 형벌간에 균형이 유지되어야 한다. 따라서 만약 단순절도에 대하여 사형을 선고하도록 한 규정이 있다면 이 법률규정은 적정성의 원칙을 위반하였다.

제3절 형법의 적용범위

Ⅰ 형법의 시간적 적용범위

1._ 소급효금지의 원칙과 행위시법주의

형법의 시간적 적용범위는 원칙적으로 형법시행시부터 폐지시까지이다. 형법 제1조 1항은 "범죄의 성립과 처벌은 행위시의 법률에 따른다"고 규정하여 소급효금지의 원칙과 행위시법주의의 원칙을 채택하고 있다. 따라서 행위시에 그 행위를 처벌하는 법률이 존재하지 않음에도 불구하고 사후에 처벌하는 법률을 만들어 처벌한다면 이는 신법(재판시법)의 소급효를 인정하는 결과가 되기 때문에 죄형법정주의의 소급효금지의 원칙에 반한다.

2._ 행위시법주의의 예외

하지만 소급효금지의 원칙이 언제나 절대적인 것은 아니다. 즉 행위자에게 유리한 소급효는 가능할 수 있다. 따라서 행위시의 법률(舊法)과 재판시의 법률(新法)에 형의 경중에 변화가 있을 때에는 행위자에게 유리하도록 규정한 신법을 소급적용할 수 있도록 하고 있다. 우리 형법 제1조 2항과 3항은 범죄 후 법률의 변경에 의하여 그 행위가 범죄를 구성하지 아니하거나 형이 구법보다 경한 때에는 신법에 의하며, 재판확정 후 법률의 변경에 의하여 그 행위가 범죄를 구성하지 아니하는 때에는 형의 집행을 면제하도록 규정하고 있다.

Ⅱ 형법의 장소적 적용범위

1._ 서   설

형법의 장소적 적용범위에 대한 문제는 어떤 장소에서 발생한 범죄에 대하여 어떤 형법이 적용되는가의 문제이다. 한국에서 발생한 범죄에 대하여 한국형법이 적용되는 것은 당연한 결론이다. 문제는 범죄발생지와 적용형법이 다른 경우이다. 이에 대하여 4가지 형태의 입법형태가 있다. 속지주의는 자국의 영역 안에서 발생한 모든 범죄에 대하여 범죄인의 국적을 불문하고 자국형법을 적용한다는 원칙을 말하며, 속인주의는 자국민의 범죄에 대하여는 범죄지의 여하를 불문하고 자국형법을 적용한다는 원칙을 말한다. 보호주의는 자국 또는 자국민의 법익을 침해하는 범죄에 대하여는 범인의 국적과 범죄지 여하를 불문하고 자국형법을 적용하는 원칙을 말하며, 세계주의는 범죄지·행위자의 국적 여하를 묻지 않고 오늘날의 평화로운 국제사회의 공존질서를 침해하는 범죄(전쟁도발, 해적, 항공기납치, 국제테러)이거나, 다수국가의 공동이익에 반하는 범죄(통화위조, 마약밀매)이거나, 인간의 존엄성을 침해하는 반인도적범죄(민족학살, 인신매매)에 대해서 자국형법을 적용한다는 원칙을 말한다. 우리 형법은 장소적 적용범위에 대하여 속지주의를 원칙으로 하고, 속인주의와 보호주의·세계주의를 가미하고 있다.

2._ 속지주의

속지주의 원칙은 주권평등의 원칙상 모든 나라가 제1원리로 채택하고 있는 원칙이다. 예를 들면 미국인이 한국에서 미국인을 살해한 경우 한국형법이 적용된다면 이것은 속지주의를 적용한 결과이다.

기국주의(旗國主義)는 속지주의의 특수한 형태로서 대한민국영역 외에 있다고 할지라도 대한민국의 선박 또는 항공기 내라면 이를 대한민국 영역으로 간주하는 것이다. 따라서 대한민국영역 외에 있는 대한민국의 선박 또는 항공기 내에서 죄를 범한 외국인의 경우 한국형법이 적용된다. 예를 들면 일본인이 공해상을 항해하는 대한민국 선적의 화물선에서 중국선원을 살해한 경우, 중국인이 일본영공상을 비행하는 대한민국 국적의 항공기 내에서 일본인을 살해한 경우에 한국형법이 적용된다.

3._ 속인주의

속인주의는 자국민의 범죄에 대하여는 범죄지 여하를 불문하고 자국형법을 적용해야 한다는 원칙을 말한다. 내국인은 대한민국의 국적을 가진 자를 말하며, 범행당시 대한민국 국민이어야 한다. 예를 들면 외국에서 도박을 처벌하는 규정이 없더라도 한국인이 도박을 하였다면 속인주의에 의하여 우리나라 형법이 적용된다.

도박죄를 처벌하지 않는 외국 카지노에서의 도박행위

형법 제3조는 "본법은 대한민국 영역 외에서 죄를 범한 내국인에게 적용한다"고 하여 형법의 적용 범위에 관한 속인주의를 규정하고 있고, 또한 국가 정책적 견지에서 도박죄의 보호법익보다 좀 더 높은 국가이익을 위하여 예외적으로 내국인의 출입을 허용하는 폐광지역개발지원에 관한 특별법 등에 따라 카지노에 출입하는 것은 법령에 의한 행위로 위법성이 조각된다고 할 것이나, 도박죄를 처벌하지 않는 외국 카지노에서의 도박이라는 사정만으로 그 위법성이 조각된다고 할 수 없다(대판 2004. 4. 23, 2002도2518).

4._ 보호주의

외국인이 국외에서 범죄를 저지른 경우 원칙적으로 우리 형법이 적용되지 않지만, 형법 제5조에서 정하고 있는 제225조(공문서 등의 위조·변조), 제226조(자격모용에 의한 공문서 등의 작성), 제227조(허위공문서작성 등), 제227조의2(공전자기록위작·변작), 제228조(공정증서원본 등의 부실기재) 등의 범죄를 저지른 경우에는 우리 형법이 적용되며, 형법 제6조는 대한민국 국민이 피해자인 경우 외국인의 국외범의 경우 제5조에 기재한 이외의 범죄일지라도 외국인이 한국인을 살해한 경우와 같이 그 범죄의 내용이 대한민국 또는 대한민국국민에 대한 것이라면 한국형법이 적용된다.

5._ 세계주의

세계주의는 외국인이 외국에서 외국사람에 대하여 범죄를 저지른 경우에도 자국 형법을 적용한다는 원칙을 말한다. 세계주의는 자국과 관계없는 사항들을 이유로 외국인에 대해 자국의 형법을 적용하는 것이므로 반인륜적 범죄나 국제적 영향력이 큰 범죄들에 대해서만 적용하는 것이 보통이다. 2013. 4. 형법을 개정하여 미성년자약취유인죄, 추행등 목적약취유인죄, 인신매매죄 등 일부 범죄에 대하여 세계주의 규정을 도입하였다(형법 제296조의2).

Ⅲ 형법의 인적 적용범위

1._ 서   설

인적 적용범위는 형법이 어떤 사람에게 적용되는가의 문제이다. 형사재판권은 국가주권의 표현이므로 원칙적으로 형법은 시간적·장소적 적용범위 내의 '모든 사람'에게 적용된다. 이와 관련하여 대통령의 불소추특권, 국회의원의 면책특권, 외교사절의 면책특권, 외국군대의 재판관할권 등이 논의된다.

2._ 대통령과 국회의원

대통령은 내란·외환의 죄를 범한 경우를 제외하고는 재직 중 형사상의 소추를 받지 아니한다(헌법 제84조). 내란·외환의 죄를 범한 경우에는 재직과 상관없이 소추가능하다. 재직 후에는 재직 중의 행위에 대하여 소추가능하다. 국회의원은 국회에서 직무상 행한 발언과 표결에 관하여 국회 외에서 책임을 지지 아니한다(헌법 제45조).

3._ 외교사절의 면책특권과 외국군대의 재판관할권

외국의 원수, 외교관, 그 가족 및 내국인이 아닌 수행원의 경우 치외법권이 있으므로 이들에 대해서는 우리 형법이 적용되지 않는다는 견해가 있지만, 치외법권이란 과거 제국주의시대에 강대국이 약소국을 침략하기 위해 인정된 개념이고, 오늘날의 국제법이론에서는 치외법권이란 개념은 인정되지 않는다. 따라서 외국원수 등에 대해서는 치외법권이 인정되는 것이 아니라 이들이 직무수행 중 저지른 범죄에 대해서 국제법상 면책특권이 인정될 뿐이다. 외교관의 면책특권은 책임조각사유가 아니라 인적 처벌조각사유라고 볼 수 있으므로 이들에 대해서는 우리 형법은 적용되지만, 다만 처벌되지 않을 뿐이라고 해야 한다. 대한민국과 협정이 체결되어 있는 외국군대의 경우에도, 이 역시 한미간의 군대지위협정(SOFA)에 의해 재판관할권만을 정하는 것이지 형법의 적용범위를 정하는 것은 아니다. 따라서 공무집행중의 미군범죄에 대하여는 우리 형법이 적용되지만, 재판관할권만이 한미행정협정에 따라 정해지는 것이다.

제02장

범　죄

제1절　범죄의 의의

Ⅰ　범죄의 의의

범죄의 개념에는 실질적 범죄개념과 형식적 범죄개념이 있다. 먼저 실질적 범죄
개념에 대해서는 다양한 견해가 있는데, 개별적 권리를 침해하는 것을 범죄라고 보는
견해, 사회질서 내지 법익을 침해해서는 안 된다는 의무를 위반한 것이라고 보는 견
해, 법익을 침해하거나 침해할 위험성이 있는 행위라고 보는 견해 등이 있다. 하지만
이러한 실질적 의미의 범죄개념은 입법자에게 어떤 행위를 범죄로 규정할 것이며, 범
죄의 한계가 무엇인가에 대한 기준을 제시해 주는 개념은 될 수 있지만, 법을 해석하
는 법관의 입장에서는 아무런 기준을 제시해 주지 못한다. 예를 들면 '성희롱'이나 '집
단따돌림'과 같은 행위에 대하여 처벌하는 규정을 두고 있지 않기 때문에 '아직' 형식
적 의미에서 범죄라고 볼 수 없다. 하지만 만약 이러한 행위들에 대해서 사회구성원
들이 사회적 유해성을 가지며, 형벌을 가할 필요가 있고, 법익을 침해하는 반사회적
행위, 즉 실질적 의미에서 범죄라고 볼 수 있으므로 이러한 행위를 처벌하는 규정을
두어야 한다면 입법자는 이에 대한 처벌규정을 입법할 수 있다. 이러한 입법단계에서
실질적 범죄개념이 사용되는 것이다.

법의 해석과 적용의 관점에서는 형식적 범죄개념이 사용되는데, 이 범죄개념에 따
르면 '범죄란 범죄구성요건에 해당하고 위법하며 책임있는 인간의 행위'를 의미한다.
이러한 형식적 범죄개념은 형법해석과 죄형법정주의의 보장적 기능의 기준이 되는 개
념이며, 처벌할 필요가 있는 실체를 정확하게 인식·확인할 수 있는 방법을 제공한다.

Ⅱ 범죄의 성립요건

[사례 1]   갑은 을의 물건을 자신의 것인 줄 잘못 알고 가져갔다.
[사례 1-1] 갑은 아버지의 원수 을을 칼로 찔러 죽이려고 하였으나, 주변사람들의 제지로
　　　　　실패하였다.
[사례 1-2] 자동차를 운전하던 갑은 횡단보도를 횡단하던 을을 발견하지 못하고 충격하여
　　　　　죽게 하였다.
[사례 1-3] 갑은 같은 학과 후배 을녀의 신체에 대하여 성적 농담(성희롱)을 하였다.
[사례 2]   갑은 자신을 죽이려고 공격하는 을의 다리를 몽둥이로 가격하여 골절상을 입혔다.
[사례 3]   정신병자인 갑은 정신분열증세를 보여 자신의 친구를 악마라고 생각하고 칼로
　　　　　찔러 죽였다.

　　형법학에서는 형식적 범죄개념에 따라 어떤 행위에 대하여 범죄가 성립하였다고
평가하기 위해서는 구성요건해당성, 위법성, 책임이 있어야 한다. 이를 범죄성립의 3
요소라고 한다.

　　구성요건해당성은 구체적인 사실이 범죄의 구성요건에 해당하는 성질[3]을 말한다.
‘구성요건’은 형법을 통하여 금지하고 있는 행위의 표지를 일반적이고 추상적인 개념
을 사용하여 유형화시켜 놓은 것으로, 살인·절도·강간과 같이 금지되는 행위유형을
설정해놓은 것이 일반적이다. ‘구성요건해당성’은 구체적인 사실이 범죄의 구성요건에
해당하는 성질을 말한다. 이 단계에서는 구체적 사실이 형법이 금지하고 있는 범죄구
성요건에 ‘해당’하는지를 심사한다. 구체적 범죄사실이 추상적 구성요건에 해당하면
구성요건해당성이 인정되며, 구성요건해당성이 인정되는 행위만이 범죄가 될 수 있
다. 구성요건은 객관적 구성요건(행위주체, 행위객체, 구성요건적 행위, 구성요건적 결과, 인과관
계)과 주관적 구성요건(고의 또는 과실, 목적과 같은 초과주관적 구성요건)으로 나뉜다.

　　위법성은 구성요건에 해당하는 행위가 법률상 허용되지 않는, 즉 위법하다는 성
질을 말한다. 살인, 절도, 강도와 같은 구성요건은 위법한 행위를 유형적으로 규정한
것이므로 행위자가 구성요건에 해당하는 행위를 했다면 그 행위는 원칙적으로 위법
성이 추정된다. 따라서 위법성 심사단계에서는 추정된 위법성을 조각하는 사유가 있

---

3) 구체적 범죄사실이 추상적 구성요건에 해당하면 구성요건해당성이 인정되며, 구성요건해당성이
　인정되는 행위만이 범죄가 될 수 있다. 그러므로 아무리 반사회적 행위·반도덕적 행위라 할지라
　도 구성요건해당성이 없으면 처벌되지 않는다.

는가를 심사한다. 형법총칙상 위법성조각사유에는 정당방위, 긴급피난, 자구행위, 피해자의 승낙, 정당행위가 있다.

　책임은 해당 행위를 한 행위자에 대한 비난가능성[4]을 말한다. 위법행위가 일정한 사람에게 주관적으로 귀속될 수 있는지의 여부를 심사하는 단계이다. 행위자의 주관적 의사를 중시하기 때문에 책임은 행위자 개인에 대한 비난을 의미한다.

　이러한 내용을 도표로 이해하면 다음과 같다.

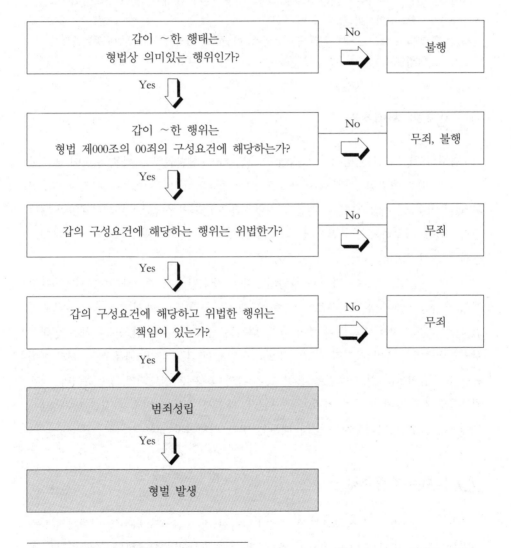

---

4) 객관적으로 구성요건에 해당하고 위법한 행위라고 할지라도 행위자에게 책임이 없다면 범죄가 성립하지 않는다.

[사례 1]   갑의 행위는 절도죄의 구성요건에 해당하지 않는다.
[사례 1-1] 갑의 행위는 살인죄의 구성요건에 해당하지 않는다.
           갑의 행위는 살인미수죄의 구성요건에 해당한다.
[사례 1-2] 갑의 행위는 살인죄의 구성요건에 해당하지 않는다.
           갑의 행위는 업무상 과실치사죄의 구성요건에 해당한다.
[사례 1-3] 갑의 행위에 대하여 형법상 처벌규정이 없다.
[사례 2]   갑의 행위는 상해죄의 구성요건에 해당하지만, 정당방위로 위법성이 조각되므
           로, 위법성이 없다.
[사례 3]   갑의 행위는 살인죄의 구성요건에 해당하고, 위법하지만, 책임무능력자로서 책
           임이 없다.

Ⅲ 범죄의 처벌조건

　　범죄의 처벌조건은 범죄가 성립한 후에도 다시 형벌권의 발생을 위하여 필요한
조건을 말한다. 형벌의 발생조건이라고도 한다. 범죄의 처벌조건에는 객관적 처벌조건
과 인적 처벌조각사유가 있다. 객관적 처벌조건은 범죄의 성립 여부와 관계없이 형벌
권의 발생을 좌우하는 외부적·객관적 사유를 말하며, 사전수뢰죄에 있어서 공무원·
중재인이 된 사실(형법 제129조 2항) 등이 있다.

　　인적 처벌조각사유는 범죄는 성립되었지만, 행위당시에 존재하는 특별한 신분관
계로 가벌성이 배제되는 경우로서 친족상도례(제344조, 제328조)에서의 일정한 친족관계
인 신분, 국회의원의 면책특권 등이 있다. 범죄는 성립되나 특수한 신분관계로 인하여
형벌청구권의 발생이 저지되는 경우이므로 형면제 판결을 한다. 예를 들면 갑과 을이
공동하여 갑의 아버지의 물건을 훔친 경우 갑과 을 모두 절도죄가 성립하지만, 갑은
친족상도례 규정에 의하여 처벌이 조각된다. 따라서 갑은 형면제 판결을 받게 되며,
을에게는 특별한 인적관계가 없기 때문에 형이 면제되지 않는다.

Ⅳ 범죄의 소추조건

　　소추조건은 범죄가 성립하고 형벌권이 발생한 경우라도 그 범죄에 대해서 형사소
송법상 소추를 하기 위하여 필요한 조건으로 소송조건이라고도 한다. 소추조건은 공

소제기의 유효조건[5]이다. 따라서 범죄의 소추조건이 없는 경우에는 공소기각을 한다.

친고죄는 범죄피해자 기타 고소권자의 고소가 있어야 공소제기가 가능한 범죄이며, 고소권자의 고소가 없으면 범죄는 성립하였더라도 공소를 제기할 수 없다. 공소제기를 허용하는 것이 오히려 피해자에게 불리한 경우에는 피해자를 보호하기 위해서 또는 범죄의 경미성으로 인하여 피해자의 의사를 존중할 필요성이 있는 경우 친고죄를 인정한다. 현재 친고죄로 규정되어 있는 범죄는 사자명예훼손죄(제308조), 모욕죄(제311조), 비밀침해죄(제316조), 업무상 비밀누설죄(제317조), 친족간의 권리행사방해죄(제323조)가 있다.[6]

반의사불벌죄는 피해자의 명시한 의사에 반하여 검사가 공소를 제기할 수 없는 범죄로 해제조건부 범죄라고도 한다. 피해자의 의사와 상관없이 공소를 제기할 수 있지만, 피해자가 처벌을 원하지 않는다는 의사가 표시된다면 공소제기는 해제된다. 현재 반의사불벌죄로 규정되어 있는 범죄는 외국원수·외교사절에 대한 폭행 등의 죄(제107조, 제108조), 외국국기·국장모독죄(제109조), 폭행죄(제260조 1항), 존속폭행죄(제260조 2항), 과실치상죄(제266조 2항), 협박죄(제283조 1항), 존속협박죄(제283조 2항), 명예훼손죄(제307조), 출판물 등에 의한 명예훼손죄(제309조) 등이 있다.

친고죄는 피해자 등 고소권자의 고소가 없으면 범죄사실이 확인되었다고 하더라도 검사는 공소제기를 할 수 없다. 이에 반해 반의사불벌죄는 피해자 등 고소권자의 고소가 없더라도 일단 공소제기를 할 수 있지만, 피해자가 처벌을 원치 않는 의사표시를 하거나 종전의 처벌의사표시를 철회하는 경우 국가형벌권의 개입은 중단된다.

제 2 절 구성요건해당성

I 구성요건요소와 구성요건해당성

구성요건은 형법상 금지되는 행위 또는 요구되는 행위가 무엇인가를 추상적·일

---

5) 범죄성립요건이 없는 경우에는 무죄의 실체판결, 처벌조건이 없는 경우에는 형면제의 실체판결을 하여야 하지만, 소송조건이 결여된 때에는 공소기각 등의 형식재판을 하게 된다. 형식재판에는 관할위반의 판결, 면소판결, 공소기각의 판결, 공소기각의 결정이 있다.
6) 종래 강간죄, 강제추행죄, 추행간음목적 약취·유인·수수·은닉죄 등 각종 성범죄에 관하여 고소가 있어야 공소를 제기할 수 있도록 친고죄로 규정하고 있었는데, 2013년 형법개정을 하면서 성범죄에 효과적으로 대처하기 위하여 성범죄에 대한 친고죄 규정을 대폭 삭제하였다.

반적으로 기술해 놓은 것을 말한다. 예를 들면 형법상 금지되는 살인, 절도 등과 같은 행위를 추상적·일반적으로 "사람을 살해한 자는…", "타인의 재물을 절취한 자는…" 등과 같이 기술해놓은 것이 (범죄)구성요건이다. 이러한 구성요건을 구성하는 요소를 다시 세분하면 객관적 요소와 주관적 요소로 나눌 수 있다.

객관적 구성요건요소는 행위의 외부적 현상을 기술한 것으로, 행위자의 의사·목적 등 주관적 요소와 독립하여 외부적으로 그 존재를 인식할 수 있는 것을 말한다. 객관적 요소는 개별 범죄종류마다 다르지만, 이를 일반화하면 행위주체, 행위객체, 구성요건적 행위(태양, 상황, 수단), 구성요건적 결과, 인과관계가 이에 속한다.

주관적 구성요건요소는 행위자의 내심에 속하는 심리적·정신적 현상을 기술한 것을 말한다. 고의범의 경우 고의, 과실범의 경우 과실은 일반적 주관적 구성요건요소이며, 목적범의 목적, 경향범의 경향, 절도죄의 불법영득의사 등은 일반적 주관적 구성요건요소이외에도 추가적으로 요구되는 초과주관적 구성요건요소이다.

예를 들면 형법 제257조 1항은 형법상 금지되는 행위 중 하나인 상해죄의 구성요건을 규정하고 있는데, "사람의 신체를 상해한 자는 7년 이하의 징역, 10년 이하의 자격정지 또는 1천만 원 이하의 벌금에 처한다"고 하고 있다. 이는 형법상 금지되는 행위인 상해행위를 기술해 놓은 것으로 밑줄 친 부분이 상해죄의 구성요건이다. 이러한 상해죄의 구성요건을 좀 더 자세히 세분화하면 다음의 표와 같다.

[상해죄의 구성요건 분석]

	주 체	사람
객관적 구성요건	객 체	사람의 신체
	행 위	상해행위
	결 과	상해의 결과
	인과관계	상해행위로 인한 상해의 결과발생
주관적 구성요건	고의 또는 과실	고의

Ⅱ 주체와 객체

형법상 행위(범죄)의 주체는 원칙적으로 사람, 즉 자연인이다. 자연인이라면 연령·행위능력을 불문한다. 따라서 형사미성년자나 정신병자도 범죄주체가 된다. 법인은 법률에 의하여 법인격이 부여된 사단(社團) 또는 재단(財團)을 말한다. 민사법에서는

법인은 자연인과 더불어 권리와 의무의 주체가 되지만, 형법상 법인이 범죄의 주체가
될 수 있는가에 대해서는 견해의 대립이 있다. 대법원은 법인의 범죄능력을 부정하고
있다. 대법원은 배임죄가 문제된 사안에 대하여 타인의 사무를 처리할 의무의 주체가
법인이 되는 경우라도 법인은 다만 사법상의 의무주체가 될 뿐 범죄능력이 없다고 판
시하여 범죄주체를 자연인에 국한하고 있다.

행위객체는 구성요건적 행위수행의 구체적 대상(공격객체)을 말한다. 살인죄의 공
격대상, 즉 행위객체는 사람이며, 상해죄의 행위객체는 사람의 신체이며, 절도죄의 행
위객체는 타인의 재물이다. 하지만 위증죄, 무고죄, 퇴거불응죄, 단순도주죄와 같이 행
위의 객체가 없는 범죄도 있다. 행위객체와 보호법익은 구별된다. 행위객체는 범죄구
성요건에 규정되어 있는 공격의 대상으로서 구성요건적 행위의 구체적인 대상이지만,
보호법익은 형법이 어떤 행위를 금지함으로써 보호하려고 하는 객체로서 보호객체를
의미한다. 예를 들면 살인죄의 행위객체는 '사람'이지만 살인죄를 규정함으로 보호하
려고 하는 객체인 보호법익은 '사람의 생명'이며, 강간죄의 행위객체는 '사람'이지만
강간죄를 규정함으로 보호하려고 하는 보호법익은 '성적 자기결정권'이다.

Ⅲ 구성요건적 행위

구성요건적 행위는 행위객체와 함께 구성요건에 표현되어 있다. 즉 절도죄는 절
취행위, 강도죄는 강취행위, 공갈죄는 갈취행위, 사기죄는 사기행위, 살인죄는 살해행
위가 각 범죄의 구성요건적 행위에 해당한다. 구성요건 중에는 행위가 일정한 외부적
상황에서 행해질 것을 규정하고 있는 경우가 있다. 이러한 외부적 상황을 '행위정황'
또는 '행위상황'이라고 한다. 예를 들면 야간주거침입절도죄는 야간이라는 시간적 상
황에서, 해상강도죄는 해상이라는 장소적 상황에서 행해져야 성립한다. 또한 구성요
건 중에는 일정한 행위수단을 사용하여 범죄가 행해질 것을 규정하고 있는 경우가 있
는데, 이를 '행위수단' 또는 '행위방법'이라고 한다. 예를 들면 특수절도의 경우에 "야
간에 문호 또는 장벽 기타 건조물의 일부를 손괴하고 주거에 침입하거나" 또는 "흉기
를 휴대하거나 2인 이상이 합동하여"라는 행위수단 및 방법을 절취행위와 함께 규정
하고 있다.

작위범의 경우 작위행위가 구성요건적 행위이며, 부작위범의 경우 부작위행위가
구성요건적 행위이다. 대부분의 범죄는 적극적 신체동작을 통하여 범죄를 실현하는

작위범의 형태로 규정되어 있으며, 일부 범죄는 해야 될 행위를 하지 않음으로서 범죄를 실현하는 부작위범의 형태로 규정되어 있다.

Ⅳ 결 과

범죄유형에 따라 범죄가 성립하기 위해서는 구성요건적 결과가 필요한 결과범도 있지만, 구성요건적 결과발생이 필요하지 않은 거동범도 있다.

결과범(結果犯)은 구성요건요소에 구성요건적 행위 이외에도 구성요건적 결과의 발생을 필요로 하는 범죄를 말한다. 결과범의 대표적인 예인 살인죄의 경우 사망의 결과발생이, 상해죄의 경우 상해의 결과발생이 있어야 살인죄 및 상해죄가 성립한다. 만약 결과범에 있어서 구성요건적 행위는 있었지만 구성요건적 결과가 발생하지 않은 경우 해당범죄의 미수범이 된다. 예를 들면 살해행위를 하였지만 피해자의 사망이라는 결과가 발생하지 않았다면 살인죄가 아닌 살인미수죄가 성립하며, 상해행위를 했지만 상해의 결과가 발생하지 않았다면 상해죄가 아닌 상해미수죄가 성립한다.

거동범(擧動犯)은 구성요건요소에 결과의 발생을 요하지 않고, 구성요건에 규정된 행위를 함으로써 성립하는 범죄로 형식범(形式犯)이라고도 한다. 거동범에는 위증죄(제152조), 무고죄(제156조), 공연음란죄(제245조), 폭행죄(제260조), 명예훼손죄(제307조), 모욕죄(제311조), 업무방해죄(제314조) 등이 있다. 거동범의 경우 구성요건적 결과발생을 요하지 않기 때문에 구성요건적 행위만 있으면 범죄가 성립할 수 있다. 예를 들어 공연히 사실을 적시하여 사람의 명예를 훼손하는 명예훼손행위를 한 경우에 실제로 사람의 명예가 훼손되었다는 결과가 발생하지 않았다고 하더라도 명예훼손죄는 성립한다.

Ⅴ 인과관계

1._ 결과범과 인과관계

결과범에 있어서 발생된 결과를 행위자의 행위로 귀속시키기 위해서 원인된 구성요건적 행위와 발생한 구성요건적 결과 사이의 일정한 관련성이 있어야 한다. 이를 다루는 것이 형법상 인과관계의 문제이다. 즉 갑이 A를 칼로 찔러 살해한 경우 갑의 살해행위와 A의 사망결과 사이에 인과관계가 있어야 A의 사망을 갑의 행위로 귀속시킬 수 있으며, 갑을 살인죄로 처벌할 수 있다. 만약 A의 사망이 갑의 행위와 인과관계가 없다면 설령 A가 사망하였다고 하더라도 갑을 살인죄로 처벌할 수 없다.

인과관계는 구성요건의 내용으로서 결과의 발생을 필요로 하는 결과범에서만 문제된다. 결과범에 있어서 인과관계가 인정되면 기수범으로 처벌되며, 인과관계가 인정되지 않으면 미수범으로 처벌된다. 하지만 과실범의 경우 미수범처벌규정이 없기 때문에 과실범의 경우 인과관계가 인정되지 않으면 무죄가 된다.

2._ 인과관계에 대한 학설

원인행위인 구성요건적 행위와 발생한 결과인 구성요건적 결과 사이에 인과관계가 있는가를 판단하는 인과관계에 대한 대표적 학설로 조건설, 상당인과관계설, 합법칙적 조건설과 객관적 귀속이론이 있다. 상당인과관계설은 사회생활상의 일반적인 생활경험에 비추어 그러한 행위로부터 그러한 결과가 발생한다는 것이 상당하다고 인정될 때 그 행위와 결과 사이의 인과관계를 인정하는 견해로서 우리나라 판례의 태도이다. 여기서 '상당성'이란 확률의 문제로서 일상생활 속에서 누적된 생활경험을 기초로 하여 어떤 행위로부터 어떤 결과가 발생할 확률이 높다고 판단되는 경우에 상당하다고 본다.

속셈학원강사사건

피고인이 자신이 경영하는 속셈학원의 강사로 피해자를 채용하고 학습교재를 설명하겠다는 구실로 유인하여 호텔 객실에 감금한 후 강간하려 하자, 피해자가 완강히 반항하던 중 피고인이 대실시간 연장을 위해 전화하는 사이에 객실 창문을 통해 탈출하려다가 지상에 추락하여 사망한 사안에서, 피고인의 강간 미수행위와 피해자의 사망과의 사이에 상당인과관계가 있다고 보아 피고인을 강간치사죄로 처단한 원심의 판단을 수긍한 사례(대판 1995. 5. 12, 95도425).

강간피해자 자살사건

강간을 당한 피해자가 집에 돌아가 음독자살하기에 이르른 원인이 강간을 당함으로 인하여 생긴 수치심과 장래에 대한 절망감 등이 있었다 하더라도 그 자살행위가 바로 강간행위로 인하여 생긴 당연의 결과라고 볼 수는 없으므로 강간행위와 피해자의 자살행위 사이에 인과관계를 인정할 수는 없다(대판 1982. 11. 23, 82도1446).

Ⅵ) 고의 또는 과실

형법은 원칙적으로 고의범만을 처벌하고, 과실범은 예외적으로 법률에 처벌규정이 있는 경우에 한하여 처벌한다. 뿐만 아니라 과실범을 처벌하는 경우에도 고의범에 비하여 법정형이 낮기 때문에 고의와 과실의 구별은 중요하다.

1._ 고   의

구성요건적 고의는 객관적 구성요건요소에 해당하는 사실을 인식하고 구성요건을 실현하려는 의사이다(구성요건실현에 대한 인식과 의욕). 고의는 모든 객관적 구성요건요소에 해당하는 객관적 사정을 인식해야 성립한다. 고의는 구성요건의 객관적 요소에 해당하는 모든 사실을 인식하는 경우에 성립하므로, 객관적 요소 중 어느 하나의 요소에 해당하는 사실의 인식이 없으면 원칙적으로 고의는 성립되지 아니하므로 구성요건해당성이 부정된다.

특히 고의에 있어서 의욕적 요소의 정도에 따라 3가지 고의로 구분한다. 목표지향적인 확실한 의욕을 가진 행의자의 고의를 '의도적 고의' 또는 '확정적 고의'라고 하며, 단순한 의욕을 가진 경우를 '지정고의'라고 하며, 용인의사를 가진 경우를 '미필적 고의'라고 한다. 이러한 고의의 3유형은 이론적으로 구분될 뿐이며, 1급 고의와 2급 고의로 구분하여 처벌을 달리하고 있는 외국형법과는 달리 우리나라 형법은 처벌에 차이를 두고 있지 않다.

피조개양식장 사건

피고인들이 피조개양식장에 피해를 주지 아니하도록 할 의도에서 선박의 닻줄을 7샤클(175미터)에서 5샤클(125미터)로 감아 놓았고 그 경우에 피조개양식장까지의 거리는 약 30미터까지 접근한다는 것이므로 닻줄을 50미터 더 늘여서 7샤클로 묘박하였다면 선박이 태풍에 밀려 피조개양식장을 침범하여 물적 손해를 입히리라는 것은 당연히 예상되는 것이고, 그럼에도 불구하고 태풍에 대비한 선박의 안전을 위하여 선박의 닻줄을 7샤클로 늘여 놓았다면 이는 피조개양식장의 물적 피해를 인용한 것이라 할 것이어서 재물손괴의 점에 대한 미필적 고의를 인정할 수 있다(대판 1987. 1. 20, 85도221).

> **특수부대원 울대 가격사건**
>
> [1] 살인죄에 있어서의 범의는 반드시 살해의 목적이나 계획적인 살해의 의도가 있어야
> 만 인정되는 것은 아니고 자기의 행위로 인하여 타인의 사망의 결과를 발생시킬 만한
> 가능 또는 위험이 있음을 인식하거나 예견하면 족한 것이고 그 인식 또는 예견은 확정적
> 인 것은 물론 불확정적인 것이라도 이른바 미필적 고의로도 인정되는 것인데, 피고인이
> 살인의 범의를 자백하지 아니하고 상해 또는 폭행의 범의만이 있었을 뿐이라고 다투고
> 있는 경우에 피고인에게 범행 당시 살인의 범의가 있었는지 여부는 피고인이 범행에
> 이르게 된 경위, 범행의 동기, 준비된 흉기의 유무·종류·용법, 공격의 부위와 반복성,
> 사망의 결과발생가능성 정도, 범행 후에 있어서의 결과회피행동의 유무 등 범행 전후의
> 객관적인 사정을 종합하여 판단할 수밖에 없다.
> [2] 인체의 급소를 잘 알고 있는 무술교관 출신의 피고인이 무술의 방법으로 피해자의
> 울대(聲帶)를 가격하여 사망케 한 행위에 살인의 범의가 있다고 본 사례(대판 2000. 8. 18,
> 2000도2231)

2._ 과 실

형법각칙의 대부분의 범죄구성요건은 행위자의 고의를 구성요건요소로 하는 고의범에 해당한다. 고의범의 경우에는 고의가 없으면 범죄구성요건을 충족시키지 못한다. 그러나 행위자에게 고의가 인정되지 않는다고 해서 행위자가 아무런 형사책임을 지지 않는 것이 아니라, 만약 행위자에게 과실이 있다면 행위자를 처벌할 수 있는 범죄구성요건을 두고 있다. 과실행위를 처벌하는 형법각칙의 범죄구성요건을 '과실범'이라고 한다.

과실이라 함은 행위자가 구성요건의 실현가능성을 예견하거나 예견할 수 있었는데도 구체적인 상황에서 구성요건적 결과의 발생을 회피하기 위하여 사회생활상 요구되는 주의의무를 위반하는 것을 말한다. 형법 제14조는 과실을 "정상적으로 기울여야 할 주의(注意)를 게을리하여 죄의 성립요소인 사실을 인식하지 못한 행위"라고 정의하고 있다. 결국 과실의 본질은 주의의무위반이다.

주의의무는 각종의 법률규정에 이른바 '주의규정'으로부터 나온다. 법률의 주의규정들은 법을 만드는 자의 입장에서 보면 일반적으로 법익침해가 예견될 수 있기 때문에 그 법익침해의 위험성을 회피하도록 하기 위해 모든 사람들에게 일정한 의무를 부과해둔 것이다. 주의규정이 많은 대표적인 법률로는 「도로교통법」, 「의료법」, 「건축법」 등이 있다. 예를 들면 운전자는 도로교통법상의 제한속도 준수의무, 신호준수의무, 전

방주시의무, 안전거리확보의무 등 주의규정을 준수하지 않은 경우 행위자에게 '과실' 이 인정될 수 있다.

주의의무를 인정한 판례

① 고속도로를 운전하는 자동차의 운전자로서는 …(중략)… 상당한 거리에서 보행자의 무단횡단을 미리 예상할 수 있는 사정이 있는 경우에는 그에 따라 즉시 감속하거나 급제 동하는 등의 조치를 취해야 할 주의의무가 있다(대판 2000. 9. 5, 2000도2671).
② 술에 만취하여 의식이 없는 피해자가 촛불이 켜져 있는 방안에 이불을 덮고 자고 있도록 둔 채 나온 경우, 화재가 발생할 가능성이 있고, 또한 화재가 발생하는 경우 피해 자가 사망할 가능성을 예견할 수 있으므로 촛불을 끄거나 양초가 쉽게 넘어지지 않도록 적절하고 안전한 조치를 취하여야 할 주의의무가 있다(대판 1994. 8. 26, 94도1291).

결국 과실은 주의규정에 따른 주의의무가 있음에도 불구하고 이를 방지하지 않았 다는 법적 평가를 말한다. 하지만 과실범의 불법과 책임은 고의범에 비하여 가볍기 때문에 법률에 특별한 규정이 있는 경우에 한하여 처벌한다.

과실에는 업무상 과실과 중과실이 있다. 업무상 과실이라 함은 일정한 업무에 종 사하는 자가 그 업무수행상 요구되는 주의의무에 위반한 경우를 말하며, 중과실이라 함은 극히 근소한 주의만 하였더라면 결과발생을 예견할 수 있었음에도 불구하고 부 주의로 이를 예견하지 못한 경우를 말한다.

안수기도 사건 – 중과실을 인정한 사례

피고인이 84세 여자 노인과 11세의 여자 아이를 상대로 안수기도를 함에 있어서 그들을 바닥에 반드시 눕혀 놓고 기도를 한 후 "마귀야 물러가라", "왜 안 나가느냐"는 등 큰 소리를 치면서 한 손 또는 두 손으로 그들의 배와 가슴 부분을 세게 때리고 누르는 등의 행위를 여자 노인에게는 약 20분간, 여자아이에게는 약 30분간 반복하여 그들을 사망케 한 사안에서, <u>고령의 여자 노인이나 나이 어린 연약한 여자아이들은 약간의 물리력을 가하더라도 골절이나 타박상을 당하기 쉽고, 더욱이 배나 가슴 등에 그와 같은 상처가 생기면 치명적 결과가 올 수 있다는 것은 피고인 정도의 연령이나 경험 지식을 가진 사람으로서는 약간의 주의만 하더라도 쉽게 예견할 수 있음에도 그러한 결과에 대하여 주의를 다하지 않아 사람을 죽음으로까지 이르게 한 행위는 중대한 과실</u>이라고 보아, 피고인에 대하여 중과실치사죄로 처단한 원심판결을 수긍한 사례(대판 1997. 4. 22, 97도 538).

3._ 성향개념으로서 고의와 과실

행위자의 고의 또는 과실과 같은 내심적 의사는 외부적으로 관찰될 수 있는 것이 아니며, 행위자가 침묵하는 한 그 내용을 알 수 없다. 따라서 고의가 있었는지, 과실이 있었는지 여부는 행위자의 외부적으로 나타난 객관적 행위를 통하여 추단(推斷)할 수밖에 없다.

행위자에게 범행 당시 어떤 고의가 있었는지 여부는 행위자가 범행에 이르게 된 경위, 범행의 동기, 준비된 흉기의 유무・종류・용법, 공격의 부위와 반복성, 결과발생가능성 정도, 범행 후에 있어서의 결과회피행동의 유무 등 범행 전후의 객관적인 사정을 종합하여 판단할 수밖에 없다. ① 피해자가 맞아 죽어도 무방하다고 생각하고 총을 발사한 경우(75도217), ② 돌이나 각목으로 길바닥에 누워있는 피해자의 머리를 강타한 경우(98도980), ③ 칼로 사람의 복부나 목을 찌른 경우(89도2087; 87도1091), ④ 9세 여아의 목을 졸라 실신시킨 후 떠나버린 경우(94도2511), ⑤ 시내버스를 운전하여 사람에게 돌진한 경우(88도692), ⑥ 강도가 베개로 피해자의 머리부분을 약 3분간 누르던 중 피해자가 저항을 멈추고 사지가 늘어졌음에도 계속하여 누른 경우(2001도6425)에는 살인의 고의를 인정할 수 있다.

제3절 위 법 성

I) 위법성의 의의와 판단방법

위법성은 범죄성립요건 가운데 구성요건해당성에 이은 두 번째 성립요건으로, 구성요건에 해당하는 행위가 법질서전체의 입장과 객관적으로 모순・충돌하는 부정적 가치판단을 말한다. 위법성의 문제는 구성요건에 해당하는 행위가 위법성조각사유에 의하여 조각되는가라는 소극적 의미를 가질 뿐이다. 왜냐하면 어떤 행위가 구성요건에 해당한다는 판단을 받게 되면 잠재적으로 위법성이 추정 또는 징표되기 때문이다.

형법적 관점에서 부정적인 가치판단이 내려져 형법에 범죄로 규정되었다고 하더라도 형법이외의 다른 법영역(민법, 행정법 등)에서 그런 행위가 정당화되거나 또는 실정법률을 초월한 정의 내지 조리를 비추어 보았을 때 문제된 행위를 처벌하는 것이 의미가 없는 경우 형법은 뒤로 물러서야 하며, 정당화되며, 행위자를 처벌할 수 없다.

형법상의 위법성조각사유로는 ① 총칙규정에 정당방위(제21조), 긴급피난(제22조), 자구행위(제23조), 피해자의 승낙(제24조), 정당행위(제20조)가 있으며, ② 형법각칙에 명예훼손죄에 있어서 사실의 증명(제310조)이 있다. 형법 이외에도 특별법에 각종 범죄에 대한 위법성조각사유가 있으며, 그 대표적인 예로 낙태죄의 위법성조각사유로 모자보건법상의 인공임신중절수술 허용규정(모자보건법 제14조)이 있다. 민사집행법 제43조에 의한 집행관의 강제집행권, 형사소송법 제212조에 의한 현행범인체포 등이 있다.

Ⅱ 정당방위

정당방위란 자기 또는 타인의 법익에 대한 현재의 부당한 침해를 방위하기 위한 상당한 이유가 있는 행위를 말한다. 형법 제21조 1항은 "현재의 부당한 침해로부터 자기 또는 타인의 법익(法益)을 방위하기 위하여 한 행위는 상당한 이유가 있는 경우에는 벌하지 아니한다"고 규정하고 있다. 2항은 "방위행위가 그 정도를 초과한 경우에는 정황(情況)에 따라 그 형을 감경하거나 면제할 수 있다"고 규정하고 있으며, 3항은 "제2항의 경우에 야간이나 그 밖의 불안한 상태에서 공포를 느끼거나 경악(驚愕)하거나 흥분하거나 당황하였기 때문에 그 행위를 하였을 때에는 벌하지 아니한다"고 규정하고 있다.

예를 들면 갑이 을을 칼로 찔러 살해하려고 할 때, 을이 자신의 생명을 지키기 위하여 몽둥이로 갑의 다리를 가격하여 다리골절상을 입힌 경우 을의 상해행위는 정당방위에 해당하기 때문에 위법성이 조각되어 처벌할 수 없다. 또한 병이 정의 가방을 탈취하여 도주하자, 정이 병을 쫓아가 병을 폭행하고 자신의 가방을 되찾은 경우 정의 폭행행위는 정당방위로 위법성이 조각되어 처벌할 수 없다.

하지만 상호간에 시비가 벌어져 싸움을 하는 경우 일방의 행위만을 위법한 침해행위라고 볼 수 없고, 방위의사가 아닌 공격의사를 가지고 있으며, 상호간에 침해를 유발한 것이기 때문에 원칙적으로 정당방위는 성립하지 않는다는 것이 판례의 입장이다.

싸움의 경우

피해자 갑이 술에 만취하여 누나인 을과 말다툼을 하다가 을의 머리채를 잡고 때렸으며, 당시 을의 남편이었던 피고인 병이 이를 목격하고 화가 나서 피해자 갑과 싸우게 되었다. 그 과정에서 몸무게가 85㎏ 이상이나 되는 피해자 갑이 62㎏의 피고인 병을 침대 위에 넘어뜨리고 피고인 병의 가슴 위에 올라타 목부분을 누르자 호흡이 곤란하게 된 피고인 병이 안간힘을 쓰면서 허둥대다가 그 곳 침대 위에 놓여있던 과도로 피해자 갑의 왼쪽 허벅지를 길이 21㎝가량의 과도로 1회 찔러 피해자에게 약 14일간의 치료를 요하는 좌측 대퇴외측부 심부자상 등을 가한 사안에 대하여 대법원은 가해자의 행위가 피해자의 부당한 공격을 방위하기 위한 것이라기보다는 서로 공격할 의사로 싸우다가 먼저 공격을 받고 이에 대항하여 가해하게 된 것이라고 봄이 상당한 경우, 그 가해행위는 방어행위인 동시에 공격행위의 성격을 가지므로 정당방위 또는 과잉방위행위라고 볼 수 없다고 하였다(대판 2000. 3. 28, 2000도228).

자신의 법익을 보호하기 위한 경우뿐만 아니라 타인의 법익을 보호하기 위한 정당방위도 가능하다. 이를 긴급구조라고도 한다.

父의 신체 등에 대한 위해를 방위하기 위한 정당방위

차량통행문제를 둘러싸고 피고인의 父와 다툼이 있던 피해자가 그 소유의 차량에 올라타 문안으로 운전해 들어가려 하자 피고인의 父가 양팔을 벌리고 이를 제지하였으나 위 피해자가 이에 불응하고 그대로 그 차를 피고인의 父 앞쪽으로 약 3미터 가량 전진시키자 위 차의 운전석 부근 옆에 서 있던 피고인이 父가 위 차에 다치겠으므로 이에 당황하여 차를 정지시키기 위하여 운전석 옆 창문을 통하여 피해자의 머리털을 잡아당겨 그의 흉부가 위 차의 창문틀에 부딪혀 약간의 상처를 입게 한 행위는 父의 생명, 신체에 대한 현재의 부당한 침해를 방위하기 위한 행위로서 정당방위에 해당한다(대판 1986. 10. 14, 86도1091).

정당방위행위라고 해서 모두 위법성이 조각되는 것은 아니다. 정당방위행위로서 위법성이 조각되기 위해서는 "상당한 이유"가 있어야 한다. 즉 방위행위는 행위당시의 사정으로 보아 방위에 필요하고 사회윤리적으로 용인될 수 있어야 한다.

혀절단사건

갑과 을이 공동으로 인적이 드문 심야에 혼자 귀가중인 병녀에게 뒤에서 느닷없이 달려
들어 양팔을 붙잡고 어두운 골목길로 끌고 들어가 담벽에 쓰러뜨린 후 갑이 음부를 만지
며 반항하는 병녀의 옆구리를 무릎으로 차고 억지로 키스를 함으로 병녀가 정조와 신체
를 지키려는 일념에서 엉겁결에 갑의 혀를 깨물어 설절단상을 입혔다면 병녀의 범행은
자기의 신체에 대한 현재의 부당한 침해에서 벗어나려고 한 행위로서 그 행위에 이르게
된 경위와 그 목적 및 수단, 행위자의 의사 등 제반사정에 비추어 위법성이 결여된 행위
이다(대판 1989. 8. 8, 89도358).

Ⅲ 긴급피난

긴급피난이란 자기 또는 타인의 법익에 대한 현재의 위난을 피하기 위한 상당한
이유 있는 행위를 말한다. 만약 갑이 자신을 공격하기 위해 달려드는 개를 피하기 위
해 A의 집으로 뛰어든 경우 갑은 주거침입죄의 구성요건에 해당하는 행위를 하였지
만 자신의 신체에 대한 현재의 위난을 피하는 행위로서 위법성이 조각된다. 갑이 자
신을 공격하기 위해 달려드는 개를 몽둥이로 때려 죽인 경우 갑은 재물손괴죄의 구성
요건에 해당하는 행위를 하였지만 긴급피난으로서 위법성이 조각된다. 형법 제22조는
"자기 또는 타인의 법익에 대한 현재의 위난을 피하기 위한 행위는 상당한 이유가 있
는 때에는 벌하지 아니한다"고 규정하고 있다.

자초위난은 위난이 피난자의 귀책사유 때문에 발생한 경우를 말한다. 예를 들어
갑이 가만히 있는 맹견에게 돌멩이를 던지자, 이에 성난 맹견이 공격한 경우에 개의
공격은 갑이 스스로 자초한 자초위난에 해당하기 때문에 원칙적으로는 긴급피난할
수 없다. 만약 갑이 맹견을 몽둥이로 때려 죽인 경우 재물손괴죄로 처벌할 수 있다.

정당방위와 마찬가지로 긴급피난의 경우에도 상당한 이유가 있어야 위법성이 조
각될 수 있다. 긴급피난에 있어서 상당한 이유란 위난을 피하기 위한 행위로서 사회
상규상 당연하다고 인정되는 것을 말한다. 특히 긴급피난에 의하여 보호되는 법익이
침해되는 법익보다 본질적으로 우월한 것이어야 한다(우월적 이익의 원칙). 따라서 예를
들어 자신을 해치기 위해 달려드는 맹수의 공격을 피하기 위하여 옆에 있는 동료를
맹수에게 밀어 맹수가 자신의 동료를 공격하는 동안 자신은 빠져 나온 경우와 같이

자신의 생명을 지키기 위해 다른 사람의 생명을 희생시킬 수 있는가에 대하여 생명은 교량할 수 있는 법익이 아니므로 위법성이 조각되지 않으며, 다만 사정에 따라서 기대가능성의 정도에 따라 책임에 영향을 줄 뿐이다. '카르네아데스(Karneades)의 판자'사례[7]의 경우도 이에 해당한다.

Ⅳ 자구행위

자구행위는 권리자가 권리에 대한 불법한 침해를 받고 국가기관의 법정절차에 의해서는 권리보전이 불가능한 경우에 자력에 의하여 그 권리를 구제·실현하는 행위를 말한다. 예를 들면 채무를 변제하지 않고 외국으로 도주하는 채무자를 채권자가 체포하는 경우 또는 숙박비를 지불하지 않고 도주하는 손님을 붙잡아 그 대금을 받는 경우가 이에 해당한다.

법정절차에 의한 청구권보전의 불능 이외에도 다시 즉시 자력으로 구제하지 않으면 청구권의 내용을 실현할 수 없는 긴급상황이 존재하여야 한다. 충분한 물적·인적 담보가 있는 경우에는 청구권의 실현이 가능하므로 자구행위는 가능하지 않다. 재물을 탈취당한 자가 상당한 기일이 경과한 후에 우연히 절도범인을 만나자 자신의 물건을 찾기 위하여 절도범을 폭행하고 자신의 재물을 되찾아온 경우 자구행위로 위법성이 조각될 수 있다.

Ⅴ 피해자의 승낙

피해자가 보호법익을 처분할 수 있지만, 구성요건적 행위의 불법내용이 단순히 피해자의 의사에 반하는 데 본질이 있는 것이 아니라 피해자의 의사와 관계없이 행위의 객체에 대한 침해가 독자적으로 사회생활에서 중요성을 가지기 때문에 피해자의 동의가 있으면 그 행위의 위법성만 조각시키게 되는 경우의 동의이다. 피해자의 승낙은 자유의사에 의한 진지한 것이어야 한다. 따라서 의사의 흠결·하자가 있는 경우, 단순한 방임은 유효한 승낙이 될 수 없다.

---

7) 기원전 2세기경 그리스의 철학자 카르네아데스가 제기한 수수께끼로 항해중이던 배가 난파한 때 물에 떠 있는 판자가 두 사람의 무게를 이기지 못하고 가라앉으려고 하자, 자신이 살아남기 위하여 다른 사람을 때려 혼자 판자를 차지함으로 인하여 살아남은 경우에 생존자의 행위에 대한 평가문제이다.

> **자궁적출사건**
>
> 산부인과 전문의 수련과정 2년차인 의사가 자신의 시진, 촉진결과 등에 과신한 나머지 초음파검사 등 피해자의 병증이 자궁외임신인지 자궁근종인지를 판별하기 위한 정밀한 진단방법을 실시하지 아니한 채 피해자의 병명을 자궁근종으로 오진하고 이에 근거하여 의학에 대한 전문지식이 없는 피해자에게 자궁적출수술의 불가피성만을 강조하였을 뿐 위와 같은 진단상의 과오가 없었으면 당연히 설명받았을 자궁외 임신에 관한 내용을 설명받지 못한 피해자로부터 수술승낙을 받았다면 위 승낙은 부정확 또는 불충분한 설명을 근거로 이루어진 것으로서 수술의 위법성을 조각할 유효한 승낙이라고 볼 수 없다(대판 1993. 7. 27, 92도2345).

승낙의 대상이 될 수 있는 법익은 자유처분권이 인정될 수 있는 개인적 법익에 국한된다. 즉 국가적 · 사회적 법익은 승낙의 대상이 아니다. 생명은 개인적 법익이지만, 본질적 가치와 비대체적인 절대성을 가진 법익이므로 승낙의 대상이 아니다. 또한 예를 들어 병역을 피하기 위한 상해, 보험사기를 위한 상해와 같이 승낙에 의한 상해가 사회상규적 · 윤리적으로 문제가 있을 경우에는 위법하다.

추정적 승낙은 피해자의 현실적인 승낙은 없었으나 행위 당시의 객관적 사정에 비추어서 만일 피해자 내지 승낙권자가 그 사태를 인식하였더라면 당연히 승낙할 것으로 기대되는 경우를 말한다. 예를 들면 갑이 A의 집에 화재가 나자 화재를 소화하기 위하여 A의 집대문을 부수고 침입하는 경우 A가 화재가 난 것을 알았다면 화재를 진압하기 위해 집대문을 부수고 침입하는 것을 당연히 승낙할 것이라고 기대할 수 있다. 비어 있는 이웃집의 수도가 고장이 나서 물이 새자 수도를 고치기 위하여 이웃집을 침입하는 경우 또는 손님이 거실에서 탁자 위에 있는 주인의 담배를 피운 경우가 이에 해당한다.

Ⅵ 정당행위

정당행위는 사회상규에 위배되지 아니하여 국가적 · 사회적으로 정당화되는 행위를 말한다. 정당행위는 다른 모든 위법성조각사유에 대해서 일반법의 성격을 가지고 있다. 형법 제20조에 따르면 "법령에 의한 행위 또는 업무로 인한 행위 기타 사회상규에 위배되지 아니하는 행위는 벌하지 아니한다"고 규정하고 있다.

법령에 의한 행위에 해당하는 구체적 유형으로는 공무원의 직무집행행위, 상관의 명령에 의한 행위, 친권자의 징계행위, 사인(私人)의 현행범체포, 노동쟁의행위 등이 있으며, 업무로 인한 행위에 해당하는 유형으로는 의사의 치료행위, 안락사, 변호사 또는 성직자의 업무행위 등이 있으며, 기타 사회상규에 위배되지 않는 행위로는 상대방의 도발·폭행·강제연행을 피하기 위한 소극적인 저항행위, 법령상 징계권이 없는 자의 징계행위, 자기 또는 타인의 권리를 실행하기 위한 행위, 일반인의 간단한 의료행위 등이 이에 해당한다.

제4절　책　임

Ⅰ　책임의 의의

책임은 행위자에게 그가 규범이 요구하는 합법을 결의하고 이에 따라 행위할 수 있었음에도 불구하고 불법을 결의하고 위법하게 행위하였다는 것에 대하여 가해지는 행위자에 대한 비난가능성(非難可能性)이다. 행위자는 합법과 불법을 구별할 수 있는 능력이 있으며(책임능력), 행위자는 행위당시에 그 행위가 불법이라는 것을 인식하고 있었음에도 불구하고(위법성의 인식), 왜 합법적 행위를 선택하지 않고, 불법을 결의하고 행위를 하였는가라고 비난하는 것이 책임이라고 할 수 있다. 하지만 만약 행위자가 불법을 결의하고 행위를 한 것에 대하여 어쩔 수 없는 상황이었다면 책임을 면해 줄 수 있다(적법행위를 할 기대가능성).

Ⅱ　책임능력

1._ 책임능력의 의의

책임능력은 행위자가 법규범의 의미내용을 이해하고 이에 따라 행위할 수 있는 능력을 말한다(통찰능력과 조정능력). 행위자가 위법한 행위를 했다고 하더라도 책임능력이 없으면 비난할 수 없다. 현행법상 책임무능력자에는 형사미성년자와 심신상실자가 있으며, 심신미약자와 농아자의 경우 책임능력자이지만, 형을 감경할 수 있는 한정책임능력자이다.

2._ 형사미성년자

만 14세 미만의 자는 형사미성년자로서 책임무능력자에 해당하기 때문에 책임이 없으므로 처벌할 수 없다. 하지만 14세 미만의 소년에 대해서는 형벌을 부과하는 형사절차 대신에 보안처분의 일종인 소년법상의 '보호처분'을 부과할 수 있다.

소년법은 ① 죄를 범한 소년(범죄소년), ② 형법법령에 저촉되는 행위를 한 10세 이상 14세 미만의 소년(촉법소년), ③ 집단적으로 몰려다니며 주위 사람들에게 불안감을 조성하는 성벽(性癖)이 있거나 정당한 이유 없이 가출 또는 술을 마시고 소란을 피우거나 유해환경에 접하는 성벽이 있으면서 그의 성격이나 환경에 비추어 앞으로 형벌 법령에 저촉되는 행위를 할 우려가 있는 10세 이상인 소년(우범소년)은 소년부의 보호사건으로 심리한다(소년법 제4조). 범죄소년은 만 14세 이상 19세 미만의 자로서 형법상 형사성년자이다. 따라서 범죄소년에 대해서 일반성인과 같이 형사처벌이 가능하지만, 소년의 특수성을 감안하여 보호처분의 가능성 또한 열어 두고 있다.

소년부 판사는 심리결과 보호처분을 할 필요가 있다고 인정하면 결정으로써 다음의 어느 하나에 해당하는 처분을 하여야 한다. ① 보호자 또는 보호자를 대신하여 소년을 보호할 수 있는 자에게 감호 위탁, ② 수강명령, ③ 사회봉사명령, ④ 보호관찰관의 단기보호관찰, ⑤ 보호관찰관의 장기보호관찰, ⑥ 「아동복지법」에 따른 아동복지시설이나 그 밖의 소년보호시설에 감호 위탁, ⑦ 병원, 요양소 또는 「보호소년 등의 처우에 관한 법률」에 따른 소년의료보호시설에 위탁, ⑧ 1개월 이내의 소년원 송치, ⑨ 단기 소년원 송치, ⑩ 장기 소년원 송치(소년법 제32조).

3._ 심신상실자

심신상실자는 심신장애로 인하여 사물변별능력이 없거나 또는 의사결정능력이 없는 자로 책임무능력자이다(제10조 1항). 심신장애는 정신병, 정신박약, 심한 의식장애 기타 중대한 정신이상상태를 말한다. 충동조절장애와 같은 성격결함은 원칙적으로 심신장애사유에 해당하지 않지만, 그 정도가 심각하여 행위자를 원래 의미의 정신병과 같은 사람과 동등하다고 평가할 수 있는 경우에는 심신장애사유로 볼 수 있다.

충동조절장애에 의한 병적 도벽과 심신상실

[사실관계] 피고인 갑은 1992. 12. 8. 서울형사지방법원에서 절도죄 등으로 징역 1년에 집행유예 2년을 선고 받고, 1993. 8. 2. 서울형사지방법원에서 절도죄로 벌금 3,000,000원을 선고받아 이 사건 범행 당시 위 집행유예기간 중에 있는 자인데 상습으로 1994. 1. 26. 14:00경 한양대학교 도서관에서 학생들의 지갑을 절취하였다. 갑은 대학 1학년 때부터 병적인 도벽이 나타났으나 정상적으로 대학을 졸업하고 회사에 근무하다가 일본에 유학까지 하였는데 회사에 근무하거나 일본에 유학하고 있는 동안에는 아무런 문제가 없었고 다만 도서관에 들어갔을 때에만 이러한 도벽이 나타난다. 감정서에는 피고인이 충동조절장애로 인한 병적 도벽(Kleptomania), 즉 자신의 필요에 의하거나 금전상의 이득을 위한 것이 아니면서도 사전에 아무 계획 없이 그 순간에 어떠한 사물을 도둑질하고 싶은 충동을 억제할 수 없는 일이 반복되는 상태에 있고, 이 사건 범행 당시에는 사전에 아무런 계획 없이 일단 절도충동이 발생하면 스스로의 의지로는 저항할 수 없는 상태로 되어 현실변별력을 잃은 병적 상태에서 범행한 것으로 사료된다고 기재되어 있다.

[판결요지] 피고인이 자신의 절도의 충동을 억제하지 못하는 성격적 결함(정신의학상으로는 정신병질이라는 용어로 표현하기도 한다)으로 인하여 절도 범행에 이르게 되었다고 하더라도, 이와 같이 자신의 충동을 억제하지 못하여 범죄를 저지르게 되는 현상은 정상인에게서도 얼마든지 찾아볼 수 있는 일로서 이는 정도의 문제에 불과하고, 따라서 특단의 사정이 없는 한 위와 같은 성격적 결함을 가진 자에 대하여 자신의 충동을 억제하고 법을 준수하도록 요구하는 것이 기대할 수 없는 행위를 요구하는 것이라고는 할 수 없으므로 원칙적으로는 충동조절장애와 같은 성격적 결함은 형의 감면사유인 심신장애에 해당하지 않는다고 봄이 상당하고, 다만 그러한 성격적 결함이 매우 심각하여 원래의 의미의 정신병을 가진 사람과 동등하다고 평가할 수 있다든지, 또는 다른 심신장애사유와 경합된 경우에는 심신장애를 인정할 여지가 있을 것이다(대판 1995. 2. 24, 94도3163).

목사살해사건

[사실관계] 피고인 갑은 1988. 2.경부터 부산 서구 동대신동 소재 서부교회에 가끔 다니면서 피해자인 동 교회 목사 A(남, 83세)의 설교를 듣고서 결혼도 못하고 어렵게 살고 있는 자신의 처지를 비관하여 오던 중, 1989. 8. 27. 01:30경 부산 사하구 괴정 2동 소재 피고인이 집 뒷편 속칭 쇠리골 뒷산에서 산상기도를 하면서 갑자기 "A목사는 사탄이고 큰자이므로 작은자(피고인을 지칭함)가 살아 남는 길은 큰자인 A목사를 죽여야 한다. 공자, 맹자도 천당에 못갔다는데 피고인 자신도 천당에 못갈 것이 분명하므로 A목사를 죽여야만 자신이 큰자로 되어 천당에 갈 수 있다"고 잘못 생각하고 당시 정신분열증으로 인하여 사물변별능력 및 의사결정능력이 미약한 상태에서 위 피해자를 살해하기로 마음먹고, 피고인 집으로 돌아와 부엌에서 사용하던 식도를 허리춤에 넣은 후 같은 날 05:10경 위

서부교회 예배당에 도착하여 신도 1,000여 명을 모아놓고 단상에서 설교하고 있는 피해자 A에게 접근한 후 허리춤에서 위 식도를 꺼내어 오른손에 들고서 A의 우측가슴 등을 힘껏 3회 찔러 A로 하여금 부산대학병원으로 후송도중 우흉부자상으로 인한 실혈성쇼크로 사망에 이르게 하였다.

[판결요지] 범행당시 정신분열증으로 심신장애의 상태에 있었던 피고인이 피해자를 살해한다는 명확한 의식이 있었고 범행의 경위를 소상하게 기억하고 있다고 하여 범행당시 사물의 변별능력이나 의사결정능력이 결여된 정도가 아니라 미약한 상태에 있었다고 단정할 수는 없는 것인바, 피고인이 피해자를 살해할 만한 다른 동기가 전혀 없고, 오직 피해자를 "사탄"이라고 생각하고 피해자를 죽여야만 피고인 자신이 천당에 갈 수 있다고 믿어 살해하기에 이른 것이라면, 피고인은 범행당시 정신분열증에 의한 망상에 지배되어 사물의 선악과 시비를 구별할 만한 판단능력이 결여된 상태에 있었던 것으로 볼 여지가 없지 않다(대판 1990. 8. 14, 90도1328).

4._ 심신미약자와 농아자

심신미약자는 심신장애로 인하여 사물변별 또는 의사결정능력이 미약한 자로 책임무능력자가 아니라 한정책임능력자이다. 따라서 형사처벌이 가능하지만, 형벌을 감경할 수 있을 뿐이다(제10조 2항). 임의적 감경사유이다.

청각 및 언어 장애인은 청각과 발음기능에 모두 장애가 있는 자를 말하며, 선천적·후천적 원인을 불문한다(제11조). 절대적 감경사유이다. 책임능력의 문제는 정신적 능력의 문제임에도 불구하고 신체적 장애가 있다고 하여 정신적 능력이 떨어진다고 보는 것은 타당하지 않으며, 현대 장애인 교육의 발달로 의하여 청각 및 언어 장애인도 정상인과 다름없는 경우가 많다. 신체장애가 있다고 하여 책임능력이 없다는 것은 문제가 있다. 이를 삭제하고 일반규정에 의해 처리하는 것이 타당하다.

5._ 원인에 있어서 자유로운 행위

원인에 있어서 자유로운 행위(actio libera in causa)라 함은 행위자가 원인행위시에 위험발생을 예견하고 자의로 자기를 심신장애의 상태에 빠지게 한 후 이러한 상태에서 범죄를 실행하는 것을 말한다. 실행행위에 있어서는 자유롭지 않지만 원인행위에 있어서는 자유로운 행위를 말한다. 예를 들어 갑은 A를 살해하기로 맘을 먹었지만 용기가 나지 않자 술의 힘을 빌리기로 하고, 술에 만취한 채로 A의 집에 찾아가 심신상실의 상태에서 A를 칼로 찔러 살해한 경우 행위당시에는 책임능력이 없지만, 자신의 심신장애상태를 행위자 스스로 자유롭게 야기했다는 점에 본질이 있다. 이러한 경우 우리 형법은 위험의 발생을 예견하고 자의로 심신장애를 야기한 자의 행위에 대하여 책임능력을 인정하여 처벌할 수 있도록 하고 있다.

Ⅲ 위법성의 인식과 금지착오

위법성의 인식은 행위자가 자신의 행위가 공동사회의 질서에 반하고 법적으로 금지되어 있다는 것을 인식하는 것을 말한다. 위법성의 인식이 있어야 법규범을 알면서도 범죄를 결의하였다는 것에 대한 비난이 가능하기 때문에 위법성의 인식은 책임비난의 핵심이다. 만일 행위자가 자신의 행위가 법에 위반된다라는 인식을 하지 못한 경우, 즉 자신의 행위는 죄가 되지 않는 것으로 오인한 경우는 이른바 금지착오에 해당하며, 금지착오를 함에 있어서 정당한 이유가 있을 때 한하여 벌하지 않는다. 금지착오의 세부유형으로는 법률의 부지, 효력의 착오, 포섭의 착오, 위법성조각사유와 관련된 착오가 있다.

행위자가 금지규범의 존재 자체를 알지 못하거나(법률의 부지), 금지규범은 알고 있지만 자신의 행위가 해당 금지규범에 포섭되지 않는다고 오인하거나(포섭의 착오), 금지규범은 알고 있지만 금지규범이 상위규범이나 일반적 구속력을 가지는 법규정에 반하는 등의 사유로 효력이 없다고 오인한 경우(효력의 착오), 행위자가 자신의 행위가 금지규범에 반한다는 것은 인식하였지만, 자신의 행위는 위법성조각사유에 해당하기 때문에 허용된다고 오인한 경우(위법성조각사유와 관련된 착오)가 있다. 형법 제16조에 따르면 금지착오의 경우 그 오인에 정당한 이유가 있는 때에 한하여 벌하지 아니한다.

'천지창조 사건'

[사실관계] 갑은 의정부시내에서 천지창조라는 디스코클럽을 경영하고 있다. 1983. 12. 23. 20:00경부터 같은날 23:00경까지 위 디스코클럽에 미성년자인 A등 10명을 출입시키고 맥주 등 주류를 판매하였다. 그러나 사건이전 1983. 4. 15. 14:00경 의정부경찰서 강당에서 개최된 청소년선도에 따른 관련 업주회의에서 업주측의 관심사라 할 수 있는 18세 이상자나 대학생인 미성년자들의 업소출입 가부에 관한 질의가 있었으나 그 확답을 얻지 못하였는데, 같은 달 26 경기도 경찰국장 명의로 청소년 유해업소 출입단속대상자가 18세 미만자와 고등학생이라는 내용의 공문이 의정부경찰서에 하달되고 그 시경 관할지서와 파출소에 그러한 내용이 다시 하달됨으로써 업주들은 경찰서나 파출소에 직접 또는

전화상의 확인방법으로 그 내용을 알게 되었다. 위와 같은 사정을 알게 된 피고인은 종업원에게 단속 대상자가 18세 미만자와 고등학생임을 알려주고 그 기준에 맞추어서 만 18세 이상자이고 고등학생이 아닌 위 A등 10명을 출입시키고 주류를 판매하였다.

[판결요지] 유흥접객업소의 업주가 경찰당국의 단속대상에서 제외되어 있는 만 18세 이상의 고등학생이 아닌 미성년자는 출입이 허용되는 것으로 알고 있었더라도 이는 미성년자보호법 규정을 알지 못한 단순한 법률의 부지에 해당하고 특히 법령에 의하여 허용된 행위로서 죄가 되지 않는다고 적극적으로 그릇 인정한 경우는 아니므로 비록 경찰당국이 단속대상에서 제외하였다 하여 이를 법률의 착오에 기인한 행위라고 할 수는 없다(대판 1985. 4. 9, 85도25).

Ⅳ 적법행위에 대한 기대가능성

1._ 의 의

행위자를 비난하기 위해서는 행위자의 행위당시의 구체적인 사정으로 보아 행위자가 범죄행위를 하지 않고 적법행위를 할 것을 기대할 수 있어야 한다(적법행위의 기대가능성). 책임능력이 인정되며, 행위자가 자기행위의 위법성을 인식하였다고 하더라도 행위자에게 적법행위를 기대할 수 없는 사정이 있다고 평가되면 행위자를 비난할 가능성(책임)이 없다. 예를 들면 현행법상 강요된 행위(제12조), 과잉방위(제21조 3항), 과잉피난(제22조 3항), 친족간 범인은닉죄(제151조 2항), 친족간 증거인멸죄(제155조 4항)는 기대가능성이 없기 때문에 책임이 조각되는 경우에 해당한다. 또한 현행법상 범인 자신의 증거인멸행위를 처벌하는 규정은 없다. 왜냐하면 범인에게 자신의 범죄와 관련된 증거를 인멸하지 말고 보관해 놓았다가 후에 체포될 경우 수사기관에 제출하라고 기대할 수 없기 때문이다.

> **박종철씨 고문치사 사건**
>
> [판결요지] [1] 양손을 뒤로 결박당하고 양발목마저 결박당한 피해자의 양쪽 팔, 다리, 머리 등을 밀어누름으로써 피해자의 얼굴을 욕조의 물속으로 강제로 찍어 누르는 가혹행위를 반복할 때에 욕조의 구조나 신체구조상 피해자의 목부분이 욕조의 턱에 눌릴 수 있고, 더구나 물속으로 들어가지 않으려고 반사적으로 반항하는 피해자의 행동을 제압하기 위하여 강하게 피해자의 머리를 잡아 물속으로 누르게 될 경우에는 위 욕조의 턱에 피해자의 목부분이 눌려 질식현상 등의 치명적인 결과를 가져올 수 있다는 것은 우리의

경험칙상 어렵지 않게 예견할 수 있다.

[2] 공무원이 그 직무를 수행함에 있어 상관은 하관에 대하여 범죄행위 등 위법한 행위를 하도록 명령할 직권이 없는 것이고, 하관은 소속상관의 적법한 명령에 복종할 의무는 있으나 그 명령이 참고인으로 소환된 사람에게 가혹행위를 가하라는 등과 같이 명백한 위법 내지 불법한 명령인 때에는 이는 벌써 직무상의 지시명령이라 할 수 없으므로 이에 따라야 할 의무는 없다.

[3] 설령 대공수사단 직원은 상관의 명령에 절대 복종하여야 한다는 것이 불문율로 되어 있다 할지라도 국민의 기본권인 신체의 자유를 침해하는 고문행위 등이 금지되어 있는 우리의 국법질서에 비추어 볼 때 그와 같은 불문율이 있다는 것만으로는 고문치사와 같이 중대하고도 명백한 위법명령에 따른 행위가 정당한 행위에 해당하거나 강요된 행위로서 적법행위에 대한 기대가능성이 없는 경우에 해당하게 되는 것이라고는 볼 수 없다 (대판 1988. 2. 23, 87도2358).

2._ 강요된 행위

강요된 행위는 저항할 수 없는 폭력이나 자기 또는 친족의 생명·신체에 대한 위해를 방어할 방법이 없는 협박에 의한 행위를 말하며, 이는 행위자에게 적법행위의 기대가능성이 없기 때문에 형법 제12조에 의하여 책임이 조각된다. 예를 들어 갑이 을의 자녀 병을 감금한 후 을이 근무하는 회사의 영업비밀을 훔쳐오지 않으면 병을 살해하겠다는 위협을 하여, 을이 어쩔 수 없이 회사의 영업비밀을 훔쳐 갑에게 준 경우 을의 절도죄 성립 여부가 문제되는데, 강요된 행위에 해당하여 기대가능성이 없기 때문에 책임이 조각되어 처벌할 수 없다. 이 경우 강요행위를 한 갑은 절도죄의 간접정범과 강요죄가 성립한다.

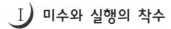

제 5 절 미 수 범

I) 미수와 실행의 착수

1._ 미수의 의의

미수란 범죄의 실행에 착수하여 구성요건적 행위를 종료하지 못하였거나, 실행행위를 종료했더라도 구성요건적 결과가 발생하지 아니한 경우를 말한다. 구성요건적 결과가 발생하지 않은 이유에 따라 미수는 다시 장애미수, 중지미수, 불능미수로 나뉘어진다. 장애미수는 행위자가 예상하지 못한 의외의 장애(타율적 사유)로 인하여 범죄를 완성하지 못한 경우(제25조)를 말하며, 이 경우 형을 임의적 감경하며, 중지미수는 행위자의 자의로 범죄를 중지한 경우(제26조)를 말하며, 이 경우 형을 필요적 감면을 하며, 불능미수는 결과발생이 애당초 불가능한 경우(제27조)를 말하며, 이 경우 형을 임의적 감면을 한다. 주의할 점은 모든 범죄의 미수범을 처벌할 수 있는 것이 아니라 형법각칙에 처벌규정이 있는 경우에 한하여 처벌할 수 있다.

수술하여 배가 아프다고 하여 중지한 경우

[판결요지] 강도행위를 하던 중 피해자를 강간하려다가 피해자가 수술한 지 얼마 안 되어 배가 아프다면서 애원하는 바람에 간음행위를 중단한 것은 피해자를 불쌍히 여겨서가 아니라 피해자의 신체조건상 강간을 하기에는 지장이 있다고 본 데에 기인하는 것이므로, 이는 일반의 경험칙상 강간행위를 수행함에 장애가 되는 외부적 사정에 의하여 범행을 중지한 것에 지나지 않는 것으로서 중지범의 요건인 자의성을 결여하였다(대판 1992. 7. 28, 92도917).

다음에 친해지면 사건

[판결요지] 피고인이 피해자를 강간하려다 피해자의 다음 번에 만나 친해지면 응해주겠다는 취지의 간곡한 부탁으로 인하여 그 목적을 이루지 못한 후 피해자를 자신의 차에 태워 집에까지 데려다 주었다면 피고인은 자의로 피해자에 대한 강간행위를 중지한 것이고 피해자의 다음 번에 만나 친해지면 응해주겠다는 취지의 간곡한 부탁은 사회통념상 범죄실행에 대한 장애라고 여겨지지는 아니하므로 피고인의 행위는 중지미수에 해당한다(대판 1993. 10. 12, 93도1851).

2._ 실행의 착수와 예비

실행의 착수는 구성요건의 실현을 직접적으로 개시하는 것 또는 범죄실행의 개시를 의미한다. 실행의 착수는 예비와 기수·미수의 구별기준이 된다. 즉 실행의 착수이전에는 예비행위에 불과하며, 미수는 실행의 착수 이후에 문제된다. 언제를 실행의 착수로 볼 것인가에 대해서는 형법교과서를 참고하기 바란다.

대판 1966. 5. 3, 66도383

[판결요지] "피고인이 오전 11시경 피해자가에 침입하여 동가 응접실 책상 위에 놓여 있던 라디오 1대를 훔치려고 동 라디오 선을 건드리다가 피해자에게 발견되어 절도의 목적을 달하지 못하였다는 것이므로 위와 같은 라디오 선을 건드리려고 하는 행위는 본건 라디오에 대한 사실상의 지배를 침해하는 데 밀접한 행위라 할 수 있으므로 원심이 절도미수죄로 처단하였음은 정당하다."

예비는 특정범죄를 실현할 목적으로 행하여지는 준비행위로서 실행의 착수이전에 이루어지는 범죄를 준비하는 행위를 말한다. 단순한 행위계획으로는 부족하며, 행위계획을 초과하여 의도한 행위가 객관화 되어야 한다. 예비행위는 원칙적으로 처벌하지 않는다. 예외적으로 형사정책적인 견지에서 특별규정이 있는 경우에만 처벌한다. 예비를 원칙적으로 처벌하지 않는 이유는 ① 예비행위 그 자체는 형법적으로 중요하지 않은 행위이며, ② 범죄적 의사의 증명이 곤란할 뿐만 아니라, ③ 기수에 이르게 될 가능성도 불확정이어서 상대적으로 위험성이 적기 때문이다. 그럼에도 불구하고 음모·예비를 예외적으로 처벌하는 이유는 입법정책상 법익의 중대성에 비추어 실행행위로 나아가기 전에 미연에 방지할 필요성이 존재하기 때문이다.

총을 훔쳐 전역 후 은행을 털어 한탕 하자는 사례

[판결요지] 형법상 음모죄가 성립하는 경우의 음모란 2인 이상의 자 사이에 성립한 범죄실행의 합의를 말하는 것으로, 범죄실행의 합의가 있다고 하기 위하여는 단순히 범죄결심을 외부에 표시·전달하는 것만으로는 부족하고, 객관적으로 보아 특정한 범죄의 실행을 위한 준비행위라는 것이 명백히 인식되고, 그 합의에 실질적인 위험성이 인정될 때에 비로소 음모죄가 성립한다고 할 것이다(대판 1999. 11. 12, 99도3801).

제 6 절 부작위범

I) 작위와 부작위

작위(作爲)는 일정한 신체운동을 하는 적극적 태도를 말하며, 물리적으로 볼 때 항상 신체운동으로 가능하다. 즉 작위는 규범적으로 금지되어 있는 것을 하는 것을 말한다. 이에 대하여 부작위(不作爲)는 일정한 신체운동을 하지 않는 소극적 태도를 말하며, 물리적으로 볼 때 신체운동뿐만 아니라, 신체정지로서도 가능하다. 주의할 점은 부작위는 단순히 아무 것도 하지 않는 무위(無爲)·정지가 아니라, 규범적으로 '해야 될 행위를 행위자가 하지 않는 것'을 말한다.

Ⅱ 부작위범

1._ 진정부작위와 부진정부작위

진정부작위범은 일정한 작위를 하지 않는 것 자체를 범죄로 규정하고 있는 경우와 같이 법문의 규정형식으로 보아 부작위로 예정된 구성요건을 부작위로 실현하는 범죄이다. 현행 형법상 전시군수계약불이행죄(제103조 1항), 다중불해산죄(제116조), 집합명령위반죄(제145조 2항), 퇴거불응죄(제319조 2항), 국가보안법상의 불고지죄(제10조) 등이 이에 해당한다.

부진정부작위범은 작위로 실현될 것을 예정해 두고 있는 구성요건을 행위자가 부작위로 실현하는 범죄이다. 부작위에 의한 작위범이라고도 부른다. 예를 들어 물에 빠져 생명이 위독한 아들을 아버지가 발견하고도 그 아들을 구하지 않은 경우 아버지는 적극적으로 아들을 살해하는 작위행위는 하지 않았지만, 구조해야 할 의무가 있음에도 불구하고 구조를 하지 않은 부작위에 의하여 살인을 한 것이라고 볼 수 있다. 아버지는 부작위에 의한 살인죄를 범한 것이다.

하지만, 아버지가 아들을 구조하기 위해서는 개별적 행위가능성이 있어야 하는데, 개별적 행위가능성은 구체적 행위자가 규범이 요구하는 작위를 객관적으로 할 수 있는 능력을 말한다. 개별적 행위가능성은 명령, 요구된 행위를 수행하기 위한 외적 조건(현장성, 적절한 구조수단의 존재) 및 신체적 능력(신체조건의 구비, 기술적인 지식, 일정한 지능 등), 정신적 능력이 필요하다. 예를 들면 물에 빠진 아들을 구하지 못한 신체장애인인 아버지의 경우 아들을 구조할 수 있는 개별적 행위가능성이 없다.

2._ 보증인적 지위

부작위범으로 처벌하기 위해서는 구성요건에 해당하는 결과를 방지하지 않은 행위자가 결과의 발생을 방지할 의무가 있는 자(보증인)이어야 한다. 예를 들어 갑이 길에 쓰러진 A를 구하지 않지 않아 사망하게 한 경우 갑은 A를 구해야 할 의무가 있는 경우에 한하여 부작위에 의한 살인죄로 처벌할 수 있으며, A를 구해야 할 의무가 없다면 갑을 처벌할 수 없다. 만약 갑이 경찰관이라면 A를 구하지 않은 갑에 대하여 부작위에 의한 살인죄로 형사처벌이 가능하다. 왜냐하면 경찰관 갑은 경찰관 직무집행법 제4조에 따라 A에 대하여 보호조치를 취해야할 의무가 있는 자이기 때문이다.

보증인적 지위는 일정한 법익과 특수하고도 밀접한 관계를 맺고 있어서 그 법익이 침해되지 않도록 보증(보장)해 주어야 할 지위를 말하며, 위험발생을 방지해야 할 법적 의무를 보증인 의무(Garantenpflicht)라 하고, 보증인 의무를 발생시키는 지위를 보증인 지위(Garantenstellung)라고 한다.

형법 제18조는 "위험의 발생을 방지할 의무가 있거나 자기의 행위로 인하여 위험발생의 원인을 야기한 자가 그 위험발생을 방지하지 아니한 때에는 그 발생된 결과에 의하여 처벌한다"고 규정하고 있다. 예를 들어 갑이 자신의 남편을 독살하려는 것을 알고 아내가 방치한 경우 아내에게는 부작위에 의한 살인방조가 성립하며, 아내가 남편이 자살을 기도하여 의식을 잃고 있는 것을 보고도 그대로 방치한 경우 자살방조가 성립한다. 또한 지하시설물을 설치하기 위하여 땅을 깊게 판 자는 주위에 통행금지표지판을 세우거나 야간에 조명시설을 설치하여 위험이 구성요건적 결과로까지 실현되지 않도록 보증해야 할 보증인이 되며, 자동차운전자의 과실로 인하여 보행자에게 상해를 입힌 경우 운전자는 피해자를 구조해야 할 보증인이 된다. 또한 건물의 소유자, 실내야구장의 소유자, 맹견의 소유자등은 이런 위험원으로부터 타인의 법익을 침해하지 않도록 감독해야 할 보증인 지위에 있다. 타인을 감독해야 할 책임이 있는 경우는 특별한 신분상의 권위로 인하여 타인을 통솔할 책임이 있는 사람은 이들의 행위로 다른 사람의 법익이 침해되지 않도록 감독해야 할 보증인 지위에 있다. 미성년자에 대한 부모의 의무, 학생에 대한 교사의 감독의무, 재소자에 대한 교도관의 감독의무가 이에 해당한다.

주교사사건 - 부작위에 의한 살인죄

[판결요지] 가. 피고인이 미성년자를 유인하여 포박 감금한 후 단지 그 상태를 유지하였을 뿐인데도 피감금자가 사망에 이르게 된 것이라면 피고인의 죄책은 감금치사죄에 해당한다하겠으나, 나아가서 그 감금상태가 계속된 어느 시점에서 피고인에게 살해의 범의가 생겨 피감금자에 대한 위험발생을 방지함이 없이 포박감금상태에 있던 피감금자를 그대로 방치함으로써 사망케 하였다면 피고인의 부작위는 살인죄의 구성요건적 행위을 충족하는 것이라고 평가하기에 충분하므로 부작위에 의한 살인죄를 구성한다.

　나. 피해자를 아파트에 유인하여 양 손목과 발목을 노끈으로 묶고 입에 반창고를 두 겹으로 붙인 다음 양손목을 묶은 노끈은 창틀에 박힌 시멘트 못에, 양발목을 묶은 노끈은 방문손잡이에 각각 잡아매고 얼굴에 모포를 씌워 감금한 후 수차 아파트를 출입하다가 마지막 들어갔을 때 피해자가 이미 탈진 상태에 이르러 박카스를 마시지 못하고 그냥 흘려버릴 정도였고 피고인이 피해자의 얼굴에 모포를 덮어씌워 놓고 그냥 나오면서 피해자를 그대로 두면 죽을 것같다는 생각이 들었다면, 피고인이 위와 같은 결과발생의 가능성을 인정하고 있으면서도 피해자를 병원에 옮기지 않고 사경에 이른 피해자를 그대로 방치한 소위는 피해자가 사망하는 결과에 이르더라도 용인할 수밖에 없다는 내심의 의사, 즉 살인의 미필적 고의가 있다고 할 것이다(대판 1982. 11. 23, 82도2024).

조카살해사건

피고인이 조카인 피해자(10세)를 살해할 것을 마음 먹고 저수지로 데리고 가서 미끄러지기 쉬운 제방쪽으로 유인하여 함께 걷다가 피해자가 물에 빠지자 그를 구호하지 아니하여 피해자를 익사하게 한 것이라면 피해자가 스스로 미끄러져서 물에 빠진 것이고, 그 당시는 피고인이 살인죄의 예비단계에 있었을 뿐 아직 실행의 착수에는 이르지 아니하였다고 하더라도, 피해자의 숙부로서 익사의 위험에 대처할 보호능력이 없는 나이 어린 피해자를 익사의 위험이 있는 저수지로 데리고 갔던 피고인으로서는 피해자가 물에 빠져 익사할 위험을 방지하고 피해자가 물에 빠지는 경우 그를 구호하여 주어야 할 법적인 작위의무가 있다고 보아야 할 것이고, 피해자가 물에 빠진 후에 피고인이 살해의 범의를 가지고 그를 구호하지 아니한 채 그가 익사하는 것을 용인하고 방관한 작위(부작위)는 피고인이 그를 직접 물에 빠뜨려 익사시키는 행위와 다름없다고 형법상 평가될 만한 살인의 실행행위라고 보는 것이 상당하다(대판 1992. 2. 11, 91도2951).

제 7 절 범죄가담형태론

I 서 설

구성요건의 실현에 관여하는 범죄주체가 한 사람인가 여러 사람인가에 따라 범죄형태는 단독정범과 범죄가담형태로 나뉜다. 단독정범은 범죄실행의 가장 단순한 기본형태로 한 사람이 범죄를 저지르는 경우를 말한다. 범죄가담형태는 2인 이상의 행위자가 각각 상이한 정도의 기여도로써 서로 협력하여 구성요건을 실현하는 경우로서 정범과 공범으로 구분된다. 정범은 자기의 범죄를 스스로 행하는 자로서 단독(직접)정범, 간접정범, 공동정범이 여기에 해당하며, 공범은 타인의 범죄를 교사·방조하여 타인의 범죄에 고의로 참가하는 자로서 교사범과 방조범이 여기에 해당한다.

II 공동정범

1._ 의 의

공동정범은 2인 이상의 행위자가 공동의 범행계획에 따라 각자 실행의 단계에서 본질적인 기능을 분담하여 이행함으로써 성립하는 정범형태를 말한다. 예를 들어 갑과 을이 공동하여 살인죄를 범한 경우 갑과 을은 살인죄의 공동정범이 된다. 공동정범이 성립하기 위해서는 공동의 범행결의와 공동의 실행행위가 있어야 한다.

2._ 성립요건

공동의 범행결의는 개별적인 행위를 전체적으로 하나로 결합하여 실행된 행위 전체에 대한 책임인정이 가능하다. 공동실행의 의사가 없는 경우는 동시범(단독정범)이며, 공동실행의 의사가 일방에만 있는 경우는 편면적 공동정범에 불과하기 때문에 공동정범이 아니다. 공동정범은 모두 각자의 역할분담과 공동작용에 대한 상호이해가 필요하며, 공동의 범행결의는 반드시 일정한 장소에 모여 할 필요가 없다.

공동의 실행행위는 전체적인 공동의 범행계획을 실현하기 위하여 공동참가자들이 분업적 공동작업의 원리에 따라 상호간의 역할을 분담하여 각각 실행단계에서 본질적 기능을 수행하는 것을 말한다. 구성요건적 행위는 아니지만, 전체계획에 의하여 결과를 실현하는데 불가결한 요건이 되는 기능을 실행한 경우 공동의 실행행위를 인정할 수 있다. 예를 들면 망보는 행위, 다른 공모자를 현장에 데려다 준 경우, 절취재물을 운반한 경우와 같이 구성요건적 행위는 아니지만, 그 행위가 범죄를 완성함에 있어서 본질적 기여행위가 될 수 있다면 공동정범이 될 수 있다. 그러나 구성요건적 행위에 해당하지 않는 행위의 기여 정도가 본질적인 기여가 아닌 단순히 보조, 타인의 범행을 용이하게 하는 정도에 그치는 경우라면 공동정범이 아닌 방조범이 된다.

　　공동정범의 경우 각자가 범죄에 있어서 비록 일부만을 실행한 자라도 공동의 범행결의 안에서 발생한 결과전체에 대해서 정범의 책임을 진다(일부실행·전부책임의 원칙).

> **망보는 행위**
>
> 피고인이 공범들과 함께 강도범행을 저지른 후 피해자의 신고를 막기 위하여 공범들이 묶여 있는 피해자를 옆방으로 끌고가 강간범행을 할 때에 피고인은 자녀들을 감시하고 있었다면 공범들의 강도강간범죄에 공동가공한 것이라 하겠으므로 비록 피고인이 직접 강간행위를 하지 않았다 하더라도 강도강간의 공동죄책을 면할 수 없다(대판 1986. 1. 21, 85도2411).

3._ 이른바 공모공동정범이론

　　2인 이상의 자가 공모하여 그 공모자 가운데 일부가 공모에 따라 범죄의 실행에 나아간 때에는 실행행위를 담당하지 아니한 공모자에게도 공동정범이 성립한다는 이론이다. 공동정범의 객관적 요건을 완화하자는 이론이다. 공동가담의 의사가 사전모의의 형태로 나타나는 경우에는 특히 조직적인 역할분담을 하여 배후자가 외부로 드러나지 않은 경우가 많은데, 이 경우에는 배후자에게 공동정범의 객관적 요건인 실행분담이 있었음을 입증하기 어렵다. 이러한 경우 집단적·조직적·지능적 범죄의 배후조종자인 거물·간부를 직접 실행행위를 한 부하들과 같이 공동정범으로 취급하기 위하여 판례에 의해서 인정된 이론이다.

Ⅲ 간접정범

　　간접정범은 타인을 생명 있는 도구로 이용하여 간접적으로 범죄를 실행하는 것을 말한다. 예를 들면 갑이 정신병자 을을 충동시켜 방화를 하게 한 경우, 갑이 사정을

모르는 간호사 병에게 독약이 든 주사를 놓게 하여 환자를 살해한 경우가 이에 해당
한다. 이 경우 갑은 방화죄의 간접정범, 살인죄의 간접정범이 되며, 정신병자 을은 책
임능력이 없기 때문에 무죄가 되며, 간호사 병은 고의뿐만 아니라 과실이 없기 때문
에 무죄가 된다. 형법 제34조는 "어느 행위로 인하여 처벌되지 아니하는 자 또는 과실
범으로 처벌되는 자를 교사 또는 방조하여 범죄행위의 결과를 발생하게 한 자는 교사
또는 방조의 예에 의하여 처벌한다"고 규정하고 있다.

간접정범은 교사 또는 방조의 예에 의하여 처벌되는데, 이용행위가 교사에 해당
하는 경우에는 정범과 동일한 형으로 처벌하며, 이용행위가 방조에 해당하는 경우 정
범의 형보다 감경한다. 피이용자는 처벌되지 않거나 처벌되더라도 과실범으로 처벌할
수 있을 뿐이다.

Ⅳ 교사범, 방조범

1._ 교 사 범

교사범은 타인을 교사하여 타인에게 범죄실행의 결의를 생기게 하고 이 결의에
의하여 범죄를 실행시키는 자를 말한다. 예를 들어 갑이 을에게 A를 살해하면 돈을
주겠다고 하고, 을이 돈을 벌기 위해 A를 살해할 것을 결의하고 이 결의에 따라 A를
살해한 경우 을은 살인죄의 정범이 되며, 갑은 살인죄의 교사범이 된다. 교사범은 타
인에게 범죄의 결의를 생기게 한다는 점에서, 이미 범죄실행의 결의를 하고 있는 자
에 대해서 그 실행을 유형적·무형적으로 원조하는 방조범과 구별된다.

교사자의 교사행위는 범죄를 저지를 의사가 없는 타인에게 범죄실행의 결의를 가
지게 하는 것을 말한다. 이미 범죄의 결의를 하고 있는 자에게 가중적 구성요건을 실
현하도록 교사한 경우에도 교사범은 성립 가능하다. 예를 들어 상해를 결의한 자에게
살해를 교사한 경우 살인교사가 된다. 타인에게 일정한 범죄를 실행할 결의를 생기게
하는 행위이면 교사행위의 수단·방법에는 제한이 없다. 교사범은 공범이지만 우리
형법은 정범과 동일한 형으로 처벌한다(제31조).

2._ 방 조 범

방조범은 정범의 고의적인 범죄실행을 고의적으로 방조하는 자, 즉 정범의 실행
행위를 용이하게 하도록 하는 자를 말한다. 갑이 자동차운전면허가 없는 을에게 승용

차를 제공하여 을로 하여금 무면허운전을 하게 한 경우 을은 무면허운전죄의 정범이
되며, 갑은 무면허운전죄의 방조범이 된다. 도박범에게 도박자금에 사용될 것이라는
것을 알면서도 자금을 빌려준 경우에 도박죄의 방조범이 된다. 방조행위는 실행행위
이외의 행위로서 정신적 또는 물질적으로 정범을 원조하고 그 실행행위를 용이하게
하는 것을 말한다. 정신적 방조는 충고, 조언, 격려, 정보제공와 같이 정범에게 '언어'
로써 그 결의를 강화시켜 주거나 구체적인 조언을 제공하는 것을 말한다. 물질적 방
조는 범행도구를 빌려주거나, 범죄장소를 제공하거나, 범행자금을 제공하는 것과 같
이 실제 '거동'에 의해 정범의 범행에 조력하는 경우를 말한다. 방조범에 해당하는 경
우 정범의 형보다 필요적 감경한다(제32조 2항).

> **잘되겠지 몸조심하라 – 입영기피사건**
> 본범인 위 공소외인이 현역병 입영기피를 한 것은 스스로의 결의에 의한 것으로 보여지
> 는 이상 이미 스스로 입영기피를 결심하고 집을 나서는 위 공소외인에 대하여 이별을
> 안타까워 하는 뜻에서 잘되겠지 몸조심하라 하고 악수를 나눈 피고인의 행위를 입영기피
> 의 범죄의사를 강화시킨 방조행위라고 볼 수는 없다(대판 1983. 4. 12, 82도43).

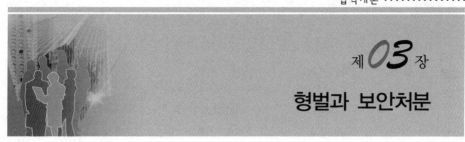

제**03**장
형벌과 보안처분

제1절 서 론

우리나라에서는 범죄에 대한 형사제재로서 '형벌'과 '보안처분'이라는 두 가지 유형을 인정되고 있다. 형벌이란 국가가 범죄에 대한 법률상의 효과로서 범죄자에 대하여 과하는 법익의 박탈을 말한다. 형벌은 행위자의 책임을 기초로 한다는 점에서, 행위자의 위험성을 기초로 부과되는 보안처분과 구별되며, 형벌은 과거의 범죄행위를 대상으로 한다는 점에서, 장래의 범죄예방을 지향하는 보안처분과 구별된다.

제2절 형 벌

Ⅰ 서 설

현행법상 형벌의 종류는 9가지가 있으며, 형법 제41조에 따르면 사형, 징역, 금고, 자격상실, 자격정지, 벌금, 구류, 과료, 몰수가 있다. 형벌은 법익을 박탈하는 것이기 때문에, 이를 생명형(사형), 자유형(징역, 금고, 구류), 재산형(벌금, 과료, 몰수), 명예형(자격상실, 자격정지)으로 분류하기도 한다.

Ⅱ 생명형 - 사형

사형은 수형자의 생명을 박탈하는 것을 내용으로 하는 형벌로서 생명의 박탈을 내용으로 한다는 점에서 생명형이라고 한다. 사형은 형무소 내에서 교수하여 집행하며, 군형법에서는 총살형을 인정하고 있다.

사형에 대하여는 존폐논쟁이 있다. 사형 폐지를 주장하는 입장에서는 사형은 야만적이고 잔혹한 형벌로서 인간의 존엄과 가치의 근원인 생명을 박탈하는 것이기 때문에 헌법에 반하며, 사형은 일반인이 기대하는 것보다 위하력이 적고, 오판을 했을 경우 그 회복이 불가능하다. 또한 형벌의 목적은 개선과 교육에 있다고 볼 때 사형은 전혀 이러한 목적을 달성할 수 없다는 점에서 사형폐지론을 주장한다.

이에 반하여 사형존치론은 생명은 인간이 가장 애착을 느끼는 것이므로 사형이 위하적 효과를 가지는 것을 부정할 수 없으며, 형벌의 본질은 응보에 있는 이상 사형에 의하여 대응하지 않을 수 없는 극악한 범죄에 대하여 사형을 과하는 것은 적절하고 필요한 것이다. 또한 사형은 일반국민의 응보관념과 정의관념에 합치하며, 사형의 폐지는 현실적인 정치적·문화적·사회적 환경과 관련하여 상대적으로 논의하여야 하므로 사형의 폐지는 아직 시기상조이기 때문에 사형은 유지되어야 한다고 주장한다. 대법원과 헌법재판소는 사형제도에 대하여 합헌결정을 내린 바 있다.

> **사형제도가 헌법에 위반되는지 여부**
>
> [1] (가) 생명권 역시 헌법 제37조 2항에 의한 일반적 법률유보의 대상이 될 수밖에 없는 것이나, 생명권에 대한 제한은 곧 생명권의 완전한 박탈을 의미한다 할 것이므로, 사형이 비례의 원칙에 따라서 최소한 동등한 가치가 있는 다른 생명 또는 그에 못지 아니한 공공의 이익을 보호하기 위한 불가피성이 충족되는 예외적인 경우에만 적용되는 한, 그것이 비록 생명을 빼앗는 형벌이라 하더라도 헌법 제37조 2항 단서에 위반되는 것으로 볼 수는 없다.
>
> (나) 모든 인간의 생명은 자연적 존재로서 동등한 가치를 갖는다고 할 것이나 그 동등한 가치가 서로 충돌하게 되거나 생명의 침해에 못지 아니한 중대한 공익을 침해하는 등의 경우에는 국민의 생명·재산 등을 보호할 책임이 있는 국가는 어떠한 생명 또는 법익이 보호되어야 할 것인지 그 규준을 제시할 수 있는 것이다. 인간의 생명을 부정하는 등의 범죄행위에 대한 불법적 효과로서 지극히 한정적인 경우에만 부과되는 사형은 죽음

에 대한 인간의 본능적 공포심과 범죄에 대한 응보욕구가 서로 맞물려 고안된 "필요악"
으로서 불가피하게 선택된 것이며 지금도 여전히 제 기능을 하고 있다는 점에서 정당화
될 수 있다. 따라서 사형은 이러한 측면에서 헌법상의 비례의 원칙에 반하지 아니한다
할 것이고, 적어도 우리의 현행 헌법이 스스로 예상하고 있는 형벌의 한 종류이기도 하므
로 아직은 우리의 헌법질서에 반하는 것으로 판단되지 아니한다.
[2] 형법 제250조 1항이 규정하고 있는 살인의 죄는 인간생명을 부정하는 범죄행위의
전형이고, 이러한 범죄에는 그 행위의 태양이나 결과의 중대성으로 미루어 보아 반인륜
적 범죄라고 규정지워질 수 있는 극악한 유형의 것들도 포함되어 있을 수 있는 것이다.
따라서 사형을 형벌의 한 종류로서 합헌이라고 보는 한 그와 같이 타인의 생명을 부정하
는 범죄행위에 대하여 행위자의 생명을 부정하는 사형을 그 불법효과의 하나로서 규정한
것은 행위자의 생명과 그 가치가 동일한 하나의 혹은 다수의 생명을 보호하기 위한 불가
피한 수단의 선택이라고 볼 수 밖에 없으므로 이를 가리켜 비례의 원칙에 반한다고 할
수 없어 헌법에 위반되는 것이 아니다(헌재 1996. 11. 28, 95헌바1).

Ⅲ 자유형 - 징역, 금고, 구류

1._ 의 의

자유형은 수형자의 신체의 자유를 박탈하는 것을 내용으로 하는 형벌이다. 자유
형의 주된 목적은 자유박탈을 통한 교화·개선에 의하여 범죄인을 사회에 복귀시키
는 것이지만, 부수적으로 범죄인의 명예를 실추시키고, 노역을 통한 재화생산에 의하
여 국가재정에 도움을 준다는 것도 있다. 자유형에는 징역, 금고, 구류 세 가지 종류가
있다.

2._ 징역, 금고, 구류

징역은 수형자를 교도소 내에 구치하여 정역(定役)에 복무하게 하는 것을 내용으
로 하는 가장 무거운 자유형이다. 징역에는 유기징역과 무기징역이 있다. 무기징역은
종신형이라고도 하며, 유기징역은 1월 이상 30년 이하로 한다. 징역에 대하여 형을 가
중하는 때에는 50년까지 가중할 수 있다(제42조).
금고는 징역과 동일하게 교도소내에 구치하여 자유를 박탈한다는 점에서는 동일
하지만, 금고는 정역을 부과하지 않는다는 점에서 징역과 구별된다. 따라서 금고는 과
실범·정치범 등 다소 명예를 존중해 줄 필요가 있는 경우에 주로 과해진다. 그러나

금고수형자의 신청이 있으면 작업을 과할 수 있도록 하고 있고, 대부분 금고수형자는 작업을 신청하여 청원작업을 하고 있기 때문에 사실상 징역과 금고간에 실질적인 차이는 없다.

구류는 수형자를 교도소 내에 구치하는 것을 내용으로 하는 형벌로서 그 기간이 1일 이상 30일 미만이라는 점에서 징역·금고와 구별된다. 구류는 형법전에 아주 예외적인 경우에만 규정되어 있고, 주로 경범죄처벌법에 규정되어 있고 대체로 즉결심판절차에서 부과된다.

Ⅳ 재산형 – 벌금, 과료, 몰수

1._ 의   의

재산형은 범인으로부터 일정한 재산의 박탈을 내용으로 하는 형벌이다. 형법상 재산형으로는 벌금, 과료, 몰수가 있다.

2._ 벌금, 과료

벌금 및 과료는 범죄인에게 일정한 금액의 지급의무를 강제로 부담시키는 것을 내용으로 하는 형벌을 말한다.

벌금은 5만원 이상이며, 금전지급의무의 부담이라는 채권적 효과를 발생시키며, 일신전속적 성질을 가지므로 제3자의 대납·국가에 대한 채권과의 상계·제3자와의 연대책임·상속 등이 원칙적으로 인정되지 않는다. 벌금은 판결확정일로부터 30일 이내에 납입하여야 하며, 벌금을 납입하지 않으면 일정 기간 동안 노역장에 유치하여 작업에 복무하게 하는데 이를 '노역장유치'라고 한다(제70조).

벌금형은 이욕적인 범죄와 법인·회사 등 단체가 개입된 범죄에 효과적이며, 자유형의 집행으로 인한 수형자에 대한 부정적 영향을 피할 수 있다. 또한 오판을 한 경우에도 그 회복이 용이하며, 집행비용도 저렴하며, 재산권이 중시되는 자본주의사회에서의 재산의 손실은 일반적 위하력을 가지므로 적합한 형벌이 될 수 있다는 장점이 있는 반면에 수형자의 재산상태에 따라 형벌의 효과가 달라지므로 불평등의 문제가 발생하며, 특히 경제적 자력이 있는 자에 대해서는 형벌의 효과를 기대할 수 없으며, 피고인의 가족의 생계에 영향을 주어 형벌의 일신전속성에 반하며, 재산만을 박탈하게 되어 범죄인의 인격에 직접적인 영향을 주지 못하므로 교화·개선의 효과를 기대할 수 없다는 단점이 있다. 그래서 일수벌금형제도를 도입해야 한다는 주장이 강력히 제기되고 있다.

과료는 범죄인에게 일정한 금액의 지급의무를 강제한다는 점에서는 벌금과 동일하지만, 그 금액이 2천원 이상 5만원 미만으로 그 금액이 적고 경미한 범죄에 부과된다는 점에서 벌금형과 구별된다. 주의할 점은 과료와 과태료는 구별되어야 한다. 과료는 재산형으로 형법상의 형벌이지만 과태료는 행정법상의 제재이다.

3._ 몰 수

몰수는 범죄반복의 방지와 범죄로 인한 이익취득을 금지할 목적으로 범죄행위와 관련된 재산을 박탈하여 국고에 귀속시키는 재산형이다. 몰수는 원칙적으로 다른 형에 부가하여 과한다. 몰수 여부는 원칙적으로 법관의 자유재량에 의하여 결정하지만, 뇌물죄의 뇌물(제134조), 아편에 관한 죄의 아편·몰핀이나 그 화합물, 아편흡식기(제206조), 배임수증죄의 재물(제357조 3항)은 반드시 몰수하여야 한다. 몰수를 할 수 있는 물건으로 범죄행위에 제공하였거나 제공하려고 한 물건, 범죄행위로 생(生)하였거나 이로 인하여 취득한 물건, 그 대가로 취득한 물건으로 범인 이외의 소유에 속하지 않는 물건이나 범죄 후 범인 이외의 자가 정을 알면서 취득한 물건을 몰수 할 수 있다. 예를 들면, ① 살인에 사용된 권총, ② 강도에 사용하려고 준비한 흉기, ③ 도박자금으로 대여한 금전(81도1669), ④ 피해자로 하여금 사기도박에 참여하도록 유인하기 위하여 제시한 수표(2002도3589), ⑤ 주거침입에 사용한 사다리, ⑥ 대중교통으로 운반이 곤란한 절취품을 운반하기 위한 자신의 승용차(2006도4075), ⑦ 성매매범죄에 제공된 건물(2020도960) 등은 몰수할 수 있다. 몰수의 대상인 물건이 사실상, 법률상의 원인으로 몰수할 수 없는 경우에는 추징을 할 수 있다. 몰수에 갈음하여 그 가액의 납부를 명하는 사법처분이나, 몰수의 취지를 관철하기 위한 제도라는 점에서 부가형의 성질을 가진다.

Ⅴ) 명예형 - 자격상실, 자격정지

명예형은 범인의 명예 또는 자격을 박탈하는 것을 내용으로 하는 형벌로 자격형이라고도 한다. 형법상의 명예형은 자격상실과 자격정지가 있다.

자격상실은 사형·무기징역·무기금고의 선고가 있으면 그 형의 효력으로서 일정한 자격이 당연히 상실되는 경우이다. 상실되는 자격으로는 공무원이 되는 자격, 공법상의 선거권과 피선거권 등이 있다(제43조).

　자격정지는 일정기간 동안 일정자격의 전부 또는 일부를 정지시키는 명예형에 해당하며, 유기징역 또는 유기금고의 판결을 받은 자는 그 형의 집행이 종료하거나 면제될 때까지 공무원이 되는 자격, 공법상의 선거권과 피선거권 등 일정 자격이 정지된다.

제3절　집행유예, 선고유예, 가석방

Ⅰ 집행유예

　집행유예는 일단 유죄를 인정하여 형을 선고하되 일정한 요건아래 일정한 기간동안 그 형의 집행을 유예하고 그것이 취소·실효됨이 없이 유예기간을 경과하면 형의 선고의 효력을 상실케 하는 제도이다(제62조).

　3년 이하의 징역이나 금고 또는 500만 원 이하의 벌금의 형을 선고할 경우에 제51조의 사항을 참작하여 그 정상에 참작할 만한 사유가 있는 때에는 1년 이상 5년 이하의 기간 형의 집행을 유예할 수 있다. 다만, 금고 이상의 형을 선고한 판결이 확정된 때부터 그 집행을 종료하거나 면제된 후 3년까지의 기간에 범한 죄에 대하여 형을 선고하는 경우에는 그러하지 아니하다. 종전에는 벌금형에 대해서는 집행유예가 불가능하였지만 형법을 개정하여 벌금형에 대해서 집행유예가 가능하다.

　형의 집행을 유예하는 경우에는 보호관찰을 받을 것을 명하거나 사회봉사 또는 수강을 명할 수 있다. 보호관찰의 기간은 집행을 유예한 기간으로 한다. 다만, 법원은 유예기간의 범위 내에서 보호관찰기간을 정할 수 있다. 사회봉사명령 또는 수강명령은 집행유예기간 내에 이를 집행한다(제62조의2).

　집행유예의 선고를 받은 후 그 선고의 실효 또는 취소됨이 없이 유예기간을 경과한 때에는 형의 선고는 효력을 잃는다. 즉 형의 집행이 면제되고, 처음부터 형의 선고의 법률적 효과가 없어지므로 전과자가 되지 않는다. 그러나 형 선고가 있었다는 사실까지 없어지는 것은 아니다.

Ⅱ 선고유예

선고유예는 경미한 범죄인에 대하여 일정한 기간 동안 형의 선고를 유예하고 그 유예기간을 경과한 때에는 면소(免訴)된 것으로 간주하는 제도이다(제59조). 처벌받았다는 오점을 피고인에게 남기지 않음으로써 피고인의 사회복귀를 용이하게 하는 특별예방적 목적을 가진다. 1년 이하의 징역이나 금고, 자격정지 또는 벌금의 형을 선고할 경우에 제51조의 사항을 고려하여 뉘우치는 정상이 뚜렷할 때에는 그 선고를 유예할 수 있다. 단, 자격정지 이상의 형을 받은 전과가 있는 자에 대하여는 예외로 한다. 형의 선고를 유예하는 경우에 재범방지를 위하여 지도 및 원호가 필요한 때에는 보호관찰을 받을 것을 명할 수 있으며, 보호관찰의 기간은 1년으로 한다. 선고유예의 선고 여부는 법원의 재량이다.

Ⅲ 가 석 방

가석방은 징역이나 금고의 집행 중에 있는 사람이 행상(行狀)이 양호하여 뉘우침이 뚜렷한 때에 형기만료 전에 조건부로 수형자를 석방하고 일정한 기간을 경과한 때에는 형의 집행을 종료한 것으로 간주하는 제도이다(제72조). 1800년 오스트레일리아에서 유형중인 수인이 섬 안에 있을 것을 조건으로 가출옥허가장을 발급해 주고 석방해 주는 관행에서 유래하였다. 무기징역 · 금고의 경우에는 20년, 유기징역 · 금고에 있어서는 형기의 3분의 1을 경과한 후 행정처분으로 가석방을 할 수 있다. 행상이 양호하여 뉘우침이 뚜렷하다는 것은 수형자에게 남은 형기를 집행하지 않아도 재범의 위험성이 없다는 판단이 가능해야 한다는 취지이다. 가석방된 자는 가석방기간 중 보호관찰을 받는다. 다만, 가석방을 허가한 행정관청이 필요가 없다고 인정한 때에는 그러하지 아니하다. 가석방의 처분을 받은 후 그 처분이 실효 또는 취소되지 아니하고 가석방기간을 경과한 때에는 형의 집행을 종료한 것으로 본다.

제4절 보안처분

Ⅰ 의 의

보안처분이라 함은 형벌로는 행위자의 사회복귀와 범죄의 예방이 불가능하거나 행위자의 특수한 위험성으로 인하여 형벌의 목적을 달성할 수 없는 경우에 형벌을 대체하거나 보완하기 위한 예방적 성질의 조치를 말한다. 형벌은 과거의 행위에 대한 사회윤리적 비난으로서의 제재임에 반하여, 보안처분은 장래의 범죄에 대한 예방적 성질의 제재이다. 보안처분은 행위자의 범행, 예기되는 범행의 의미와 그 발생위험의 정도 등을 종합적으로 고려하여 꼭 필요한 정도에 제한되어야 한다.

장래에 범죄를 범할 위험성이 있는 자에게 개선, 보안조치를 부과함으로써 범죄의 예방을 의도하는 보안처분은 특히 특별예방목적을 지향한다. 하지만, 예방의 필요성만으로 정당화될 수 없으며, 보안처분법정주의와 비례성의 원칙, 범죄행위를 전제로 하여야 하며, 재범의 위험성이 중요한 판단기준이 되어야 한다. 특히 보안처분은 형벌과 마찬가지로 국가가 대상자의 자유를 박탈하거나 제한하는 것을 그 내용으로 하고 있기 때문에 국가강제력의 명확한 한계를 설정해야 한다. 우리 헌법도 누구든지 법률과 적법한 절차에 의하지 않고는 보안처분을 받지 않는다고 하여 보안처분에 대한 헌법적 근거를 마련하면서 보안처분의 법률적 근거와 절차의 적법성을 요구하고 있다.

Ⅱ 종 류

형법상의 보안처분으로서는 집행유예시의 보호관찰과 사회봉사·수강명령(제62조의2), 선고유예시의 보호관찰(제59조의2), 가석방시의 보호관찰(제73조의2 2항)이 있다. 형법 이외에도 소년법상의 보호처분, 보안관찰법상의 보안관찰처분, 치료감호법상의 치료감호 등이 있다.

치료감호는 심신장애 상태, 마약류·알코올이나 그 밖의 약물중독 상태, 정신성적(精神性的) 장애가 있는 상태 등에서 범죄행위를 한 자로서 재범(再犯)의 위험성이 있고 특수한 교육·개선 및 치료가 필요하다고 인정되는 자에 대하여 적절한 보호와 치료를 함으로써 재범을 방지하고 사회복귀를 촉진하는 것을 목적으로 한다. 검사는 치료감호대상자가 치료감호를 받을 필요가 있는 경우 관할 법원에 치료감호를 청구할 수 있으며, 법원은 치료감호사건을 심리하여 그 청구가 이유 있다고 인정할 때에는 판결로써 치료감호를 선고하여야 한다. 치료감호사건의 판결은 피고사건의 판결과 동시에 선고하여야 한다. 치료감호를 선고받은 자(피치료감호자)에 대하여는 치료감호시설에 수용하여 치료를 위한 조치를 하며, 수용기간은 2년에서 15년까지이다.

성폭력범죄자에 대한 위치추적 전자장치(전자발찌)를 부착하게 하는 전자감시제도 또한 그 법적 성격이 보안처분에 해당한다고 보는 것이 판례의 입장이다. 이 법률은 2009년 5월 「특정 범죄자에 대한 위치추적 전자장치 부착 등에 관한 법률」로 개정되어 전자장치를 부착할 수 있는 대상범죄를 종전의 '성폭력 범죄'뿐만 아니라, '미성년자 대상 유괴범죄'와 '살인범죄'에까지 확대하였다.

전자발찌의 법적 성격

특정 성폭력범죄자에 대한 위치추적 전자장치 부착에 관한 법률에 의한 전자감시제도는, 성폭력범죄자의 재범방지와 성행교정을 통한 재사회화를 위하여 그의 행적을 추적하여 위치를 확인할 수 있는 전자장치를 신체에 부착하게 하는 부가적인 조치를 취함으로써 성폭력범죄로부터 국민을 보호함을 목적으로 하는 일종의 보안처분이다. 이러한 전자감시제도의 목적과 성격, 그 운영에 관한 위 법률의 규정 내용 및 취지 등을 종합해 보면, 전자감시제도는 범죄행위를 한 자에 대한 응보를 주된 목적으로 그 책임을 추궁하는 사후적 처분인 형벌과 구별되어 그 본질을 달리하는 것으로서 형벌에 관한 일사부재리의 원칙이 그대로 적용되지 않으므로, 위 법률이 형 집행의 종료 후에 부착명령을 집행하도록 규정하고 있다 하더라도 그것이 일사부재리의 원칙에 반한다고 볼 수 없다(대판 2009. 9. 10, 2009도6061, 2009전도13).

제 *04* 장
형법각칙

제1절 서 설

I 형법총칙과 형법각칙

형법전에서 형법총칙은 제1장 형법의 적용범위, 제2장 죄, 제3장 형, 제4장 기간으로 총 4장으로 구성되어 있다. 형법총칙은 개별범죄들에게 공통적으로 성립하는 범죄성립요소(구성요건해당성, 위법성, 책임)와 그 효과인 형벌·보안처분 등과 같은 형사제재를 체계적으로 규정해놓은 것이라면, 형법각칙은 개별범죄유형 그 자체를 기술하고 다른 범죄유형과 구분이 되도록 기준을 제시하고 있다.

형법각칙에서는 개별구성요건을 나열하고 있기 때문에 모든 범죄의 성립에 있어서 심사해야 하는 위법성과 책임과 같은 범죄요소는 별도로 규정하지 않고 형법총칙의 규정을 따르도록 하였다.

II 보호법익과 각칙의 체계

형법각칙상 범죄의 요소 중 가장 중요한 것은 보호법익이다. 대륙법체계에서는 법익을 기준으로 형법전을 구성하고 있다. 우리나라의 경우 국가적 법익을 해하는 죄, 사회적 법익을 해하는 죄, 개인적 법익을 해하는 죄의 순으로 형법각칙상의 범죄를 분류하고 있다.

형법에는 형법각칙의 편 아래 제87조 내란의 죄에서부터 제372조 손괴의 죄까지

286개의 조문이 배치되어 있으며, 제1장 내란의 죄에서부터 제42장 손괴의 죄에 이르기까지 총 42장에서 약 50여 개의 기본적 범죄유형을 나열하고 있다.

국가적 법익을 해하는 죄는 제1장 내란의 죄에서 부터 제11장 무고의 죄까지 구성되어 있으며, 이는 다시 국가의 존립과 안전 그 자체를 해하는 죄와 국가기능의 적정한 실현을 저해하는 죄로 두 가지로 구분한다.

사회적 법익을 해하는 죄는 제12장 신앙에 관한 죄에서 제23장 도박과 복표에 관한 죄까지 사회생활상 필수적인 사회적 법익, 즉 공공의 안녕질서, 공중의 위생, 공공의 신용, 기본적인 사회윤리를 해하는 죄가 있다.

개인적 법익을 해하는 죄는 제24장 살인의 죄에서부터 제42장 손괴의 죄까지 생명, 건강, 사생활의 평온, 태아의 생명, 신체의 자유, 의사결정의 자유, 성적 자기결정권, 명예, 개인의 신용과 업무, 사생활의 비밀, 주거의 평온, 재산권을 침해하는 죄가 있다.

형법각칙은 개별적 범죄구성요건을 규정하고 있기 때문에 실제 법학을 배우는 학생은 형법각칙에 규정된 각각 개별범죄구성요건을 하나씩 분석하고 적용하는 것을 배우게 된다. 법학에서 사용하고 있는 형법각론의 교과서는 범죄구성요건을 하나씩 설명하는 방식을 취하고 있다. 따라서 법학개론서 성격을 가지고 있는 본서에서는 이와 같은 설명방식을 취하는 것은 적절하지 않고 그 내용 또한 방대하기 때문에 형법각칙에 대한 설명은 범죄명을 언급하는 정도로 그칠 수밖에 없다. 따라서 개별 범죄구성요건을 공부하고자 하는 학생은 형법각론 교과서를 참고하기 바란다.

제2절　개인적 법익

개인적 법익에 대한 죄는 크게 제1장 생명과 신체에 대한 죄, 제2장 자유에 대한 죄, 제3장 명예와 신용·업무에 대한 죄, 제4장 사생활의 평온에 대한 죄, 제5장 재산에 대한 죄로 5가지로 구분된다.

제1장 생명과 신체에 대한 죄에는 살인, 상해, 폭행, 과실치사상, 낙태, 유기와 학대 등에 관한 개별범죄구성요건들을 규정하고 있다. 제1절 살인의 죄에는 살인죄, 존속살해죄, 영아살해죄 등이 있으며, 제2절 상해와 폭행의 죄에는 상해죄, 존속상해죄, 중상해죄, 특수상해죄, 상해치사죄, 폭행죄, 특수폭행죄, 폭행치사상죄, 상습상해·폭

행죄 등이 있으며, 제3절 과실치사상의 죄에는 과실치상죄, 과실치사죄, 업무상 과실 등이 있으며, 제4절 낙태의 죄에는 자기낙태죄, 동의낙태죄, 업무상 동의낙태죄, 부동 의낙태죄 등이 있으며, 제5절 유기와 학대의 죄에는 유기죄, 존속유기죄, 중유기죄, 유 기치사상죄, 영아유기죄 등이 규정되어 있다.

제2장 자유에 대한 죄에는 협박, 강요, 체포·감금, 약취·유인, 강간·추행 등에 관한 개별범죄구성요건들을 규정하고 있다. 제1절 협박의 죄에는 협박죄가 있으며, 제 2절 강요의 죄에는 강요죄, 중강요죄, 특수강요죄, 인질강요죄, 인질상해·치상죄, 인 질살해·치사죄가 있으며, 제3절 체포와 감금의 죄에는 체포·감금죄, 존속체포·감 금죄, 중체포·감금죄, 중존속체포·감금죄, 특수체포·감금죄, 상습체포·감금죄, 체 포·감금치사상죄가 있으며, 제4절 약취와 유인의 죄에는 미성년자 약취·유인죄, 추 행·간음·영리·결혼목적 약취·유인죄, 인신매매죄, 약취·유인·매매·이송등 상 해·치상죄, 약취·유인·매매·이송등 살인·치사죄, 약취·유인·매매·이송자 수수·은닉죄 등이 있으며, 제5절 강간과 추행의 죄에는 강간죄, 유사강간죄, 강제추 행죄, 준강간죄·준강제추행죄, 미성년자 의제강간·강제추행죄, 강간등 상해·치상 죄, 강간등 살인·치사죄, 미성년자·심신미약자 간음·추행죄, 피구금자간음죄 등이 규정되어 있다.

제3장 명예와 신용에 대한 죄에는 명예와 신용 등에 관한 개별범죄구성요건들을 규정하고 있다. 제1절 명예에 관한 죄에는 명예훼손죄, 사자명예훼손죄, 출판물에 의 한 명예훼손죄, 모욕죄가 있으며, 제2절 신용·업무와 경매에 관한 죄에는 신용훼손 죄, 업무방해죄, 컴퓨터업무방해죄, 경매·입찰방해죄 등이 규정되어 있다.

제4장 사생활의 평온에 대한 죄에는 사생활의 비밀 및 주거침해에 관한 개별범죄 구성요건들을 규정하고 있다. 제1절 비밀침해죄에는 비밀침해죄, 업무상 비밀누설죄 등이 있으며, 제2절 주거침입의 죄에는 주거침입죄, 퇴거불응죄, 특수주거침입죄, 주 거·신체수색죄가 규정되어 있다.

제5장 재산에 대한 죄에는 절도, 강도, 횡령, 배임, 사기, 권리행사방해 등과 같이 개인의 재산권을 침해하는 개별범죄구성요건들을 규정하고 있는데, 현재 형법각론공 부에 가장 중요한 부분으로 인식되고 있다. 여기에는 절도의 죄(단순절도죄, 야간주거침입 절도죄, 특수절도죄), 강도의 죄(단순강도죄, 특수강도죄, 준강도죄, 강도상해·치상죄, 강도살인·치 사죄, 강도강간죄 등), 사기의 죄(사기죄, 컴퓨터등 사용사기죄, 준사기죄, 편의시설부정이용죄, 부당 이득죄), 공갈의 죄(공갈죄, 특수공갈죄, 상습공갈죄), 횡령의 죄(단순횡령죄, 업무상횡령죄, 점유이

탈물횡령죄), 배임의 죄(단순배임죄, 업무상배임죄, 배임수재죄, 배임증재죄), 장물의 죄(장물취득·
양도·운반·보관·알선죄, 업무상과실·중과실 장물죄 등), 손괴의 죄(재물등 손괴죄, 공익건조물파
괴죄, 특수손괴죄, 경계침범죄 등), 권리행사방해죄(권리행사방해죄, 점유강취죄·준점유강취죄, 중
권리행사방해죄, 강제집행면탈죄)가 규정되어 있다.

제 3 절   사회적 법익

　　사회적 법익을 침해하는 범죄는 크게 제1장 공공의 안전과 평온에 대한 죄, 제2장
공공신용에 대한 죄, 제3장 공중의 건강에 대한 죄, 제4장 사회의 도덕에 대한 죄로
크게 구분된다.

　　제1장 공공의 안전과 평온에 대한 죄에는 제1절 공안을 해하는 죄(범죄단체조직죄,
소요죄, 다중불해산죄 등), 제2절 폭발물에 관한 죄(폭발물사용죄 등), 제3절 방화와 실화의
죄(현주건조물등 방화죄, 현주건조물등 방화치사상죄, 연소죄, 진화방해죄, 실화죄 등), 제4절 일수와
수리에 관한 죄(현주건조물 등 일수죄, 현주건조물 등 일수치사상죄, 방수 방해죄, 과실일수죄 등),
제5절 교통방해의 죄(일반교통방해죄, 기차·선박 등 교통방해죄 등)가 있다.

　　제2장 공공신용에 대한 죄에는 제1절 통화에 관한 죄(통화 위조·변조죄, 위조·변조통
화 행사등죄, 위조통화 취득후 지정행사죄 등), 제2절 유가증권·인지와 우표에 관한 죄(유가
증권 위조·변조죄, 허위유가증권 작성죄, 인지·우표 위조·변조죄 등), 제3절 문서에 관한 죄(사
문서위조·변조죄, 자격모용에 의한 사문서작성죄, 공문서위조·변조죄, 허위공문서작성죄, 사문서부정
행사죄, 전자기록위작·변작 행사죄 등), 제4절 인장에 관한 죄(사인위조·부정사용죄, 위조등 사
인행사죄 등)가 있다.

　　제3장 공중의 건강에 대한 죄에는 제1절 먹는 물에 대한 죄(먹는 물의 사용방해죄, 수
돗물의 유해물 혼입죄 등), 제2절 아편에 대한 죄(아편흡식·동 장소제공죄, 아편 등 제조·수입·
판매·판매목적 소지죄 등)가 있다.

　　제4장 사회의 도덕에 대한 죄에는 제1절 성풍속에 관한 죄(음행매개죄, 음란물죄, 공연
음란죄), 제2절 도박과 복표에 대한 죄(도박죄, 도박개장죄 등), 제3절 신앙에 대한 죄(장례식
등 방해죄 등)가 있다.

제4절 국가적 법익

국가적 법익을 침해하는 범죄는 크게 제1장 국가의 존립과 권위에 대한 죄, 제2장 국가의 기능에 대한 죄로 구분된다.

제1장 국가의 존립과 권위에 대한 죄에는 제1절 내란의 죄(내란목적 살인죄, 내란예비·음모·선동·선전죄), 제2절 외환의 죄(외환유치죄, 간첩죄 등), 제3절 국기에 관한 죄(국기국장모독죄 등), 제4절 국교에 관한 죄(외국원수사절 및 국기에 대한 죄, 외교상비밀누설죄 등)가 있다.

제2장 국가의 기능에 대한 죄에는 제1절 공무원의 직무에 관한 죄(직무유기죄, 공무상비밀누설죄, 불법체포, 감금죄, 뇌물죄 등), 제2절 공무방해에 관한 죄(공무집행방해죄, 공용서류등무효죄, 공용물파괴죄 등), 제3절 도주와 범인은닉의 죄(단순도주죄, 특수도주죄, 범인은닉죄 등), 제4절 위증과 증거인멸의 죄(위증죄, 단순증거인멸죄, 증인은닉도피죄 등), 제5절 무고의 죄(무고죄)가 있다.

제 **04** 편

국제법

제 *01* 장

국제법의 기초

하 정 철*

제1절 국제법의 의의

국제법(International law)은 주로 국가 간의 관계를 규율하는 국제사회의 법이다. 역사적으로 국가 간의 관계를 규율하는 법으로 시작한 국가법은 20세기 이후 국제사회의 조직화 등을 통해 국제기구와 제한적이나마 개인도 직접 규율하게 되어 점차 그 적용영역을 확대하고 있다.

국제법이 과연 법인가? 이에 대하여 많은 이들이 의문을 제기하고 있고, 실제로 국제법은 법으로서의 실효성이나 강제성의 측면에서 각국의 국내법보다는 낮은 수준에 머무르고 있는 것이 사실이다. 하지만 국제법의 위반이 많다거나 위반에 대한 제재가 충분치 못하다는 점을 이유로 국제법의 법적 성격 자체를 부인하는 것은 설득력이 떨어지고, 국제사회의 정의실현을 위해 올바른 방향이 될 수도 없다. 실제로 강제력이 미약함에도 불구하고 국제법은 오늘날 국제사회에서 비교적 잘 준수되고 있다. 이는 국제법 자체가 국제사회의 공통의 이익을 보장해주는 것으로서 각국의 합의와 관행을 바탕으로 성립한 측면에 기인하는 면도 있겠으나, 국제사회의 상호의존도가 높아진 오늘날 국제법의 준수가 중요한 자산인 자국의 신뢰도를 고양하는 데 꼭 필요하기 때문이기도 하다.

---

* 대통령직속 정책기획위원회 전문위원.

| 제 2 절 | 국제법의 법원(法源) |

국제법의 법원이란 현재 국제적으로 무엇이 구속력을 지는 법규범인가를 파악하는 기준이 되는 것을 말한다. 비록 UN의 주요 사법기관인 국제사법재판소의 재판준칙으로 마련된 것이기는 하지만 국제사법재판소 규정 제38조 제1항이 국제법의 법원을 설명하는데 자주 인용된다.

> 재판소는 재판소에 회부된 분쟁을 국제법에 따라 재판하는 것을 임무로 하며, 다음을 적용한다. a. 분쟁국에 의하여 명백히 인정된 규칙을 확립하고 있는 일반적인 또는 특별한 국제협약, b. 법으로 수락된 일반관행의 증거로서의 관습법, c. 문명국에 의하여 인정된 법의 일반원칙, d. 법칙결정의 보조수단으로서의 사법판결 및 제국의 가장 우수한 국제법 학자의 학설. 다만 제59조의 규정에 따를 것을 조건으로 한다.

I 조 약

조약은 국제법 주체들이 국제법의 규율 하에 일정한 법률효과를 발생시키기 위하여 체결한 국제적 합의이고, 이에 대해서는 조약법 부분에서 별도로 살펴본다.

II 국제관습법

국제관습법은 이견이 있기는 하지만 "법적 확신을 획득한 일반적 관행"으로 정의되는 것이 일반적이다. 주로 관행이 먼저 성립한 후 법적 확신이 추가되는 형태로 성립하지만, 현대에는 일정한 원칙에 대한 국제사회의 폭넓은 지지가 먼저 형성되고 그에 따른 합의를 실행하는 순으로 국제관습법이 형성되기도 한다.

"일반적 관행"은 많은 국가들의 공통적이고 폭넓은 관행이 계속적으로 일관성있게 행해질 때 인정되고 특별한 이해관계를 가진 국가들이 특정 행위의 허용 또는 금지가 법에 기한 것이라고 인식할 때 법적 확신이 인정될 수 있다.

하지만 국제관습법은 그 존재 여부 자체의 입증이 어려울 뿐 아니라 관행이 언제 관습법으로 변화하는지 그 정확한 시간적 경계를 판정하는 것도 어려운 것이 사실이다. 더욱이 관습의 존재와 준수를 객관적으로 확인할 제도적 장치가 결여되어 있다는 현실적인 한계도 가지고 있다. 그리하여 오늘날 국제법의 법원으로서 조약의 중요성이 상대적으로 보다 부각된다고 평가되기도 한다.

Ⅲ 법의 일반원칙

법의 일반원칙은 각국 국내법에 공통된 원칙으로, 이를 국제법상 독자적 법원으로 인정하는 것이 현재 통설의 입장이다. 법의 일반원칙은 그것이 바로 국제재판에서 적용되기 보다는 국내법 특히 사법상의 일반원칙이 표상하는 법적 논리가 적당히 변용되어 적용되는 형태를 취한다. 이의 적용과 관련해서는 재판부가 상당한 재량권을 행사하게 된다.

Ⅳ 학설과 판례

학설과 판례는 법칙 자체를 창조한다기 보다는 오직 법칙 성립 여부를 판단하는 수단으로 활용될 수 있을 뿐이다. 실제로 국제사법재판소 규정 제59조는 선례구속성의 원칙을 부인하고 있다. 하지만 법적 안정성의 존중을 위하여 과거 많은 국제재판이 과거의 판례를 인용하고 있으며, 국제판례는 국제법의 확인과 형성에 중요한 기능을 담당하여 왔다. 그리고 저명한 학자의 학설도 역사적으로 국내법에서보다 국제법 영역에서 중요한 역할을 해왔다.

Ⅴ 국가의 일방적 행위

국가의 일방적 행위에 의해 조약이나 국제관습법이 성립하지는 않고, 많은 경우 일방적 행위는 외교적·정치적 행위일 경우가 많다. 하지만 과거 국제사법재판소는 일방적 선언도 법적 의무를 창출할 수 있음을 인정하였고, UN 국제법위원회도 일방적 선언이 공개적으로 발표되고 이를 준수할 의지가 명백하고 구체적인 용어로 표명된 경우에는 법적 구속력을 창출할 수 있다는 원칙을 채택한 바가 있다.

Ⅵ 국제기구의 결의

UN 헌장에 따라 안전보장이사회의 결의는 모든 회원국에게 구속력을 지닐 수 있지만, 총회의 결의는 만장일치로 성립되었어도 그 자체로 법적 구속력을 갖지는 않는다. 하지만 UN총회의 결의는 장래의 국제법 발전에 중대한 영향력을 발휘하는 경우가 많고, 국제관습법의 존재를 확인해 주는 역할을 하기도 한다.

Ⅶ 법원 간의 위계

국제사법재판소 규정 제38조 제1항은 법원 간의 위계에 대해서는 언급이 없고, 실제로 조약과 국제관습법 간에는 양자의 법적 구속력이 대등하여, 상호 모순이 발생하는 경우 특별법 우선, 후법 우선의 원칙이 적용되는 경우가 많다. 물론 현실적으로 기존 조약과 다른 국제관습법이 형성되었다고 하더라도 개별 국가가 조약의 우선 적용을 주장할 가능성이 많고, 국제관습법은 그 존재 자체가 다투어지는 경우가 많은 점을 고려하면 기존 조약이 특별법의 자격으로 우선 적용될 가능성이 큰 것은 사실이다. 법의 일반원칙 등은 보충적 법원으로 작용한다.

제3절　국제법과 국내법의 관계

Ⅰ 국제법과 국내법의 관계에 관한 이론

1._ 국내법 우위론

국내법 우위론은 국내법이 국제법에 우선하며, 양자가 상호 모순되는 경우 국내법이 적용되어야 한다는 이론이다. 19세기까지의 지배적 이론으로서 이는 사실 국제법을 부인하는 결과를 가져올 수 있다.

2._ 이 원 론

이원론은 국제법과 국내법을 상호 독립적으로 존재하는 별개의 법체계로 이해한다. 국제법은 국가 간의 관계를 규율하고, 국내 문제에는 국내법이 적용된다고 한다. 이 입장에 따르면 양자는 서로 별개의 법질서로서 서로 상대의 영역에 간섭할 일이 없고, 충돌이나 상호 우열의 문제도 발생하지 않는다. 하지만 이 이론은 제한적이기는 하지만 국제법이 개인 간의 관계에 대해서도 직접 적용되는 오늘날의 현실을 설명하지 못한다. 우리 헌법도 조약 등 국제법의 직접 적용을 규정하고 있다.

3._ 국제법 우위론

국제법 우위론은 국제법과 국내법의 상호 충돌가능성을 인정하고, 양자가 상호 대립 충돌시 국제법이 우선적으로 적용되어야 한다는 입장이다. 국내법의 궁극적 근거가 국제법에 있다는 점을 이론적 근거로 하고 있는데 이는 국제법의 역사적 현실과 부합하지 않는다. 국제법 우위론은 이론적으로 규범의 세계에서는 타당할 수 있다고 하더라도, 많은 국가가 자국의 헌법에 위배되는 국제법의 국내적 효력을 부인하는 오늘날 국제법과 국내법의 관계를 설명하는 데에는 한계를 가지고 있다.

4._ 이론 대립의 분석

국제법과 국내법의 관계에 대한 이론은 아직 그 어느 것도 이론과 현실을 모두 만족하게 설명하고 있지 못한다. 결국 이에 관한 논의의 실질적 의의는 국내법원이 국제법을 재판규범으로 직접 활용할 수 있느냐 여부에 대한 답을 주는 정도이다. 이에 오늘날 대부분의 국제법 교과서는 국제법 질서 속에서의 국내법과 국내법 질서 속에서의 국제법을 나누어 설명한다.

Ⅱ 국제법 질서 속에서의 국내법

국제관계에서는 기본적으로 국제법만이 구속력 있는 법규범으로 인식되고, 개별 국가는 국내법을 이유로 국제법을 위반할 수는 없다. 국제법에 모순되는 국내법의 처리는 각국의 재량사항이지만, 이로 인하여 해당 국가는 국제법상의 책임을 지게 될 것이다.

Ⅲ 국내법 질서 속에서의 국제법

국가마다 국내법 질서 속에서 국제법이 차지하고 있는 위치는 다르다. 국제법이 국내적으로 수용되어 직접 적용되기도 하고, 국내법으로 변형되어 실현되기도 한다. 우리나라 헌법은 제6조 제1항에서 "헌법에 의하여 체결·공포된 조약과 일반적으로 승인된 국제법규는 국내법과 같은 효력을 가진다"고 규정하고 있고, '일반적으로 승인된 국제법규'는 국제관습법을 의미하는 것으로 해석된다. 이 조문에 의해 국내법원에서 조약과 국제관습법이 국내법으로의 변형 없이도 직접 적용될 수 있다는 점에는 별다른 이견이 없다.

하지만 조약 중에서는 국내 입법을 통한 이행을 예정하는 경우도 많으며, 특정 조약이 자기집행적인지 여부가 문제 될 수 있다. 또한, 조약과 국제관습법이 '국내법과 같은 효력을 가진다'는 의미가 무엇인지에 대해서도 학설의 대립이 있다. 형식적 의미의 법률과 동일한 효력을 가진다는 견해가 다수의 견해이긴 하지만, 국회동의를 받지 않고 체결된 조약은 대통령령에 해당하는 것으로 해석하는 입장이 있다.

국내 법률과 조약 간에 내용상 충돌이 있으면 특별법 우선, 후법우선의 원칙에 따라 해결되며, 이는 국제관습법의 경우에도 마찬가지라고 보는 것이 헌법 조문에 합당한 해석일 것이다.

제4절 국제법의 주체

일반적으로 국제법의 주체는 국제법상 권리를 향유하거나 의무를 부담할 수 있는 능력과 자격을 가진 법인격체를 의미한다. 전통적으로 국제법에서는 국가만이 국제소송에서 당사자능력을 가지며, 타국과의 조약을 체결할 수 있고, 타국의 영역 내에서 특권과 면제의 혜택을 누릴 수 있다고 인식되어 왔으나, 오늘날은 제한적이나마 국제기구와 심지어 자연인과 법인에게도 국제적 법인격이 인정되고 있다. 하지만 여전히 국제기구와 같은 새로운 국제법 주체는 국가들의 합의에 기하여서만 주체로서 인정되며, 국가가 승인한 범위나 기간 내에서만 법주체성을 갖는다는 한계를 가지고 있다.

제**02**장

국   가

제1절 국가의 의의와 권리 의무

I 국가의 의의

국가가 국제적 법인격체라는 점에는 이론이 없지만, 국가의 자격요건이 무엇인가에 대해서는 학자들 간에 견해의 차이가 있다. 1933년 몬테비데오에서 서명된 「국가의 권리 및 의무에 관한 협약」제1조에 따르면 국가는 (ⅰ) 영구적 인민, (ⅱ) 일정하게 확정된 영토, (ⅲ) 정부, (ⅳ) 타국과 관계를 맺을 수 있는 능력을 구비해야 한다.

하지만 그 요건들은 주로 국가로서의 실효성을 판단하는 기준으로 제시되는 것으로 특정 국가의 국가로서의 자격과 관련해서는 완화되어 해석된다. 국민은 그 수에 있어서 최소 기준이 없고, 인종적·민족적·종교적·언어적으로 단일해야 하는 것도 아니며, 영토 역시 대강의 국경이 결정되면 국가로 성립될 수 있다. 설령 내전이나 적국의 전시점령으로 일시적으로 전부 또는 일부의 영토에 대한 통제력을 상실하여도 국가는 법적으로 계속 존속한다. 자국 영역에 대해 실효적인 지배권을 행사하는 중앙정부 역시 국가의 자격요건으로서 요구되지만, 일시적으로 그 기능을 못하더라도 국가로서의 지위가 소멸되지는 않는다.

한편, 몬테비데오 조약 제1조의 내용이 국제관습법의 표현으로 간주되기도 하는데, 그 조항상의 자격요건이 갖추어지면 자동적으로 국가로서 인정되는지는 별개의 문제이다. 오늘날의 국제사회에서는 신생국가의 경우 민족자결의 실현 여부도 중요한 국가의 성립요건으로 고려되고 있다.

Ⅱ 국가의 권리·의무

국가는 국가라는 자격만으로 국제법상 기본적인 권리와 의무를 보유한다. 1949년 UN국제법위원회는 국가의 권리 의무에 관한 선언초안에서 국가의 독립권, 영역에 대한 관할권, 타국의 국내문제 불간섭 의무, 타국의 내란을 선동하지 않을 의무, 국가간 평등권, 인권과 기본적 자유를 존중할 의무, 국제평화를 확보할 의무, 분쟁의 평화적 해결의무, 무력 불사용 의무, 침략국을 원조하지 않을 의무, 무력사용을 통한 영역취득을 승인하지 않을 의무, 자위권, 국제법상의 의무이행의무 등을 제시하였다.

이 중에서 국내문제 불간섭 의무는 오늘날 국제법의 영역 확대, 특히 인권법 분야의 확대로 인해 많은 논란이 되고 있다. UN헌장 제2조 7항은 본질상 국내문제에 대해 UN도 간섭할 수 없다고 규정하고 있는데, 무엇이 본질적으로 국내문제인지는 인권문제와 민족자결문제에 있어서 매우 민감한 문제이다. 합법적 정부의 요청에 기해 타국의 국내문제 해결에 조력하는 것은 불간섭의무의 예외로서 인정되지만, 합법적 정부 여부 역시 정부의 승인이라는 고도의 정치적 판단과 연관되어 있다. 이것은 인도적 개입과 관련해서도 중요한 문제로 제기된다.

제 2 절 국가의 승인

Ⅰ 국가승인의 의의

국가의 승인은 사실상 존재하고 있는 정치적 통일체가 국제법상 국가자격을 취득하였음을 선언하거나 인정하는 일방적인 행위이다. 국제법상 승인은 정치적 동기에서 정치적 목적을 고려하여 이루어지는데, 해당 승인국과 피승인국 사이에서만 효력을 가진다.

Ⅱ 국가 승인의 법적 의미

국가의 승인의 의미와 관련하여 승인을 통해 피승인국에 대한 국가로서의 자격을 부여하는 것이라는 창설적 효과설과 승인은 단순히 이미 성립하고 있는 피승인국의 존재 사실을 확인하는 행위에 불과하다는 선언적 효과설이 대립한다.

창설적 효과설은 국가가 국제법상의 권리 의무의 원천이라고 보는 입장에 근거하여 국가는 자신이 승인한 국가에 대하여만 국제법상의 의무를 진다는 의미를 내포한다. 이는 과거 유럽세력 등의 제국주의적 영토 확장의 결과를 합법화시켜 주는 승인제도의 역사적 발전과 맥락을 같이한다.

이에 반하여 선언적 효과설은 국제법상 국가의 존재 자체는 자격요건의 구비 여부에 따라 사실적으로 결정되는 것으로서, 승인은 피승인국의 존재를 인정하고 그를 국제적 법인격체로 취급하겠다는 승인국의 의사 선언에 불과한 것이라고 한다. 오늘날 대다수의 학자들이 선언적 효과설의 입장을 취하고 있다. 한편, 창설적 효과설을 취하는 학자들 중에 승인 의무를 인정하는 견해가 있는데, 이에 따르면 양 이론은 사실상 별 차이가 없게 된다.

Ⅲ 국가 승인의 방법

승인국은 명시적으로 승인의 의사를 표시할 수도 있지만 외교관계의 수립이나 국가간 중요한 조약의 체결 등 명백히 국가만을 상대로 취할 수 있는 행위를 통하여 묵시적으로 승인의사를 표시할 수도 있다. 하지만 국제기구나 다자조약에의 동시 가입, 통상대표부의 설치 허가, 장기간의 양자 회담, 상대국의 여권 인정은 그 자체로 묵시적 승인으로 인정되지는 않는다.

Ⅳ 승인의 취소

특정한 실체가 국가로서의 존속이 중단되는 경우 별도의 승인 취소는 필요하지 않다. 정치적인 이유로 기존에 승인한 국가의 승인을 취소하는 경우에는, 창설적 효과설에 따르면 승인의 취소(사실상 철회)를 통하여 해당 국가에 대해 일종의 법률적 사망 신고를 하는 것으로 볼 수도 있지만, 선언적 효과설에 따르면 승인의 취소는 승인 대상이 소멸하지 않는 한 별다른 의미를 갖지 못한다.

Ⓥ 정부의 승인

정부승인이란 해당 정부를 그 국가의 정식의 국제적 대표기관으로 인정하는 일방적 행위이다. 합헌적 방법에 의한 정권 교체의 경우에는 별도의 정부승인이 요구되지 않지만, 혁명이나 쿠데타와 같이 비합헌적 방법에 의한 정권 교체의 경우 정부 승인 여부가 중요한 의미를 가질 수 있다. 정부 승인 역시 정치적 판단에 의해 이루어지는 경우가 많으며, 신정부의 불승인은 해당 정부에 대한 정치적 불만의 표시로 받아들여진다. 하지만 오늘날 많은 나라들이 에스트라다 주의(타국의 정부에 대한 명시적 공식적 승인은 필요하지 않다는 입장)를 채용하여 정부 승인 여부에 대한 공식적인 입장을 밝히지 않은 채, 양국간 필요한 외교 관계만을 추구하는 경향을 보이고 있다.

Ⓥ 국제기구와 승인

국가의 승인은 개별 국가의 일방적 행위이므로 국제기구의 가입이 해당 국제기구의 회원국의 승인을 의미하지는 않는다. 따라서 UN 등이 특정 국가나 정부를 승인하는 것은 법적 효과보다는 정치적 효과만을 가진다고 볼 수 있다.

Ⓥ 국가 승인의 국내법상 효력

선언적 효과설에 의할 때 승인의 국제법적 의미는 크지 않지만, 국가의 승인은 국내법적으로는 일종의 창설적 효과를 가진다. 승인을 받아야만 피승인국은 승인국의 국내 법원에서 주권면제를 향유하고, 주권국가에 부여되는 권리와 특권을 행사할 수 있기 때문이다. 하지만 오늘날 많은 나라들이 사인의 권리의무에 관한 한 미승인국의 법률도 준거법으로 수락하고, 미승인국가의 법률행위의 효력도 수락하는 경향을 보이고 있다.

제3절 국가의 승계

일정 영역의 국제관계상 책임 주체가 다른 국가로 대체되는 것을 국가승계라고 한다. 국가 승계에 관하여 국제법의 원칙은 아직 모호하고 불확실한 부분이 많아서, 사실상 개별 국가승계시마다 상황의 특수성을 반영하여 개별적 합의를 통하여 처리 되는 경우가 많다.

Ⅰ 조약승계

조약상의 권리 의무의 승계와 관련하여서는 「조약에 관한 국가승계 협약」 (1978)(2015년 12월 기준 22개국 가입)이 발효 중에 있다. 이에 따르면 기존 국가간 영토의 일부 승계의 경우 해당 지역에 대한 선행국의 조약이 종료되고 승계국의 조약이 확 장 적용되고(조약경계 이동의 원칙), 종속관계로부터 독립한 신생국의 경우 선행국의 조 약을 계속 인정할 의무가 없다(백지출발주의). 복수의 국가가 하나의 국가로 통합된 경 우에는 별도의 합의가 없다면 통합 이전의 조약이 각기 기존의 적용지역에 한해 계 속 적용되며, 기존 국가 영역의 일부가 분리하여 별도의 승계국을 형성하는 경우 해 당 지역에 적용되던 조약은 그대로 적용된다.

한편 인권조약과 관련하여 최근 국제인권단체를 중심으로 인권은 국가가 아닌 그 지역에 거주하는 주민의 권리이므로 국가승계에 따라 해당 주민들의 권리 변동이 있 을 수 없다는 주장이 제시된다. 이 견해에 따르면 특정 국가가 인권조약의 당사국이 되면, 이후에 해당 국가를 승계한 국가는 자동적으로 해당 조약의 당사국이 된다. 아 직 이에 대해서 국제사법재판소나 다른 국제재판소의 입장은 표명되지 않았다.

Ⅱ 국경조약 및 국경제도의 승계

일반적인 조약의 승계와 달리 국경과 관련해서는 일반적으로 국가승계의 유형과 무관하게 기존의 조약이나 제도가 존중되어야 한다는 것이 국제관습법이라고 이해된 다. 이는 국경과 관련된 분쟁이 자칫 국제적 무력 분쟁으로 발전할 가능성을 고려한 것이다. 1978년 「조약에 관한 국가승계 협약」 제11조도 이와 동일한 입장을 취하고 있다.

Ⅲ 재산과 부채의 승계

1983년 「국가재산, 문서 및 부채에 관한 국가승계 협약」은 국가승계시 국유재산과 부채에 관하여 다루고 있다. 신생독립국의 경우 자국 내에 위치한 선행국의 국유재산의 소유권을 취득하지만, 별도의 합의가 없는 한 부채의 부담은 지지 않는다. 국가통합의 경우에는 선행국의 재산과 부채 모두 승계국으로 이전된다.

제**03**장
국가의 관할권 행사와 주권면제

제1절   국가의 관할권 행사

I 국가관할권의 의의

국가의 관할권은 국가가 영역·국민·재산 등에 대하여 행사할 수 있는 권한의 총체로서 국가 주권의 구체적 발현이라고 할 수 있다. 국가의 관할권은 입법기관, 행정기관, 사법기관 등을 통하여 행사되며, 그 행사범위는 국내법에 의해 결정되지만, 복수의 국가가 동일한 대상에 대하여 관할권을 행사하려는 경우 국제법상 관할권 행사의 원칙에 따라 적절한 조화점을 찾게 된다.

II 국내법원의 관할권 행사의 근거

1._ 속지주의

속지주의는 한 국가의 영토 내에서 발생한 사건에 대하여 영토국가가 관할권을 행사할 수 있다는 원칙이다. 이에 기한 관할권을 영토관할권이라고 한다. 보통 범죄행위 개시국과 범죄결과 발생국 모두 속지주의에 따라 관할권을 행사할 수 있다고 인정된다.

우리나라 형법은 제2조에서 속지주의를 규정하고 있다. 한편 형법 제4조의 기국주의도 속지주의의 연장으로 이해될 수 있다.

2._ 속인주의

국가는 해외에서의 자국민의 행위에 대해서도 관할권을 행사할 수 있다는 것이 속인주의이다. 이에 근거한 관할권을 국적관할권이라고 하는데, 우리 형법은 제3조에서 속인주의를 규정하고 있다.

3._ 보호주의

보호주의는 외국에서 발생한 외국인의 행위라 할지라도 그로 인하여 국가적 이익을 침해당한 국가는 관할권을 행사할 수 있다는 원칙이다. 외국인의 행위가 그 행위가 일어난 곳의 현지법을 위반했는지 여부는 중요하지 않다. 이에 근거한 관할권을 보호관할권이라고 한다. 우리 형법은 제5조에서 보호주의를 규정하고 있다.

4._ 피해자 국적주의

피해자 국적주의는 외국인이 자국민을 상대로 행한 범죄에 대하여 국가가 관할권을 행사할 수 있다는 원칙이다. 보호주의가 주로 국가적 법익의 보호를 목적으로 하는데 반해, 피해자 국적주의는 개인적 법익의 보호를 목적으로 한다. 우리 형법은 제6조에서 규정하고 있다.

5._ 보편주의

보편주의는 특정한 범죄에 대하여 어떤 국가든지 관할권을 행사할 수 있다는 원칙이다. 대체로 제노사이드, 해적 등에 대하여는 보편적 관할권에 근거하여 어느 국가나 관할권을 행사할 수 있다는 데 의견이 일치하고 있다.

Ⅲ) 관할권 행사의 경합

동일한 사람의 동일한 행위에 대하여 여러 국가의 관할권이 경합할 수도 있다. 가령, 미국인이 한국에서 범죄를 저지른 경우, 우리나라는 속지주의에 따라 관할권이 있으며, 미국은 속인주의에 따라 관할권을 가질 수 있다. 속지주의 및 속인주의 이외의 근거에 기한 관할권에 대해서는 속지주의와 속인주의가 우선하지만, 속지주의와 속인주의가 경합하는 경우 어느 관할권이 우선하는지에 관해서는 명확한 원칙이 확립되어 있지 않아 범인의 신병을 확보한 어느 국가도 형사관할권을 행사할 수 있다. 다만 유럽인권재판소는 2001년 속지주의 관할권이 속인주의 관할권에 우선한다는 판결을 내린 바 있다.

한편 관할권 경합으로 이중처벌이 발생할 수 있다. 우리 형법 제7조도 "외국에서 형의 전부 또는 일부의 집행을 받은 자에 대하여는 형을 감경 또는 면제할 수 있다"고 하고 있어 이중처벌의 가능성을 인정하고 있다. 일사부재리원칙은 동일 관할권 내에서의 이중처벌을 금지하는 것이어서 관할권 경합의 경우 적용되지 않는다.

Ⅳ 국제법에 의한 관할권의 행사의 제한

국가 간 관할권 경합과 관련하여 조약에 의해 관할권 행사에 제한을 설정해 놓는 경우가 있다. 주한 미군 주둔군지위협정(SOFA)이 그 예이다. 그리고 조약 이외에 주권면제의 법리나 외교사절 등에 대한 면제 등에 의하여 국가의 관할권 행사가 제한되기도 한다.

제2절 국가의 주권면제

Ⅰ 주권면제의 의의

주권면제는 국가가 외국의 법정에 스스로 제소하든가 자발적으로 응소하지 않는 한 그 외국 법원의 관할권에 복종하도록 강제되지 않는다는 원칙을 말한다. 모든 국가는 외국에 대하여 이를 인정해야 할 국제법상의 의무를 진다. 다만 주권면제는 국가가 타국의 재판관할권으로부터 면제된다는 것이지, 해당국의 법률의 적용 자체를 받지 않는다거나 위법행위에 대한 법적 책임의 성립 자체를 부인하는 것은 아니다.

Ⅱ 주권면제이론

1._ 절대적 주권면제이론

주권면제가 주장되던 초기부터 주장된 것으로 주권국가는 어떠한 경우에도 타국의 관할권으로부터 면제된다는 원칙이다.

2._ 제한적 주권면제이론

제한적 주권면제이론은 국가의 행동을 주권적 행위와 상업적 행위로 구별하여 전자에 한하여 주권면제가 인정된다는 원칙이다. 오늘날 다수의 국가가 제한적 주권면제이론을 지지하고 있지만, 항상 주권적 활동과 상업적 활동의 구별이 용이한 것은 아니다.

Ⅲ 강제집행으로부터의 면제

외국에 대한 주권면제와 외국재산에 대한 강제조치는 별개의 문제로 취급되어, 외국법원의 관할권에 동의를 하였다고 하더라도 외국이 그로 인한 재판에 기하여 강제조치를 취할 때에는 그 국가의 별도의 승인을 받아야 한다.

Ⅳ 국제법 위반행위와 주권면제

주권면제는 법적 책임의 성립 자체를 부인하는 것이 아니고 단순히 외국의 재판관할권으로부터의 자유를 의미한다. 그러므로 국가가 국제법을 위반한 경우, 그 행위에 대해 국제재판소는 관할권을 행사할 수 있으며, 이 경우 주권면제이론은 적용되지 않는다.

제 3 절   외교면제

I) 외교사절

외교사절은 국가의 외교업무 수행을 목적으로 타국에 파견되는 자이다. 국가의 일상적인 외교활동은 외교사절, 즉 상대국에 파견된 자국 외교사절이나 자국에 주재하는 상대국의 외교사절을 통하여 진행된다.

II) 외교사절의 특권과 면제

1._ 법적 성격

일반 외국인과 달리 외교관에 대하여는 접수국에서 일정한 특권과 면제가 인정된다. 이는 그가 대표하는 외교공관 직무의 효율적 수행을 보장하기 위해 인정되는 것이므로, 외교관 개인의 권리이기보다는 그를 파견한 국가의 권리이다. 특권과 면제는 외교관이 개인적으로 포기할 수 없다.

2._ 공관의 불가침

공관지역은 불가침이어서, 현지 관헌은 공관장의 동의 없이 출입할 수 없다. 공관지역과 그 안의 기타 재산은 강제집행으로부터 면제되며, 접수국은 어떠한 침입이나 손해로부터도 공관의 안녕을 보호해야 할 의무를 부담한다. 단 공관은 여전히 접수국의 영토로서, 현지법이 적용된다는 사실은 주의해야 한다.

3._ 서류와 문서, 통신의 불가침

공관의 문서와 서류는 언제 어디서나 불가침이다. 양국간 외교관계가 단절되거나 무력충돌이 발생한 경우에도 공관의 재산과 문서는 보호되어야 한다.

4._ 신체의 불가침

외교관의 신체는 불가침이어서, 어떠한 형태의 체포 또는 구금도 당하지 않는다. 단 외교관의 위법행위에 대한 정당방위로서의 물리력 사용이나 일시적 억류조치 등은 허용된다.

5._ 사저, 개인서류, 개인 재산의 불가침

외교관의 개인주거와 개인 재산 역시 불가침이다.

6._ 재판관할권으로부터의 면제

외교관은 접수국의 형사, 민사 또는 행정 재판관할권 등 모든 재판관할권으로부터 면제된다. 외교관에 대해서는 강제집행도 할 수 없다.

Ⅲ) 영사제도

역사적으로 외교사절제도보다 더 오래된 것으로 영사제도가 있다. 영사는 본국을 외교적으로 대표하지는 않으며, 주로 자국의 경제적 이익을 보호하기 위해 선임된다. 영사는 자국민 보호, 여권과 입국사증 처리, 혼인·상속 등과 같은 사법상의 문제처리 등 비정치적·상업적 업무를 주로 한다. 하지만 영사도 파견국의 공무원으로서 국가 기관으로서의 성격을 지니며, 사실상 외교 채널의 역할을 하기도 한다. 영사도 자신이 대표하는 활동범위 내에서 국제관습법과 국제협정에 의하여 특권과 면제를 향유할 수 있다.

제04장

국가책임

제1절 서 론

어떤 법체제이냐를 불문하고 위법행위를 범했을 경우에는 그 위법행위에 상응하는 책임을 져야 한다는 것이 기본 법리이고, 이것은 국제법에서도 그대로 적용된다. 더 이상 주권 개념이 국제적 책임으로부터 국가를 전적으로 보호하지는 못하고, 국제의무 위반국은 그에 상응한 배상의무를 지는 것이 원칙이다.

제2절 국가책임의 성립요건

I 성립요건

UN총회 산하의 국제법위원회는 2001년 '국제위법행위에 대한 국가책임에 관한 규정초안'을 채택하였다. 그 초안에 따르면 국가 책임은 국가의 국제의무 위반행위로부터 발생한다. 초안 제작 당시 국가책임의 성립에 고의·과실 내지 손해발생이 요구된다는 주장이 있었지만, 국제법위원회 초안은 국가책임의 성립요건으로 국가의 행위와 국제의무 위반 두 가지만을 제시하였다. 아직 고의·과실 내지 손해발생의 필요 여부에 대한 일반적인 원칙은 수립되어 있지 않다. 이하에서는 그 초안상의 국가책임 성립 요건을 세분하여 살펴본다.

Ⅱ 국가의 행위

국가책임이 인정되기 위해서는 우선 해당 행위가 국가에 귀속될 수 있어야 한다. 국가는 결국 개인을 통하여 행동하고, 개인의 행동이 국가책임을 유발하는 국가의 행위가 되기 위해서는 행위자와 국가간에 특별한 관계가 존재해야 한다.

국가기관의 행위는 기관의 성격과 관계없이 그리고 그 지위의 높고 낮음을 묻지 않고 모두 국가의 행위로 귀속되며, 국가기관의 행위가 상업적 성격을 지니고 있어도 귀속될 수 있다. 설령 국가기관이 권한을 초과하거나 지시를 위반하여 한 행위라도 국가의 행위로 간주된다.

국가기관이 아니더라도 공권력을 행사할 권한을 부여받은 개인이나 단체의 행위는 국가의 행위로 귀속된다. 국가의 새 정부를 구성하는 데 성공한 반란단체의 행위도 그 국가의 행위로 간주한다. 그 밖에 국가가 특정행위를 추인하여 자신의 행위로 승인하고 채택할 수 있으며, 공공당국의 부재 또는 마비로 인해 공권력의 행사가 요구되는 상황에서 개인 또는 집단이 사실상의 공권력을 행사하였다면 그 행위 역시 국가의 행위로 간주된다.

Ⅲ 국제의무의 위반

국가의 책임이 인정되기 위해서는 국가의 행위로 귀속되는 행위가 국제법상의 의무를 위반해야 한다. 국제의무는 조약, 국제관습법, 심지어 때로는 국가의 일방적 행위에 기해서도 발생할 수 있다. 의무의 위반 여부는 국제법에 의해 결정되므로, 국가의 행위가 국내법을 위반한 행위라도 국제의무에 위반되지 않는 한 국제위법행위로는 되지 않는다. 반면 국가는 자신의 행위가 국내법에 부합한다고 하더라도 국제위법행위의 책임을 면할 수는 없다.

Ⅳ 위법성조각사유

국제의무 위반에도 불구하고 일정한 사유가 있으면 국가책임이 수반되지 않을 수 있는데, 국제법위원회는 유효한 동의, 합법적인 자위조치, 대응조치, 불가항력, 위난, 긴급피난의 6가지를 위법성조각사유로 제시하고 있다.

제 3 절   국가책임의 내용

국제위법행위가 발생하면 유책국은 위반행위를 중단해야 하고 피해의 완전한 배상의무를 진다. 배상 의무는 상황에 따라서 원상회복, 금전배상 또는 만족의 하나 또는 복합적 형태를 취한다. 한편 필요한 경우 유책국은 재발방지에 관한 적절한 보장과 보증을 해야 한다.

제 4 절   국가책임의 추궁과 외교적 보호권의 행사

Ⅰ 책임추궁의 주체

국제의무 위반으로 인한 피해국은 유책국에 대하여 국가책임을 추궁할 수 있으며, 상황에 따라서는 피해국이 아닌 국가도 국가책임을 추궁할 수 있다.

Ⅱ 대응조치

유책국의 국제의무 위반행위에 의해 피해를 입은 국가는 유책국을 대상으로 그 의무이행을 강제하기 위해 상응하는 의무 불이행으로 대응할 수 있다. 대응조치는 그 자체만으로는 국제위법행위에 해당하지만, 상대방의 선행위법행위에 대응하여 취해진 조치로서 위법성이 조각된다.

Ⅲ 외교적 보호권의 행사

국제위법행위로 인해 자국민이 피해를 입은 경우, 피해자의 국적국이 그를 보호하고 손해에 대한 배상을 청구하기 위해 외교적 보호권을 행사할 수 있다. 외교적 보호권은 자국민의 피해는 곧 국적국의 피해라는 Vattel의 의제를 전제로 하는 것으로 이의 행사를 통해 자국민은 국제법의 보호를 받게 된다. 특히 과거 오직 국가만이 국제법의 주체인 시기에는 외교적 보호권의 행사가 사실상 개인에 대한 국제법상의 유일한 구제책이었다. 외교적 보호권은 국적국에 의해 행사되어야 하는데, 이와 관련하여 국적계속의 원칙이 적용된다. 그리고 국적국과 피해자 간에 진정한 유대를 요하는 ICJ판결도 있지만 국제법위원회는 세계화와 인구의 빈번한 국제이동을 고려하여 의도적으로 외교적 보호 규정초안에 진정한 유대 요건을 포함시키지 않았다.

국가는 원칙적으로 자국민이 현지에서 이용할 수 있는 모든 권리 구제 수단을 시도하였지만 구제를 받을 수 없는 경우에 한하여 외교적 보호권을 행사할 수 있다. 추후 국제법의 발전 추세에 맞추어 외교적 보호권 행사의 이론적 기초가 되는 자국민의 피해가 곧 국가의 피해라는 의제는 재검토될 필요가 있다.

제**05**장
조 약 법

제1절 조약의 의의

조약이란 국제법 주체들이 일정한 법률효과를 발생시키기 위해 체결한 국제법의
규율을 받는 국제적 합의이다. 법적 구속력을 부여하려는 의도가 없는 공동성명, 신사
협정, 정치적 선언 등은 조약이 아니다.

조약과 관련해서는 1969년 채택된 「조약법에 관한 비엔나 협약」이 1980년 발효하
여, 2015년 12월 기준 114개국이 가입해 있다. 비엔나 협약은 가입국 수 이상의 의미
를 지닌 조약으로 평가되어, 그 내용의 대부분이 국제관습법으로 인정되고 있다. 이하
에서는 비엔나 협약의 내용을 중심으로 조약법을 살펴본다.

제2절 조약의 체결

조약체결권자나 그로부터 전권위임장을 받은 자가 국가를 대표하여 조약을 협상,
체결하게 되는데, 조약에 대한 국가의 기속적 동의는 서명, 조약을 구성하는 문서의
교환, 비준·수락·승인·가입 또는 기타 합의된 방법에 의하여 표시된다. 다자조약
의 체결과 관련하여 조약의 형식과 내용을 공식으로 확정하는 회의 등에서의 채택
(adooption)은 그 자체만으로는 어떠한 법적 의무도 창설하지 않는다.

제 3 절　조약의 발효와 적용

조약은 발효가 되어야 구속력을 발휘한다. 대개 조약은 서명이나 비준을 기준으로 즉시 발효하거나, 일정한 시차를 두고 발효한다. 조약이 발효하면 원칙적으로 조약은 당사국이 국제법상 책임을 지는 전 영역에 대하여 적용된다.

제 4 절　조약의 유보

I 조약의 유보

유보란 조약을 서명·비준·수락·승인 또는 가입할 때 특정 국가가 조약상 특정 조항의 법적 효과를 배제시키거나 변경시키기 위해 하는 일방적 선언이다. 비엔나협약은 유보에 대한 광범위한 자유를 인정하고 있지만, 조약에 의하여 유보가 금지되어 있거나 조약의 대상 및 목적과 양립할 수 없는 유보는 허용되지 않는다.

II 유보에 대한 수락과 이의

일국의 조약의 유보에 대하여 다른 당사국은 몇 가지 입장을 취할 수 있다. 우선 첨부된 유보가 조약의 대상과 목적에 반하여 허용될 수 없는 유보라고 주장할 수 있고, 허용될 수 있는 유보라고 판단하는 경우 유보를 수락하거나 유보에 반대할 수 있다. 허용될 수 있는 유보에 대해 반대하는 경우 조약관계의 성립의 인정 여부도 결정할 수 있다.

III 유보의 효과

유보는 일방적 선언이지만 그 효과는 상호적이어서 유보국과 다른 당사국 간에는 유보의 내용이 서로 적용되지 않는다. 타국이 일국의 유보를 수락하는 것은 유보국과 수락국 사이에 조약관계가 성립함을 의미하는데, 유보국과 유보에 반대하는 국가 간에도 조약관계는 성립하는 것이 원칙이다. 만약 유보로 인하여 조약관계의 성립을 부인하려는 국가는 그러한 의사표시를 하여야 한다. 그러한 의사표시를 하지 않은 경우, 유보에 대한 타국의 수락과 반대는 사실상 동일한 법적 효과를 가진다.

Ⅳ 해석선언

때로는 조약에 가입하면서 해석선언이란 명칭으로 조건을 첨부하는 국가도 있는데, 해석선언이 때로는 위장된 형태의 유보일 수 있다.

제5절　조약의 해석

비엔나 협약은 조약은 조약문의 문맥 및 조약의 대상과 목적으로 보아 그 조약의 문언에 부여되는 통상적 의미에 따라 성실하게 해석되어야 한다고 규정한다. 이에 따르면 조약의 문언의 통상적 의미가 해석의 출발점으로 제시되고 있는데, 이는 조약의 대상과 목적, 그리고 문맥, 신의칙에 맞게 해석되어야 한다. 이러한 해석의 원칙은 국제관습법의 표현으로 간주되고 있다.

제6절　조약의 무효와 종료

비엔나 협약은 조약이 무효가 되는 사유로서 조약체결권에 관한 국내법규의 위반, 대표권 초과한 동의, 조약 동의에 본질적 기초를 이루는 사실이나 사태에 관한 착오, 상대방의 기만적 행위, 국가대표에 대한 강박, 국가 자체에 대한 강박 등을 제시하고 있다.

한편 조약은 조약 자체의 규정, 기존 조약을 대체하는 새로운 조약의 체결, 조약 대상의 영구적 소멸, 조약 당사국의 중대한 위반 내지 전제가 되는 사정의 근본적 변경 등에 의해 종료된다. 조약의 일부만이 종료될 수도 있고, 다자조약의 경우 일부 당사국에 대하여만 조약 종료의 효과가 발생할 수도 있다.

제 **06** 장
국가 영역과 해양법

제1절 국가 영역

Ⅰ 국가 영역의 의의

국가 영역이란 국가가 배타적 지배를 할 수 있는 장소적 범위이다. 국가는 자국 영역에 대하여 영역주권을 보유하여 배타적 관할권을 행사할 수 있다. 국가 영역은 크게 영토, 영수, 영공으로 나뉘며, 영수에는 내수와 영해가 포함된다. 영공은 영토와 영수의 상공으로서, 통상 대기권 지역까지만 포함한다. 대륙붕과 배타적 경제수역에 대해서는 국가는 영역주권을 보유하지 아니하며, 일정한 주권적 권리를 향유할 뿐이다.

국가간 영역의 경계를 국경이라고 부르는데, 이것은 1차적으로 인접국간의 합의를 통하여 결정된다. 그러나 대부분의 국경은 오랜 역사 속에서 지형지물에 따라 자연스럽게 형성되었으며, 보통 산맥은 분수령, 교량은 중간선, 하천은 중간선이 경계가 되었다. 단 가항하천의 경우 일반적으로 중심수류를 경계로 삼는 탈웨그(Talweg)의 법칙이 적용된다.

Ⅱ 영역의 취득 권원

영토주권은 주로 선점과 시효, 할양, 첨부 등에 의하여 취득된다.

1._ 선   점

국가가 무주지를 영토취득의 의사를 가지고 실효적으로 지배하는 것을 선점이라고 한다. 선점론은 과거 유럽국가들의 제국주의적 식민지 확장의 결과를 합법화시켜주는 기능을 하는 이론이었지만, 여전히 기존 영토에 대한 권원을 역사적으로 증명하는 데 유용하다. 국제법상 선점은 실효적이어야 하는데, 그 실효적 지배는 권원의 취득뿐 아니라 권원의 유지에도 요구된다. 실효성의 판단기준은 시대와 장소 등에 따라 달라질 수 있다.

2._ 시   효

시효는 사법상의 취득시효가 국제법에 도입된 것으로 타국의 영토를 장기간 평온하게 공개적으로 점유함으로써 확립되는 권원이다. 시효가 완성되기 위해 어느 정도의 기간이 필요한지에 대해서는 아직 확립된 기준이 없다. 시효 주장은 최초의 점유가 불법임을 승인하는 결과가 되어 실제 영토분쟁에서 많이 주장되지는 않는다.

3._ 할   양

국가간 합의에 의해 영역의 일부 또는 전부를 이전하는 것을 할양이라고 한다. 할양은 미국이 1867년 러시아로부터 알라스카를 매입한 경우처럼 양국 간의 실질적인 합의에 의해 이루어지는 경우도 있지만 많은 경우 실질적으로는 정복에 해당하는 경우가 많았다.

4._ 정   복

정복은 일국이 타국의 일부 또는 전부를 병합의 의사를 가지고 실효적 영속적으로 점령한 경우에 성립한다. 현대법상 정복에 의한 영역취득은 인정되지 않는다. 정복은 국가 간의 문제로서 국가 내의 내란과는 구별된다.

5._ 첨   부

첨부는 자연현상에 의한 영토변경을 의미하는데, 이에 따르면 퇴적작용에 의해 해안선이나 강의 수로가 변경된 경우 별도의 합의가 없는 한 국경도 그에 따라 자동적으로 변경된다.

Ⅲ) 역사적 응고이론

영토분쟁이 위의 특정한 영토취득 권원에 의하여 판정되는 경우는 매우 드물다. 이에 최근에는 영역주권 확립과정에 대한 포괄적 접근방식으로 장기간의 이용, 합의, 승인, 묵인 등과 같은 다양한 요인에 의하여 영역주권이 응고되어 간다는 이론이 제시되고 있다. 이에 대해서는 권원취득의 불법성을 묵인하는 것으로 강대국에만 유리한 이론이라거나 민족자결권이나 무력사용금지 등의 원칙과 충돌되는 결과를 가져올 수 있다는 비판이 제기된다.

제 2 절 해 양 법

Ⅰ) 해양법의 의의

해양은 오래 전부터 인류에게 교통의 통로이자 자원의 보고였다. 바다에 대한 인류의 활용은 갈수록 확대되고 있으며, 이에 인근 바다에 대한 관할권을 확대하려는 연안국들과 공해자유의 원칙을 고수하려는 전통적 해양 강국들 사이에 갈등 가능성이 커지고 있다. 그리하여 국제사회는 1958년 제1차 해양법회의가 열린 이래로 여러 문제에 대한 국제적 합의를 도출하기 위해 노력해왔다. 결국 1982년 「UN 해양법협약」이 채택되었고, 오늘날 160여 국이 당사국이 되기에 이르렀다. 이하에서는 UN 해양법협약을 중심으로 해양법의 주요 내용을 설명한다.

Ⅱ) 기 선

1._ 기선의 의의

연안국이 관할권을 행사하는 영해, 접속수역, 경제수역 등의 측정 기준선을 기선이라고 한다. 기선의 육지 측 수역은 내수가 되며, 이에 대해서는 영해보다 한층 강화된 주권의 행사가 가능하다. 기선 외곽에는 국제해양법이 적용된다.

2._ 기선의 종류

기선에는 공인된 해도상의 저조선인 통상기선과 연안 부근의 일정한 지점을 연결하는 직선기선 두 가지가 있다. 보통 직선기선은 해안선이 복잡하게 굴곡되거나 해안선 가까이 일련의 섬이 산재하여 통상기선을 기준으로 한 경계획정이 쉽지 않을 때 적용된다.

Ⅲ) 만

일정한 만의 수역은 내수로 인정된다. 만은 그 자연적 입구의 폭이 24해리 이하로서, 입구기선을 지름으로 하는 반원을 그렸을 때 만 안쪽의 수역이 이 반원의 면적보다 커야 한다. 하지만 그와 같은 요건을 충족하지 못한 경우에도 역사적 만인 경우에는 그 수역이 내수로서 인정된다.

Ⅳ) 섬

섬(island)이란 만조 시에도 수면 위로 나오는 자연적으로 형성된 육지지역을 말한다. 모든 섬은 그 크기와 관계없이 영해를 가지며, 원칙적으로 섬의 연안이 기선이 된다. 하지만 인간이 거주할 수 없거나 독자적인 경제활동을 유지할 수 없는 암석(rocks)은 배타적 경제수역이나 대륙붕을 갖지 못한다.

Ⅴ) 영 해

영해란 연안국의 기선 외곽에 설정된 일정 폭의 바다로서, 그 폭은 12해리까지 설정할 수 있다. 영해에 대하여 연안국은 주권을 행사하며, 그 주권은 영해의 상공, 해저, 하층토에도 미친다. 영해는 해양법이 적용되기 시작하는 출발점이기도 하다. 영해에 대한 연안국의 관할권행사는 영토나 내수에 대한 관할권과 비교하여 상당부분 제한된다.

Ⅵ 접속수역

접속수역은 영해에 접속한 수역으로 연안국이 영토나 영해에서의 관세 · 재정 · 출입국관리 또는 위생에 관한 법령의 위반방지 내지 위반자에 대한 관할권 행사를 위해 설정한다. 접속수역은 영해기선으로부터 24해리 이내에서 설정가능하다.

Ⅶ 배타적 경제수역

배타적 경제수역이란 연안국이 그 수역 내의 어업을 자신의 배타적 관할 하에 두기 위해 설정하는 것으로 기선으로부터 200해리 이내에서 설정할 수 있다. 연안국은 배타적 경제수역에서 생물 및 무생물 등의 천연자원의 탐사, 개발, 보존 및 관리를 목적으로 하는 일정한 주권적 권리를 가진다. 영해와 달리 상공은 포함하지 않으며, 해저와 하층토는 포함한다.

Ⅷ 대 륙 붕

대륙붕은 영해 외곽에서 육지영토의 자연적 연장을 통하여 대륙변계의 외연까지의 해저 및 하층토를 말한다. 육지의 연장으로서의 대륙붕은 200해리를 초과할 수 있으나, 상부수역이나 상공은 포함하지 않고, 해저와 하층토만 포함한다. 대륙붕의 경우 일반적으로 배타적 경제수역과는 달리 연안국의 권리 주장이나 실효적 점유가 없어도 연안국에게 당연히 인정되는 권리로 인식된다.

Ⅸ 공   해

공해는 국가의 내수 · 영해 · 배타적 경제 수역 등에 해당되지 않는 해양의 모든 부분을 말한다. 공해의 상공에 대해서도 공해제도가 적용되나, 그 해저와 하층토에 대하여는 별도의 대륙붕 또는 심해저 제도가 적용된다. 공해자유의 원칙에 따라 어느 국가도 공해의 일부를 자국의 주권 하에 둘 수 없으며, 공해에서의 선박은 원칙적으로 기국의 배타적 관할권에 속한다.

X) 심 해 저

심해저는 국가관할권 한계 밖의 해저·해상 및 그 하층토를 일컫는다. 그 법적
지위와 관련하여 선진국과 개도국 사이에 근본적인 대립이 있었으나 해양법협약에서
는 인류공동의 유산으로 규정하고 있다. 그리하여 어떤 국가도 심해저와 그 자원에
대하여 주권이나 주권적 권리를 주장할 수 없고, 심해저와 그 자원은 인류 전체의 이
익을 위해서만 활용될 수 있다.

XI) 해양법 협약상의 분쟁해결제도

당사국 간의 원만한 합의를 통하여 해양법 협약의 해석·적용에 관한 분쟁이 해
결되지 않는다면 당사국에게는 당사국이 협약의 서명·비준 시 선택한 해양법 협약
상의 강제절차가 적용될 수 있다. 국제해양법재판소, 국제사법재판소, 중재재판 및 특
별중재재판이 그것이다. 당사국이 협약의 서명·비준 시 특별한 선택을 하지 않은 경
우에는 중재재판 절차가 적용될 수 있다.

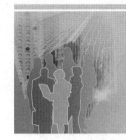

제*07*장
국제기구와 국제분쟁의 해결

제1절 국제기구의 의의

국제기구란 두 개 이상의 국가가 일정한 목적을 달성하기 위하여 일정한 임무를 부여하여 설립한 기구를 말한다. 제1차 세계대전 후 탄생한 국제연맹은 국제기구 발전에 새로운 장을 열었고, 제2차 세계대전 이후에는 수많은 국제기구가 탄생하여 오늘날 다양한 분야에서 다양한 형태로 활동하고 있다. 국제기구는 원칙적으로 국가를 회원으로 하며, 국제기구 자체가 국제법상의 법인격을 인정받고 있다. 국제기구는 독자적인 책임능력을 가지며, 국제기구의 특권과 면제에 관하여는 주권면제 또는 외교사절에 관한 법리가 유추적용된다.

제2절 국제연합(UN)

UN은 제2차 세계대전 이후에 국제연맹을 대신하여 세계질서를 담당하기 위하여 탄생하였다. 미소 양국의 적극적 참여로 범세계적 기구로 출범한 국제연합은 자신의 존재목적이 국제평화와 안전을 유지와 인권의 존중에 있음을 헌장 제1조에서 밝히고 있다. 국제연합은 그 안에 총회, 안전보장이사회, 경제사회이사회, 신탁통치이사회, 국제사법재판소, 사무국 등의 주요 기관과 다수의 전문기구를 설치하여 거의 모든 국제업무를 취급하고 있다.

Ⅰ 유엔총회

총회는 국제연합의 모든 회원국으로 구성되며, 각 회원국은 평등한 투표권을 가진다. 총회의 형식적 권한은 광범위하여 헌장의 범위 안에 있는 모든 문제에 대해서 토의할 수 있다. 하지만 총회의 결의는 그 자체로 법적 구속력은 없고 권고적 효력만을 가진다.

Ⅱ 안전보장이사회

안전보장이사회는 국제평화와 안전에 관한 제1차적 책임기관으로서, 5개의 상임이사국과 총회에서 선출되는 10개의 비상임이사국으로 구성된다. 안보리는 회원국에 대하여 구속력 있는 결정을 내릴 수 있는데, 상임이사국은 절차사항 이외의 문제에 대해서는 거부권을 가지고 있다.

제 3 절   국제분쟁의 평화적 해결

Ⅰ 국제분쟁의 의의

국제분쟁은 국가 간의 분쟁으로서 일국의 청구에 대하여 타국의 적극적 반대가 있는 경우 그 존재가 인정된다. 국가 간의 분쟁은 반드시 국제법 위반을 전제로 하는 것은 아니고, 그 성격에 따라 법률적 분쟁과 정치적 분쟁으로 구분되기도 한다. 국제분쟁의 발생이 바람직한 것은 아니지만, 어느 정도의 분쟁은 피할 수 없는 것이 현실이다.

Ⅱ 국제분쟁의 평화적 해결

UN헌장은 어떠한 분쟁이라도 그 분쟁의 계속이 국제평화와 안전의 유지를 위태롭게 할 우려가 있는 경우 당사자가 먼저 교섭, 주선, 심사, 중개, 조정, 중재재판, 각종 국제재판소에 의한 사법적 해결, 지역적 기관 또는 지역적 협정, 기타 당사자가 선택하는 평화적 수단을 이용하여 해결하도록 규정하고 있다. 이상의 국제분쟁의 해결방법은 크게 법적 구속력이 없는 비사법적 해결방안과 법적 구속력이 있는 사법적 해결방안으로 나눌 수 있다.

1._ 국제분쟁의 비사법적 해결

주선은 제3자가 분쟁의 내용에는 개입하지 않으면서 당사자 간의 외교교섭의 타결에 조력하는 것이라면, 중개는 중립적인 제3자가 분쟁의 내용에도 개입하여 분쟁당사국의 의견을 조정하고자 하는 것이다. 심사는 제3자가 분쟁의 원인 사실을 명확히 하는 것이고, 조정은 제3자가 사실심사에 더하여 해결조건까지 제시하는 것이다. 이상의 비사법적 해결 방안은 모두 분쟁당사국에 대하여 법적 구속력을 가지지 못하지만, 비용이나 시간의 소모가 적은 장점을 가지고 있다.

2._ 국제분쟁의 사법적 해결

국제분쟁의 사법적 해결에는 중재재판과 국제사법재판소(ICJ)와 같은 상설국제재판소 등을 통한 해결방안이 있다. 중재재판의 경우 분쟁당사국이 재판관과 재판의 준칙을 결정하지만, 그 결과가 분쟁당사국에 대하여 구속력을 지닌다는 점에서 조정과 구별된다. 국제사법재판소는 해당 사건에 대하여 관할권이 성립하는 경우 그에 대해 판결을 내리기도 하고, 국제기구의 요청 하에 특정 문제에 대한 권고적 의견을 제시할 수도 있다. 국제사법재판소의 판결은 당사국에게만 효력이 미치는 것이 원칙이고 선례 구속력이 인정되지는 않는다. 국제사법재판소의 권고적 의견은 비록 법적 구속력은 없지만 국제사회에서 종종 국제법의 유권해석으로 인정된다.

제4절　국제사회에서의 무력 사용

제2차 세계대전 이전에는 국가의 무력 사용이 국제관습법과 각종 조약에 의하여 규율되기는 하였지만 무력 사용이 일반적으로 금지되지는 않았다. 하지만 UN헌장은 원칙적으로 자위권 이외의 일체의 무력 사용을 금지하고 있으며, 무력 사용의 금지는 회원국의 주요한 의무이다. 단 유엔 안전보장이사회는 필요한 경우 군사조치를 취할 수 있는데, 많은 경우 안보리가 개별 회원국들이 국제평화와 안전의 유지 또는 회복을 위해 무력을 사용하는 것을 허용하는 방식을 취하고 있다. 군사력 이외의 정치적·경제적 압력은 헌장에서 금지되는 무력 사용에 포함되지 않는다는 것이 다수견해의 입장이다.

제 *08* 장
현대국제법의 전개

　제2차 세계대전을 바탕으로 급격히 성장한 현대 국제법은 각국의 협력 등에 힘입어 다양한 분야에서 놀라운 발전을 거듭하고 있다. 국제경제를 규율하기 위한 국제경제법 내지 국제거래법이 등장하고, 상설적 국제형사재판소가 탄생하였을 뿐 아니라 국제인권법, 국제환경법, 우주항공법 등의 새로운 분야들이 자리를 잡아가고 있다. 또한 비국가 행위자의 중요성이 커지면서 기존의 주권 국가 중심의 국제법 틀에 근본적인 수정이 가해지고 있다. 이러한 일련의 변화는 국제사회가 하나의 국제공동체로 발전하고 있음을 보여 주는 것이다.

제 3 부

사 법

제 1 편 민 법
제 2 편 상 법

ntroduction to Law

제 01 편 민 법

제 1 장 총   칙
제 2 장 물 권 법
제 3 장 채 권 법
제 4 장 가 족 법

제 **01** 장

총 칙

이 우 진*

제1절 총 설

ⅠⅠ 민법의 의의

1._ 형식적 의미의 민법과 실질적 의미의 민법

「민법」이라는 말은 두 가지의 의미를 갖는다. 우선 1958년에 제정·공포되어 1960년 4월 1일부터 시행되고 있는 법률 제471호를 형식적 의미의 민법이라고 하는데, 민법전 또는 고유한 의미의 민법이라고도 부른다.

한편 민법은 사법의 일반법이며 실체법으로서의 속성을 가지는데, 이를 실질적 의미의 민법이라고 한다. 즉 국가의 조직이나 국가와 국민 간의 관계에 대해 규율하는 법인 공법에 대해 개개인 간의 자유가 존중되고, 자유로운 법률관계의 형성이 인정되는 영역의 법을 사법이라고 하는데, 민법은 사법에 속한다. 그리고 그 가운데 상인간의 거래관계를 규율하는 법을 상법이라고 하며 민법에 대해 특별법적인 위치에 있다.

일반법과 특별법의 구별은 상대적이며 특별법이 우선하여 적용된다는 실익이 있다. 또한 민법은 직접적으로 권리와 의무에 관하여 정하고 있는 실체법이다. 이에 대해 실체법을 실현하는 절차에 관하여 정하는 법을 절차법이라고 한다.

---

* 백석대학교 경찰학부 교수, 2장도 동일.

2._ 민법의 법원

법원(法源)이라 함은 일반적으로 법의 존재형식을 말한다. 그 존재를 인식하여 개인은 행위의 기준으로 삼을 것이며 법관은 재판에 적용한다. 따라서 민법의 법원이란 바로 민사에 관하여 적용되는 모든 법규범이라고 할 수 있다.

민법 제1조는 "민사에 관하여 법률에 규정이 없으면 관습법에 의하고 관습법이 없으면 조리에 의한다"고 규정하여 민법의 법원과 적용순서를 정하고 있다. 여기서 민사란 널리 사법관계를 의미한다.

법률에는 민법전과 여러 특별법, 명령, 대법원 규칙, 조약, 자치법 등이 포함된다. 관습법이란 사회에서 어떠한 관행이 지속적으로 행하여져, 그 사회구성원들로 하여금 법적 확신을 얻어 법규범으로서의 지위를 가지게 된 것을 말한다. 조리란 사물의 본질, 자연의 이치, 사람의 이성에 의하여 생각되는 규범 등을 말한다.

따라서 법관은 법률과 관습법이 부재한 경우 조리에 입각하여 판단을 내릴 수 있는 것이다.

Ⅱ 권리의 행사와 의무의 이행

1._ 서   설

권리란 일정한 구체적 이익을 누릴 수 있도록 법에 의하여 권리주체에게 주어진 힘을 말한다. 의무란 일정한 행위를 하여야 할 또는 하지 않아야 할 법률상의 구속을 의무라고 한다.

이에는 어떤 행위를 하여야 할 작위의무와 하지 않아야 할 부작위의무로 나뉜다. 한편 권리의 행사와 의무의 이행은 신의에 좇아 성실히 행하여야 하는바, 민법 제2조는 이러한 신의성실의 원칙에 대하여 규정하고 있다.

2._ 신의성실의 원칙

(1) 의   의

민법 제2조는 신의칙에 대하여 규정하고 있는데 이는 시민사회에서는 개인의 권리도 제한될 수 있다는 추상적인 법원칙을 선언하고 있는 것이다. 신의칙은 권리의 행사와 의무의 이행뿐만 아니라 계약의 해석 등, 민법의 전반에 걸쳐 적용된다.

한편 조문에서 알 수 있는 바와 같이 그 요건에 대해 극히 추상적인 기준만을 제시하고 있는데 이러한 것을 일반조항이라고 한다. 우리나라와 같은 성문법주의 국가에서는 일반조항의 효용성이 매우 크다고 할 수 있으나 지나친 의존(이른바 일반조항으로의 도피)을 경계하여야 한다.

(2) 적 용 례

1) 채무의 경미한 미이행

채권자가 자기의 이익에 특별히 반하지 않는 범위 내에서 원래 약정한 급부의 내용과 방법에 대한 사소한 차이는 신의칙에 의거 감수하여야 할 것이다. 특히 미이행 부분이 상대적으로 경미한 경우에는 신의칙에 의거 계약의 해제권이 발생하지 않는다고 할 것이다.

2) 모순행위금지의 원칙

권리자의 권리행사가 그의 종전의 행동과 모순되는 경우에 그러한 권리행사는 허용되지 않는다고 보아야 할 것이다. 영미법상의 금반언(Estoppel)의 법리와 유사하다.

3) 실효의 원칙

실효의 원칙이란 권리자가 장기간 권리를 주장하지 않아서 의무자인 상대방이 더 이상 권리자가 권리를 행사하지 않을 것이라고 신뢰하고 있었는데, 권리자가 새삼 권리를 주장하는 것이 신의칙에 반한다면 그 권리는 실효되는 것을 말한다.

4) 사정변경의 원칙

법률행위의 성립에 있어서 그 기초가 된 사정이 그 후에 당사자가 예견하지 못한 또는 예견할 수 없었던 중대한 변경을 받게 되어 당초에 정하여진 행위의 효과를 그대로 유지하거나 강제한다면 대단히 부당한 결과가 생기는 경우에는, 당사자는 그러한 행위의 효과를 신의칙에 맞도록 적당히 변경할 것을 상대방에게 청구하거나 또는 계약을 해제·해지할 수 있다는 원칙이다. 우리 민법에는 이 원칙에 의거한 규정들이 있으나 직접 규정하는 일반적 규정은 없으며 판례도 정면으로 인정하고 있지는 않다.

(3) 위반의 효과

권리의 행사가 신의성실에 반하는 경우에는 권리남용이 된다. 권리행사가 남용으로 인정되는 경우에는 그 권리행사로 생기는 정상적인 법률효과가 발생하지 않는다.

제2절   권리의 주체

권리주체는 법에 의하여 권리를 향유할 수 있는 힘을 부여받은 특정인이다. 권리주체에는 자연인과 법인이 있으며, 법인에는 사단법인과 재단법인이 있다.

I   자 연 인

1._ 권리능력

민법 제3조는 "사람은 생존한 동안 권리와 의무의 주체가 된다"고 규정한다. 이때 권리와 의무의 주체가 될 수 있는 자격 내지 지위를 권리능력이라고 한다. 한편 민법 제3조에 의하면 태아는 권리능력이 없다. 태아란 임신 후 출생시까지의 모체 내의 생명체를 의미하며, 모체로부터 완전히 노출되었을 때 출생한 것으로 본다(전부노출설).

따라서 태아의 보호 필요성이 제기되며 민법은 중요한 법률관계에 관하여 예외적으로 태아의 권리능력을 인정한다. 즉 태아 자신이 불법행위에 의한 직접적인 피해자가 되는 경우에는 이미 출생한 것으로 본다(제762조). 가령 모체에 대한 잘못된 약물투여가 태아의 기형의 원인이 된 경우에는 가해 당시 권리능력이 없었더라도 손해배상청구권이 있다.

> **태아의 위자료 청구권**
> 태아도 손해배상청구권에 관하여는 이미 출생한 것으로 보는바, 부가 교통사고로 상해를 입을 당시 태아가 출생하지 아니하였다고 하더라도 그 뒤에 출생한 이상 부의 부상으로 인하여 입게 될 정신적 고통에 대한 위자료를 청구할 수 있다(대판 1993. 4. 27, 93다4663).

또한 태아는 재산상속(제1000조 3항), 대습상속(제1001조), 유류분(제1118조)에 대하여 각각 이미 출생한 것으로 본다. 그리고 유증에 관하여 태아는 출생한 것으로 본다. 따라서 유언자의 사망시에 태아였던 자에 대한 유증은 유효하다(제1064조).

한편 자연인은 생존하는 동안 권리와 의무의 주체가 되므로 사망과 더불어 권리능력은 종료한다. 사망의 시기에 관해 최근 장기이식과 관련하여 뇌기능의 완전한 정지를 사망으로 보고자 하는 뇌사설도 주장되고 있으나 통설은 심장기능의 정지를 사망으로 보는 것이 일반적이다(심장정지설).

현대법에서는 오직 사망만이 권리능력의 소멸을 가져오는데, 그 사실의 유무 및 시기의 확정이 곤란한 경우가 있다. 이러한 문제에 대비한 몇 가지 제도가 있다. 우선 2인 이상이 동일한 위난으로 사망한 경우에는 동시에 사망한 것으로 추정하는 동시사망의 추정(제30조)이 있다. 또한 사망의 확증은 없으나 수난, 화재 기타 사변으로 인하여 사망이 확실시되는 경우에 그것을 조사한 관공서의 사망보고에 기하여 가족관계등록부에 사망의 기재를 하여 사망으로 추정하는 제도를 규정하고 있는데 이를 인정사망이라고 한다(「가족관계의 등록 등에 관한 법률」 제87조).

그리고 부재자의 생사불명의 상태가 오랜 기간 동안 계속되어 사망의 개연성은 크지만 그렇다고 사망의 확증도 없는 경우에, 일정한 요건이 갖추어진 때에는, 법원이 실종선고를 함으로써 사망과 동일한 법률효과가 생기게 하고 있다. 실종선고가 확정되면 실종선고를 받은 자는 실종기간이 만료한 때에 사망한 것으로 본다(제28조). 따라서 가령 실종자의 생환 등의 사유로 실종선고를 취소하기 위해서는 다시 법원에서 실종선고취소의 절차를 밟아야 한다. 실종선고의 취소가 있게 되면 실종선고는 소급적으로 무효가 되어 실종자의 재산관계와 가족관계는 선고 전의 상태로 회복되지만 실종선고 후 취소 전에 선의로 한 행위는 유효하다(제29조).

2._ 의사능력과 행위능력

의사능력이란 자기의 행위의 의미와 결과를 합리적으로 판단할 수 있는 정신능력을 말한다. 의사무능력자란 유아나 광인 등 정신이 미숙하거나 결함이 있어 정상적인 의사결정을 할 수 없는 자를 말한다.

이러한 의사무능력자의 법률행위는 무효이다. 그런데 의사능력은 개개의 구체적인 경우에 그 유무를 판단하게 되는 것이어서 표의자가 보호받기 어려우며 상대방에게도 불측의 손해가 발생할 수 있는 것이다. 그리하여 민법은 객관적·획일적 기준에 의한 제도를 도입하게 되었는데 이것이 바로 행위능력제도이다. 행위능력의 의미는 단독으로 유효한 법률행위를 할 수 있는 지위 또는 자격을 말한다.

3._ 제한능력자

정신적 능력이 없거나 불완전하여 단독으로 유효한 법률행위를 할 수 없도록 행위능력이 제한된 자를 제한능력자라고 한다. 민법은 제한능력자의 법률행위는 원칙적으로 제한능력자 측에서 취소할 수 있게 하여 제한능력자를 보호하고 있다. 민법상

제한능력자에는 미성년자, 피성년후견인, 피한정후견인, 피특정후견인 등이 있다. 미성년자란 만 19세에 도달하지 않은 자를 말한다(제4조). 미성년자가 법률행위를 하려면 원칙적으로 법정대리인의 동의를 얻어야 하고 이에 위반한 경우에는 그 행위를 취소할 수 있다.

다만 예외적으로 법정대리인의 동의 없이 미성년자 단독으로 유효한 법률행위를 할 수 있는 경우가 있다. 단순히 권리만을 얻거나 또는 의무만을 면하는 행위, 처분이 허락된 재산의 처분행위, 영업이 허락된 미성년자의 그 영업에 관한 행위, 혼인을 한 미성년자의 행위, 대리행위, 유언행위, 근로계약과 임금의 청구 등이 그것이다.

> **처분이 허락된 재산에 대한 미성년자의 처분행위의 효력**
>
> 미성년자가 법률행위를 함에 있어서 요구되는 법정대리인의 동의는 언제나 명시적이어야 하는 것은 아니고 묵시적으로도 가능한 것이며, 미성년자의 행위가 위와 같이 법정대리인의 묵시적 동의가 인정되거나 처분허락이 있는 재산의 처분 등에 해당하는 경우라면, 미성년자로서는 더 이상 행위무능력을 이유로 그 법률행위를 취소할 수 없다(대판 2007. 11. 16, 2005다71659 · 71666 · 71673).

피성년후견인이란 질병, 장애, 노령 그 밖의 사유로 인한 정신적 제약으로 사무를 처리할 능력이 지속적으로 결여된 사람으로서 가정법원으로부터 성년후견개시의 심판을 받은 자를 말한다(제9조). 피성년후견인의 법률행위는 언제나 취소할 수 있다. 다만 가정법원은 취소할 수 없는 피성년후견인의 법률행위의 범위를 정할 수 있으며 일용품의 구입 등 일상생활에 필요하고 그 대가가 과도하지 아니한 법률행위는 성년후견인이 취소할 수 없다(이상 제10조 참조).

피한정후견인이란 질병, 장애, 노령 그 밖의 사유로 인한 정신적 제약으로 사무를 처리할 능력이 부족한 사람으로서 가정법원으로부터 한정후견개시의 심판을 받은 자를 말한다(제12조). 한정후견이 개시되면 가정법원은 한정후견인의 동의를 받아야 하는 행위의 범위를 정할 수 있고, 그 범위에 속하는 행위를 피한정후견인의 동의 없이 하였을 때에는 그 법률행위를 취소할 수 있다.

피특정후견인이란 질병, 장애 노령 그 밖의 사유로 인한 정신적 제약으로 일시적 후원 또는 특정한 사무에 관한 후원이 필요한 사람으로서 가정법원으로부터 특정후견의 심판을 받은 자를 말한다(제14조의2).

Ⅱ) 법   인

1._ 의의와 구성

법인이란 자연인 이외의 것으로서 법률에 의하여 권리능력이 인정되어 권리와 의무의 주체가 될 수 있는 것을 말한다.

민법은 사단법인과 재단법인이라는 두 가지의 법인을 인정하고 있다. 전자는 일정한 목적을 위하여 결합한 사람의 단체이며, 후자는 일정한 목적에 바쳐진 재산을 말한다. 민법의 법인에 관한 규정은 주로 비영리법인을 그 대상으로 한다. 비영리법인이란 학술·종교·자선 등 기타 영리 아닌 사업을 목적으로 하는 사단법인 또는 재단법인을 비영리법인이라고 한다.

한편 법인이 사회적 활동을 하기 위하여는 필연적으로 자연인에 의해 구성되는 기관을 필요로 한다. 법인의 기관에는 법인을 대표하고 업무를 집행하는 이사는 반드시 두어야 하는 필요기관이며, 이사의 감독기관인 감사는 반드시 둘 필요가 없으며, 최고의사결정기관인 사원총회는 사단법인에 있어서는 필요기관이지만 사원이 없는 재단법인에는 있을 수 없다.

2._ 설립과 행위능력

비영리사단법인은 우선 목적이 비영리적이어야 하며, 2인 이상의 설립자가 정관을 작성하고, 주무관청의 허가를 얻어 설립등기를 함으로써 성립한다. 비영리재단법인은 목적이 비영리적이어야 하며, 출연자가 재산을 출연하고 정관을 작성하여 주무관청의 허가를 얻어 설립등기를 함으로써 성립한다.

한편 법인은 자연인의 행위로 사회활동에 참여하는바, 민법은 일정한 자연인의 행위를 법인 자신의 행위로 보는데, 이를 법인의 대표기관(예: 이사·임시이사·특별대리인·청산인 등)이라 한다. 법인의 행위능력의 범위는 그의 목적에 반하지 않는 범위 내에서 권리·의무를 현실적으로 취득하기 위한 모든 행위를 할 수 있다고 보아야 한다. 따라서 법인의 행위능력의 범위를 벗어난 대표기관의 행위는 법인의 행위로서 인정되지 않고, 그것은 그 대표기관 개인의 행위에 지나지 않는다. 한편 법인은 대표기관이 그 직무에 관하여 타인에게 손해를 가한 때에는 그 손해를 배상할 책임도 진다.

대표기관의 직무행위의 범위

행위의 외형상 법인의 대표자의 직무행위라고 인정할 수 있는 것이라면 설사 그것이 대표자 개인의 사리를 도모하기 위한 것이었거나 혹은 법령의 규정에 위배된 것이었다 하더라도 위의 직무에 관한 행위에 해당한다고 보아야 한다(대판 2004. 2. 27, 2003다 15280).

제3절 권리의 객체

I 총 설

권리의 내용 또는 목적이 성립하기 위하여는 일정한 대상을 필요로 하는데, 이를 권리의 객체라고 한다. 권리의 객체는 각종의 권리에 따라 여러 가지가 있으나, 민법은 그 중 물건에 관하여서만 통일적 규정을 두고 있다. 한편 민법은 물건을 "유체물 및 전기 기타 관리할 수 있는 자연력"으로 정의하고 있다(제98조).

민법상의 물건이 되기 위한 요건은 다음과 같다. 첫째로 관리가능성이 있어야 한다. 따라서 해·달 등은 민법상의 물건이 아니다. 둘째로 외계의 일부여야 한다. 따라서 사람의 신체나 그 일부분은 물건이 아니다. 셋째로 권리의 객체인 물건은 하나의 독립한 존재를 가지는 것이어야 한다.

II 분 류

물건은 여러 기준에 의해 분류될 수 있으나, 민법은 이하와 같이 분류하고 있다.

1._ 동산과 부동산

토지와 그 정착물은 부동산이며 그 외의 물건은 모두 동산이다(제99조). 토지의 정착물이라 함은 토지에 고정되어 쉽게 이동할 수 없는 물건으로서, 그러한 상태로 사용하는 것이 그 물건의 거래상의 성질로 인정되는 것을 말한다. 토지의 정착물에는 토지와는 별개의 독립한 부동산이 되는 것과, 토지의 일부에 지나지 않는 것이 있다. 전자의 대표적인 것이 건물이다.

2._ 주물과 종물

물건의 소유자가 그 물건의 상용에 이바지하기 위하여 자기 소유의 물건을 이에 부속되게 한 경우에, 그 물건을 주물이라 하고 주물에 부속된 다른 물건을 종물이라고 한다(제100조 1항). 가령 배와 노, 자물쇠와 열쇠, 주유소 건물과 주유기 등이 그 예이다.

3._ 원물과 과실

물건으로부터 생기는 경제적 수익을 과실이라고 하고, 과실을 생기게 하는 물건을 원물이라고 한다. 여기에는 천연과실과 법정과실이 있다. 천연과실은 물건의 용법에 의하여 수취하는 산출물을 말한다(제101조 1항). 과일, 우유, 말의 새끼 등이 그 예이다. 법정과실은 물건의 사용대가로 받는 금전 기타 물건을 말한다(제101조 2항). 가령 임료, 지료 등이 그 예이다.

제4절   권리의 변동

I 총   설

우리가 사회생활을 하면서 가지는 법률관계는 발생·변경·소멸하는 모습으로 변동한다. 이를 권리본위로 보면 권리의 발생·변경·소멸이라는 모습으로 나타나는데, 이를 권리의 변동이라고 한다. 한편 법률관계 변동의 원인이 되는 것을 법률요건이라고 하며, 그 결과가 되는 것을 법률효과라고 한다. 그리고 법률요건을 구성하는 개개의 사실을 법률사실이라고 한다.

법률행위란 일정한 법률효과의 발생을 목적으로 하는 하나 또는 수개의 의사표시를 불가결의 요소로 하는 법률요건을 말한다.

II) 법률행위의 목적

1._ 서   설

법률행위의 목적이라 함은 법률행위를 하는 자가 그의 법률행위에 의하여 발생시키려고 하는 법률효과를 말한다. 법률행위의 목적은 확정되어 있거나 확정할 수 있는 것이어야 한다. 가령 막연히 백화점에 가서 물건을 사주겠다는 것은 확정성이 없어, 그 법률행위는 무효이지만, 노트북과 카메라 중 하나를 주겠다는 것은 장차 확정될 수 있는 것이므로, 법률행위는 유효하다. 또한 법률행위의 목적은 그 실현이 가능한 것이어야 하며, 적법한 것이어야 한다.

2._ 목적의 사회적 타당성

법률행위의 목적이 개개의 강행규정에 위반하지는 않더라도 선량한 풍속 기타 사회질서에 위반하면 무효이다(제103조). 가령 범죄행위에 가담하는 계약, 일부일처제를 해치는 내용의 계약, 생존의 기초가 되는 재산의 처분행위, 도박계약 등은 무효이다.

한편 불공정한 법률행위 또는 폭리행위는 당사자간의 궁박·경솔 또는 무경험으로 인하여 현저하게 공정을 잃은 법률행위를 말하는데, 이러한 법률행위도 무효이다(제104조). 판례상 인정된 예로는, 3,400만원 상당의 임야를 600만원에 매매한 경우, 정상적으로 받을 수 있는 손해배상금의 1/8만 받고 합의서를 작성한 경우 등을 들 수 있다.

III) 의사표시

1._ 의   의

의사표시란 일정한 법률효과의 발생을 목적으로 내부적 의사를 외부에 표시하는 행위를 말하며, 법률행위에 있어서 필수불가결한 법률사실이다. 의사표시는 일정한 법률효과의 발생을 원하는 의사인 효과의사의 결정, 이 효과의사를 외부에 표시하려는 표시의사의 매개, 최종적으로 외부로 표현하게 되는 표시행위의 단계를 거쳐 성립한다.

2._ 의사와 표시와의 불일치

(1) 비진의표시

표의자 스스로 내심의 의사와 다른 표시를 한다는 것을 알면서 하는 의사표시를 비진의표시라고 한다(제107조). 가령 상대방에게 토지 임대차 계약을 해지할 의사가 없으면서, 임대료를 올려 받을 생각으로 해지하겠다고 고지하는 경우를 말한다. 이러한 경우에 표의자를 보호할 필요가 없기 때문에 표의자의 표시대로 효력을 발생한다. 다만 상대방이 표의자의 진의 아님을 알았거나 알 수 있었을 경우에는 무효로 하지만, 그 무효는 이러한 사실을 모르는 제3자에게는 주장할 수 없도록 하고 있다.

> **비진의 의사표시의 '진의'의 의미**
>
> 진의 아닌 의사표시에 있어서의 '진의'란 특정한 내용의 의사표시를 하고자 하는 표의자의 생각을 말하는 것이지 표의자가 진정으로 마음 속에서 바라는 사항을 뜻하는 것은 아니므로 표의자가 의사표시의 내용을 진정으로 마음 속에서 바라지는 아니하였다고 하더라도 당시의 상황에서는 그것이 최선이라고 판단하여 그 의사표시를 하였을 경우에는 이를 내심의 효과의사가 결여된 진의 아닌 의사표시라고 할 수 없다(대판 2001. 1. 19, 2000다51919 · 51926).

(2) 통정허위표시

상대방과 통모해서 하는 진의 아닌 거짓의 의사표시를 통정허위표시라고 한다. 가령 채무자가 자기 소유의 부동산에 대한 채권자의 강제집행을 면하기 위하여 그 부동산의 등기를 통모한 타인에게 이전하는 경우, 세금을 적게 내기 위해 매매대금을 실제 금액보다 적게 표시하기로 합의하는 경우 등을 말한다. 허위표시는 당사자간에 무효이지만, 선의의 제3자에게는 대항할 수 없다(제108조).

(3) 착   오

착오란 표시와 진의가 일치하지 않는 의사표시로서, 그 불일치를 표의자가 알지 못하는 것을 말한다. 여기에는 다음과 같은 유형이 있다. 첫째, 표시상의 착오이다. 가령 3억원에 팔아야 할 아파트를 1억원으로 잘못 표기하는 경우이다. 둘째, 내용의 착오이다. 표시행위 자체에는 착오가 없으나 표시행위가 가지는 의미를 잘못 이해하는 경우이다. 가령 영국의 파운드화와 미국의 달러화를 같은 가치의 것으로 잘못 믿고, 10파운드 대신 10달러라고 적는 경우를 말한다. 셋째, 동기의 착오이다. 의사표시를 하게 된 동기에 착오가 있는 경우이다. 가령 전철역이 개설된다고 믿고 토지를 비싼 가격으로 매수하는 경우를 말한다. 이 유형도 착오처럼 취소할 수 있는가에 대하여 학설이 대립하고 있으나 다수설은 동기가 표시되고, 상대방이 알고 있는 경우에는, 의사표시의 내용이 되므로, 착오의 문제가 일어난다고 한다.

> **동기의 착오**
>
> 매매대상 토지 중 20~30평 가량만 도로에 편입될 것이라는 중개인의 말을 믿고 주택 신축을 위하여 토지를 매수하였고 그와 같은 사정이 계약 체결 과정에서 현출되어 매도인도 이를 알고 있었는데 실제로는 전체 면적의 약 30%에 해당하는 197평이 도로에 편입된 경우, 동기의 착오를 이유로 매매계약의 취소를 인정할 수 있다(대판 2000. 5. 12, 2000다12259).

한편 착오로 인한 취소는 선의의 제3자에게 대항할 수 없다(제109조 2항).

(4) 사기·강박에 의한 의사표시

표의자의 의사표시가 자유롭게 결정되지 못하고 타인의 위법한 개입에 의하여 행하여진 경우에는 그것을 그대로 효과가 발생하게 한다면, 표의자에게 가혹하며 심히 부당하다. 이에 민법은 타인의 부당한 개입에 의해 자유롭지 못한 의사결정을 하고, 그에 따른 의사표시를 한 자에게, 그의 의사표시를 취소할 수 있게 하고 있는바 이것이 바로 사기·강박에 의한 의사표시이다. 여기서 사기라 함은 고의로 사람을 기망하여 착오에 빠지게 하는 것을 말한다.

> **기망행위의 위법성**
>
> 상품의 선전 광고에 있어서 거래의 중요한 사항에 관하여 구체적 사실을 신의성실의 의무에 비추어 비난받을 정도의 방법으로 허위로 고지한 경우에는 기망행위에 해당한다고 할 것이나, 그 선전 광고에 다소의 과장 허위가 수반되는 것은 그것이 일반 상거래의 관행과 신의칙에 비추어 시인될 수 있는 한 기망성이 결여된다고 할 것이고, 또한 용도가 특정된 특수시설을 분양받을 경우 그 운영을 어떻게 하고, 그 수익은 얼마나 될 것인지와 같은 사항은 투자자들의 책임과 판단하에 결정될 성질의 것이므로, 상가를 분양하면서 그 곳에 첨단 오락타운을 조성하고 전문경영인에 의한 위탁경영을 통하여 일정 수익을 보장한다는 취지의 광고를 하였다고 하여 이로써 상대방을 기망하여 분양계약을 체결하게 하였다거나 상대방이 계약의 중요부분에 관하여 착오를 일으켜 분양계약을 체결하게 된 것이라 볼 수 없다(대판 2001. 5. 29, 99다55601·55618).

강박은 고의로 해악을 주겠다고 위협하여 공포심을 일으키게 하는 위법행위이다. 또한 이 경우에도 선의의 제3자에게는 대항할 수 없다.

> **강박행위의 위법성**
>
> 여기서 어떤 해악을 고지하는 강박행위가 위법하다고 하기 위하여는 강박행위 당시의 거래관념과 제반 사정에 비추어 해악의 고지로써 추구하는 이익이 정당하지 아니하거나 강박의 수단으로 상대방에게 고지하는 해악의 내용이 법질서에 위배된 경우 또는 어떤 해악의 고지가 거래관념상 그 해악의 고지로써 추구하는 이익의 달성을 위한 수단으로 부적당한 경우 등에 해당하여야 한다(대판 2010. 2. 11, 2009다72643).

3._ 의사표시의 효력발생시기

상대방 없는 의사표시는 특정의 상대방이 없으므로 표의자가 표시행위를 마침으로써 효력을 발생하게 된다. 상대방 있는 의사표시는 상대방에게 의사표시가 도달해야 효력이 생긴다(제111조 1항). 도달이란 의사표시가 상대방의 지배권 내에 들어가 사회통념상 상대방이 이를 요지할 수 있는 상태가 생겼다고 인정되는 것을 말한다. 가령 우편수신함에 우편이 투입된 때에 도달된 것으로 볼 수 있을 것이다. 이러한 도달주의의 원칙에 대해, 격지자 간에는 발신으로 의사표시의 효력이 발생하는 예외가 있다(제531조). 격지자란 시간적 관념이어서, 멀리 떨어져 있더라도 전화상의 의사표시라면, 대화자 사이의 것이다.

Ⅳ) 법률행위의 대리

1._ 의   의

대리라 함은, 타인(대리인)이 본인의 이름으로 다른 상대방과 법률행위를 하거나 또는 상대방의 의사표시를 수령함으로써 그 법률효과가 직접 본인에 관하여 생기는 제도를 말한다. 가령 갑의 대리인 을이 자동차 소유자 병으로부터 1,000만원에 자동차를 구입하면, 그 법률효과는 갑에게 발생하여 갑에게 대금지급의무 및 소유권이 귀속된다. 이러한 대리제도는 다원화된 현대사회에서 개인의 활동영역을 확대시킴으로써, 사적 자치를 확장하고 보충하는 역할을 하고 있다.

2._ 대리의 요건

(1) 대리권의 존재

대리인의 법률행위가 본인에게 귀속되기 위하여는 우선 대리인에게 대리권이 있어야 한다. 대리권이라 함은 대리인이 본인의 이름으로 의사표시를 하거나 또는 의사표시를 받음으로써 본인에게 법적 효과를 귀속시킬 수 있는, 대리인의 본인에 대한 법률상의 지위 내지 자격을 말한다.

한편 대리는 대리권의 발생 원인에 따라 법정대리와 임의대리로 나눌 수 있다. 법정대리권은 본인의 의사와 상관없이 법에서 정하는 바에 따라 발생하며, 임의대리권은 본인의 의사에 기한 이른바 수권행위에 의하여 발생한다. 따라서 대리권 없이 행한 대리행위는 본인이 추인하지 않는 한 본인에게 그 효력이 귀속되지 않으며, 무권대리인이 상대방에게 무거운 책임을 지게 된다. 그러나 대리인에게 대리권이 없지만 마치 그것이 있는 것과 같은 외관이 있고 그러한 외관의 발생에 대해 본인이 어느 정도 원인을 제공하고 있는 경우에는 본인에게도 책임을 지우고 있다. 이를 표현대리라고 하는데, 이하의 유형이 있다.

① 특정인에게 대리권을 주었다는 뜻을 본인이 상대방에게 표시하였으나, 실은 대리권을 주고 있지 않은 경우(제125조), ② 대리인이 기본대리권은 가지고 있으나 그 기본대리권의 범위를 넘어 대리행위를 한 경우(제126조), ③ 대리권이 소멸한 후에 대리행위가 행해진 경우(제129조). 이상의 세 경우의 표현대리의 상대방은 본인에 대하여 그 법률효과의 발생을 주장할 수 있다.

(2) 현명주의

대리인의 행위가 대리행위로서 성립하여 본인에게 효과가 귀속되려면, 본인을 위한 것임을 표시하여서 대리행위를 하여야 한다. 이를 현명주의라고 하는데, 가령 갑의 대리인 을이라고 표시하는 것을 말한다. 대리인이 본인을 위한 것임을 표시하지 않고 한 의사표시는 그 대리인 자신을 위한 것으로 본다.

현명의 방식

매매위임장을 제시하고 매매계약을 체결하는 자는 특단의 사정이 없는 한 소유자를 대리하여 매매행위하는 것이라고 보아야 하고 매매계약서에 대리관계의 표시없이 그 자신의 이름을 기재하였다고 해서 그것만으로 그 자신이 매도인으로서 타인물을 매매한 것이라고 볼 수는 없다(대판 1982. 5. 25, 81다1349, 81다카1209).

Ⅴ 소멸시효

1._ 의 의

소멸시효란 권리자가 자기의 권리를 행사할 수 있음에도 불구하고, 일정한 기간 동안 그 권리를 행사하지 않는 상태가 계속된 경우에, 그 자의 권리를 소멸시켜 버리는 제도를 말한다.

2._ 요 건

시효로 권리가 소멸하려면 다음과 같은 요건을 필요로 한다.

① 권리가 소멸시효의 목적이 될 수 있는 것이어야 한다. 즉 재산권에 한하며 가족권·인격권과 같은 비재산권은 소멸시효의 목적이 되지 않는다. ② 권리자가 법률상 그의 권리를 행사할 수 있음에도 불구하고, 행사하지 않아야 한다. ③ 이러한 권리 불행사의 상태가 일정한 기간 동안 계속되어야 한다.

3._ 소멸시효기간

보통의 채권의 소멸시효기간은 10년이지만, 채권 및 소유권 이외의 다른 재산권은 20년의 소멸시효에 걸린다. 3년 및 1년의 시효에 걸리는 것도 있는데, 이를 단기소멸시효라고 한다. 다만 단기소멸시효에 걸리는 채권이라도 판결에 의하여 확정된 때에는 그 소멸시효는 10년으로 한다.

4._ 소멸시효의 중단과 정지

소멸시효의 중단이란 일정한 사유의 발생으로 소멸시효의 진행이 방해되어, 이미 경과한 시효기간의 효력이 상실되는 것을 말한다. 소멸시효가 중단되면 그 때부터 소멸시효는 새로이 다시 진행하게 된다. 민법상 시효의 중단사유로는 ① 청구, ② 압류·가압류·가처분, ③ 승인의 세 가지가 있다.

소멸시효의 정지란 시효기간이 거의 완성될 무렵에 권리자가 중단행위를 할 수 없는 사정이 있어, 그 시효기간의 진행을 일시적으로 멈추게 하고, 그러한 사정이 제거된 후 다시 나머지 기간을 진행시키는 것을 말한다. 민법상 정지사유는 다음과 같다. ① 제한능력자를 위한 정지(제179조), ② 혼인관계의 종료에 의한 정지(제180조 2항), ③ 상속재산에 관한 정지(제181조), ④ 사변에 의한 정지(제182조).

제*02*장

물 권 법

제1절 총 설

Ⅰ) 의의와 본질

민법은 재산권에 관해 제2편에서 물권, 제3편에서 채권을 규정하고 있다. 물권과 채권의 구별은 권리의 본질에 따른 구별이 아니라 입법정책적인 문제이다. 여기서 물권이란 특정의 물건을 직접 지배해서 이익을 얻는 배타적인 권리라고 이해될 수 있다. 즉 물권의 본질은 물건을 직접적이며 배타적으로 지배하는 권리로서 누구에 대해서도 주장할 수 있는 절대권으로서의 성질을 가진다. 한편 채권법이 대체로 임의규정으로 구성되어 있는 반면, 물권법은 물건에 대한 배타적 지배관계를 규율하기 때문에 대부분 강행규정으로 구성되어 있다. 따라서 물권의 종류와 내용은 법률이 정하는 것에 한정되며, 당사자들이 임의로 창설하지 못한다(제185조). 이를 물권법정주의라고 한다.

Ⅱ) 물권의 효력

전술한 바와 같이 물권이 배타성과 절대성을 가지는데, 이로부터 물권의 우선적 효력과 물권적 청구권이 나온다. 우선적 효력이란 하나의 물건 위에 수 개의 권리가 경합하는 경우에, 어느 한 권리가 다른 권리에 우선하는 효력을 말한다. 가령 1순위 저당권자가 우선변제를 받고 나머지가 있어야 2순위 저당권자가 변제를 받을 수 있다. 물권 상호간에는 시간적으로 먼저 성립한 물권이 나중에 성립한 물권에 우선한다.

또한 어떤 물건에 대하여 물권과 채권이 대립하는 경우에, 그 성립의 시간적 선후에 관계없이 물권이 채권에 우선한다.

물권적 청구권이란 물권의 행사가 방해받고 있거나 방해받을 우려가 있는 경우에, 물권자가 그 방해의 제거 또는 예방을 청구할 수 있는 권리를 말한다. 민법상 물권적 청구권에는 ① 정당한 권원 없이 타인의 물건을 점유하는 자에 대하여 소유자가 그 반환을 청구할 수 있는 소유물반환청구권, ② 물권자의 물권의 실현이 방해받고 있는 경우 그 방해의 제거를 청구할 수 있는 방해제거청구권, ③ 현재 물권의 실현이 방해받지 않고 있으나 장래에 방해의 염려가 있는 경우에, 그 예방을 청구할 수 있는 방해예방청구권 등이 있다.

> **소유권을 상실한 자의 물권적 청구권**
>
> 소유권을 양도함에 있어 소유권에 의하여 발생되는 물상청구권을 소유권과 분리, 소유권 없는 전소유자에게 유보하여 제3자에게 대하여 이를 행사케 한다는 것은 소유권의 절대적 권리인 점에 비추어 허용될 수 없는 것이라 할 것으로서, 소유권을 상실한 전소유자는 제3자인 불법점유자에 대하여 물권적청구권에 의한 방해배제를 청구할 수 없다(대판(전) 1969. 5. 27, 68다725).

제2절 물권의 변동

Ⅰ 서 설

1. 의 의

물권변동이란 물권의 발생·변경·소멸을 통틀어서 가리키는 말이다. 이를 물권의 주체를 중심으로 보면 물권의 득실변경을 의미한다. 절대권인 물권은 우선적 효력 때문에 그 내용과 변동을 외부에서 인식할 수 있지 않으면 제3자에게 불측의 손해를 입힐 염려가 있다. 따라서 외부에서 물권의 존재 및 변동을 쉽게 인식할 수 있도록 공시방법(공시의 원칙)이 요구되며 그러한 공시방법을 신뢰한 자를 보호하는 것(공신의 원칙)도 필요하다.

2._ 공시의 원칙

공시의 원칙이란 물권의 존재 및 변동은 언제나 외부에서 인식할 수 있는 형식을 갖추어야 한다는 원칙을 말한다. 민법은 형식주의를 채택하여, 공시방법을 갖추지 않으면 제3자에 대한 관계에서는 물론 당사자 사이에서도 물권변동은 발생하지 않는다. 현행법상의 공시방법의 예로는 부동산에 관한 등기, 동산에 관한 인도, 수목의 집단이나 미분리과실에 관한 관습법상의 명인방법, 혼인신고 등을 들 수 있다.

3._ 공신의 원칙

공신의 원칙이란 일정한 공시방법을 신뢰하고 거래한 경우에, 설사 그 공시방법이 진실한 권리관계와 일치하지 않더라도, 공시된 대로의 권리관계가 존재하는 것으로 다루어야 한다는 원칙을 말한다.

Ⅱ 부동산 및 동산물권의 변동과 등기

1._ 부동산물권의 변동

법률행위에 의한 부동산물권변동에 관하여는 등기가 있어야 물권변동이 일어난다(제186조 참조). 부동산등기란 등기공무원이 부동산등기법에 따라 등기부에 부동산에 관한 권리관계 등을 기재하는 것을 말한다.

등기는 당사자가 법률행위에 의하여 달성하고자 하는 물권변동에 부합하는 것이어야 하고, 그렇지 못한 등기는 효력이 없다. 따라서 가령 갑 토지에 대하여 매매계약이 성립하였는데 을 토지에 관하여 등기가 경료된 경우에는 원칙적으로 등기는 원인무효이고, 권리변동은 일어나지 않는다.

상속, 공용징수, 판결, 경매 기타 법률의 규정에 의한 부동산에 관한 물권의 변동은 등기 없이도 효력을 발생한다. 다만 이 경우 취득한 부동산을 처분하기 위해서는 등기를 요한다(제187조).

2._ 부동산등기

등기는 공무원인 등기관이 부동산등기법 소정의 절차에 따라 부동산에 관한 권리관계를 공적 장부인 등기부에 기재하는 것 또는 그러한 기재 자체를 말한다. 등기에는 다음과 같은 효력이 있다. ① 등기는 우선 물권변동을 발생케 하는 효력을 가지는

데, 이를 등기의 권리변동적 효력이라고 한다. ② 등기는 물권의 효력순위를 결정하는 순위확정적 효력을 가진다. ③ 부동산에 관한 제한물권, 부동산임차권 등에 관하여 등기하면 제3자에게도 효력이 있는데, 이를 대항적 효력이라고 한다. ④ 등기가 있으면 그에 대응하는 실체적 권리관계가 존재하는 것으로 추정되는데, 이를 추정적 효력이라고 한다.

등기는 등기권리자와 등기의무자가 공동으로 신청하여야 하는 것이 원칙이다(부동산등기법 제23조). 등기를 신청할 때에는 신청정보 및 첨부정보를 적은 서면을 등기소에 출석하여 제출하거나 전산정보처리조직을 이용하여 보낼 수 있다. 등기신청이 있으면, 등기관은 등기절차상의 적법성 여부만을 심사하고 실체적 권리관계에 대한 심사권은 배제된다.

> **등기관의 심사권**
>
> 등기공무원은 등기신청에 대하여 실체법상의 권리관계와의 일치 여부를 심사할 실질적 심사권한은 없고 오직 신청서 및 그 첨부서류와 등기부에 의하여 등기요건의 충족 여부를 심사할 형식적 심사권한밖에는 없는 것이어서 그 밖에 필요에 응하여 다른 서면의 제출을 받거나 관계인의 진술을 구하여 이를 조사할 수는 없다(대결 1990. 10. 29, 90마772).

3._ 동산물권의 변동

동산에 관한 물권의 양도는 인도가 있어야 물권 변동이 일어난다(제188조 1항). 부동산과 달리 동산물권 변동에서는 공신력이 인정된다. 따라서 동산의 양수인이 비록 무권리자로부터 양수받았다고 하더라도 평온, 공연하게 선의, 무과실로 그 동산을 취득하였다면, 양수인은 그 동산에 관한 권리를 취득할 수 있다. 이를 선의취득이라고 한다. 다만 선의취득한 물건이 도품이나 유실물인 경우에는 피해자 등은 2년 내에 그 물건의 반환을 청구할 수 있다(제250조).

> **민법 제250조의 적용범위**
>
> 민법 제250조, 제251조 소정의 도품, 유실물이란 원권리자로부터 점유를 수탁한 사람이 적극적으로 제3자에게 부정 처분한 경우와 같은 위탁물 횡령의 경우는 포함되지 아니하고 또한 점유보조자 내지 소지기관의 횡령처럼 형사법상 절도죄가 되는 경우도 형사법과

민사법의 경우를 동일시 해야 하는 것은 아닐 뿐만 아니라 진정한 권리자와 선의의 거래 상대방간의 이익형량의 필요성에 있어서 위탁물 횡령의 경우와 다를 바 없으므로 이 역시 민법 제250조의 도품·유실물에 해당되지 않는다(대판 1991. 3. 22, 91다70).

제3절 기본물권

Ⅰ 점 유 권

1._ 의 의

민법은 어떤 사람이 물건을 사실상 지배하고 있는 경우에 그 지배를 정당화할 수 있는 권리인 본권이 있느냐를 묻지 않고 그 사실상의 지배상태(즉 점유)에 일정한 법적 효과를 부여하고 있다. 가령 A가 B로부터 디지털카메라를 훔쳐서 사용하고 있다가 C가 그 디지털카메라를 다시 훔쳐갔다면, A는 정당한 소유자는 아니나 점유 자체에 기하여 반환청구권을 행사할 수 있다.

2._ 효 력

민법은 점유에 대하여 다음과 같은 효과를 인정하고 있다.

① 점유자가 점유물에 대하여 행사하는 권리는 적법하게 보유한 것으로 추정된다(권리의 추정: 제200조). ② 선의의 점유자는 점유물에서 생기는 과실을 취득한다(제201조). ③ 점유물이 점유자의 책임 있는 사유로 인하여 멸실 또는 훼손된 때에는 점유자는 회복자에게 그 손해를 배상하여야 한다(제202조). ④ 점유자는 점유물에 관하여 지출한 비용을 일정한 범위 내에서 상환청구할 수 있는 권리를 가진다(제203조). ⑤ 점유자는 그의 점유를 침탈당한 때에는 그 침해의 배제를 청구할 수 있다(제204조 이하). ⑥ 점유자의 점유에 대한 부당한 침탈 또는 방해행위에 대해 자력으로써 방어 또는 회복을 할 수 있다(제209조).

사기로 인한 점유회수청구권의 행사 여부

(점유의 침탈이란 점유자의 의사에 기하지 않은 채 점유를 상실하였어야 하므로) 사기의 의사표시에 의하여 건물을 명도해 준 경우에는 건물의 점유를 침탈당한 것이 아니므로, 피해자는 점유회수의 소권을 가진다고 할 수 없다(대판 1992. 2. 28, 91다17443).

Ⅱ 소 유 권

1._ 의   의

소유권이란 물건을 사용·수익·처분할 수 있는 권리를 말한다(민법 제211조 참조). 소유권은 물건에 대한 전면적인 지배권이지만 전혀 제한이 없는 절대적·무제한적인 권리는 아니며, 소유자는 법률의 범위 내에서 그 권리를 행사할 수 있다.

2._ 소유권의 취득

소유권의 취득원인으로서 가장 중요한 것은 법률행위이다. 그 밖에 상속, 공용징수 등에 의해서도 소유권은 취득되는데, 이들은 상속법과 행정법에서 다루어지고 있다. 민법은 이러한 취득원인 외의 특수한 소유권취득원인에 대하여 규정하고 있는데, 이하에서 간단히 살펴본다.

(1) 취득시효

취득시효란 물건을 일정한 기간 동안 점유한 사람에게 일정한 요건하에 권리취득의 효과를 생기게 하는 제도를 말한다. 일정한 사실상태가 오랫동안 계속되는 경우에 그 상태가 진실한 권리관계에 합치되지 않더라도 법질서의 안정을 위하여 그 사실상태대로 권리관계를 인정할 필요 때문에 나온 것이다.

민법은 부동산소유권의 취득시효와 동산소유권의 취득시효에 관한 규정을 두고, 소유권 이외의 재산권에 관해서는 이를 준용하고 있다. 부동산소유권의 취득시효에는 점유취득시효와 등기부취득시효가 있다. 전자는 20년간 소유의 의사(즉 자주점유)로 평온·공연하게 부동산을 점유한 자가 등기함으로써 그 소유권을 취득하는 것이고, 후자는 부동산의 소유자로 등기한 자가 10년간 소유의 의사로 평온·공연하게 선의이며 과실 없이 그 부동산을 점유한 때에 그 소유권을 취득하는 것이다(제245조).

자주점유의 의미

취득시효에 있어서 자주점유라 함은 소유자와 동일한 지배를 사실상 행사하려는 의사를 가지고 하는 점유를 의미하는 것이지, 법률상 그러한 지배를 할 수 있는 권한, 즉 소유권을 가지고 있거나 소유권이 있다고 믿고서 하는 점유를 의미하는 것은 아니다(대판 1994. 10. 21, 93다12176).

동산소유권의 취득시효에는 두 가지가 있다. 하나는 10년간 소유의 의사로 평온·공연하게 동산을 점유한 자가 소유권을 취득하는 것이고, 다른 하나는 점유가 선의·무과실로 개시된 경우에는 5년의 경과로 소유권을 취득하는 것이다(제246조).

(2) 선점·습득·발견

무주물 선점이란 무주의 동산을 소유의 의사로 점유한 자가 그 소유권을 취득하는 것이다(제252조 1항).

유실물 습득이란 유실물은 법률에 정한 바에 의하여 공고한 후 6개월 이내에 그 소유자가 권리를 주장하지 않으면 습득자가 그 소유권을 취득하는 것이다(제253조).

매장물 발견이란 매장물은 법률에 정한 바에 의하여 공고한 후 1년 내에 그 소유자가 권리를 주장하지 아니하면 발견자가 그 소유권을 취득하는 것이다(제254조). 매장물이란 토지 그 밖의 물건(포장물) 속에 매장되어 있어서 그 소유권이 누구에게 속하고 있는지를 판별할 수 없는 물건을 말한다.

(3) 첨　부

부합, 혼화, 가공을 합쳐서 첨부라 한다. 소유자를 각각 달리하는 수 개의 물건이 결합하여 1개의 물건으로 되어 그 분리가 극히 곤란하게 된 것을 부합이라 한다.

혼화란 곡물과 같은 고형물의 혼합과 술, 기름 같은 유동물의 혼합의 두 종류가 있다. 어느 것이나 물건이 같은 종류의 물건과 섞여서 원물을 쉽게 구별할 수 없는 것을 말한다.

가공이란 타인의 동산에 노력을 가하여 새로운 물건을 만들어 내는 것을 말한다.

제4절 용익물권

용익물권이란 타인이 토지 또는 건물을 사용·수익할 것을 내용으로 하는 물권
이다. 여기에는 지상권, 지역권, 전세권이 있다.

Ⅰ 지상권

지상권은 타인의 토지에 건물 기타 공작물이나 수목을 소유하기 위하여 그 토지
를 사용하는 권리를 말한다(제279조). 지상권은 토지소유자와 지상권자 사이의 지상권
설정계약과 등기에 의해서 취득되는 경우가 전형적이다. 지상권은 다른 부동산물권의
경우와 같이 상속, 판결, 경매, 공용징수, 취득시효 등 기타 법률의 규정에 의하여도
취득될 수 있다. 또한 법률상 당연히 지상권의 성립이 인정되는 법정지상권이 있으며
관습법상의 지상권의 성립도 인정된다.

지상권의 존속기간은 당사자들의 약정에 따르지만 민법은 최단기간에 대한 제한
을 두고 있다. ① 석조, 석회조, 연와조 또는 이와 유사한 견고한 건물이 경우에 30년,
② 그 밖의 건물의 경우에 15년, ③ 건물 외의 공작물의 경우에 5년, ④ 수목의 경우
에 30년이다.

> **지상권의 존속기간**
>
> 민법상 지상권의 존속기간은 최단기만이 규정되어 있을 뿐 최장기에 관하여는 아무런
> 제한이 없으며, 존속기간이 영구인 지상권을 인정할 실제의 필요성도 있고, 이러한 지상
> 권을 인정한다고 하더라도 지상권의 제한이 없는 토지의 소유권을 회복할 방법이 있을
> 뿐만 아니라, 특히 구분지상권의 경우에는 존속기간이 영구라고 할지라도 대지의 소유권
> 을 전면적으로 제한하지 아니한다는 점 등에 비추어 보면, 지상권의 존속기간을 영구로
> 약정하는 것도 허용된다(대판 2001. 5. 29, 99다66410).

한편 현대에는 지중 또는 공중의 입체적 이용(지하철, 육교 등)의 필요성이 제기되
어, 타인 토지의 지하 또는 지상에 일정한 범위를 정하여 건물 기타 공작물을 소유하
기 위하여 그 구분층을 사용할 것을 내용으로 하는 구분지상권도 인정된다.

Ⅱ 지 역 권

지역권이란 설정행위에서 정한 일정한 목적을 위하여 타인의 토지를 자기 토지의 편익에 이용하는 것을 내용으로 하는 물권을 말한다. 가령 A토지에 들어가기 위해서는 B토지를 통해야 하는 경우, A토지의 편익을 위하여 B토지를 이용할 수 있는 용익물권이 지역권이다. 여기서 편익을 제공받는 토지를 요역지라 하고, 편익을 제공하는 토지를 승역지라 한다. 지역권은 지역권설정계약과 등기에 의하여 취득되는 것이 보통이지만, 취득시효, 상속, 양도 등에 의해서도 취득될 수 있다.

Ⅲ 전 세 권

전세권이란 전세금을 지급하고 타인의 부동산을 점유하여 그 부동산의 용도에 좇아 사용·수익하며 전세권이 소멸하면 그 부동산의 전부에 대하여 후순위 권리자 기타 채권자보다 전세금의 우선변제를 받을 수 있는 물권이다(제303조 1항).

> **전세금의 지급과 전세권 성립**
> 전세금의 지급은 전세권 성립의 요소가 되는 것이지만 그렇다고 하여 전세금의 지급이 반드시 현실적으로 수수되어야만 하는 것은 아니고 기존의 채권으로 전세금의 지급에 갈음할 수도 있다(대판 1995. 2. 10, 94다18508).

전세권은 부동산소유자와 전세권취득자 사이의 설정계약과 등기에 의하여 설정·취득하는 것이 일반적이다. 그 밖에 전세권의 양도·상속에 의해서도 승계취득할 수 있다.

전세권의 존속기간은 당사자의 임의로 정할 수 있으나, 최장기간은 10년을 넘지 못하며, 당사자의 약정기간이 10년을 초과하는 경우에는 10년으로 단축되며, 최단기간은 1년으로서 약정기간을 1년 미만으로 정한 때에는 1년으로 하도록 하고 있다.

제 5 절 담보물권

담보물권이란 채권의 담보를 목적으로 하는 물권이다. 따라서 물건의 사용·수익을 목적으로 하는 용익물권과는 본질적으로 차이가 있다. 즉 담보물권은 주로 그것의 교환가치의 취득을 목적으로 하는 가치권이라고 할 수 있다. 민법상 유치권, 질권, 저당권의 세가지 종류가 인정되고 있다.

Ⅰ 유 치 권

유치권은 타인의 물건 또는 유가증권을 점유하는 자가 그 물건 또는 유가증권에 관하여 생긴 채권의 변제를 받을 때까지 그 목적물을 유치할 수 있는 권리를 말한다 (제320조 1항). 여기서 유치란 점유를 계속하고 인도를 거절함을 뜻한다. 가령 오디오를 수리한 자는 수리비를 지급받을 때까지 그 오디오의 인도를 거절할 수 있다. 유치권자는 선량한 관리자의 주의로 유치물을 점유하여야 한다. 선량한 관리자의 주의란 그 법률관계에서 거래상 통상적으로 요구되는 정도의 주의를 말한다.

유치권자는 그 채권의 변제를 받기 위하여 목적물을 현금화할 수 있다. 그 방법은 경매가 원칙이나, 감정인의 평가에 의해 유치물로 직접 변제에 충당할 것을 법원으로부터 허가받을 수 있는 간이변제충당도 인정된다. 또한 유치권자는 유치물의 과실을 수취하여 다른 채권자보다 먼저 그 채권의 변제에 충당할 수 있다. 다만 그 과실이 금전이 아닌 경우에는 경매하여야 한다.

유치권자는 유치물에 관하여 지출한 비용이 있는 경우에, 그 상환을 청구할 수 있다.

> **유치권의 불가분성**
>
> 다세대주택의 창호 등의 공사를 완성한 하수급인이 공사대금채권 잔액을 변제받기 위하여 위 다세대주택 중 한 세대를 점유하여 유치권을 행사하는 경우, 그 유치권은 위 한 세대에 대하여 시행한 공사대금만이 아니라 다세대주택 전체에 대하여 시행한 공사대금 채권의 잔액 전부를 피담보채권으로 하여 성립한다(대판 2007. 9. 7, 2005다16942).

Ⅱ 질 권

질권이란 채권자가 채무의 변제를 받을 때까지 그 채권의 담보로 채무자 또는 제3자로부터 인도받은 물건 또는 재산권을 유치함으로써 채무의 변제를 간접적으로 강제하는 동시에, 변제가 없으면 그 목적물로부터 우선적으로 변제를 받는 권리이다. 유치적 효력을 가진다는 점에서 유치권과 공통되나, 원칙적으로 당사자 사이의 계약에 의하여 성립하는 약정담보물권이라는 점에서 법정담보물권인 유치권과 다르다.

질권은 목적물의 종류에 따라 동산질권과 권리질권으로 나눌 수 있다. 전자는 동산을 목적으로 하는 질권이다. 구 민법에서는 부동산을 목적으로 하는 부동산질권이 있었으나 현행 민법에서 폐지되었다. 권리질권은 채권, 주식 등, 동산 외의 재산권을 목적으로 하는 질권을 말한다.

Ⅲ 저 당 권

저당권이란 채권자가 채무담보를 위하여 채무자 또는 제3자가 제공한 부동산 기타 목적물의 점유를 이전받지 않은 채 그 목적물을 관념상으로만 지배하다가 채무의 변제가 없으면 그 목적물로부터 우선변제를 받을 수 있는 담보물권을 말한다(민법 제356조). 저당권은 우선변제를 받는 담보물권이라는 점에서 질권과 공통되나, 저당권설정자가 목적물을 계속 점유하기 때문에 유치적 효력을 갖지 않고, 우선변제적 효력만 인정된다는 점이 장점이다. 이와 같이 저당권은 점유를 수반하지 않는바, 저당권의 존재는 반드시 등기·등록에 의하여 공시되어야 하는 것이 원칙이다.

저당권은 다음의 경우에 성립한다. ① 당사자 사이의 저당권설정의 합의와 등기에 의한 성립, ② 민법 제666조에 의한 부동산공사수급인의 저당권설정청구권의 행사와 등기에 의한 성립, ③ 민법 제649조에 의한 부동산임대인의 임대토지 위의 임차인이 건축하여 소유하고 있는 건물을 압류함으로써 법률상 당연히 저당권이 성립하는 경우 등이다.

저당권의 효력은 저당부동산에 부합된 물건과 종물에 미친다(민법 제358조).

저당권의 효력 범위

건물의 증축 부분이 기존건물에 부합하여 기존건물과 분리하여서는 별개의 독립물로서의 효용을 갖지 못하는 이상 기존건물에 대한 근저당권은 민법 제358조에 의하여 부합된 증축 부분에도 효력이 미치는 것이므로 기존건물에 대한 경매절차에서 경매목적물로 평가되지 아니하였다고 할지라도 경락인은 부합된 증축 부분의 소유권을 취득한다(대판 2002. 10. 25, 2000다63110).

한편 민법은 일반적인 저당권과는 다른 특수한 저당권에 대하여 규정하고 있는데, 공동저당, 근저당이 그것이다.

공동저당이란 동일한 채권을 담보하기 위하여 수 개의 부동산 위에 저당권을 설정하는 것을 말한다. 가령 A가 B에 대한 채권을 담보하기 위하여 B의 부동산 3개에 저당권을 설정하는 경우를 말한다.

근저당이란 계속적인 거래관계로부터 발생하는 다수의 불특정의 채권을 장래의 결산기에 일정한 한도액까지 담보하려는 저당권을 말한다(제357조). 계속적 거래관계에 있는 당사자 사이에 그 거래에서 채권이 발생할 때마다 새로 저당권을 설정하고 말소하는 과정을 반복하여야 한다면 절차상 번거로울 뿐만 아니라 시간과 비용이 많이 들게 된다. 따라서 그러한 번거로움과 불합리를 피하기 위하여 일정한 한도까지 채권최고액을 정해 놓고 채권액이 증감하다가 결산기에 남아 있는 채권액을 담보하려는 제도로 고안된 것이다. 근저당권은 등기된 최고액을 한도로 결산기에 실제로 존재하는 채권액 전부를 피담보채권으로 한다.

근저당권의 효력 범위

매수인의 매도인에 대한 매매대금채무의 담보를 위하여 설정된 근저당권은 그 매매계약이 매수인의 기망에 의한 것이라 하여 취소된 경우에 매수인이 위 기망행위로 인하여 매도인에게 입힌 손해배상채무도 담보하는 것이라고 봄이 상당하다(대판 1987. 4. 28, 86다카2458).

제03장

채 권 법

김 영 규*

제1절 채권총론

Ⅰ 총 설

1._ 서 설

(1) 채권법의 의의와 내용

「채권법」이라 함은 형식적으로는 민법 제3편 채권의 규정(제373조~제766조)을 말하며, 실질적으로는 민법 제3편(채권)을 포함한 채권관계를 규율하는 법규의 전체를 의미한다. 이러한 채권법의 내용은 크게 채권의 발생원인에 관한 것을 다루는 채권각론(채권각칙)과 그 밖의 것(채권의 목적·효력·소멸 및 다수당사자의 채권관계·채권양도와 채무인수)을 다루는 채권총론(채권총칙)으로 나누어진다.

(2) 채권법의 특질

채권법은 같은 재산법인 물권법과 비교할 때에 재산의 동적 관계를 규율하는 거래법성, 채권자·채무자 사이의 상대적인 관계를 규율하는 임의법규성, 국제성·보편성, 대인적 신뢰관계가 보다 중시되는 신의칙의 강한 지배라는 서로 상이한 성질을

---

* 백석대학교 경찰학부 교수, 4장도 동일.

띤다. 이 밖에 채권법은 로마법과 게르만법의 교착(交錯)으로 이루어진 물권법과는 달리 로마법의 지배를 강하게 받고 있다.

2._ 채권의 본질

(1) 채권의 의의

'채권'이라 함은 특정인인 채권자가 다른 특정인인 채무자에 대하여 특정의 행위인 급부를 청구할 수 있는 권리이다. 그리고 이에 대응하여 특정의 행위를 하여야 할 의무를 '채무'라 한다.

사권은 그 기준에 따라서 여러 가지로 나누어지는데, 채권은 그러한 사권의 분류 가운데에서도 특히 재산권이고, 청구권이며, 상대권이다.

(2) 채권과 구별되어야 할 개념

① 채권과 청구권   청구권은 채권의 주된 내용 또는 효력에 지나지 않을 뿐만 아니라 채권 그 밖의 권리로서도 발생하는 것이므로(예컨대, 물권에 기인한 물권적 청구권, 상속권에 기인한 상속회복청구권 등), '채권＝청구권'이라고 할 수 없다.

② 채권과 강제적 실현력   채권은 청구권을 그 본질적 요소로 하므로 채권은 채무자에 대하여 급부를 청구할 수 있는 힘, 즉 청구력을 가지나 채무자가 임의로 이행하지 않을 때에는 채권은 그 목적을 달성할 수 없다. 그리하여 채권이 청구력에 의하여 실현되지 못한 경우에는 다시 강제적으로 실현할 수 있는 수단을 강구하고 있는데, 이것이 이른바 강제적 실현력이다. 여기서 근대법은 채권자에게 소권(訴權)과 집행청구권을 부여하고 있는 것이 일반적이다. 그러나 모든 채권이 법률상 강제적으로 실현할 수 있는 것이 아니므로(예컨대, 채권자가 그 이행의 소를 제기하지 못하는 자연채무, 강제집행할 수 없는 책임 없는 채무), 강제적 실현력이 채권의 본질적 내용은 아니다.

Ⅱ 채권의 목적

1. 서   설

(1) 채권의 목적(급부)의 의의

'채권의 목적'이라 함은 일반적으로 채권의 내용을 이루는 채무자의 행위, 즉 급부(급여, 이행)를 말하며 이를 채권의 내용 또는 객체라고도 한다.

(2) 채권의 목적(급부)의 요건

채권 및 채권의 목적인 급부에 관하여서는 아무런 제한이 없으나, 채권의 목적은 동시에 법률행위의 목적인 까닭에 법률행위의 목적에 관한 일반적인 요건을 갖추어야 한다. 즉, 확정할 수 있는 것이어야 하고, 적법·가능·사회적 타당성이 있어야 한다. 그리고 채권의 목적은 금전으로 그 가액을 산정할 수 없는 것이라도 무방하다(제373조). 즉, 법이 보호할 만한 가치를 지닌 생활상의 이익이 있기만 하면 채권의 목적이 된다(예컨대, 사망한 부모의 명복을 빌어주기로 하는 승려의 불공급부).

2._ 채권의 종류

민법은 채권의 목적으로서 특정물채권·종류채권·금전채권·이자채권·선택채권의 5종에 관하여 규정하고 있으며(제374조~제386조), 이 밖에 민법에 규정은 없으나, 선택채권과 비슷한 것으로서 임의채권이 있다.

Ⅲ) 채권의 효력

1._ 채무불이행과 채권자지체

채무자는 채무의 내용에 좇은 이행(변제)을 하여야 하는데(제460조 참조), 그러한 이행이 없는 경우를 '채무불이행'이라고 한다. 즉, 채무자가 자기의 책임 있는 사유로 채무의 내용에 좇은 이행을 하지 않는 모든 경우를 가리킨다. 채무불이행에는 이행지체·이행불능·불완전이행의 세 가지가 있다. 한편, 민법은 채권편의 제1장 제2절 '채권의 효력'에서 채권자지체의 규정을 두고 있는데(제400조~제403조), 이를 일종의 채무불이행이라고 할 수 있느냐에 관하여는 의견의 대립이 있으나 다수설은 채무불이행으로 파악한다.

(1) 이행지체

'이행지체'라 함은 이행기에 이행이 가능함에도 불구하고 채무자가 자기의 책임 있는 사유로 인하여 채무의 내용에 따른 이행을 하지 않는 것을 말하며, '채무자지체'라고도 한다. 채무자의 법정대리인이 채무자를 위하여 이행하거나 채무자가 타인을 사용하여 이행하는 경우에는, 법정대리인 또는 피용자(이행보조자)의 고의나 과실은 채무자의 고의나 과실로 본다(제391조).

(2) 이행불능

'이행불능'이라 함은 채권이 성립한 후에 채무자에게 책임 있는 사유로 이행할 수 없게 된 것을 말한다. 이행이 가능이냐 불능이냐의 판단은 이행기를 표준으로 하여야 한다(통설). 그러나 이행기에 이행불능이 생기더라도 그 불능이 일시적인 것이며(예컨대, 일시적인 질병의 경우), 그 후에 이행하더라도 채권의 목적을 달성할 수 있을 때에는 그 동안에 이행지체가 생길 뿐이다.

(3) 불완전이행

'불완전이행'이라 함은 채무자가 채무의 이행으로서 급부를 하였으나, 그것이 채무의 내용에 좇은 것이 아닌 경우를 말한다. 이는 다시 두 가지로 나누어지며, 하나는 일단 이행이 행하여지기는 하였으나 그것이 불완전하여 본래의 이행이 되지 못하는 경우이고(예컨대, 석유 100톤을 급부할 채무에 있어서 100톤이라고 해서 인도하였는데 실제로는 90톤 밖에 되지 않은 경우), 다른 하나는 역시 불완전이행의 결과로 채권자의 다른 재산에 손해를 준 경우이다(예컨대, 병든 닭을 인도하여 채권자의 다른 닭에까지 병을 옮긴 경우). 뒤의 것은 소극적으로 채무를 이행하지 않았기 때문에 손해가 생긴 것이 아니라 오히려 적극적으로 채권을 침해하였다는 의미에서 이를, 특히 '적극적 채권침해'라고 부른다.

(4) 채권자지체

'채권자지체'라 함은 채무의 이행에 있어서 채권자의 협력, 특히 그의 수령을 요하는 경우에 채무자의 채무의 내용에 좇은 이행의 제공이 있음에도 불구하고 채권자가 그것을 수령하지 않거나 그 밖의 필요한 협력을 하지 않는 것을 말하며, 일명 '수령지체'라고도 한다.

2._ 채무불이행에 대한 구제

(1) 강제이행(현실적 이행의 강제)

채무의 이행이 가능함에도 불구하고 채무자가 임의로 이행하지 않는 경우에는, 채권자는 국가권력(국가기관인 법원)에 의하여 강제적으로 채권 본래의 내용을 실현케 할 수 있다. 이를 임의이행에 대하여 '강제이행' 또는 '현실적 이행의 강제'라고 하며, 이에는 직접강제, 대체집행, 간접강제 등의 방법이 있다(제389조).

(2) 손해배상

① 손해의 의의 및 본질   "손해"라 함은 어떤 사실로 인하여 재산 또는 그 밖

의 법익(예컨대, 생명·신체·명예·신용·정조·정신 등)에 대하여 입은 불이익을 말한다. 손해는 재산적 손해와 비재산적 손해(정신적 손해)로 분류하는(제751조·제751조) 이외에 적극적 손해와 소극적 손해, 통상손해와 특별손해 등으로 분류된다(제393조).

② 손해배상의 범위

(i) 손해배상의 범위에 관한 원칙   배상하여야 할 손해의 범위는 채무불이행과 원인·결과의 관계, 즉 인과관계가 있는 손해에 한정된다. 그런데 이 인과관계를 어떻게 이해하느냐에 관해서는 여러 학설이 대립되고 있는데, 이 중 다수설과 판례는 절충적 상당인과관계설을 취하고 있다(대판 1994. 1. 11, 93다50185).

(ii) 손해배상의 범위에 관한 특수문제

(a) 손익상계   채무불이행으로 인하여 채권자에게 손해가 생기게 하는 동시에 이익을 가져오게 된 때에는 손해에서 그 이익을 공제한 잔액을 배상할 손해로 보아야 하는데, 이를 '손익상계' 또는 '이익공제'라고 한다. 이에 관하여는 민법에 규정하는 바가 없으나 손익상계에서 공제되어야 할 이익은 채무자가 배상하여야 할 손해와 대립하는 것이므로, 이 또한 책임원인인 채무불이행과 상당인과관계에 있는 것에 한한다(대판 1992. 12. 22, 92다31361).

(b) 과실상계   채무불이행에 있어서 채권자에게도 과실이 있을 때에는, 법원은 손해배상의 책임 및 그 금액을 정할 때에 그 채권자 또는 피해자의 과실을 참작하여야 하는데, 이를 '과실상계'라고 한다(제396조).

(c) 현재가격의 산정(중간이자의 공제)   장래의 일정한 시기에 일정한 가액을 취득할 권리가 침해된 경우에는 장래의 가액으로부터 중간이자를 공제한 현재의 손해액을 배상하여야 한다. 중간이자의 공제는 종래 '호프만'식 산정법에 의하여 왔으며, 이 밖에도 '라이프니츠'식 산정법과 '가르프죠오'식 산정법이 있다.

(d) 금전채권에 관한 특칙   금전채무의 불이행은 금전 그 자체의 성질상 이행지체에 한하고, 당연히 법정이자 상당의 손해가 발생된다(제397조).

(e) 손해배상액의 예정   '손해배상액의 예정'이라 함은 채무불이행의 경우에 채무자가 지급하여야 할 손해배상액을 미리 정하여 둠을 내용으로 하는 당사자(채권자·채무자) 사이의 계약을 말한다(제398조 1항). 이는 입증곤란을 배제하고 다툼을 예방하여 손해배상의 법률관계를 간이화하여 채무의 이행을 확보하려는 데 그 목적이 있다.

(f) 손해배상자의 대위   채무자가 손해배상으로서 그 채권의 목적인 물건 또는 권리의 가액 전부를 변상한 때에는 그 물건 또는 권리에 관하여 당연히 채권자를

대위하게 되는데(예컨대, 수치인이 임치물을 도난당한 경우에 그 가액을 변상하면, 수치인은 그 물건의 소유권을 취득하는 것), 이를 '손해배상자의 대위'라고 한다(제399조).

3._ 채권의 대외적 효력

(1) 서　설

① 채권은 채권자가 채무자에 대하여 특정행위(작위·부작위)를 청구하는 것을 내용으로 하는 권리이므로 채권의 효력은 제3자에게 미치지 않는 것이 원칙이다. 그러나 예외적으로 채권이 제3자에게 효력을 미치는 수가 있는데 이를 '채권의 대외적 효력'이라고 한다.

② 그런즉, 채권의 대외적 효력은 '제3자에 의한 채권침해에 대한 효력'과 '채권의 담보보전적 효력'으로 나누어진다. 앞의 것은 제3자의 불법한 채권침해에 의한 불법행위의 성립과 방해배제의 청구가 문제되며, 뒤의 것은 책임재산의 보전수단으로서의 채권자대위권과 채권자취소권이 포함된다.

(2) 제3자에 의한 채권침해에 대한 효력

이는 채권의 목적의 실현이 제3자에 의하여 방해되고 있을 때, 이의 배제 및 손해배상을 청구할 수 있는 효력을 말하며, 이에는 '채권침해에 의한 방해배제청구권'과 '채권침해와 불법행위로 인한 손해배상청구권'의 두 가지가 문제된다(제750조).

(3) 채권의 담보보전적 효력(책임재산의 보전)

모든 채권은 궁극에 가서는 금전채권으로 변함으로써 그 목적을 달성하게 되는데, 금전채권에 대하여는 채무자의 일반재산을 환가해서 이로써 그 변제에 충당하므로 채권의 실질적 가치는 채무자의 일반재산의 다소에 의하여 결정된다. 이에 따라 민법은 채무자가 소극적으로 그의 재산이 감소되는 것을 방지하는 조치를 취하지 않는 경우에 채권자가 채무자에 갈음하여 그 조치를 취할 수 있도록 하고, 또 채무자가 적극적으로 자기의 재산을 감소시키는 행위를 하는 경우에 채권자가 그 행위의 효력을 부인하고 처분된 재산을 회수할 수 있도록 하여 채무자의 일반재산의 보전을 꾀하고 있다. 앞의 것이 '채권자대위권'이고(제404조) 뒤의 것이 '채권자취소권'이다(제406조).

Ⅳ 다수당사자의 채권관계

1._ 총 설

(1) 다수당사자의 채권관계의 의의 및 기능

'다수당사자의 채권관계'라 함은 1개의 급부를 목적으로 하는 채권관계에 있어서 채권자 또는 채무자가 다수인 경우를 말하는데, 이를 '다수주체의 채권관계' 또는 '복수주체의 채권관계'라고도 한다. 예컨대, 갑과 을이 공동으로 병으로부터 1동의 건물을 매수하는 경우에, 건물의 인도에 관하여는 갑과 을이 공동으로 채권자가 되고, 한편 대금의 지급에 관하여는 공동으로 채무자가 되는 것과 같다. 민법은 제3편 제1장 제3절(제408조~제448조)에서 '수인의 채권자와 채무자'라는 표제 아래 분할채권관계・불가분채권관계・연대채무 및 보증채무의 4종을 규정하고 있다. 이 중 불가분채무는 연대채무・보증채무 등과 더불어 인적 담보의 기능을 한다.

(2) 다수당사자의 채권관계에 관한 개관

다수당사자의 채권관계에 관하여 특히 문제가 되는 것은 다음의 세 가지가 있다.

① 대외적 효력의 문제 이는 수인의 채권자 또는 채무자와 상대방인 채무자 또는 채권자와의 사이에서 이행의 청구나 변제 등이 어떠한 효력을 가지느냐의 문제이다.

② 채권자 또는 채무자 1인에게 생긴 사유의 효력의 문제 이는 수인의 채권자 중의 1인이 청구하거나 채권을 포기・면제한 경우, 또는 수인의 채무자 중의 1인에 대하여 청구하거나 면제한 경우에, 이러한 사유는 다른 채권자 또는 채무자에게 어떠한 영향을 미치는가의 문제이다. 여기서 다른 채권자・채무자에게도 영향을 미치는 사유는 '절대적 효력을 가진다'고 하고, 영향을 미치지 않는 사유는 '상대적 효력을 가진다'고 한다.

③ 대내적 효력의 문제 이는 다수의 채권자 중의 1인이 변제를 수령한 경우, 또는 다수의 채무자 중의 1인이 변제한 경우에 이것을 다른 채권자에게 어떻게 분급하고, 또는 다른 채무자에게 어떻게 분담시키느냐의 문제이다. 이는 다수의 채권자 또는 채무자의 내부관계에 의하여 결정할 문제이므로 분할채권관계 이외의 채권관계에 있어서는 언제나 이를 인정하여야 하며, 분할채권관계에 있어서도 이를 인정할 경우가 생긴다.

2._ 분할채권관계

'분할채권관계'라 함은 1개의 가분급부에 대하여 수인의 채권자 또는 채무자가 있는 경우에, 특별한 의사표시가 없으면 그 채권 또는 채무가 수인의 채권자나 채무자 사이에 분할되는 다수당사자의 채권관계를 말한다.

우리 민법은 분할채권관계를 다수당사자의 채권관계의 원칙적 형태로 하고 있는데(제408조), 이 분할채권관계에는 채권자가 다수 있는 '분할채권'과 채무자가 다수 있는 '분할채무'가 있다. 예컨대, 갑·을·병 3인이 A에 대하여 30만원의 채권을 가지고 있는 경우에는 각자가 10만원씩의 채권을 가지며(분할채권), 갑·을·병 3인이 A에 대하여 30만원의 채무를 부담하는 경우에는 각자가 10만원씩의 채무를 부담하는 것(분할채무)과 같다.

3._ 불가분채권관계

'불가분채권관계'라 함은 수인이 1개의 불가분급부를 목적으로 하는 채권을 가지거나(불가분채권) 채무를 부담하는(불가분채무) 다수당사자의 채권관계를 말한다. 예컨대, 갑·을·병 3인이 공동으로 A로부터 1동의 건물을 매수한 경우에 그 건물의 인도를 청구하는 채권을 가지거나(불가분채권), 또는 갑·을·병 3인이 공유하는 건물을 A에게 매도한 경우에 갑·을·병은 건물을 인도해야 할 채무를 부담하는 것(불가분채무)과 같다(제409조·제410조·제412조 참조).

4._ 연대채무

'연대채무'라 함은 수인의 채무자가 동일한 내용의 급부에 관하여 각각 독립해서 채무전부를 이행할 의무를 지고, 그 가운데의 어느 1인의 채무자가 이행하면 다른 채무자도 채무를 면하게 되는 다수당사자의 채무를 말한다. 예컨대, 갑·을·병 3인이 A에 대하여 30만원의 채무를 부담하는 경우에 채무자는 각자가 채무의 전액을 이행할 의무를 지고(채무자 1인의 이행으로 다른 채무자의 채무도 소멸한다), 채권자 A는 갑·을·병 중 1인 또는 모두에 대하여 30만원 전액을 청구할 수 있는 것과 같다. 이의 성질에 관하여 통설은 채무자의 수만큼 복수의 채무가 병존하고 있으며 이들 채무는 단일한 목적을 위하여 결합되어 있다고 하는 '채무복수설'을 취하고 있다.

5._ 보증채무

(1) 보증채무의 의의 및 성질

'보증채무'라 함은 주채무자가 그의 채무를 이행하지 않는 경우에 보증인이 이를 이행하여야 할 채무를 말한다(제428조 1항). 이는 채권자와 보증인과의 사이에서 맺어지는 보증계약에 의하여 성립하며, 주채무에 대한 채권을 담보하는 기능을 하게 된다. 보증채무는 주채무와는 별개의 독립된 채무이나, 주채무와 동일한 내용을 가진 채무이다.

이 밖에 보증채무는 주채무에 부종하며 수반한다. 또한 보증채무는 주채무에 대하여 보충성을 가진다. 따라서 보증채무는 주채무자가 이행하지 않는 경우에 비로소 그것을 이행할 책임을 지며(제428조 1항), 최고 및 검색의 항변권을 갖는다(제437조 본문).

(2) 특수한 보증채무

① 연대보증   '연대보증'이라 함은 보증인이 주채무자와 연대하여 채무를 부담함으로써 주채무의 이행을 담보하는 보증채무를 말한다(제437조 단서). 즉, 주채무와 보증채무가 연대관계에 서는 다수당사자의 채무관계이다. 연대보증은 주채무의 이행의 담보를 목적으로 함은 보통의 보증채무와 같으나, 보충성이 없으므로 채권자의 권리가 특히 강력하고, 따라서 담보적 효력이 강하다. 연대보증은 보충성이 없고 수인의 연대보증인 사이에 분별의 이익이 없다. 위의 두 가지 점을 제외하고는 연대보증도 보증채무의 일종이므로 보증채무로서의 성질을 모두 가진다. 즉, 부종성이 있다.

② 공동보증   '공동보증'이라 함은 동일한 주채무에 관하여 수인이 보증채무를 부담하는 것을 말한다.

이 밖에 공동보증은 부종성·보충성 이외에 '분별의 이익'이 있다.

③ 신원보증   '신원보증'이라 함은 장차 피용자의 고용계약상의 채무불이행으로 인하여 사용자가 입게 될지도 모르는 손해의 배상을 신원보증인이 담보하는 일종의 장래 채무의 보증을 말한다.

신원보증책임이 성립하기 위하여서는 사용·피용관계가 존재할 것, 신원본인에게 귀책사유가 있을 것, 신원본인의 직무집행과 관련이 있을 것과 신원본인의 부정행위로 인하여 사용자에게 손해를 주었어야 한다(신원보증법 제1조 이하 참조).

V 채권양도와 채무인수

1._ 채권양도

(1) 채권양도의 의의 및 성질

'채권양도'라 함은 채권을 그 동일성을 유지하면서 이전하는 신구 양 채권자 사이의 계약을 말한다. 즉, 채권의 이전은 계약 이외에 법률의 규정에 의하여 당연히 일어날 수도 있으나, 채권양도는 '계약에 의한 채권의 이전'만을 말한다. 채권양도의 모습은 채권을 하나의 재화로서 매매·증여 등의 목적으로 양도함이 보통이지만, 다른 채권을 담보할 목적으로 양도하거나 채권을 추심할 목적으로 양도하는 경우도 있다.

(2) 지명채권의 양도

채권자가 특정되어 있는 채권을 '지명채권'이라고 하는데, 증권적 채권에 속하지 않는 보통의 채권을 말하며, 이는 원칙적으로 양도성을 가진다(제449조 1항 본문). 또한 조건부 또는 장래의 채권이라도 채권발생의 기초인 법률관계가 존재하고 그 내용이 명확한 것이면 양도할 수 있다.

(3) 증권적 채권의 양도

'증권적 채권'이라 함은 채권이 증권에 화체(化體)되어 그 성립·존속·양도·행사 등을 증권과 함께 하는 것을 필요로 하는 채권을 말한다. 이는 주로 채권의 양도성을 증가시키고 채권거래의 안전을 꾀하기 위하여 고안된 것으로서 양도성을 그 본질로 하므로, 그것을 박탈하는 것은 허용되지 않는다.

2._ 채무인수

'채무인수'라 함은 채무를 그의 동일성을 유지하면서 그대로 인수인에게 이전하는 것을 목적으로 하는 계약을 말한다. 채무의 이전은 계약에 의하여 발생하는 것이 보통이나 법률의 규정에 의하여 발생하는 경우도 있다(예컨대, 상속·포괄유증·회사합병 등에 의한 포괄적 승계의 경우에도 채무는 이전되나, 채무인수는 계약에 의한 채무의 이전만을 말함). 이는 낙성·불요식의 계약이며, 채무인수에 의하여 채무는 그 동일성을 유지하면서 인수인에게 이전된다. 따라서 채무인수에 의하여 채무자가 채권자에 대하여 가졌던 모든 항변권은 인수인에게 이전한다(제458조).

Ⅵ) 채권의 소멸

1._ 총   설

(1) 채권소멸의 의의

'채권의 소멸'이라 함은 채권의 목적이 달성되거나 또는 다른 원인에 의하여 채권이 객관적·절대적으로 그 존재를 잃는 것을 말한다. 채권소멸의 원인이 발생하면 그때부터 채권은 법률상 당연히 소멸하며, 그 소멸을 위하여 채무자가 채권의 소멸을 주장할 필요는 없다(변론주의로 말미암아 소송상 채권의 소멸을 당사자가 주장하여야 할 필요가 있는 것은 별개의 문제이다).

(2) 채권소멸의 원인

채권도 권리의 일종이므로 모든 권리에 공통되는 일반적 소멸원인(예컨대, 목적의 소멸·소멸시효의 완성·권리의 존속기간의 도래) 등에 의하여 소멸한다. 또한, 법률행위에 의하여 발생한 채권은 그 법률행위의 취소·해제조건의 성취·종기의 도래·계약의 해제나 해지 등에 의하여 소멸한다. 그런데 민법은 채권편 제1장 제6절에서 변제(제460조~제465조·제467조~제486조)·대물변제(제466조)·공탁(제487조~제491조)·상계(제492조~제499조)·경개(제500조~제505조)·면제(제506조)·혼동(제507조)의 7가지의 채권의 일반적 소멸원인에 관하여 규정하고 있다.

제 2 절 채권각론

Ⅰ) 채권각론의 개관

채권법 중 채권의 발생원인에 관한 것을 다루는 분야가 채권각론(채권각칙)으로서, 이에는 당사자의 약정에 의하여 채권이 발생되는 계약(약정채권발생원인)과 법률의 규정에 의하여 채권이 발생되는 사무관리·부당이득·불법행위(법정채권발생원인)가 있다.

Ⅱ) 계약총론

1._ 계약의 의의 및 작용

'계약'이라 함은 사법상의 일정한 법률효과의 발생을 목적으로 하는 서로 대립하는 2인 이상의 당사자의 합의에 의하여 성립하는 법률행위를 말하며, 단독행위나 합동행위와 구별된다. 협의의 계약은 채권계약이나, 광의의 계약은 채권계약뿐만 아니라 물권계약·준물권계약·가족법상의 계약(신분계약)을 모두 포함한다. 오늘날 우리의 생활관계는 법률관계, 특히 그 중 계약관계(예컨대, 의식주생활은 매매계약·임대차계약, 교통기관의 이용은 운송계약, 취업은 고용계약 내지 근로계약)로 나타나게 된다. 즉, 오늘날의 인간은 여러 가지 계약과 밀접한 관련을 맺으면서 생활을 영위하고 있다.

2._ 계약의 자유와 그 한계

(1) 계약자유의 원칙과 그 제한

'계약자유의 원칙'이라 함은 개인이 사회생활을 함에 있어서 각자 자기의 의사에 따라 자유로이 계약을 체결할 수 있는 원칙으로서, 소유권절대의 원칙·과실책임의 원칙과 더불어 근대민법의 3대원칙을 이루고 있다. 계약자유의 원칙은 ① 계약체결의 자유, ② 상대방선택의 자유, ③ 내용결정의 자유, ④ 방식결정의 자유의 네 가지를 그 내용으로 한다. 그러나 계약자유의 원칙은 계약공정을 실현하기 위하여 그 자체에 내재적인 제한이 따르지 않을 수 없게 되었다.

(2) 계약과 보통거래약관

'보통거래약관'이라 함은 다수의 계약을 위해 일방당사자에 의하여 사전 작성된 계약의 조항을 말한다. 이는 일정한 종류의 거래의 세부적 내용에 관하여 미리 정하여진 정형적 계약내용으로서 쌍방의 당사자 사이에 개별적으로는 합의된 계약조건과는 구별된다. 약관은 대량거래시대에 있어서 영업의 합리화·법률의 상세화·거래위험의 합리적 분배 등의 긍정적인 일면이 있는 반면에, 작성자인 기업주가 쌍방의 이해를 조정한다는 미명하에 약관의 사전작성 가능성을 악용하여 자기의 법적 지위를 향상시키는 데 이용하는 부정적 기능으로 인하여 사회적·법적 관심을 불러일으키고 있다. 이러한 보통거래약관의 폐해를 규제하기 위하여 각국에서는 여러 가지 법률을 제정하고 있는데, 우리나라에서도 약관에 대한 입법적 규제의 필요성이 인식되어 「약관의 규제에 관한 법률」(1986. 12. 3. 법률 제3922호)이 제정·시행되고 있다.

3._ 계약의 종류

(1) 전형계약·비전형계약

민법 제3편 제2장에 규정되어 있는 15종의 계약(즉, 증여·매매·교환·소비대차·사용대차·임대차·고용·도급·여행계약·현상광고·위임·임치·조합·종신정기금·화해)을 '전형계약'(유명계약)이라 하고, 그 밖의 계약을 '비전형계약'(무명계약)이라고 한다.

(2) 쌍무계약·편무계약

이는 계약의 효과로서 각 당사자가 서로 대가적 의미를 가지는 채무를 부담하느냐 않느냐에 따른 구별이다. 쌍무계약에 있어서는 동시이행의 항변권(제536조)·위험부담(제537조·제538조)의 문제가 생기나, 편무계약에 있어서는 이러한 문제가 생길 여지가 없다.

(3) 유상계약·무상계약

이는 계약의 당사자가 서로 대가적 의미를 가지는 출연(출재)을 하느냐 않느냐에 따른 구별이다. 양자의 구별의 실익은 유상계약에 관하여는 매매에 관한 규정이 준용되는 데 있다(제567조 참조).

(4) 낙성계약·요물계약

당사자의 합의만으로 성립하는 계약을 '낙성계약'이라고 하고, 당사자의 합의 이외에 당사자 일방이 물건의 인도 그 밖의 일정한 급부를 하여야만 성립하는 계약을 '요물계약'이라고 한다. 민법상의 전형계약 중 현상광고를 제외하고는 모두 낙성계약이다(즉, 현상광고만이 요물계약).

(5) 계속적 계약·일시적 계약

채무의 내용인 급부의 실현이 시간적 계속성을 가지는 계약을 '계속적 계약'이라고 하고, 일시적 급부로써 목적을 달성할 수 있는 계약을 '일시적 계약'이라고 한다. 소비대차·사용대차·임대차·고용·위임·임치·조합·종신정기금은 계속적 계약이며, 증여·매매·교환은 일시적 계약이다. 계속적 계약관계는 시간적 계속성을 요하는 상태적 법률관계·포괄적 법적 지위·신의성실원칙의 강화·계약자유원칙의 제한·인적 사정의 중시·해지에 의한 계약의 종료 등의 특질을 갖는다.

4._ 계약의 성립

(1) 계약성립요건으로서의 합의

계약이 성립하려면 당사자의 서로 대립하는 수개의 의사표시의 합치, 즉 합의(주관적 합치·객관적 합치)가 있어야 한다. 계약은 합의가 있어야 성립하므로, 만약 쌍방의 의사표시가 그 내용에 있어서 전면적 또는 부분적으로 불일치하는 것, 즉 '불합의'가 있는 경우에는 계약은 성립하지 않는다.

(2) 계약성립의 모습

계약은 당사자 일방의 계약요청의 의사표시인 청약과 이에 대응하여 계약을 성립시키고자 하는 상대방의 의사표시인 승낙으로 성립하는 것이 보통이다. 그러나 민법은 교차청약·의사실현에 의한 계약의 성립에 관하여서도 규정하고 있고(제532조·제533조), 이 밖에도 사실적 계약관계가 있다.

(3) 계약체결상의 과실

계약의 성립과정에서 당사자 일방이 그의 책임 있는 사유(고의 또는 과실)로 상대방에게 손해를 가한 때에, 그 당사자의 귀책사유로서의 고의 또는 과실을 '계약체결상의 과실'이라고 한다. 여기서 계약체결상의 과실 있는 당사자 일방이 선의·무과실의 상대방이 입은 손해(신뢰이익)에 대하여 지는 책임을 '계약체결상의 과실책임'이라고 한다. 우리 민법은 제533조에서 독일 민법(제307조)을 본받아 이를 명문으로 인정하고 있다.

5._ 계약의 효력

(1) 서   설

계약은 당사자의 합의로 성립하지만, 그 효력이 발생하기 위하여서는 다시 여러 가지 요건을 갖추어야 하는데, 이것을 '계약의 효력발생요건'이라고 한다. 계약은 전형적인 법률행위이므로, 법률행위로서 갖추어야 할 효력요건을 갖춤으로써 비로소 효력을 발생하게 되며, 민법은 제3편(채권편) 제2장(계약) 제1절(총칙) 제2관 '계약의 효력'에서 이에 관하여 동시이행의 항변권(제536조)·위험부담(제537조·제538조)·제3자를 위한 계약(제539조~제542조)을 규정하고 있다. 이 중 앞의 두 가지는 쌍무계약의 특수한 효력이다.

(2) 쌍무계약의 효력

'쌍무계약'이라 함은 쌍방의 당사자가 서로 대가적인 의의를 가질 뿐만 아니라, 원칙적으로 상환으로 이행되어야 할 성질을 가지는 채무를 부담하는 계약을 말한다. 그러므로 쌍무계약 상호의 채무는 그 성립·이행·존속상에서 운명을 같이하는데, 이것을 '쌍무계약의 견련성'이라고 한다.

① 동시이행의 항변권　　쌍무계약의 당사자 일방은 상대방이 그 채무이행을 제공할 때까지 채무이행을 거절할 수 있는 권리를 가지는데, 이를 '동시이행의 항변권' 또는 '계약불이행의 항변권'이라고 한다. 이는 쌍무계약상의 양 채무가 서로 대가적 의의를 가지므로, 그 내용의 실현인 이행에 있어서도 각 당사자는 상대방으로부터 급부를 받은 때에 자기의 급부를 하도록 하는 것이 공평의 원리에 합당하기 때문에 인정된 제도이다(제536조 참조).

② 위험부담　　'위험부담'이라 함은 쌍무계약에서 발생하여 서로 대립하는 양 채무 사이의 존속상의 견련관계를 정하는 제도로서, 일방의 채무가 당사자 쌍방의 책임없는 사유로 인한 이행불능으로 소멸한 경우에 상대방의 채무도 소멸하느냐의 여부의 문제이다. 여기서 상대방의 채무도 소멸한다고 할 때는 이행불능으로 인한 손해는 결국 그 불능으로 된 채권자에게 돌아가는 것이므로, 이러한 경우에는 채무자가 위험을 부담하게 된다. 이에 반하여 상대방의 채무가 의연히 존속한다고 할 때에는 채권자가 위험을 부담하게 된다. 우리 민법은 채무자주의를 원칙으로 하고(제537조), 예외적으로 채권자주의를 취하고 있다(제538조).

(3) 제3자를 위한 계약

'제3자를 위한 계약'이라 함은 계약당사자 아닌 제3자, 즉 계약당사자 이외의 자에게 그 계약으로부터 생기는 권리를 직접적으로 귀속케 하는 것을 내용으로 하는 계약을 말한다(제539조 1항). 예컨대, 갑·을 사이의 계약으로 을이 제3자인 병에게 금 10만원의 채무를 부담하는 경우와 같은 것이며, 이 때, 갑을 요약자, 을을 낙약자, 병을 수익자라 한다.

제3자를 위한 계약은 그 계약조항 중에 제3자에게 권리를 취득시키는 것을 내용으로 하는 조항, 즉 '제3자약관'을 삽입시킨 특수한 형태이다. 여기서 제3자를 위한 계약의 당사자는 요약자와 낙약자이며, 수익자인 제3자는 위 당사자의 계약으로 낙약자에 대하여 급부를 청구할 수 있는 권리를 취득한다.

제3자를 위한 계약과 판례

제3자를 위한 계약이 성립하기 위하여는 일반적으로 그 계약의 당사자가 아닌 제3자로 하여금 직접 권리를 취득하게 하는 조항이 있어야 할 것이지만, 계약의 당사자가 제3자에 대하여 가진 채권에 관하여 그 채무를 면제하는 계약도 제3자를 위한 계약에 준하는 것으로서 유효하다(대판 2004. 9. 3, 2002다37405).

6._ 계약의 해제·해지

(1) 계약의 해제

① 의의 및 성질   '계약의 해제'라 함은 계약이 체결되어 일단 효력이 발생한 후에 일방당사자(해제권자)의 의사표시로 계약의 효력을 소급적으로 소멸시키는 것을 말한다. 해제는 계약당사자 일방이 채무를 이행하지 않는 경우에 그 상대방에게 그대로 계약상의 구속을 받게 하는 것은 부당하므로 상대방으로 하여금 계약을 폐기하고 그 구속으로부터 벗어나게 하려는 데 해제제도의 참뜻이 있다. 해제는 해제권자의 단독행위이며, 해제권은 해제권자가 일방적 의사표시에 의하여 계약을 해제할 수 있는 권리이다. 따라서 해제권은 이른바 형성권이다.

② 해제권의 발생원인   해제권의 발생원인은 당사자가 약정한 사유에 의하여 발생하는 약정해제권과 법률의 규정에 의하여 발생하는 법정해제권이 있으며, 모든 계약에 공통되는 일반적인 법정해제권의 발생원인은 '채무불이행'으로서 이것이 해제권발생의 중심을 이룬다. 이에 따라 해제의 모습도 해제에는 당사자가 계약에 의하여 해제권을 유보하는 약정해제와 법률의 규정(채무불이행)에 의한 법정해제의 둘이 있다.

③ 해제권의 행사   해제권의 행사는 상대방에 대한 의사표시로 하며(제543조 1항), 그 방식에는 아무런 제한이 없으나 이를 행사할 때에는 조건이나 기한을 붙이지 못한다. 여기서 해제의 의사표시는 상대방에 도달한 때에 효력이 발생하며, 효력이 발생한 후에는 이를 철회하지 못한다(제543조 2항).

④ 해제의 효과   계약의 해제는 유효하게 성립한 계약을 당사자 사이에 처음부터 존재하지 않았던 것과 같은 법률효과를 발생시키는 것이다. 해제의 효과에 관하여는 여러 학설의 대립이 있으나, 종래의 다수설은 "해제로 인하여 계약은 소급적으로 소멸한다"고 이해하는 직접효과설이다. 이에 의하면 해제 당시에 채무가 이행되지 않았으면 그것은 당연히 소멸하고, 이미 이행되어 있으면 그 급부는 법률상의 원인을 잃게 되어 부당이득의 반환이 문제되며, 다만 그 범위는 현존이익이 아니라 원상회복

에까지 확대되게 된다.

(2) 계약의 해지

'계약의 해지'라 함은 당사자의 의사표시에 의하여 계약에 기인한 계속적 채권관계에 있어서 계약의 효력을 장래에 향하여 소멸시키는 것을 말하는데, 이는 소급적으로 계약의 효력을 소멸시키는 해제와 다르다. 여기서, 해지할 수 있는 권리를 '해지권'이라 하는데, 이는 일종의 형성권이다. 해지가 인정되는 것은, 이른바 계속적 채권관계를 발생케 하는 계약에 한한다. 민법의 전형계약 가운데서는 소비대차 · 사용대차 · 임대차 · 고용 · 위임 · 임치 · 조합 · 종신정기금이 이에 속한다.

Ⅲ 계약각론

1._ 서 설

민법은 제3편(채권) 제2장의 제2절 내지 제15절에서 증여 · 매매 · 교환 · 소비대차 · 사용대차 · 임대차 · 고용 · 도급 · 여행계약 · 현상광고 · 위임 · 임치 · 조합 · 종신정기금 · 화해 등 15종의 전형계약에 관하여 규정하고 있다(여행계약은 2015. 2. 3. 민법개정에 의하여 2016. 2. 4. 새로이 전형계약으로 도입). 이 밖에 민법개정시안은 중개계약을 전형계약(유명계약)으로 도입하기 위하여 이에 관한 근거규정을 발표한 바 있다(2001. 11. 24, 법무부).

2._ 증 여

'증여'라 함은 당사자의 일방(증여자)이 무상으로 재산을 상대방에게 수여할 표시를 하고, 상대방(수증자)이 이를 승낙함으로써 성립하는 계약을 말한다(제554조). 증여는 무상 · 낙성 · 편무 · 불요식의 계약이다.

3._ 매 매

(1) 의의 및 성질

'매매'라 함은 당사자 일방(매도인)이 일정한 재산권을 상대방에게 이전할 것을 약정하고, 상대방(매수인)이 이에 대하여 그 대금을 지급할 것을 약정함으로써 성립하는 계약으로서(제563조), 유상 · 쌍무 · 낙성 · 불요식계약이다. 화폐경제시대인 오늘날에 있어서 재화의 이동은 대부분 매매에 의존하고 있다. 그러므로 민법은 매매의 중요성에 비추어 이에 관한 상세한 규정(제563조~제595조)을 두고 있으며, 그 성질이 허용하는 한도에서 모든 유상계약에 이 규정을 준용케 하고 있다(제567조).

(2) 매매의 성립

매매는 낙성·불요식계약이므로, 목적인 재산권의 이전과 이에 대한 대금의 지급에 관한 당사자 사이의 의사표시의 합치만 있으면 유효하게 성립하나, 민법은 매매의 성립과 관련하여 매매의 예약·계약금(해약금)·계약비용의 부담에 관한 특칙을 두고 있다(제564조~제566조).

> **매매의 성립과 판례**
>
> 매매계약에 있어서 그 목적물과 대금은 반드시 계약체결 당시에 구체적으로 특정할 필요는 없고 이를 사후에라도 구체적으로 특정할 수 있는 방법과 기준이 정해져 있으면 족한 것이고, 이 경우 그 약정된 기준에 따른 대금액의 산정에 관하여 당사자 간에 다툼이 있는 경우에는 법원이 이를 정할 수밖에 없다(대판 2002. 7. 12, 2001다7940).

(3) 매매의 효력

① 매도인의 의무

(i) 재산권의 이전의무   매도인은 매수인에 대하여 매매의 목적인 재산권을 이전하여야 한다(제568조 1항). 따라서 매매의 목적인 권리가 물권인 때에는 그 물권에 대한 등기·인도 등의 공시방법을 갖추어야 하며, 종물(또는 종된 권리)도 이전하여야 한다(제100조 2항). 매도인의 재산권이전의무는 원칙으로 매수인의 대금지급의무와 동시이행의 관계에 있다(제568조 2항). 또, 매매계약이 있은 후 아직 인도하지 않은 매매의 목적물로부터 생긴 과실은 매도인에게 속하므로(제587조 전단), 이전할 필요가 없다.

(ii) 매도인의 담보책임   매매의 목적이 된 권리 또는 물건에 하자 내지 불완전한 점이 있는 때에, 매도인이 그의 과실 유무를 묻지 아니하고 매수인에게 그로 인한 일정한 책임을 지게 되는데, 이를 '매도인의 담보책임'이라고 한다. 이 담보책임의 근거에 관하여는, 종래 다수설은 매매계약의 유상성에 비추어 매수인을 보호하고 일반거래의 동적 안전을 보장하려는 취지에서 매도인에게 인정되는 법정책임이라고 한다(제569조~제584조).

② 매수인의 의무

(i) 대금지급의무   매수인은 재산권이전에 대한 반대급부로서 대금지급의무

를 부담한다(제568조 1항). 이에 관하여 당사자의 특약 또는 관습이 없는 경우에는 대금지급에 관한 민법의 규정이 보충적으로 적용된다(제585조~제589조).

  (ii) 목적물수령의무   매수인은 매도인이 제공한 목적물에 대하여 수령할 권리뿐만 아니라 수령할 의무도 있다(다수설). 따라서 매수인이 책임 있는 사유로 목적물수령의무를 이행하지 않은 경우에는 일종의 채무불이행이 되므로, 매도인은 계약해제 또는 손해배상을 청구할 수 있다.

  (4) 환   매

  '환매'라 함은 매도인이 매수인에 대하여 매매계약과 동시에 한 특약으로써 유보한 환매권을 일정기간(즉, 환매기간) 안에 행사하여 매매의 목적물을 다시 찾는 것으로서, 이는 채권담보로서의 경제적 기능을 가진다(제590조~제595조).

4._ 교   환

  '교환'이라 함은 당사자 쌍방이 금전 이외의 재산권을 서로 이전할 것을 약정함으로써 성립하는 낙성·쌍무·유상·불요식의 계약이다(제596조). 따라서 당사자가 목적물을 급부할 채무를 부담하는 것만으로써 계약은 성립하나, 현실매매에 있어서와 같이 당사자가 바로 목적물을 교환하는 이른바 '현실교환'도 있을 수 있다. 쌍방이 이전할 재산권의 가격이 균등하지 않을 때에는 그 차액을 보충하기 위해서 보충금의 지급을 약정할 수 있다(제597조).

5._ 소비대차

  '소비대차'라 함은 당사자의 일방(대주: 貸主)이 금전 그 밖의 대체물의 소유권을 상대방(차주: 借主)에게 이전할 것을 약정하고, 상대방은 동종·동질·동량의 것을 반환할 것을 약정함으로써 성립하는 낙성·무상·편무·불요식의 계약을 말한다(제598조). 그러나 당사자 사이의 특약으로 대가를 지급할 수 있는데, 이 경우는 유상·쌍무계약이 된다.

6._ 사용대차

  '사용대차'라 함은 당사자의 일방(대주)이 상대방에게 무상으로 사용·수익하게 하기 위하여 목적물을 인도할 것을 약정하고, 상대방(차주)은 이를 사용·수익한 후 그 물건을 반환할 것을 약정함으로써 성립하는 계약을 말하는데(제609조), 차주가 목적물

의 사용대가를 지급하지 않는다는 데에 본질적 특징이 있다. 사용대차는 가까운 이웃
이나 친구·친척 사이와 같은 긴밀한 정의(情誼)관계에 있는 자들 사이에서만 그 성립
을 볼 수 있으므로, 사회적 작용은 아주 적다.

7._ 임 대 차

'임대차'라 함은 당사자의 일방(임대인)이 상대방에게 목적물을 사용·수익케 할
것을 약정하고, 상대방(임차인)이 이에 대하여 차임을 지급할 것을 약정함으로써 성립
하는 유상·쌍무·낙성·불요식의 계약을 말한다(제618조). 임대차는 소비대차·사용
대차와 더불어 타인의 물건을 사용·수익하는 계약관계라는 점에서 이들과 공통하나,
임대차의 경우 임차인이 그가 사용·수익한 차용물 자체를 반환하여야 하고 그 차용
물의 소유권을 취득하지 않는 점에서 소비대차와 다르고, 사용·수익의 대가로 차임
을 지급하는 점에서 사용대차와 다르다.

> **임대차(숙박계약의 성질)와 판례**
> 투숙객과 체결하는 숙박계약은 일종의 일시·사용을 위한 임대차계약으로서, 이에 기초해
> 서 여관주인은 고객에게 위험이 없는 안전하고 편안한 객실 및 관련시설을 제공함으로써
> 고객의 안전을 배려하여야 할 보호의무를 부담하며, 신의칙상 인정되는 부수적인 의무로
> 서 숙박업자가 이를 위반하여 고객의 생명, 신체를 침해하여 손해를 입힌 경우 불완전
> 이행으로 인한 채무불이행책임을 부담한다(대판 1994. 1. 28, 93다43590).

8._ 고   용

'고용'이라 함은 당사자의 일방이 상대방에 대하여 노무를 제공할 것을 약정하고,
상대방이 이에 대하여 보수를 지급할 것을 약정함으로써 성립하는 유상·쌍무·낙
성·불요식의 계약이다(제655조). 여기서의 고용은 근로기준법의 적용을 받는 근로계약
과는 다르다. 즉, 민법상의 고용은 개인과 개인이 그 자유의사에 기인하여 노무의 공
급과 그에 대한 보수의 지급을 서로 약정하는 것인데 반하여, 근로계약은 근로기준법
등이 정하는 일정한 제한하에 사용자와 근로자 사이에 체결되는 계약으로 고용의 특
수한 형태이다(근로기준법 제2조 4호·제15조 참조).

9._ 도   급

'도급'이라 함은 당사자의 일방이 어떤 일을 완성할 것을 약정하고, 상대방이 그

일의 결과에 대하여 보수를 지급할 것을 약정함으로써 성립하는 유상·쌍무·낙성·불요식의 계약이다(제664조). 이는 노무공급계약의 일종이나, 특히 '일의 완성'을 목적으로 하는 데 그 특징이 있다.

10._ 현상광고

'현상광고'라 함은 당사자의 일방이 어느 행위를 한 자에게 일정한 보수를 지급할 의사를 표시하고, 이에 응한 자가 그 광고에 정한 행위를 완료함으로써 성립하는 유상·편무·요물·불요식계약이다(제675조).

11._ 위 임

'위임'이라 함은 당사자의 일방(위임인)이 상대방(수임인)에 대하여 사무의 처리를 위탁하고 상대방이 이를 승낙함으로써 성립하는 무상·편무·낙성·불요식계약이다(제680조). 민법의 위임에 관한 규정은 위임계약이 아니더라도 그 내용이 타인의 사무를 처리하는 법률관계(예컨대, 친권자에 의한 자의 재산관리〈제919조〉, 지정 또는 선임에 의한 유언집행자〈제1103조〉 등)에 대하여도 준용된다. 그 밖에 준용규정이 없다고 하더라도 그 성질상 위임에 관한 규정이 유추적용되어야 할 경우(예컨대, 부재자 또는 상속재산을 위한 재산관리인, 비영리법인의 이사·감사, 양도담보목적물의 점유자, 진료채무를 부담하는 의료계약의 당사자인 의료인 등)가 많이 있다.

12._ 임 치

'임치'라 함은 당사자의 일방이 상대방에 대하여 금전이나 유가증권 그 밖의 물건의 보관을 위탁하고, 상대방이 이를 승낙함으로써 성립하는 무상·편무·낙성·불요식의 계약이다(제693조). 이는 타인의 노무를 이용하는 노무공급계약이나, 타인의 물건 등을 보관한다는 한정된 특수한 노무를 목적으로 하는 데 그 특색이 있다. 임치는 무상을 원칙으로 하므로 무상·편무계약이나, 특약으로 유상(즉, 보수를 지급하는 것)으로 할 수 있다(제701조·제686조). 이 경우에는 유상·쌍무계약이 된다.

13._ 조 합

'조합'이라 함은 2인 이상의 특정인이 서로 출자하여 공동사업을 경영할 것을 약정함으로써 성립하는 쌍무·유상·낙성·불요식계약이다(제703조). 조합의 법적 성질

에 관하여 다수설은 계약설을 취하고 있으나, 소수설은 계약적 성질 내지 색채를 띠
는 특수한 합동행위라고 한다. 그러나 다수설에 의하더라도 계약의 해제·해지에 관
한 규정은 조합에는 적용되지 않는다고 한다.

14._ 종신정기금

'종신정기금'이라 함은 당사자의 일방이 자기나 상대방 또는 제3자의 종신까지 정
기로 금전 그 밖의 물건을 상대방 또는 제3자에게 지급할 것을 약정함으로써 성립하
는 낙성·불요식계약이다(제725조 참조). 종신정기금제도의 가장 중요한 기능 내지 작용
은 노후에 있어서의 생활보장으로서, 이는 구미에서 많이 이용되었던 제도이다. 그러
나 구미에서도 오늘날 사회보장제도의 발달로 점차 이용되지 않고 있으며, 더욱이 보
험제도의 발달 등으로 종신정기금은 실제 이용되는 예가 거의 없다.

15._ 화   해

'화해'라 함은 당사자가 서로 양보하여 그들 사이의 분쟁을 해결하고 중지할 것을
약정함으로써 성립하는 쌍무·유상·낙성·불요식의 계약이다(제731조). 화해계약의
내용에 따라 법률관계가 확정되고 화해 전의 주장을 할 수 없게 창설되는 것으로서,
화해의 가장 중심적 효력이다. 화해계약은 원칙적으로 착오를 이유로 취소하지 못한
다(제733조 본문).

16._ 여행계약

'여행계약'이라 함은 당사자 일방인 여행업자가 상대방인 여행자를 다른 곳으로
운송하여 숙박, 관광 또는 그 밖의 여행 관련 용역을 결합하여 제공할 것을 약정하고,
상대방이 그 대금을 지급할 것을 승낙함으로써 성립하고 효력이 발생하는 계약을 말
한다(제674조의2). 여행자는 여행개시 전에는 상대방에게 발생한 손해를 배상하고 계약
을 해제할 수 있다(제674조의3). 또 여행자는 약정한 시기에 대금을 지급하여야 하며, 그
시기의 약정이 없으면 관습에 의하고, 관습이 없으면 여행의 종료 후 지체 없이 지급
하여야 한다(제674조의5).

17._ 중개계약

'중개계약'이라 함은 당사자 일방인 중개인이 상대방인 의뢰인에 대하여 계약체

결의 소개 또는 주선을 의뢰하고, 상대방은 이를 승낙함으로써 성립하고 효력이 발생하는 계약을 말한다(시안 제692조의2). 중개에 관하여 보수를 약정한 경우에는, 중개인은 그 소개 또는 주선에 의하여 계약이 성립한 경우에만 보수를 청구할 수 있다(시안 제692조의3 1항). 또 중개인이 중개에 관하여 지출한 비용은, 특별한 약정이 있는 경우에 한하여 계약의 성립 여부에 관계없이 그 상환을 청구할 수 있다(시안 제692조의3 2항).

Ⅳ 사무관리

1._ 의의 및 성질

'사무관리'라 함은 법률상 의무 없이 타인을 위하여 그의 사무를 처리(관리)하는 행위를 말한다(제734조 1항). 예컨대, 집을 잃은 어린이에게 음식물을 제공하거나 거리에 쓰러져 있는 행인을 병원에 호송하여 치료를 해 주는 것과 같다. 이는 권리나 의무 없는 자의 관리행위가 개인이나 사회의 이익의 견지에서 필요한 경우에 사회연대·상호부조의 관점에서 인정되는 제도이다. 사무관리는 의사표시를 요소로 하지 않으므로 법률행위가 아닌 준법률행위이며, 그 중에서 비표현행위인 혼합사실행위이다. 따라서 사무관리는 법률행위가 아니므로, 의사표시 내지 법률행위에 관한 총칙편의 일반규정들은 사무관리에 적용되지 않는다.

2._ 사무관리의 성립과 효과

(1) 사무관리의 성립요건

사무관리가 성립하기 위하여서는 ① 타인의 사무를 관리할 것, ② 타인을 위한 의사(관리의사)가 있을 것, ③ 법률상의 의무가 없을 것, ④ 본인에게 불리하거나 본인의 의사에 반함이 명백하지 않을 것을 요한다. 그러나 본인의 의사는 선량한 풍속 그 밖의 사회질서에 반하지 않아야 한다. 예컨대, 자살하려는 자를 구하는 것은 본인의 의사에 반하지만 사무관리가 된다.

(2) 사무관리의 효과

① 사무관리가 성립하면 그 관리행위는 적법한 것이 되어 위법성이 조각된다. 그러나 관리방법의 잘못으로 인하여 준 손해는 배상할 책임이 있다. 또, 사무관리가 성립하면 관리자는 법이 정한 바에 따라 관리개시통지의무·관리방법에 관한 의무·관

리계속의 의무·계산의무 등을 부담하며(제735조~제738조), 본인도 비용상환의무·손해배상의무를 부담한다(제739조·제740조).

② 민법은 사무관리를 적법행위로서 인정하고, 본인과 관리자 사이에 일정한 채권관계를 발생케 하여, 한편으로는 관리자를 위하여 비용의 상환과 손실의 배상을 인정하고, 다른 한편으로는 관리자에게 그 관리를 적절하게 수행할 의무를 부담시켜 본인과 관리자와의 관계를 타당하게 규율하려고 하고 있다.

Ⅴ 부당이득

1. 서 설

(1) 의의 및 성질

'부당이득'이라 함은 법률상 원인 없이 타인의 재산 또는 노무로 인하여 이익을 얻고, 이로 인하여 타인에게 손해를 가한 경우에 그 이익을 손실자에게 반환시키는 제도를 말한다(제741조). 이는 법률효과를 가져오는 법률사실 중 사람의 정신작용과 관계없는 것으로서 사건이다. 부당이득은 사무관리·불법행위와 더불어 법정채권 발생의 주요한 원인으로서, 재산적 가치이동의 불형평 조절이라는 관점에서 인정되는 제도이다.

(2) 부당이득의 기초

부당이득의 성립요건인 '법률상 원인 없는 이득'이 무엇을 의미하는 것인가를 두고 여러 학설이 논의되어 있으며, 종래 다수설은 우리 민법상 부당이득의 입법이유는 손실자와 이득자 사이의 실질적 이해관계의 조절에 있는 것이고, 이는 결국 공평 내지 정의의 유지에 있다고 이해하는 공평·정의설의 입장을 취하고 있다.

2. 부당이득의 성립요건

(1) 부당이득의 일반적 성립요건

민법은 "법률상 원인 없이 타인의 재산 또는 노무로 인하여 이득을 얻고 이로 인하여 타인에게 손해를 가한 것"을 부당이득의 일반적 성립요건으로 규정하고 있다(제741조). 즉, 부당이득은 ① 법률상 원인 없이(부당성), ② 타인의 재산 또는 노무로 인하여 이득을 얻고(수익), ③ 그로 인하여(인과관계), ④ 타인에게 손해를 가함으로써(손실)

성립한다.

(2) 부당이득의 성립에 있어서의 예외

① 특수한 부당이득   민법은 위에서 본 부당이득의 일반적 성립요건을 갖춘 경우에도 비채변제와 불법원인급여와 같은 '특수한 부당이득'(제742조~제746조 참조)에 있어서는 부당이득반환청구권을 인정하지 않는다.

② 비채변제   특수한 부당이득 중 '비채변제'라 함은 채무가 없는데도 불구하고 변제로서 급부하는 것을 말하는데, 우리 민법은 좁은 의미의 비채변제(제742조)·도의관념에 적합한 비채변제(제744조)·변제기 전의 변제(제743조)·타인의 채무의 변제(제745조) 등 네 가지의 특칙을 두고 있다. 원래 이러한 비채변제는 법률상 원인이 없으므로 변제자는 부당이득을 이유로 그가 변제한 것의 반환을 청구할 수 있을 것이나, 민법은 일정한 경우에 비채변제일지라도 정의관념에 부합하기 때문에 일정한 예외를 두어 부당이득의 일반원칙의 적용을 배제하고 있다.

③ 불법원인급여   '불법원인급여'라 함은 불법의 원인으로 인하여 재산을 급부하거나 노무를 제공한 때에는 그 이익의 반환을 청구하지 못한다는 법률관계를 말한다(제746조). 도박계약이나 내연관계를 유지하기 위한 첩계약에 의한 금전수수 등이 그 예다. 여기서, '불법원인'이라 함은 그 원인될 행위가 선량한 풍속 기타 사회질서에 위반하는 경우를 말하는 것으로서, 이에 따라 급부한 자는 부당이득의 법리에 의하여 그 이득의 반환을 청구할 수 있어야 할 것이나, 이러한 반환청구권을 인정한다면 그것은 자기의 불법을 이유로 하여 법률상의 구제를 받으려는 자의 주장을 시인하고 보호하는 것이 되어, 제103조에서 사회적 타당성이 없는 행위를 보호하지 않으려는 것과 모순되는 결과가 된다. 그리하여 법률은 사회적 타당성이 없는 행위의 결과를 복구하려고 하는 자에 대하여 원칙적으로 부당이득에 근거한 반환청구를 부정함으로써 반사회질서행위에 대한 조력을 거부하는 것이다(제746조).

3._ 부당이득의 효과

(1) 부당이득반환의무의 발생

부당이득의 효과는 이득자(수익자)가 손실자에 대하여 그 이득을 반환할 의무를 부담하는 것이다(제741조). 따라서 손실자는 이득자에 대하여 부당이득반환청구권을 취득하게 된다.

(2) 이득자의 반환범위

선의의 이득자(수익자)의 반환의무의 범위는 '그 받은 이익이 현존하는 한도'이다 (제748조 1항). 또, 수익자가 이익을 받은 후 법률상 원인 없음을 안 때에는 그 때부터 악의의 수익자로서 이익반환의 책임이 있다(제749조 1항). 여기서, 선의의 수익자가 패소한 때에는 그 소를 제기한 때부터 악의의 수익자로 본다(동조 2항).

Ⅵ 불법행위

1._ 서   설

'불법행위'라 함은 고의 또는 과실에 의한 위법한 행위로 타인에게 손해를 주는 행위를 말하며, 이 경우 행위자는 피해자에게 그 행위로 말미암아 생긴 손해를 배상하여야 한다(제750조). 이는 채무불이행과 더불어 법률이 허용하지 않는 '위법행위'이다. 불법행위는 ① 규정의 추상성, ② 구체적 타당성의 존중, ③ 손해의 공평·타당한 부담, ④ 특별법의 발달 등의 특질을 띤다.

2._ 불법행위의 성립요건

(1) 일반불법행위의 성립요건

일반불법행위의 성립요건으로서는 주관적 요건으로서 가해자의 고의 또는 과실·책임능력·위법성이 있어야 하고, 객관적 요건으로서 피해자의 손해발생·위법행위와 손해발생 사이에 인과관계의 존재 등 다섯 가지를 갖추어야 한다(제750조 참조).

(2) 특수불법행위의 성립요건

① **민법상의 특수불법행위**   민법은 불법행위에 관하여 과실책임 내지 자기책임의 원칙을 채용하고 있는데(제750조 참조), 이는 피해자의 구제라는 측면에서 불충분한 결과로 된다. 여기서 입법례는 과실책임주의를 원칙으로 채택하면서도 몇 가지의 특수한 경우에 관하여는 자기의 고의·과실에 기인하는 행위에 의함이 없이 발생한 손해에 대하여서도 배상의무를 인정하는 예외규정을 두고 있다(제755조~제760조). 이를 '특수불법행위'라고 하는데, 민법 제750조가 규정하는 일반불법행위의 성립요건과는 다른 특수한 요건을 필요로 한다.

② **특별법상의 특수불법행위**   특정의 법익을 보호하기 위하여 자동차손해배상 보장법(자동차사고의 책임)·의료사고 피해구제 및 의료분쟁 조정 등에 관한 법률(의

료과오의 책임)·제조물책임법(제조자책임) 등의 특별법에서는 일반불법행위의 성립요건과는 다른 요건을 정하고 있는 경우가 많이 있다.

3._ 불법행위의 효과

(1) 손해배상청구권의 발생

불법행위의 요건이 충족되면 그 효과로서 가해자는 피해자에 대하여 그 발생한 손해를 배상할 책임이 생긴다(제750조). 즉, 불법행위의 효과로서 손해배상청구권이라는 채권이 발생하게 된다.

(2) 손해배상의 방법

불법행위로 인한 손해배상의 방법으로는 우리 민법은 금전배상을 원칙으로 하고, 예외적으로 명예훼손 등의 경우에 원상회복이 인정된다(제764조).

(3) 손해배상의 범위와 금액

① 손해배상의 범위　　우리 민법은 채무불이행에 관하여 제393조에 규정을 두고 있으면서, 이를 불법행위에 준용하고 있다(제763조·제393조). 이에 의하면 손해배상의 범위는 불법행위와 상당인과관계에 있는 모든 손해로서, 통상손해를 원칙으로 하고 불법행위에 있어서 특별한 사정으로 인한 손해는 가해자가 그 사정을 알았거나 알 수 있었을 때에 한하여 배상할 책임이 있다(제763조·제393조 2항).

② 손해배상액의 산정과 고려요소　　불법행위로 인한 손해배상의 산정 있어서도 채무불이행에 의한 경우와 마찬가지로 현재가격의 산정(중간이자의 공제)·손익상계·과실상계 등이 고려되며, 그 산정의 대상에 재산적 손해·위자료(정신적 손해)가 모두 포함되고, 배상액의 경감제도가 다루어진다(제765조).

(4) 불법행위로 인한 손해배상청구권

불법행위로 인한 손해배상청구권은 피해자나 그 법정대리인이 그 손해 및 가해자를 안 날로부터 3년 동안 행사하지 않으면 시효로 소멸하고(제766조 1항), 또한 불법행위를 한 날로부터 10년이 지나면 소멸한다(동조 2항).

또 미성년자가 성폭력, 성추행, 성희롱, 그 밖의 성적(性的) 침해를 당한 경우에 이로 인한 손해배상청구권의 소멸시효는 그가 성년이 될 때까지는 진행되지 아니한다(제766조 3항: 2020년 12월 20일 동조 신설).

제**04**장
가 족 법

I 가족법의 내용과 구성

가족법은 혈연적 집단 상호간의 생활관계인 친족관계를 규율하는 민법 제4편 친족편(친족법)과 가족구성원의 사망에 따른 재산의 승계관계인 상속관계를 규율하는 제5편 상속편(상속법)으로 구성되어 있다. 이 중 친족법은 다시 총칙·가족의 범위와 자의 성과 본·혼인·부모와 자·후견·부양 등 6개장으로 나누어져 있고, 상속법은 다시 상속(일반)·유언·유류분 등 3개장으로 나누어져 있다. 다음에서는 가족법의 개정을 중심으로 가족법의 주요 내용을 살펴본다.

II 가족법의 개정

민법 중 가족법은 제정 이후 가장 큰 개변(改變)이 있어 왔으며, 특히 2005년 3월 31일, 법률 제7427호로 공포되어 당일부터 시행(호주제도 폐지 관련 규정은 2008년 1월 1일부터 시행)에 들어간 제12차 개정민법에 있어서 특히 가족법(친족·상속편)의 개정은 우리 민법이 시행된(1958년 2월 22일 공포, 1960년 1월 1일 시행) 이래 그 존폐를 둘러싸고 가장 많은 논란이 되어왔던 호주제도의 폐지를 그 핵심으로 담고 있음은 물론, 자녀의 출생시 부성추종(父姓追從) 원칙의 완화·친양자제도의 도입 등 가족제도에 일대 변혁을 가져오는 것을 그 내용으로 하고 있다.

이는 1962년 12월 29일 제1차 개정(법률 제1237호)과 1977년 12월 31일의 제5차 개정(법률 제3051호), 1990년 1월 13일 제7차 개정(법률 제4199호), 1997년 12월 13일 제8차 개정(법률 제5431호), 2002년 1월 14일 제11차 개정(법률 제6591호)에 이은 여섯 번째의 가족법(친족·상속편) 개정으로서 그간 민법의 개정 중에서도 제7차 개정과 더불어 대폭적인 것이었다. 이 밖에 최근인 2007년 12월 21일과 2009년 5월 8일, 2011년 3월 7일, 2011년 5월 19일, 2012년 2월 10일, 2014년 10월 15일, 2016년 12월 2일 및 20일, 2017년 12월 31일, 2021년 1월 26일에도 각각 가족법의 개정이 있었다.

Ⅲ 2005년 개정가족법을 통하여 본 가족법의 주요 내용

1._ 친 족 법

(1) 호주제도를 폐지하고 가족에 관한 규정을 새롭게 규정

호주제도는 가족의 공동생활이 호주에 의하여 통솔되므로 부부·친자관계보다는 부(父) 내지 부(夫)를 중심으로 하는 권위주의적인 제도로서, 민법시행 이래 그 폐지가 계속 주장되어 왔었다.

특히, 1990년 제7차 민법개정시에도 호주제도의 폐지가 논의된 바 있으나, 그것이 폐지되었을 때에는 법률관계뿐만 아니라 가족관계 등 사회전반에 미치는 영향이 크므로 앞으로 더욱 연구·검토되어야 할 과제라고 판단, 이를 존치시켰었다. 그러나 2005년 3월 31일의 민법개정으로 2008년 1월 1일부터 호주제가 폐지되었다.

(2) 자녀의 성(姓)과 부성추종(父姓追從) 원칙의 완화

개정 전 민법에 있어서는, 출생한 자녀는 원칙적으로 부(父)의 성과 본을 따르고 부의 호적에 입적하고, 부로부터 인지(認知)를 받지 못한 경우와 부가 외국인인 경우에는 예외적으로 모(母)의 성과 본을 따르고 모의 호적에 입적하도록 규정하고 있었다(개정 전 민법 제781조 1항·2항). 그러나 개정민법은 호주제도가 폐지됨에 따라 출생한 자녀의 성은 부모가 합의하면 부가 외국인인 경우가 아니더라도 모의 성을 따를 수 있게되어 부성추종(父姓追從)의 원칙을 완화하였다(개정민법 제781조 1항 단서).

(3) 동성동본불혼제도의 폐지와 근친혼 범위의 조정

개정 전 민법 제809조 1항은 "동성동본인 혈족 사이에서는 혼인하지 못한다"고 규정하고 있었으나, 이러한 동성동본금혼규정은 그 연원이나 이유가 타당성을 잃고 있을 뿐만 아니라 현실적으로도 그 불합리성이 드러나고 있어서 오래 전부터 그 개정이 논의되어 왔다.

이에 따라 개정민법은 헌법재판소의 헌법불합치결정(헌재 1997. 7. 16, 95헌가6-13)으로 이미 사문화되었고 남녀평등 및 혼인의 자유를 침해할 우려가 있는 동성동본불혼제

도를 폐지하고, 이를 근친혼금지제도로 전환하되 근친혼금지의 범위를 합리적으로 조
정하였다(개정민법 제809조). 이에 따르면, 동성동본인 혈족 사이에도 혼인할 수 있으나,
일정한 근친 사이에는 혼인하지 못한다. 즉, ① 8촌 이내의 부계혈족과 모계혈족(친양
자의 입양 전의 혈족을 포함), ② 6촌 이내의 혈족의 배우자, ③ 배우자의 6촌 이내의 혈족,
④ 배우자의 4촌 이내의 혈족의 배우자인 인척이거나 인척이었던 자, ⑤ 6촌 이내의
양부모계의 혈족이었던 자, ⑥ 4촌 이내의 양부모계의 인척이었던 자 사이에서는 혼
인하지 못한다.

(4) 여자의 재혼금지기간의 폐지

개정 전 민법 제811조는 부성추정(父姓推定)의 충돌을 피할 목적으로 "여자는 혼인
관계의 종료일로부터 6월을 경과하지 아니하면 혼인하지 못한다"고 규정하고 있었으
며, 이러한 여자의 재혼금지기간규정은 민법제정 당시에는 타당한 입법이었다.

그러나 오늘날은 친자관계 감정기법(예컨대, 유전자감식기술)의 발달로 말미암아 이
규정을 계속 존치할 합리적 이유가 없게 되었으므로, 개정민법은 위 규정을 삭제하였다.

(5) 친생부인제도의 개선

개정 전 민법 제847조는 친생부인(親生否認)의 소(訴)는 부(夫)만이 제기할 수 있었고
제소기간도 '그 출생을 안 날로부터 1년 내'로 제한되어 있었는데, 이는 헌법재판소에
의하여 입법재량의 한계를 넘어 기본권을 침해한 입법으로서 헌법불합치결정(헌재
1997. 3. 27, 95헌가14, 96헌가7)이 내려진 바 있다.

이에 따라 개정민법은 친생부인에 있어서 혈연의 진실을 기하도록 하고 남녀(부
부)평등에 부합하도록 하기 위하여 부(夫)뿐만이 아니라 처(妻)도 친생부인의 소를 제기
할 수 있도록 하였으며, 그 제소기간을 '그 사유가 있음을 안 날로부터 2년 내'로 조정
하였다(개정민법 제847조 1항). 이 밖에 상대방이 될 자가 사망한 때에는 '그 사망을 안 날
로부터 2년 내'에 검사(檢事)를 상대로 하여 소를 제기할 수 있도록 개정하였다(동조 2항).

(6) 입양제도의 개선과 친양자(親養子)제도의 도입

개정 전 민법은 양자녀와 양부모 사이에 양친자(養親子)관계가 성립하더라도 양자
와 그 친생부모 사이의 친생자(親生子)관계도 병존하도록 하는 입양제도만을 인정하고
있었다. 그러나 양친과 친생자처럼 더욱 긴밀하게 밀착시켜 양자의 복리를 도모하기
위하여서는 종전의 친족관계를 종료시키고 양친과의 친족관계만을 인정하는 '친양자
제도'의 도입이 요청되어 왔다.

이에 따라 개정민법은 제4편 제4장(부모와 자) 제2절(양자)에 제4관 '친양자'를 신설하여 종래의 양자제도를 그대로 유지하면서 15세 미만인 자를 입양하는 경우에 일정한 요건하에 종전의 친족관계를 종료시키고 양자를 양친의 친생자로 보는 친양자제도를 도입하였다(개정민법 제908조의2~제908조의8). 이에 의하면, 이성양자(異姓養子)인 경우이더라도 당연히 양자는 양친의 성과 본을 따르게 된다.

(7) 친권행사시 자(子)의 복리우선의무규정의 신설

친권은 가족권 중 특히 가족공동체의 유지·발전을 위한 의무적 색채가 짙은 권리로서의 특질을 가지고 있다.

이에 따라 개정민법은 '친권행사의 기준'에 관하여 "친권을 행사함에 있어서는 자(子)의 복리를 우선적으로 고려하여야 한다"는 규정(제912조)을 신설하였다.

2._ 상 속 법

(1) 효도상속제의 채택

개정 전 민법 제1008조의2 1항은 '기여분'(寄與分)에 관하여 '공동상속인 중에 피상속인의 재산의 유지 또는 증가에 관하여 특별히 기여한 자'가 있을 때에 한하여 상속개시 당시의 피상속인의 재산가액에서 기여자'(寄與者)의 기여분을 공제한 것을 상속재산으로 보도록 규정하고 있었을 뿐, '피상속인과 동거하면서 부양한 자에 대한 기여분'(이른바, '효도상속분')을 별도로 고려하지 않고 있었다.

그런데, 개정민법은 제1008조의2 1항을 개정하여 가족관계에 있어서 경로효친의 가치관을 고양하기 위한 한 방편으로 기여분에 "공동상속인 중에 동거·간호 그 밖의 방법으로 피상속인을 특별히 부양하거나 피상속인의 재산의 유지 또는 증가에 관하여 특별히 기여한 자"로 개정하여 효도상속분을 기여분에 포함시키고 있다(개정민법 제1008조의2 1항).

(2) 한정승인제도의 개선

개정 전 민법 제1030조는 '한정승인의 방식'에 관하여 상속재산의 목록을 첨부하도록 하는 규정만을 두고 있었을 뿐, 제1019조 3항[상속인이 상속채무가 그 상속재산을 초과하는 사실을 중대한 과실 없이 알지 못하고 단순승인(單純承認) 한 경우에는 그 사실을 안 날로부터 3월 안에 한정승인(限定承認)을 하는 경우]을 고려한 별도의 구체적 방식을 규정하고 있지 않았다.

그런데, 개정민법은 제1030조에 2항을 신설하여 제1019조 3항에 의하여 한정승인을 한 경우에는 "상속재산 중 이미 처분한 재산이 있는 때에는 그 목록과 가액을 함께 제출하여야 한다"는 규정을 둠으로써 한정승인제도를 개선하였다.

Ⅳ 2007년 개정가족법을 통하여 본 가족법의 주요 내용

(1) 기간계산 규정의 정비

국민의 권리행사 및 의무이행이 용이하도록 기간의 말일이 토요일 또는 공휴일에 해당하는 경우에는 기간은 그 익일로 만료하도록 하였다(개정민법 제161조).

(2) 남녀의 약혼연령 및 혼인적령 규정 정비

개정 전 민법은 약혼연령 및 혼인적령에 관하여 남자는 만 18세, 여자는 만 16세로 달리 규정하고 있으나 이는 불합리한 차별로서 남녀평등에 반한다는 비판이 있어왔다. 이에 따라 개정민법은 약혼연령 및 혼인적령을 남녀 모두 만 18세로 조정하였다(개정민법 제801조·제807조). 이에 따라 앞으로 헌법상의 양성평등 원칙이 구현될 것으로 기대된다.

(3) 이혼숙려기간의 도입

개정 전 협의이혼제도는 당사자의 이혼의사 합치, 가정법원의 확인, 호적법에 의한 신고 등 간편한 절차만으로도 이혼의 효력이 발생함으로써 혼인의 보호보다는 자유로운 해소에 중점을 두고 있다는 문제점이 지적되어왔다. 이에 따라 개정민법은 협의이혼 당사자는 일정 기간(양육하여야 할 자녀가 있는 경우는 3개월, 양육하여야 할 자녀가 없는 경우는 1개월)이 경과한 후 가정법원으로부터 이혼의사 확인을 받아야만 이혼이 가능하도록 하였다(개정민법 제836조의2 2항 및 3항 신설). 이에 따라 앞으로 신중하지 아니한 이혼이 방지될 것으로 기대된다.

(4) 협의이혼시 자녀 양육사항 및 친권자 지정 합의 의무화

개정 전 협의이혼제도는 당사자 사이에 자녀 양육사항 및 친권자 지정에 관한 합의 없이도 이혼이 가능함에 따라 이혼 가정 자녀의 양육환경이 침해되는 문제점이 지적되어 왔다. 이에 따라 개정민법은 협의이혼하고자 하는 부부에게 양육자의 결정, 양육비용의 부담, 면접교섭권의 행사 여부 및 그 방법 등이 기재된 양육사항과 친권자 결정에 관한 협의서 또는 가정법원의 심판정본을 이혼 확인시 의무적으로 제출하도록 하였다(개정민법 제836조의2 4항 신설). 이에 따라 앞으로 이혼 가정 자녀의 양육환경이 향상될 것으로 기대된다.

(5) 자녀의 면접교섭권 인정

개정 전 민법은 부모에게만 면접교섭권을 인정하고 있어 자녀는 면접교섭권의 객체로 인식되는 문제점이 지적되어왔다. 이에 따라 개정민법은 자녀에게도 면접교섭권을 인정하고 있으며(개정민법 제837조의2 1항), 앞으로 유엔아동권리협약상 "아동이익 최우선의 원칙"을 실현함과 아울러 아동의 권리가 강화될 것으로 기대된다.

(6) 재산분할청구권 보전을 위한 사해행위취소권 신설

개정 전 민법은 재산분할청구권이 구체적으로 확정되기 전에 재산분할청구권을 피보전권리로 하는 사해행위취소권이 인정되는지 여부에 대하여 다툼이 있어왔다. 이에 따라 개정민법은 부부의 일방이 상대방 배우자의 재산분할청구권 행사를 해함을 알고 사해행위를 한 때에는 상대방 배우자가 그 취소 및 원상회복을 법원에 청구할 수 있도록 재산분할청구권을 보전하기 위한 사해행위취소권을 인정하고 있다(개정민법 제839조의3 신설). 이에 따라 앞으로 재산 명의자가 아닌 배우자의 부부재산에 대한 잠재적 권리 보호가 강화될 것으로 기대된다.

> **재산분할청구권을 보전하기 위한 사해행위취소권과 판례**
>
> 이혼에 따른 재산분할은 혼인 중 쌍방의 협력으로 형성된 공동재산의 청산이라는 성격에 상대방에 대한 부양적 성격이 가미된 제도임에 비추어, 이미 채무초과 상태에 있는 채무자가 이혼을 하면서 배우자에게 재산분할로 일정한 재산을 양도함으로써 결과적으로 일반 채권자에 대한 공동담보를 감소시키는 결과로 되어도, 그 재산분할이 민법 제839조의2 제2항의 규정 취지에 따른 상당한 정도를 벗어나는 과대한 것이라고 인정할 만한 특별한 사정이 없는 한, 사해행위로서 취소되어야 할 것은 아니라고 할 것이고, 다만 상당한 정도를 벗어나는 초과부분에 대하여는 적법한 재산분할이라고 할 수 없기 때문에 이는 사해행위에 해당하여 취소의 대상으로 될 수 있을 것이고, 위와 같이 상당한 정도를 벗어나는 과대한 재산분할이라고 볼 만한 특별한 사정이 있다는 점에 관한 입증책임은 채권자에게 있다고 보아야 할 것이다(대판 2001. 2. 9, 2000다63516).

Ⅴ 2009년 개정가족법을 통하여 본 가족법의 주요 내용

(1) 2009년 5월 8일의 가족법개정

2009년 5월 8일, 법률 제9650호로 공포되어 2009년 8월 9일부터 시행에 들어간 개정민법은 이혼시 자녀의 양육비의 부담내용이 확정된 경우, 가정법원으로 하여금 양육비부담조서의 작성제도를 도입하고 있다(제836조의2 5항).

(2) 양육비부담조서의 작성제도의 도입과 그 취지

개정민법은 제836조의2에 5항에 "가정법원은 당사자가 협의한 양육비 부담에 관한 내용을 확인하는 양육비부담조서를 작성하여야 한다. 이 경우 양육비부담조서의 효력에 대하여는 「가사소송법」 제41조를 준용한다"는 규정을 신설하였으며, 이는 이혼시 양육비를 효율적으로 확보하기 위해 양육비의 부담에 대하여 당사자가 협의하여 그 부담내용이 확정된 경우, 가정법원이 그 내용을 확인하는 양육비부담조서를 작성하도록 하려는 것에 그 입법취지가 있다.

Ⅵ 2011년 3월 7일 개정가족법을 통하여 본 가족법의 주요내용

(1) 성년후견 · 한정후견 · 특정후견제도의 도입

성년후견 · 한정후견 · 특정후견제도를 도입하였다(제9조 및 제12조 개정, 제14조의2 신설). 즉 획일적으로 행위능력을 제한하는 문제점을 내포하고 있는 기존의 금치산 · 한정치산제도 대신 더욱 능동적이고 적극적인 사회복지시스템인 성년후견 · 한정후견 · 특정후견제도를 도입하고 기존 금치산 · 한정치산 선고의 청구권자에 '후견감독인'과 '지방자치단체의 장'을 추가하여 후견을 내실화하고 성년후견 등을 필요로 하는 노인, 장애인 등에 대한 보호를 강화하였다.

(2) 제한능력자 능력범위의 확대

제한능력자의 능력의 범위를 확대하였다(제10조 및 제13조 개정). 즉 성년후견을 받는 사람의 법률행위 중 일용품의 구입 등 일상생활에 필요한 행위이거나 후견개시의 심판에서 달리 정한 것은 취소할 수 없도록 하고, 한정후견을 받는 사람의 법률행위는 가정법원에서 한정후견인의 동의 사항으로 결정한 것이 아닌 이상 확정적으로 유효한 법률행위로 인정되며, 특정후견을 받는 사람의 법률행위는 어떠한 법적 제약이 따르지 않도록 하였다.

(3) 후견을 받는 사람의 복리 등에 관한 신상보호 규정의 도입

후견을 받는 사람의 복리, 치료행위, 주거의 자유 등에 관한 신상보호 규정을 새롭게 도입하였다(제947조 개정, 제947조의2 신설).

(4) 복수(複數)·법인(法人) 후견제도의 도입

복수(複數)·법인(法人) 후견제도를 도입하고, 동의권·대리권의 범위에 대하여 개별적으로 결정하도록 하였다(제930조 및 제938조 개정, 제959조의4 및 제959조의11 신설).

(5) 후견감독인제도의 도입

후견감독인제도를 새롭게 도입하였다(제940조의2 내지 제940조의7 신설, 제959조의5 및 제959조의10 신설). 즉 친족회를 폐지하고 그 대신 가정법원이 사안에 따라 후견감독인을 개별적으로 선임할 수 있도록 함으로써 후견인의 임무 해태, 권한 남용에 대한 실질적인 견제가 가능하도록 하였다.

(6) 후견계약제도의 도입

당사자가 후견계약을 맺을 수 있도록 하였다(제959조의14 내지 제959조의20 신설). 즉 후견을 받으려는 사람이 사무를 처리할 능력이 부족한 상황에 있거나 부족하게 될 상황에 대비하여 재산관리 및 신상보호에 관한 사무의 전부 또는 일부를 자신이 원하는 후견인(이른바, '임의후견인')에게 위탁하는 내용의 계약을 체결할 수 있도록 하였다.

(7) 성년후견에 대한 등기제도의 도입

제3자 보호를 위하여 성년후견을 등기를 통해서 공시하도록 하였다(제959조의15·제959조의19 및 제959조의20 신설).

Ⅶ 2011년 5월 19일 개정가족법을 통하여 본 가족법의 주요내용

(1) 가정법원에 미성년자 법정대리인의 선임권 부여

단독 친권자의 사망, 입양 취소, 파양 또는 양모부의 사망의 경우, 가정법원이 미성년자의 법정대리인을 선임하도록 하였다(제909조의2 신설).

(2) 친권자 지정기준의 강화

친권자 지정의 기준을 강화하였다(제912조 2항 신설). 즉 가정법원이 친권자를 지정할 때에는 자(子)의 복리를 우선적으로 고려하도록 하고, 이를 위해 관련 분야의 전문가 등으로부터 자문을 받을 수 있도록 하였다.

(3) 단독 친권에 대한 가정법원에 관여 확대

단독 친권자에게 친권 상실, 소재불명 등 친권을 행사할 수 없는 중대한 사유가 있는 경우, 가정법원에 의하여 미성년자 법정대리인을 선임할 수 있도록 하였다(제927

조의2 신설). 또 단독 친권자가 유언으로 미성년자의 후견인을 지정한 경우, 가정법원에 의한 친권자의 지정이 가능하도록 하였다(제931조 2항 신설).

Ⅷ 2012년 개정가족법을 통하여 본 가족법의 주요내용

(1) 미성년자 입양에 대한 가정법원의 허가제 도입

미성년자 입양에 대한 가정법원의 허가제 등을 도입하였다(제867조 신설 및 제898조 개정). 즉 미성년자를 입양할 때에는 가정법원의 허가를 받도록 하고, 가정법원이 입양을 허가할 때에는 양부모가 될 사람의 양육능력, 입양의 동기 등을 심사하여 허가 여부를 결정하도록 하는 한편, 미성년자는 재판으로만 파양할 수 있도록 입양절차를 개선하였다.

(2) 부모의 동의 없이 양자가 될 수 있는 방안 마련

부모의 동의 없이 양자가 될 수 있는 방안을 마련하였다(제870조·제871조 및 제908조의2 2항 개정). 즉 부모의 소재를 알 수 없는 등의 사유로 부모의 동의를 받을 수 없는 경우에는 그 동의가 없어도 가정법원이 입양을 허가할 수 있도록 하고, 부모가 3년 이상 자녀에 대한 부양의무를 이행하지 아니한 경우 등에는 부모가 동의를 거부하더라도 가정법원이 입양을 허가할 수 있도록 제도를 개선하였다.

(3) 친양자 입양 가능 연령의 완화

종래 친양자가 될 사람은 15세 미만이어야 했으나, 오랜 공동생활을 통해 계부모와 계자녀 사이에 사실상의 친자관계가 형성된 재혼 가정의 경우 연령 제한으로 인하여 친양자 입양을 하지 못하는 사례가 있었다. 이에 따라 위 문제를 법적으로 해결하기 위하여 친양자 입양의 연령 제한을 완화하여 친양자가 될 사람이 15세 이상인 경우에도 미성년자이면 친양자 입양의 양자가 될 수 있도록 하였다.

Ⅸ 2014년 개정가족법을 통하여 본 가족법의 주요내용

(1) 친권자의 동의를 갈음하는 법원의 재판 제도의 도입

친권자의 동의가 필요한 행위에 대하여 친권자가 정당한 이유 없이 동의하지 아니하여 자녀의 생명·신체 등에 중대한 손해가 발생할 위험이 있는 경우에는, 가정법원이 자녀 또는 검사 등의 청구에 의하여 친권자의 동의를 갈음하는 재판을 할 수 있도록 하였다. 또한 일정한 행위에 대한 친권자의 동의를 갈음하는 재판 제도를 도입하였다(제922조의2 신설). 이에 따라 부모의 친권이 유지되도록 하면서도 자녀의 생명 등을 보호하기 위한 조치가 가능하여 질 것으로 기대된다.

(2) 친권의 일시 정지제도의 도입

부모가 친권을 남용하여 자녀의 복리를 현저히 해치거나 해칠 우려가 있는 경우에는, 가정법원이 자녀 또는 검사 등의 청구에 의하여 2년의 범위에서 친권의 일시 정지를 선고할 수 있도록 하였다(제924조 개정). 이에 따라 친권을 일정한 기간 동안 일시적으로 제한하는 제도를 도입함으로써 친권 제한 사유가 단기간 내에 소멸할 개연성이 있는 경우에 자녀의 생명 등을 보호하기 위한 필요 최소한도의 친권 제한 조치로 친권을 일시 정지시키는 것이 가능하여 질 것으로 기대된다.

(3) 친권의 일부 제한 제도의 도입

거소의 지정이나 징계, 그 밖의 신상에 관한 결정 등 특정한 사항에 관하여 친권자가 친권을 행사하는 것이 곤란하거나 부적당한 사유가 있어 자녀의 복리를 해치거나 해칠 우려가 있는 경우에는, 가정법원이 자녀 또는 검사 등의 청구에 의하여 구체적인 범위를 정하여 친권의 제한을 선고할 수 있도록 하였다(제924조의2 신설). 이에 따라 특정한 사항에 관한 친권의 일부 제한 제도를 마련함으로써 친권자의 동의를 갈음하는 재판 제도로는 해결할 수 없는 사안이지만 친권을 전부 상실시킬 필요가 없는 경우에 자녀의 생명 등을 보호하기 위한 필요 최소한도의 친권 제한 조치로 친권 중 일부를 제한하는 것이 가능하여 질 것으로 기대된다.

Ⅹ) 2016년 이후 개정가족법을 통하여 본 가족법의 주요내용

(1) 2016년 12월 2일의 가족법의 개정과 면접교섭권의 개선

민법은 제837조의2에서 부부가 이혼하는 경우 자녀를 직접 양육하지 아니하는 부모 일방과 자녀의 상호 면접교섭권을 인정하고 있다. 그러나 자녀를 직접 양육하지 아니하는 부모 일방이 사망하거나 자녀를 직접 양육하지 아니하는 부모 일방이 중환자실 입원, 군복무 등 피치 못할 사정으로 면접교섭권을 행사할 수 없는 경우에는 자녀가 오로지 친가나 외가 중 한쪽 집안과 교류하게 되어 양쪽 집안간의 균형 있는 유대를 상실하는 경우가 많이 발생하였고, 이러한 경우에는 조부모의 면접교섭권을 인정하여 최소한의 교류를 이어나갈 수 있게 할 필요가 있었다. 이에 따라 개정 민법은 자녀를 직접 양육하지 아니하는 부모 일방이 사망하거나 자녀를 직접 양육하지 아니하는 부모 일방이 피치 못할 사정으로 면접교섭권을 행사할 수 없을 때 그 부모의 직계존속이 가정법원의 허가를 받아 손자녀와 면접교섭이 가능하도록 개선하였다.

(2) 2016년 12월 20일의 가족법의 개정과 후견인 결격사유의 개선

민법은 제937조(후견인의 결격사유) 8호에서 "피후견인을 상대로 소송을 하였거나 하고 있는 자 또는 그 배우자와 직계혈족"을 후견인의 결격사유로 규정하고 있었다. 따라서 피후견인의 배우자가 피후견인을 상대로 이혼 청구 소송 등을 하였거나 하고 있다는 이유만으로 피후견인의 직계비속은 후견인이 될 수 없게 되어 사안에 따라 구체적 타당성에 맞지 아니하는 측면이 있었다. 이에 개정민법은 피후견인의 직계비속은 그 직계혈족이 피후견인을 상대로 소송을 하였거나 하고 있더라도 후견인 결격사유에 해당되지 않도록 개선하였다(2016년 12월 20일 시행).

(3) 2017년 12월 31일의 가족법의 개정과 친생부인의 허가청구 및 인지의 허가청구 제도의 도입

민법 제844조 2항 중 혼인관계종료의 날부터 300일 이내에 출생한 자는 혼인중에 포태(胞胎)한 것으로 추정하는 부분에 대한 헌법재판소의 헌법불합치결정(헌재 2015. 4. 30, 2013헌마623)이 내려졌다. 이에 개정민법은 헌법불합치결정의 취지를 반영하여 혼인관계가 종료된 날부터 300일 이내에 출생한 자녀에 대하여 어머니와 어머니의 전(前) 남편은 친생부인의 허가청구를, 생부(生父)는 인지의 허가청구를 할 수 있도록 하여 친생부인(親生否認)의 소(訴)보다 간이한 방법으로 친생추정을 배제할 수 있도록 개선하였다(개정민법 제854조의2 및 제855조의2 신설: 2018년 2월 1일 시행).

(4) 2021년 1월 26일의 가족법의 개정과 친권자의 징계권 규정 삭제

개정전 민법 제915조의 징계권 규정은 아동학대의 가해자인 친권자의 항변사유로 이용되는 등 아동학대를 정당화하는 데 악용될 소지가 있었다. 이에 개정민법은 징계권 규정을 삭제함으로써 이를 방지하고 아동의 권리와 인권을 보호하도록 개선하였다(2021년 1월 26일 개정 및 시행).

제 **02** 편

상 법

박 영 준*

제1절　상법의 개념

상법이 무엇인가라는 물음에 대해서는 형식적으로 개념 파악을 할 수도 있고 실질적으로 개념 파악을 할 수도 있다. 형식적 의의의 상법은 '상법'이라는 이름으로 존재하는 성문법인 상법전을 의미한다. 실질적 의의의 상법은 민법이 적용되는 사법적 생활관계 중에서 상사적인 법률관계에 적용되는 특별한 법규의 전체를 말한다.

Ⅰ 형식적 의의의 상법

형식적 의의의 상법은 '상법'이라는 이름으로 존재하는 성문법인 상법전을 의미하는데 그 존재여부와 내용은 각국의 연혁적인 사정과 입법정책에 따라 다르다. 독일·프랑스 등 대륙법계의 국가에는 상법전이 있으나 영국에는 상법전은 없고 회사법, 해상보험법 등 개별 법전만 있다. 우리나라의 상법은 1962년 1월 20일에 법률 제1000호로 공포되어 1963년 1월 1일부터 시행되어 왔다. 그 후 수차례의 개정을 거쳐 현행 상법은 2011년 5월 23일 법률 제10696호로 개정된 것이다. 현행 상법은 제1편 총칙, 제2편 상행위, 제3편 회사, 제4편 보험, 제5편 해상, 제6편 항공운송으로 구성된 총

---

* 단국대학교 법과대학 법학과 교수.

6편, 제1조~제935조의 조문 및 부칙으로 되어 있다.

Ⅱ 실질적 의의의 상법

실질적 의의의 상법은 사법적 생활관계 중에서 상사적인 법률관계에 적용되는 특별한 법규의 전체를 말한다. 일반적으로 사법적 생활관계에는 민법이 적용되는데 이중 상사적인 법률관계에 적용되는 특유한 법규들을 상법이라고 칭하는 것이다. 이는 상법을 학문적 입장에서 통일성 있게 체계적으로 이해한 것이다. 상법을 실질적으로 이해했을 경우에 상법은 상사적인 법률관계의 주체인 '상인'과 상사적인 법률활동인 '상행위'에 관한 법규범을 의미하게 된다. 때문에 상법은 일반의 경제생활에 적용되는 일반사법인 민법과 구별되는 특별사법으로서의 성질을 가지게 된다.

제2절 상법의 이념과 특성

상법은 상사적인 법률관계의 융성, 즉 기업활동의 건전한 발전을 꾀하는 것을 기본적인 이념으로 하고 있다. 이를 위해 기업을 유지·강화하고 기업활동을 왕성하게 하도록 하는 각종 제도와 규정을 두고 있다. 다른 한편으로 상법은 이러한 기업활동으로 인한 거래의 안전을 보호하기 위한 여러 가지 규정도 두고 있다. 최근에 이르러는 상법이 지나치게 기업만을 두둔하는 것이 아닌가 하는 반성에서 기업의 사회적 책임에 관한 것도 상법의 이념으로서 중시되고 있다.

상법은 상사거래에 관한 것을 주로 규정하다보니 시간적인 측면에서는 대단히 빠르게 변화하는 유동적이고 진보적인 특성을 가지고, 공간적인 측면에서는 세계적이고 통일적인 경향을 가지고 있다. 이러한 상법의 특성 때문에 상법은 민법에 비해서 자주 개정되고 있고 또한 세계적으로 관련 분야의 통일협약이 많이 존재하고 있다.

제3절   상법의 법원

상법의 법원이란 실질적 의의의 상법이 존재하는 형식을 의미한다. 상법도 다른 법들과 마찬가지로 크게 보아 성문법과 불문법의 형태로 존재하고 있다. 성문법에는 상사제정법, 상사조약 등이 있고 불문법에는 상관습법, 상사자치법 등이 있다. 상법전과 상사특별법은 상사 제정법의 일종으로 상법의 법원으로서 매우 중요한 의미를 가진다.

상법 제1조에 의하면 "상사에 관하여 본법에 규정이 없으면 상관습법에 의하고 상관습법이 없으면 민법의 규정에 의한다"고 규정하고 있다. 특별법이 일반법에 우선하는 원칙과 성문법이 관습법에 우선하는 원칙은 상법에도 당연히 적용된다. 결과적으로 상법의 법원의 적용순위는 "상사자치법—상사특별법령 및 상사조약—상법전—상관습법—민사특별법령 및 민사조약—민법전—민사관습법" 순이 된다. 관습법인 상관습법이 성문법인 민사특별법령, 민사조약 및 민법전보다 우선하여 적용된다는 점에서 주의할 필요가 있다.

제02장
상법총칙

제1절   상   인

상인은 상법의 적용범위인 상사적 법률관계의 주체이다. 우리 상법은 제4조에서 "자기명의로 상행위를 하는 자를 상인이라 한다"(당연상인)고 하여 상행위를 상인개념의 근거로 규정하고 있을 뿐 아니라 제5조에서 "점포 기타 유사한 설비에 의하여 상인적 방법으로 영업을 하는 자는 상행위를 하지 아니하더라도 상인으로 본다. 회사는 상행위를 하지 아니하더라도 상인으로 본다"(의제상인)고 규정하여 상행위를 상인개념의 근거로 보지 않는 경우도 규정하고 있다.

상인은 자연인뿐만 아니라 법인도 될 수 있다. 자연인은 성별·연령·행위능력에 관계없이 생존하는 동안 제4조 또는 제5조의 요건을 구비하면 상인자격을 취득하고, 영업의 종료와 함께 상인자격을 상실한다. 다만 미성년자 또는 한정치산자는 법정대리인의 허락을 얻어야 유효한 영업을 할 수 있고 이 경우 그 사실을 등기하여야 한다(제6조). 영리법인은 상법 제2편 회사편의 각 규정에 의한 설립등기에 의하여 상인자격을 취득하고 청산을 종료한 때 상인자격을 상실한다. 비영리법인인 공익법인은 영업의 개시와 함께 상인자격을 취득하고 영업의 종료로 상인자격을 상실한다.

제2절   상업사용인

상업사용인이라 함은 특정한 상인에 종속하여 그 대외적인 영업활동을 보조하는 자를 말한다. 즉 상업사용인은 기업의 인적 설비에 해당한다. 상법은 상업사용인을 대리권의 존재여부와 범위정도에 따라 (1) 지배인, (2) 부분적 포괄대리권을 가진 상업사용인, (3) 물건판매점포의 사용인 등 크게 3가지로 구분하고 있다.

지배인은 영업주에 갈음하여 그 영업에 관한 재판상 또는 재판외의 모든 행위를 할 수 있는 가장 강력한 대리권을 가지고 있는 상업사용인이다(제11조 1항). 부분적 포괄대리권을 가진 상업사용인은 영업의 특정한 종류 또는 특정한 사항에 대한 위임을 받은 사용인으로 위임받은 사항에 관한 재판외의 모든 행위를 할 수 있다(제15조). 물건판매점포의 사용인은 실제 물건을 판매하는 점포의 사용인으로 그 판매에 관한 모든 권한이 있는 것으로 본다(제16조). 즉 물건판매점포의 사용인은 실제로는 물건판매에 관한 대리권을 갖고 있지 않은 경우라도 거래안전을 위해 물건판매에 관한 대리권이 있는 것으로 우리 상법이 의제하고 있다.

상법상의 상업사용인에게는 영업주와 상업사용인 사이의 신뢰관계유지와 영업주의 이익보호를 위하여 경업피지의무와 겸직금지의무를 부과하고 있다(제17조). 즉 상업사용인은 영업주의 허락 없이 자기 또는 제3자의 계산으로 영업주의 영업부류에 속한 거래를 하거나 회사의 무한책임사원, 이사 또는 다른 상인의 사용인이 되지 못한다. 만약 상업사용인이 경업피지의무와 겸직금지의무를 위반하여 거래를 한 경우에 그 거래가 자기의 계산으로 한 것인 때에는 영업주는 이를 영업주의 계산으로 한 것으로 볼 수 있고 제3자의 계산으로 한 것인 때에는 영업주는 사용인에 대하여 이로 인한 이득의 양도를 청구할 수 있다(영업주의 개입권).

제3절 상 호

상호란 상인이 영업상 자기를 표시하기 위하여 사용하는 명칭이다. 어떠한 명칭을 상호로 선정할 것인가에 대해서 우리 상법은 원칙적으로 자유롭게 상호를 선정할 수 있도록 규정하고 있다(상호자유주의). 따라서 상인은 그 성명 기타의 명칭으로 상호를 정할 수 있다(제18조). 하지만 회사의 상호에는 그 종류에 따라 합명회사, 합자회사, 유한책임회사, 주식회사 또는 유한회사의 문자를 사용하여야 하고(제19조), 회사가 아니면 상호에 회사임을 표시하는 문자를 사용하지 못한다(제20조). 다만 타인에게 자기의 성명 또는 상호를 사용하여 영업을 할 것을 허락한 자는 자기를 영업주로 오인하여 거래한 제3자에 대하여 그 타인과 연대하여 변제할 책임이 있다(제24조).

상인은 상호를 사용하게 되면 그 상호에 대해서 상호전용권을 가진다. 즉 누구든지 부정한 목적으로 타인의 영업으로 오인할 수 있는 상호를 사용하지 못하고, 만약 부정목적으로 상호를 사용할 때에는 상호를 사용하는 자가 있는 경우에 이로 인하여 손해를 받을 염려가 있는 자 또는 상호를 등기한 자는 그 폐지를 청구할 수 있다(제23조). 만약 상호가 등기된 경우에는 상호전용권이 강화되어 동일한 특별시·광역시·시·군에서 동종영업으로 타인이 등기한 상호를 사용하는 자는 부정한 목적으로 타인의 상호를 사용하는 것으로 추정한다(제23조 4항).

제 4 절 상업장부

상업장부는 상인이 영업상의 재산 및 손익의 상황을 명백히 하기 위하여 상법상의 의무로 작성하는 장부이며 회계장부 및 대차대조표로 구분된다(제29조). 회계장부는 거래와 기타 영업상의 재산에 영향이 있는 사항을 기재하는 장부로서 대차대조표의 기초가 되는 회계기록이고, 대차대조표는 일정한 시기에 있어서의 기업의 자산과 부채 및 자본을 게기하여 기업의 재무상태를 총괄적으로 표시하는 장부이다(제30조).

제 5 절 상업등기

상업등기라 함은 상법에 의하여 등기할 사항을 당사자의 신청에 의하여 영업소의 소재지를 관할하는 법원의 상업등기부에 등기하는 것을 말한다(제34조). 등기할 사항은 영업에 관련된 중요한 사항을 말한다. 법정등기사항으로 상인일반에 관한 사항, 개인기업에 관한 사항, 회사에 관한 사항을 들 수 있다.

본점의 소재지에서 등기할 사항은 다른 규정이 없으면 지점의 소재지에서도 등기하여야 한다(제35조). 등기할 사항은 이를 등기하지 아니하거나, 등기한 후라도 제3자가 정당한 사유로 인하여 이를 알지 못한 때에는 선의의 제3자에게 대항하지 못한다(제37조). 고의 또는 과실로 인하여 사실과 상위한 사항을 등기한 자는 그 상위를 선의의 제3자에게 대항하지 못한다(제39조). 등기한 사항에 변경이 있거나 그 사항이 소멸한 때에는 당사자는 지체 없이 변경 또는 소멸의 등기를 하여야 한다(제40조).

제 6 절   영업양도

상인이 일정한 영업을 영위하다가 영업 내용을 바꾸고 싶을 때 기존의 영업을 정리하고 새로운 영업을 해야만 한다면 국가경제적으로 볼 때 자원과 노력이 낭비된다. 이 때문에 상인이 자신의 영업을 다른 상인에게 양도하여 그 영업에 투여한 자신의 노력과 재산을 보상받을 수 있도록 하는 것은 시장경제체제에서 중요한 일이다. 우리 상법은 상인이 자신의 영업을 포괄적으로 다른 상인에게 양도하는 것을 인정하고 있다. 이러한 영업양도의 성질을 우리 대법원은 일정한 영업목적에 의하여 조직화된 유기적 일체로서의 기능적 재산, 즉 영업재산의 이전을 목적으로 하는 채권계약으로 보고 있다(대판 1998. 4. 14, 96다8826).

영업을 양도한 이후에 양도인이 다시 동종 영업을 인근에서 계속한다면 양수인으로서는 영업을 양수한 이유가 없어지게 된다. 때문에 영업을 양도한 경우에 다른 약정이 없으면 양도인은 10년간 동일한 특별시·광역시·시·군과 인접 특별시·광역시·시·군에서 동종영업을 하지 못한다. 다만 양수인이 양도인에게 지나치게 오래 동종영업의 금지를 요청하는 것을 막기 위해서 양도인이 동종영업을 하지 아니할 것을 약정한 때에는 동일한 특별시·광역시·시·군과 인접 특별시·시·군에 한하여 20년을 초과하지 아니한 범위 내에서 그 효력이 있다(제41조).

제*03*장

상 행 위

제1절   총   칙

I 상행위의 종류

상행위란 상인이 영리목적을 실현하기 위해서 하는 행위를 의미하는데 상행위가
무엇인가를 확정하여 상법전에 규정하는 것에는 크게 2가지 입법방법이 있다. 첫 번
째 방법은 상법전에 상행위에 포함되는 행위가 무엇인지를 열거적으로 규정하여 두
는 형식적 방식인데 이 방법은 상법이 적용되는 범위가 어디까지인지 명확하게 알 수
있다는 장점이 있는 반면 급변하는 경제발전에 적용하지 못하는 문제점이 있다. 두
번째 방법은 먼저 상인의 개념을 정하고 그 상인의 영업상의 행위를 상행위로 정하는
실질적 방식인데 이는 경제발전에 순응하는 장점이 있지만 행위의 내용이나 성질을
전혀 고려하지 않고 단순히 상인 개념만을 기준으로 하므로 상행위의 한계가 불분명
하게 되는 단점이 있다.

우리 상법전은 위 2가지 입법방법을 모두 사용하고 있다. 먼저 상법 제46조에 22
가지의 '기본적 상행위'를 열거하여 두었는데 여기에 열거된 행위를 영업으로 하는 경
우에는 상행위로 보게 되고 이러한 행위를 자기 명의로 하는 자는 당연상인(제4조)으
로 취급된다. 또한 의제상인(제5조)이 영업으로 하는 행위는 '준상행위'(제66조)로 보아
상행위에 관한 모든 규정을 준용한다.

상인이 영업으로 하는 행위인 '영업적 상행위' 외에 상인이 영업을 위하여 하는
행위도 '보조적 상행위'라고 하여 상행위의 일종이다. 상인의 행위는 영업을 위하여
하는 것으로 추정한다(제47조). 보조적 상행위에는 영업자금의 차입, 사무실 구입, 상업

사용인의 고용 등이 해당한다.

Ⅱ 상행위의 특칙

일반 법률행위가 민법의 적용을 받는 것과 달리 상행위는 상법의 적용을 받게 된다. 상법상 거래에는 거래의 원활과 편리를 위하여 민법상의 거래와는 달리 영리성·신속성·반복성·비개성이 강조된다. 때문에 상법에는 이러한 상거래의 특수성에 따라 민법의 일반원칙과는 다른 상행위에 관한 특칙을 규정하고 있다.

첫째, 민법총칙에 대한 특칙으로 상행위의 대리에 있어서 비현명주의(제48조와 민법 제115조), 상행위의 위임(제49조와 민법 제681조), 대리권의 존속(제50조와 민법 제127조), 소멸시효(제64조와 민법 제162조)가 있다. 둘째, 물권법에 대한 특칙으로 상사유치권(제58조와 민법 제320조), 상사질권(제59조와 민법 제339조)이 있다. 셋째, 채권법에 대한 특칙으로 법정이율(제54조와 민법 제379조), 연대채무(제57조 1항과 민법 제408조), 연대보증(제57조 2항과 민법 제437조), 채무이행의 장소(제56조와 민법 제467조, 제516조), 채무이행시기(제63조), 법정이자(제55조와 민법 제583조), 낙부통지의무(제53조), 물건보관의무(제60조), 보수청구권(제61조와 민법 제686조), 상사임치(제62조와 민법 제695조)가 있다.

Ⅲ 상사매매

상법은 원칙적으로 상인과 상인간의 거래뿐만 아니라 상인과 비상인간의 거래에도 적용된다. 그런데 상인과 상인간의 매매는 상인과 비상인간의 매매보다 더욱 강한 거래성을 가지게 된다. 이 때문에 상법에서는 상인 간에 이루어지는 매매는 '상사매매'라고 하여 매도인의 공탁권 및 경매권(제67조), 확정기매매의 해제(제68조), 매수인의 목적물의 검사와 하자통지의무(제69조), 매수인의 목적물보관 및 공탁의무(제70조~제71조) 등 여러 가지 특칙을 규정하고 있다.

Ⅳ 상호계산

상인간의 거래는 보통 집단적, 반복적으로 이루어지므로 계속적 거래관계가 있게 된다. 이 경우 거래시마다 매번 계산을 하게되면 법률관계가 복잡해지고 거래의 신속이라는 상법의 이념과 반하게 된다. 때문에 상법은 상호계산이라는 제도를 규정하고 있다. 상호계산은 상인간 또는 상인과 비상인간에 상시 거래관계가 있는 경우에 일정한 기간의 거래로 인한 채권채무의 총액에 관하여 상계하고 그 잔액을 지급할 것을 약정하는 계약이다(제72조). 상호계산 계약에 의하여 상인은 계속적 거래관계에서 빠르게 거래를 지속할 수 있게 된다.

Ⅴ 익명조합

상인이 상행위를 영위하는 방법은 크게 보아 자기 혼자 하는 방법(개인상인)과 여러 명이 모여서 함께하는 방법이 있다. 여러 명이 함께 상행위를 영위하는 경우 모인 단체가 상법상 방법에 의하여 법인격을 취득하게 되면 이를 '회사'라고 하고, 법인격을 취득하지 않은 채로 영업을 하는 경우 이를 '조합'이라고 한다. 흔히 개인들이 동업하는 경우가 후자에 해당한다. 회사의 조직과 구성에 대해서는 상법이 적용되기 때문에 별문제가 없지만 조합의 조직과 구성에 대해서는 민법이 적용되기 때문에 영리성을 강조하는 상인조합의 경우에는 민법의 규정이 적절하지 않는 경우가 있게 된다. 때문에 우리 상법전에는 상인조합 중 특수한 경우로 익명조합과 합자조합에 관한 규정을 두어 이를 보완하고 있다.

익명조합은 당사자의 일방이 상대방의 영업을 위하여 출자하고 상대방은 그 영업으로 인한 이익을 분배할 것을 약정하는 계약을 말한다(제78조). 즉 익명조합은 익명으로 자본을 대는 자본가와 자신의 이름으로 영업을 하는 유능한 경영자의 결합을 가능하게 하는 제도이다.

익명조합에서 익명조합원(자본가)은 영업자에게 금전 기타의 재산을 출자해야 할 의무를 가지고 출자한 재산은 영업자의 재산으로 본다(제79조). 따라서 제3자와의 관계에서는 영업자만이 상인이 되고 상행위에 따른 권리와 의무를 진다(제80조). 대신 익명조합원은 영업자에게 이익배당을 청구할 수 있다(제82조). 결과적으로 익명조합원은 민법상 조합원에게 부여되는 연대배상책임을 부담하지 않고 제3자에게 아무런 책임을 지지 않으면서 영업으로 인한 수익에 대해 배당을 받을 수 있게 된다. 익명조합은 실제로 활발하게 사용되는 제도는 아니지만 2004년 강제규 감독이 익명조합 방식으로 투자자를 모집하여 '태극기 휘날리며'라는 영화를 제작한 경우처럼 연예산업에서는 종종 활용되고 있다.

Ⅵ 합자조합

우리 법상 조합에 관해서는 원칙적으로 그 조직과 구성에 대해서 민법이 적용되게 된다. 그렇지만 영리성을 강조하는 상인조합의 경우에는 민법의 규정이 적절하지 않는 경우가 있어서 상법전에는 상인조합 중 특수한 경우로 익명조합과 합자조합에 관한 규정을 두어 이를 보완하고 있다.

합자조합은 조합의 업무집행자로서 조합의 채무에 대하여 무한책임을 지는 조합원(업무집행조합원)과 출자가액을 한도로 하여 유한책임을 지는 조합원(유한책임조합원)이 상호출자하여 공동사업을 경영할 것을 약정하여 조직된 조합이다(제86조의2). 미국의 Limited Partnership(LP) 제도를 우리 법에 도입한 것으로 2011년 4월 14일 개정으로 상법전에 신설되었다.

앞서 본 익명조합은 익명으로 자본을 대는 자본가와 자신의 이름으로 영업을 하는 유능한 경영자의 결합을 가능하게 하는 제도라는 점에서 일반 민법상 조합보다 장점이 있기는 하지만 익명조합원(자본가)이 출자한 금전 기타의 재산이 영업자의 재산으로 간주된다는 점에서 영업자가 자의적으로 재산을 처분하거나 운영할 경우에 출자자들의 이익을 적절히 보호할 법적 장치가 부족하다는 단점이 있다.

그렇지만 합자조합은 조합임에도 마치 회사와 유사하게 조합계약을 등기하고 업무집행조합원과 유한책임조합원의 권리와 의무를 명확하게 규정하는 한편, 합자회사의 여러 조항을 준용하도록 함으로써 익명조합보다 투자자의 보호와 영업활동의 공개에 진일보한 제도이다.

제2절 각 칙

Ⅰ 대 리 상

대리상이란 일정한 상인을 위하여 상업사용인이 아니면서 상시 그 영업부류에 속하는 거래의 대리 또는 중개를 영업으로 하는 자를 말한다(제87조). 대리상 계약은 상품판매, 보험, 운송, 여행사 등의 관련 사업에 많이 이용된다.

Ⅱ 중 개 업

중개인이란 타인 간의 상행위를 중개하는 것을 영업으로 하는 자를 말한다(제93조). 여기서 상행위는 영업적 상행위만 의미한다. 따라서 보조적 상행위는 중개인의 상행위에서 배제된다. 중개란 타인 간의 법률행위를 성립시키기 위하여 진력하는 사실행위이다. 타인 간의 상행위를 중개하는 것이므로 주택의 매매 또는 임대차중개와 같은 민사법률행위의 중개는 민사중개에 속하고 이곳에서 말하는 상법상의 중개업에는 해당되지 아니한다.

Ⅲ 위탁매매업

위탁매매인이란 자기명의로써 타인의 계산으로 물건 또는 유가증권의 매매를 영업으로 하는 자를 말한다(제101조). 위탁매매업에서는 실제 매매되는 물건 또는 유가증권에 관한 매매계약의 법률적 효과는 위탁매매인에게 귀속되지만 그 매매계약으로 인한 매매대금 즉 경제적 효과는 물건의 위탁자에게 귀속되게 된다. 즉 법률적 효과와 경제적 효과의 귀속주체가 분리되게 된다. 위탁매매업은 증권시장에서 주식거래 등을 할 때 많이 사용되고 있다.

Ⅳ 운송주선업

운송주선인이란 자기의 명의로 물건운송의 주선을 영업으로 하는 자를 말한다(제114조). 물건운송계약의 법률적 효과는 운송주선인에게 귀속되지만 그 운송계약으로 인한 운송료의 지급 즉 경제적 효과는 물건의 위탁자에게 귀속되게 된다. 운송주선업은 법률적 효과와 경제적 효과의 귀속주체가 분리된다는 점에서 위탁매매업과 동일하고 단지 영업의 목적이 물건운송의 주선이라는 점에서 차이가 있다.

Ⅴ 운 송 업

운송인은 육상 또는 하천, 항만에서 물건 또는 여객의 운송을 영업으로 하는 자이다(제125조). 운송을 장소에 따라 나누면 육상운송, 해상운송, 항공운송으로 나누어 진다. 이 중 상법전 상행위편에서 다루는 것은 육상운송에 국한되고 해상운송은 상법전 제5편 해상편에서, 항공운송은 상법전 제6편 항공운송편에서 각각 규정하고 있다. 하천이나 항만 내에서의 운송은 수상에서 이루어지는 운송이지만 법률적으로는 육상운송에 포함되게 된다.

Ⅵ 공중접객업

공중접객업자란 극장, 여관, 음식점, 그 밖의 공중이 이용하는 시설에 의한 거래를 영업으로 하는 자를 말한다(제151조). 공중접객업은 다양한 영업형태를 가지므로 상법에서 이를 일률적으로 규정하기는 어렵다. 때문에 우리 상법에서는 공중접객업자가 고객의 물건을 임치한 경우에 관한 사항만 특칙으로 규정하고 있다. 즉, 공중접객업자는 고객으로부터 임치를 받은 물건의 멸실 또는 훼손에 대하여 주의를 게을리하지 아니하였음을 증명하지 아니하면 그 손해를 배상할 책임을 면하지 못하며(제152조 1항), 고객으로부터 임치를 받지 아니한 경우에도 그 시설 내에 휴대한 물건이 자기 또는 그 사용인의 과실로 인하여 멸실 또는 훼손된 때에는 그 손해를 배상할 책임이 있다(제152조 2항). 또한 공중접객업자가 고객의 휴대물에 대하여 책임이 없음을 제시한 경우라도 그의 책임을 면할 수는 없다(제152조 3항). 그러나 화폐, 유가증권 기타의 고가물의 경우에 고객이 그 종류와 가액을 명시하여 임치하지 아니하면 공중접객업자는 그 물건의 멸실 또는 훼손으로 인한 손해를 배상할 책임은 없다(제153조).

Ⅶ 창 고 업

창고업자라 함은 타인을 위하여 창고에 물건을 보관함을 영업으로 하는 자를 말한다(제155조). 운송업이 상품의 지역적인 가격 차이를 이용한 상인의 거래행위를 도와주는 상행위라면 창고업은 상품의 계절에 따른 가격 차이를 이용한 상인의 거래행위를 도와주는 상행위로서 그 역사가 오래되었다. 상법은 창고업자의 보관의무, 손해배상책임과 보관료 및 비용상환청구권 등에 관하여 자세한 규정을 가지고 있다.

VIII 금융리스업

금융리스업자란 금융리스이용자가 선정한 기계, 시설, 그 밖의 재산(금융리스물건)을 제3자(공급자)로부터 취득하거나 대여받아 금융리스이용자에게 이용하게 하는 것을 영업으로 하는 자를 말한다(제168조의2). 2010년 5월 14일 상법이 개정되면서 금융리스업에 관한 자세한 법규정이 상법에 신설되었다.

IX 가 맹 업

자신의 상호·상표 등을 제공하는 것을 영업으로 하는 가맹업자로부터 그의 상호 등을 사용할 것을 허락받아 가맹업자가 지정하는 품질기준이나 영업방식에 따라 영업을 하는 자를 가맹상이라 한다(제168조의6). 가맹업은 흔히 프랜차이즈(Franchise)라고 불리는 영업형태를 규정한 것으로 2010년 5월 14일 상법이 개정되면서 가맹업에 관한 자세한 법규정이 상법에 신설되었다.

X 채권매입업

채권매입업자란 타인이 물건·유가증권의 판매, 용역의 제공 등에 의하여 취득하였거나 취득할 영업상의 채권을 매입하여 회수하는 것을 영업으로 하는 자를 말한다(제168조의11). 채권매입업은 흔히 팩토링(Factoring)이라고 불리는 영업형태를 규정한 것으로 2010년 5월 14일 상법이 개정되면서 채권매입업에 관한 자세한 법규정이 상법에 신설되었다.

제04장

회 사

우리 상법은 회사의 종류를 합명회사, 합자회사, 유한책임회사, 주식회사, 유한회사 등 5가지로 규정하고 이를 각각 독립된 장으로 하고 있다.

제1절 총 설

Ⅰ) 회사의 개념

회사란 상행위나 그 밖의 영리를 목적으로 하여 설립한 법인이다(제169조). 그리고 상법상 존재하는 5가지 종류의 회사의 설립에는 모두 사원이 그 기본구성단위가 된다. 때문에 상법상 회사는 영리성, 사단성, 법인성이라는 3가지 성질을 가지고 있어야 한다. 각각을 분설하면 아래와 같다.

첫째, 상법상 회사는 "영리를 목적으로" 하여야 한다. 여기서 "영리를 목적으로" 한다는 것은 단순히 영리사업을 영위하여 이익을 가진다는 것만으로는 부족하고 대외적인 영리활동으로 인한 이익을 그 구성원인 사원에게 분배하여야 하는 것으로 해석되고 있다. 따라서 사원에게 이익분배가 전제되지 않는 협동조합, 상호보험회사, 공법인은 상법상 회사가 될 수 없다.

둘째, 회사는 사원을 구성요소로 하는 사단이다. 즉 회사는 공동목적을 가진 사람들의 결합체이다. 회사는 사단이므로 상법상 회사이기 위해서는 2인 이상의 사원이 필요하지만 상법은 현실적으로 자본이 중심이 되는 유한책임회사, 주식회사, 유한회사의 경우에는 예외적으로 1인 회사를 인정하고 있다(제287조의2·제288조·제543조).

셋째, 회사는 법인이다. 따라서 회사는 스스로 권리·의무의 주체가 되고 소송당사자가 될 뿐만 아니라, 회사재산은 회사에 대한 집행권한에 의해서만 강제집행이 가능하다. 한편, 회사에게 법인격을 부여함으로 인해 회사의 책임과 사원의 책임이 분리되는 점을 악용하여 회사제도를 사원의 개인적인 채무면탈 등을 위해 악용하는 법인격남용의 사례가 발생하게 되자 우리 대법원은 "회사가 형식상은 주식회사의 형태를 갖추고 있으나 이는 회사의 형식을 빌리고 있는 것에 지나지 아니하고 그 실질은 배후에 있는 사람의 개인기업이라 할 경우"에는 회사의 법인격을 인정하여 개인의 채무를 면탈하는 것은 "신의성실의 원칙에 위반되는 법인격의 남용으로서 심히 정의와 형평에 반하여 허용될 수 없고 회사는 물론 그 회사의 실질적인 지배자로서 그 배후에 있는 개인에 대해서도 그 책임을 물을 수 있다"고 판시하고 있다(대판 2001. 1. 19, 97다21604). 따라서 법인격이 남용되는 경우에는 회사의 법인격이 부인되어 회사의 책임에 대하여 그 회사의 배후에 있는 사람도 함께 책임을 지도록 하고 있다(법인격부인론).

Ⅱ 회사의 종류

상법은 회사를 합명회사, 합자회사, 유한책임회사, 주식회사, 유한회사의 5종류로 규정하고 있다(제170조). 상법상 회사의 종류는 각 회사를 구성하는 사원의 책임의 종류에 따라서 구분한 것이다.

합명회사는 무한책임사원만으로 구성된 회사이다. 합자회사는 무한책임사원과 유한책임사원이 이원적으로 존재하는 회사이다. 유한책임회사는 유한책임회사만으로 구성된 회사이다. 주식회사도 유한책임사원만 존재하는데 주식회사의 유한책임사원은 인수한 주식의 금액에 대한 출자의무만 부담할 뿐 회사채권자에게 아무런 직접적 책임이 없다는 점에서 주주라고 불리운다. 유한회사도 유한책임사원으로 구성된다.

상법상 5종류의 회사를 학문적으로는 인적회사와 물적회사 2가지로 나누어 분류한다. 즉 합명회사, 합자회사는 무한책임사원이 있고 회사의 조직과 운영이 사원간의 인적 유대가 중시된다는 점에서 '인적회사'라고 하고 유한책임회사, 주식회사, 유한회사는 모두 유한책임사원으로만 구성되고 회사의 조직과 운영이 자본금을 중심으로 구성된다는 점에서 '물적회사(자본회사)'라고 분류한다.

제2절   합명회사

상법상 합명회사는 2인 이상의 무한책임사원으로 조직된 회사이다(제178조). 합명회사의 무한책임사원은 회사의 채권자에 대하여 직접적으로 연대하여 무한책임을 진다(제212조).

합명회사의 내부관계는 다음과 같다. 첫째, 합명회사의 사원은 출자의무를 진다. 여기서 출자는 금전, 재산, 신용, 노무 어느 하나라도 가능하다. 둘째, 각 사원은 정관에 다른 규정이 없는 한 회사의 업무를 집행할 권리와 의무가 있다(제200조 1항). 이때 정관으로 사원의 1인 또는 수인을 업무집행사원으로 정할 수도 있고(제201조 1항), 또한 정관으로 수인의 사원을 공동업무집행사원으로 정할 수 있다(제202조). 셋째, 사원은 경업피지의무(제198조)가 있고 자기거래가 제한된다(제199조). 또한 지분의 양도는 다른 사원의 동의를 필요로 한다(제197조). 만약 합명회사의 내부관계에 관하여 정관 또는 상법에 다른 규정이 없으면 조합에 관한 민법의 규정이 준용된다(제195조). 그 이유는 무한책임사원으로 구성된 합명회사는 사원의 개성과 신용이 중요시된다는 점에서 법률상으로는 법인이지만 실질적으로는 조합에 가깝기 때문이다.

합명회사의 대외관계는 다음과 같다. 정관으로 업무집행사원을 정하지 아니한 때에는 각 사원이 회사를 대표한다(제207조). 하지만 정관 또는 총사원의 동의로 수인의 사원이 공동으로 회사를 대표할 것을 정할 수 있다(제208조). 회사를 대표하는 사원은 회사의 영업에 관하여 재판상 또는 재판외의 모든 행위를 할 권한을 가지며, 이 대표권의 제한은 선의의 제3자에게 대항하지 못한다(제209조). 회사와 사원 간의 소에 있어서 회사를 대표할 사원이 없을 때에는 다른 사원 과반수의 결의로 선정하여야 한다(제211조).

합명회사의 사원이 입사계약에 의하여 입사한 경우에는 퇴사권을 가진다(제217조). 사원은 임의퇴사가 가능하다. 즉 회사의 존립기간의 미확정 또는 어느 사원에 대해서 종신종속을 정한 경우에 6개월 전 사전예고를 통하여 영업연도 말에 퇴사할 수 있다. 그리고 사원의 부득이한 사유도 퇴사사유가 된다. 당연퇴사의 원인으로는 정관에 정한 사유의 발생, 총사원의 동의, 사망, 성년후견개시, 파산, 제명이 있다.

제 3 절   합자회사

상법상 합자회사는 무한책임사원과 유한책임사원으로 조직된 회사이다(제268조).
합자회사의 무한책임사원은 특별한 규정이 없는 한 합명회사의 무한책임사원과 동일한 권리·의무를 가지며(제269조) 정관에 다른 규정이 없는 한 업무집행권과 대표권을 가진다(제273조). 합자회사의 유한책임사원은 출자의 의무가 있고(제272조), 그 대신 직접·연대·유한책임을 가진다. 유한책임사원은 무한책임사원이 가지는 업무집행권과 대표권을 가지지 못하고 업무감시권만 가진다(제277조).

합자회사의 지분양도에 있어서 유한책임사원의 경우는 무한책임사원 전원의 동의가 필요하고(제276조), 무한책임사원의 경우는 유한, 무한책임사원 모두의 동의를 요한다. 유한책임사원이 사망한 경우에는 그 상속인이 그 지분을 승계하여 사원이 된다(제283조). 유한책임사원은 성년후견개시 심판을 받은 경우에도 퇴사되지 아니한다(제284조).

합자회사는 무한책임사원 또는 유한책임사원의 전원이 퇴사한 경우에 해산된다(제285조). 해산의 경우라도 잔존한 무한책임사원 또는 유한책임사원은 전원의 동의로 새로운 유한책임사원 또는 무한책임사원을 가입시켜서 회사를 계속할 수 있다(제285조). 합자회사에 있어서 사원전원이 동의하면 합명회사로 조직변경을 할 수 있고, 만약 유한책임사원 전원이 퇴사한 경우에는 무한책임사원 전원의 동의로 합명회사로의 조직변경이 가능하다(제286조).

제 4 절   유한책임회사

유한책임회사는 출자의무만 있고 회사채권자에 대해서는 책임이 없는 유한책임사원만으로 구성된 회사이다(제287조의2). 유한책임회사는 미국법상의 LLC(Limited Liability Company)제도를 모델로 하여 2011년 4월 14일 상법개정시에 도입된 제도이다.

유한책임회사의 사원은 회사의 자본금을 구성하는 금액의 출자를 하여야 한다. 이때 신용이나 노무는 출자의 목적으로 하지 못한다(제287조의4 1항). 사원의 지분을 타인에게 양도하기 위해서는 정관에 다른 규정이 없는 한 다른 사원 전원의 동의를 얻어야 한다. 다만 업무를 집행하지 아니한 사원은 업무를 집행하는 사원 전원의 동의가 있으면 지분의 전부 또는 일부를 타인에게 양도할 수 있다(제287조의8).

유한책임회사의 필요적 상설기관으로 업무집행자가 있다. 유한책임회사는 정관으로 사원 또는 사원이 아닌 자를 업무집행자로 정하여야 하는데(제287조의12 1항) 업무집행자는 내부적으로는 회사의 업무를 집행할 권리와 의무가 있고(제287조의12 2항) 대외적으로는 유한책임회사를 대표한다(제287조의19 1항). 업무집행자가 아닌 사원은 업무집행에 관한 감시권을 가진다(제287조의14).

유한책임회사는 정관을 변경함으로써 새로운 사원을 가입시킬 수 있다. 새로운 사원은 반드시 출자에 관한 납입 또는 재산의 전부 또는 일부의 출자를 이행하여야 한다(제287조의23). 사원이 퇴사하는 경우에는 그 지분을 금전으로 환급받을 수 있다(제287조의28).

유한책임회사는 내부적으로는 합명회사와 같이 조합적 성격을 지닌 구성을 가지면서도 그 사원이 대외적으로 간접적인 유한책임만을 부담하는 점에서 경제적인 장점을 가지고 있다. 또한 회사의 무한책임사원만이 회사의 업무집행권 및 대표권을 가지는 합명회사, 합자회사와는 달리 회사의 사원이 아닌 제3자를 업무집행자로 정해서 그 자에게 회사의 업무집행권 및 대표권을 줄 수 있다는 점에서 전문경영인에게 경영을 위탁할 수 있는 길을 열어놓은 회사라고 평가할 수 있다.

유한책임회사는 사원 전원의 동의로 주식회사로의 조직변경이 가능하다(제287조의43 2항).

제5절 주식회사

I 주식회사의 개념

주식회사의 첫 번째 특징은 사원이 주식을 가진다는 것이다. 주식은 자본금을 구성하는 단위를 의미하며 주식회사의 사원(주주)은 자신이 가진 주식의 수에 비례하여 회사에 대한 의결권을 가지게 된다. 우리 상법은 액면주식제도와 무액면주식제도를 모두 가지고 있다. 다만, 무액면주식을 발행하는 경우에는 액면주식을 발행할 수 없기 때문에 한 회사가 2가지 주식을 모두 발행할 수는 없다(제329조 1항). 액면주식제도를 취하는 경우에는 1주의 금액(액면)을 100원 이상으로 균일하게 정하여야 한다(제329조

2항·3항). 무액면주식을 발행하는 경우에는 주식의 발행가액과 주식의 발행가액 중 자본금으로 계상하는 금액을 미리 정하여야 한다(제291조 1호·제416조 2의2호). 상법은 회사의 설립시 수권자본제도를 채택하고 있다. 즉 자본금에 해당하는 주식을 회사설립시 전부 발행하는 것이 아니라 설립시에는 주식의 일부만 발행하고 나머지는 회사설립 이후에 이사회의 결의에 따라 신주로 발행할 수 있도록 하고 있다.

주식회사의 두 번째의 특징은 주주가 간접유한책임을 진다는 것이다. 주식회사를 구성하는 사원인 주주는 주식을 인수하고 그 납입의무를 부담하는 것일 뿐이므로 회사에 대해서 주식의 인수가액을 한도로 출자의무를 질 뿐 회사채권자에 대해서는 직접적으로 아무런 책임을 지지 아니한다.

Ⅱ 주식회사의 설립

상법상 주식회사가 성립하기 위해서는 발기 → 정관의 작성 → 사원의 확정 → 출자의 확정 → 기관의 구성 → 설립등기가 필요하다.

주식회사의 설립방법으로는 발기설립과 모집설립, 2가지의 방법이 있다. 발기설립이란 발기인이 설립 중인 회사의 발행주식을 모두 인수하여 회사를 설립하는 방법이고, 모집설립이란 발기인이 회사의 발행주식 중 일부만을 인수하고 나머지 주식은 새로이 주주를 모집하여 회사를 설립하는 방법이다. 양자의 차이는 발기설립의 경우에는 발기인이 주식 전부를 인수하기 때문에 회사 설립 전에 주주들이 따로 모일 필요가 없지만, 모집설립의 경우에는 주식인수인이 모집되었기 때문에 회사 설립 전에 주주들이 따로 모여 창립총회를 열고 이곳에서 이사와 감사 등 회사의 기관을 선임하게 된다.

회사의 정관이란 회사의 조직과 활동에 관한 근본규칙인데 회사 설립시 발기인은 정관을 작성하고, 기명날인 또는 서명하여야 한다(제288조·제289조). 그리고 정관은 공증인의 인증을 받음으로써 효력이 생긴다(제292조).

주식회사의 자본금은 출자의 이행으로 형성된다. 발기인 또는 모집설립시 주식인수인이 주식을 인수한 때에는 지체 없이 각 주식에 대하여 그 인수가액의 전액을 납입하여야 하고, 이 경우에 주식인수가액의 납입은 반드시 은행 기타 금융기관에 해야 하고 발기인 개인에게 하여서는 아니된다(제295조 1항). 주식인수가액의 납입은 현금으로 하여야하는데 만약 실제로 현금이 납입되지 않았는데 현금의 납입이 있는 것처럼 꾸몄다면 이를 가장납입이라고 한다. 가장납입에는 (1) 실제로 납입이 없었는데 납입은행과 결탁하여 납입이 있었던 것으로 서류를 꾸미는 통모가장납입과 (2) 일시적으로 자금을 빌려서 납입은행에 주식인수대금을 납입한 후 회사설립등기를 완료하자마자 즉시 인출하여 빌린 자금을 변제하는 위장납입의 2가지 방법이 있다. 학설에 의하면 2가지 방법 모두 설립무효로 보아야 한다는 것이 다수설이다. 그러나 대법원은 통모가장납입은 설립무효로 보아야하지만 위장납입은 회사설립무효사유는 아니고 발기인 등이 자본충실책임을 지면 되는 것으로 판단하고 있다.

주식가액의 납입까지 끝난 이후에는 발기설립의 경우에는 발기인이, 모집설립의 경우에는 창립총회에서 각각 이사와 감사 등 회사의 기관을 선임한다. 선임된 이사와 감사는 설립경과를 조사하여야 한다. 설립경과조사 후에는 설립등기를 함으로서 주식회사가 성립된다.

Ⅲ 자본금의 확보와 변동

1._ 주 식

주식회사에서 자본금의 확보는 회사설립시 행해지는 주식의 발행을 통하여 이루어진다. 액면주식을 발행하는 경우에는 회사의 설립시에 발행하는 주식의 총수에 1주의 금액(액면)을 곱한 금액이 자본금으로 계상되고, 무액면주식을 발행하는 경우에는 주식의 발행가액과 주식의 발행가액 중 자본금으로 계상하는 금액을 미리 정하여야 한다(제291조).

주식은 주권에의 성명기재여부에 따라 기명주식과 무기명주식으로 구분된다. 기명주식은 취득자의 성명과 주소를 주주명부에 기재하면 주권을 회사에 제시하지 않아도 주주로서의 권한을 행사할 수 있다(제337조).

주식회사는 이익의 배당, 잔여재산의 분배, 주주총회에서의 의결권의 행사, 상환 및 전환 등에 관하여 내용이 다른 종류의 주식을 발행할 수 있다. 이를 '종류주식'이라 한다. 상법상 종류주식으로는 (1) 이익배당, 잔여재산분배에 관하여 내용이 다른 종류주식인 우선주, 보통주, 혼합주(제344조의2), (2) 의결권의 배제·제한에 관하여 내용이 다른 종류주식인 무의결권주, 의결권제한주(제344조의3), (3) 회사가 정관으로 정하는 바에 따라 회사의 이익으로써 상환한 후 소각할 수 있거나, 정관으로 정하는 바에 따라 주주가 회사에 대하여 상환을 청구할 수 있는 종류주식인 상환주식(제345조), (4) 회사가 정관으로 정하는 바에 따라 주주가 인수한 주식을 다른 종류주식으로 전환할 것을 청구할 수 있거나, 회사가 주주의 인수 주식을 다른 종류주식으로 전환할 수 있는 종류주식인 전환주식(제346조) 등이 있다.

　주식의 취득과 양도는 원칙적으로 자유이다. 다만 정관이 정하는 바에 따라 이사회의 승인을 전제로 양도할 수도 있다(제335조). 또한 회사가 자기주식을 취득하는 경우에는 일정한 제한이 있고(제341조·제341조의2), 자회사에 의한 모회사 주식의 취득은 특별한 경우에만 가능하다(제342조의2).

2._ 신주의 발행

　주식회사의 자본금의 증가는 신주의 발행을 통하여 이루어진다. 신주는 주로 자본금 증가의 목적으로 발행되나 이외에도 주식의 분할(제329조의2), 주식의 병합(제442조), 준비금의 자본전입(제461조), 주식배당(제462조의2 1항), 전환사채의 전환(제513조), 신주인수권부사채의 신주인수권행사(제516조의8), 회사의 흡수합병(제523조)의 경우에도 신주가 발행된다. 통상적으로 말하는 신주의 발행이란 회사성립 후 자본금 증가의 목적으로 수권자본의 범위 내에서 새로운 주식을 발행하는 것만을 의미한다.

　신주발행에 있어서 수권주식총수는 정관의 기재사항이고, 그 외 신주발행에 관련된 중요한 사항인 신주의 종류와 수, 발행가액과 납입기일, 인수방법, 현물출자, 신주인수권의 양도, 신주인수권증서의 발행과 청구기간 등은 상법에 다른 규정이 없거나 정관으로 주주총회에서 결정하기로 정한 경우가 아니면 이사회에서 결정한다(제416조). 신주의 인수권자는 원칙적으로 주주이나, 예외적으로 신기술의 도입, 재무구조의 개선 등 회사의 경영상 목적을 달성하기 위하여 필요한 경우에 한하여 정관에 정하는 바에 따라 주주 이외의 자에게 신주를 배정할 수 있다(제418조).

3._ 사　채

　주식회사는 유가증권시장에 채권을 발행하여 자금을 조달할 수 있다. 주식회사가 유가증권시장에 발행하는 자금조달채권을 사채라고 한다(법률상의 용어가 아닌 사회일반의 용어로는 회사채라고 한다). 신주의 발행이 주식회사가 자기자본금을 늘여서 회사가 필요로 하는 자금을 조달하는 방법이라면 사채의 발행은 주식회사가 타인에게서 회사가 필요로 하는 자금을 조달하는 방법이다. 타인에게서 자금을 조달한다는 점에서 은행 등의 금융기관에게서 대출을 받는 것과 차이가 없지만 현실적으로 금융기관에서 대출을 받기 위해서는 물적 또는 인적 담보가 필요하지만 사채의 발행은 유가증권시장에서 기업의 신뢰성을 기본으로 하는 것이어서 별도의 담보가 필요없는 것이 원칙이기 때문에 주식회사들로서는 선호하는 자금조달 방법의 하나이다.

과거 우리 상법은 사채는 결국은 주식회사의 채무이고 따라서 과도한 사채의 모집은 회사에 부담으로 작용할 수 밖에 없다는 측면에서 사채의 총액을 최종의 대차대조표에 의하여 회사에 현존하는 순자산액의 4배를 초과하지 못하도록 하는 등 사채의 모집에 엄격한 제한을 두고 있었다. 그러나 이러한 사채발행에 대한 규제는 기업의 자율적이고 창의적인 운영을 지나치게 법률로서 제한하는 것이라는 의견이 있어서 2011년 4월 14일의 개정시에 대부분의 제한을 삭제하였다.

사채에는 일반적인 사채 이외에 주식으로 전환이 가능한 전환사채(제513조), 사채권자의 신주발행청구권이 인정되는 신주인수권부사채(제516조의2), 이익배당에 참가할 수 있는 사채(제469조 2항 1호), 주식이나 그 밖의 다른 유가증권으로 교환 또는 상환할 수 있는 사채(제469조 2항 2호), 유가증권이나 통화 또는 그 밖에 대통령령으로 정하는 자산이나 지표 등의 변동과 연계하여 미리 정하여진 방법에 따라 상환 또는 지급금액이 결정되는 사채(제469조 2항 3호) 등 여러 가지 특수한 사채가 있다.

Ⅳ) 회사의 기관

1._ 주주총회

주주총회란 주주로 구성된 회사 최고의 의사결정기관으로서 상법 또는 정관에서 정한 사항을 의결하는 필요적 상설기관을 말한다.

상법에 의하면 주주총회의 소집은 다른 규정이 없는 한 이사회의 결의로 대표이사가 하나(제362조), 소수주주(제366조), 감사(제412조의3), 청산인(제542조), 법원의 명령에 의한 주주총회의 소집도 가능하다. 주주총회는 정관에 다른 정함이 없으면 본점 소재지 또는 인접지에 소집하여야 한다(제364조). 정기총회는 매년 1회 일정한 시기에 소집되고, 연 2회 이상의 결산기를 정한 회사는 매기에 총회를 소집하여야 하며, 필요한 경우는 수시로 임시총회의 소집이 가능하다(제365조). 주주총회는 그 소집을 주주에게 통지하고 공고하여야 한다. 소집의 통지와 공고는 주주에게 출석의 기회와 준비의 시간을 주기 위한 것이다. 따라서 주주가 총회참여 여부를 충분히 고려하도록 하기 위해서 주주총회일 2주 전에는 서면 또는 전자문서로 소집통지를 발송하여야 한다. 만약 회사가 무기명식 주권을 발행한 경우에는 주주총회일 3주 전에 소집의 뜻과 회의사항을 일간신문에 공고하여야 한다(제363조).

주주는 1주마다 1개의 의결권을 가진다(제369조). 하지만 1주 1의결권의 원칙에 대한 예외로 회사가 가진 자기주식(제369조 2항), 상호보유주식(제369조 3항)은 의결권이 없다. 그리고 100분의 3을 초과한 대주주의 의결권은 감사선임시에 제한된다(제409조 2항). 또한 특정한 의안에 대한 특별이해관계인의 의결권 역시 행사가 제한된다(제368조 4항).

의결권의 행사는 본인 또는 대리인에 의하는데, 정관이 정한 바에 따라 총회에 출석하지 아니하고 서면으로도 가능하고(제368조의3), 이사회의 결의로 주주가 총회에 출석하지 아니하고 전자적 방법으로 의결권을 행사할 수도 있다(제368조의4). 2 이상의 의결권을 가진 주주는 주주총회일의 3일전에 회사에 대하여 서면 또는 전자문서로 그 뜻과 이유를 통지한 후 의결권을 통일하지 아니하고 행사하는 것도 가능하다(제368조의2).

주주총회의 결의사항에는 보통결의사항, 특별결의사항, 특수결의사항이 있다. 보통결의사항은 발행주식의 4분의 1 이상과 출석한 주주의 의결권의 과반수 이상이면 족하다(제368조). 특별결의사항은 발행주식의 3분의 1 이상과 출석한 주주의 의결권의 3분의 2 이상이 필요한데 정관변경, 자본감소, 주식의 분할, 영업양도·양수·임대, 회사의 해산, 합병 등이 이 경우에 해당한다. 특수결의사항은 2가지로 하나는 총주주의 동의를 요하는 것인데 발기인·이사·감사·청산인의 회사에 대한 책임면제, 주식회사의 유한책임회사 또는 유한회사로의 조직변경이 해당된다. 또다른 특수결의사항은 인수된 주식총수의 과반수 결의와 출석 주식인수인의 3분의 2 이상의 동의를 필요로 하는 것으로 모집설립, 신설합병시 창립총회의 결의사항이 해당된다.

주주총회의 소집절차 또는 결의방법이 법령 또는 정관에 위반하거나 현저하게 불공정한 때 또는 그 결의의 내용이 정관에 위반한 때에는 주주, 이사 또는 감사는 결의의 날로부터 2개월 내에 결의취소의 소를 제기할 수 있다(제376조 1항). 주주총회결의에 하자가 있는 경우 주주총회결의취소의 소, 주주총회결의무효확인의 소, 주주총회결의부존재확인의 소, 주주총회부당결의 취소와 변경의 소의 제기가 가능하다.

2._ 이사와 이사회, 대표이사, 집행임원

(1) 이   사

이사는 주주총회에서 보통결의로 선임한다(제382조). 이사는 3인 이상이어야 한다. 다만 소규모 주식회사에서의 실제적인 번거로움을 줄이기 위해서 우리 상법은 자본금의 총액이 10억 원 미만인 회사는 이사를 1인 또는 2인으로 할 수 있도록 규정하고 있다(제383조 1항). 이사의 임기는 3년을 초과할 수 없다. 다만 정관으로 그 임기 중의 최종의 결산기에 관한 정기주주총회의 종결에 이르기까지 연장할 수 있다(제383조 2항·3항). 이사의 해임은 주주총회의 특별결의사항이다. 주주총회는 중대한 사유가 없어도 특별결의로 언제나 해임할 수 있다. 다만, 이사의 임기를 정한 경우에 정당한 이유없이 그 임기만료전에 해임한 때에는 그 이사는 회사에 대하여 해임으로 인한 손해의 배상을 청구할 수 있다(제385조). 상법상 이사는 충실의무와 비밀유지의무가 있고(제382의3, 제382의4), 또한 경업금지의무(제397조), 회사의 기회 및 자산의 유용 금지의무(제397조의2), 자기거래금지의무(제398조), 보고 및 감시의무(제412조의2)가 있다. 이사가 고의 또는 과실로 법령 또는 정관에 위반한 행위를 하거나 그 임무를 게을리한 경우에는 회사에 대해서 손해배상책임(제399조)을 지고, 다른 한편으로 이사가 고의 또는 중대한 과실로 그 임무를 게을리한 때에는 제3자에 대하여 회사와 연대하여 손해배상책임이 있다(제401조 1항). 이사가 회사에 대해서 자본충실책임을 지는 것은 물론이다.

(2) 이 사 회

이사회는 회사의 업무집행에 대한 의사결정을 하는 의사결정기관인 동시에 대표이사의 직무집행을 감독하는 업무감독기관이다. 우리 상법상 이사는 이사로서의 개별적인 권한은 따로 가지지 아니하고 대신 이사회의 구성원으로 참가하는 권한을 가진다.

이사회의 소집권자는 각 이사이다. 다만 이사회의 결의로 소집할 이사를 따로 정할 수 있다(제390조). 이사회의 결의사항은 이사 과반수의 출석과 출석이사의 과반수로 결정되나, 정관으로 그 비율을 높게 정할 수 있다(제391조). 중요한 자산의 처분 및 양도, 대규모 재산의 차입, 지배인의 선임 또는 해임과 지점의 설치, 이전 또는 폐지 등 회사의 업무집행은 이사회의 결의로 한다(제393조 1항). 이사회는 정관에 정하는 바에 따라 이사회 내에 별도의 위원회를 설치하고 전문적인 사항을 다룰 수 있다(제393조의2). 상법은 이사회의 결의에 절차상 또는 내용상 하자가 있는 경우에 그 결의의 효력에 대한 규정을 별도로 두고 있지 않으나 통설과 판례에 의하면 민법의 일반원칙에 의거하여 무효와 취소를 다툴 수 있다고 한다.

(3) 대표이사

대표이사는 대내적으로 업무집행을 담당하고, 대외적으로 회사를 대표하는 기관이다. 대표이사의 선임은 이사회의 결의사항이나, 정관으로 주주총회에서 이를 정할 것으로 할 수 있다(제389조 1항). 대표이사 선임시 공동대표이사를 선임할 수도 있다(제389조 2항). 표현대표이사의 행위, 즉 사장, 부사장, 전무, 상무 기타 회사를 대표할 권한이 있는 것으로 인정될 만한 명칭을 사용한 이사의 행위에 대하여는 그 이사가 회사를 대표할 권한이 없는 경우에도 회사는 선의의 제3자에 대하여 책임을 진다(제395조).

(4) 집행임원

증권시장에 상장된 현대적인 대기업에서는 주주총회는 투자수익을 노린 투자자들의 모임에 불과할 뿐이어서 사실상 유명무실해지고 이사회가 사실상 회사의 의사결정기구 역할을 하는 경우가 많아졌다. 이 경우 대내적인 업무집행권한을 대표이사에게만 맡겨놓는다면 경영의 효율성을 담보하기 어려워지게 되었다. 때문에 미국 등에서는 집행임원을 선임하여 이들에게 업무집행권한을 맡기고 이들 집행임원의 대표인 대표집행임원(CEO)이 회사를 대표하는 법제도가 널리 사용되고 있다. 우리나라에서도 이 집행임원제도를 2011년 4월 14일 상법 개정시에 받아들였다.

주식회사는 집행임원을 둘 수 있다(제408조의2 1항). 집행임원은 이사회에서 선임하고 그 업무집행에 대한 감독 또한 이사회에서 맡게 된다(제408조의2 3항). 집행임원의 임기는 정관에 다른 규정이 없는 한 2년을 초과하지 못하고(제408조의3), 대내적인 회사의 업무집행을 담당한다(제408조의4). 대표집행임원은 대외적으로 회사를 대표하는 기관이다(제408조의5 1항). 따라서 집행임원을 둔 회사의 경우에는 종래의 대표이사를 두지 못하게 되었다(제408조의2 1항). 집행임원은 이사와 동일한 책임을 부담한다.

3._ 감사 및 감사위원회

감사는 이사의 업무집행과 회계를 감사할 권한을 가진 기관이다. 다만 소규모 주식회사에서의 실제적인 번거로움을 줄이기 위해서 우리 상법은 자본금의 총액이 10억 원 미만인 회사는 감사를 선임하지 아니할 수 있도록 규정하고 있다(제409조 4항). 감사는 주주총회에서 선임되며(제409조 1항), 감사의 임기는 취임 후 3년 내의 최종의 결산기에 관한 정기총회의 종결 시까지로 한다(제410조). 감사는 임기만료, 사망, 파산, 금치산, 사임, 위임의 종료로 그 직을 마치나 주식회사의 해산은 당연종임사유가 아니다.

감사는 회사 및 자회사의 이사 또는 지배인 기타의 사용인의 직무를 겸하지 못한다(제411조). 감사의 권한은 업무 및 회계감사권(제412조 1항), 이사에 대한 보고 요구권과 조사권(제412조 2항), 임시총회소집청구권(제412조의3), 이사회소집청구권(제412조의4), 자회사의 조사권(제412조의5), 해임에 관한 의견진술권(제409조의2), 이사의 위법행위 유지청구권, 이사회에의 출석·의견진술·기명날인 또는 서명권이 있다. 또한 회사가 이사에 대하여 또는 이사가 회사에 대하여 소송을 하는 경우에는 감사가 소송에 관해 회사를 대표한다(제394조).

감사의 의무로서 이사회에 대한 보고의무(제391조의2), 주주총회에 대한 의견진술의무(제413조), 감사록 작성의무(제413조의2), 재무제표 등에 관한 감사보고서 작성과 제출의무(제447조의4)가 있다.

감사가 임무를 태만한 때에는 회사에 대하여 연대하여 손해를 배상할 책임이 있다(제414조 1항). 또한 감사가 악의 또는 중대한 과실로 인하여 그 임무를 태만한 때에는 제3자에 대하여 회사와 연대하여 손해를 배상할 책임이 있다(제414조 2항).

회사는 감사를 갈음하여 이사회 내의 위원회로서 감사위원회를 설치할 수 있다. 감사위원회를 설치한 경우에는 감사를 둘 수 없다(제415조의2 1항). 감사위원회는 3명 이상의 이사로 구성되며 사외이사가 위원의 3분의 2 이상이어야 한다(제415조의2 2항). 감사위원회 위원은 감사와 유사한 의무와 책임을 부담한다(제415조의2 7항).

제6절 유한회사

유한회사는 균등액 단위(출자 1좌)의 출자의무만 있고 회사채권자에 대해서는 책임이 없는 유한책임사원으로 구성된 회사이다(제543조). 유한회사의 사원은 자본금을 100원 이상으로 미리 균일하게 나누어 놓은 출자 1좌를 기준으로 출자를 하여야한다. 출자는 금액납입 또는 현물출자로 가능하다(제548조). 다만 현물출자의 경우에는 정관에 기재가 있어야 한다(제544조). 사원은 그 출자좌수에 따라 지분을 가진다(제554조). 사원은 제3자에게 지분의 전부 또는 일부를 자유롭게 양도할 수 있다. 다만 정관으로 지분의 양도를 제한할 수 있다(제556조).

유한회사의 필요적 상설기관으로 사원총회와 이사가 있다. 사원총회는 주식회사의 주주총회와 같은 역할을 하고 있는데, 상법에 다른 규정이 있는 외에는 이사가 소집한다(제571조). 사원총회가 가지는 가장 중요한 권한은 정관을 변경하는 권한이다(제584조).

유한회사는 1인 또는 수인의 이사를 두어야 한다(제561조). 이사는 회사를 대표하고 업무를 집행한다(제562조). 이사의 선임은 정관의 작성에 의하고, 정관으로 이사를 정하지 아니한 때에는 회사성립 전에 사원총회를 열어 이사를 선임한다(제547조 1항). 수인의 이사를 둔 경우에는 정관에 다른 정함이 없으면 사원총회에서 회사를 대표할 이사를 선정해야 하지만 정관이나 사원총회를 통하여 수인의 이사를 공동대표이사로 둘 수도 있다(제562조). 이사는 업무집행권과 대표권을 가지는 반면에 경업금지의무와 자기거래금지의무가 있고(제564조), 아울러 손해배상책임과 자본전보책임을 진다. 즉 회사가 성립된 후에 출자금액의 납입 또는 현물출자의 이행이 완료되지 아니하였음이 발견된 때에 이사는 회사성립 당시의 사원과 감사와 더불어 회사에 대하여 그 납입되지 아니한 금액 또는 이행되지 아니한 물건의 가액을 연대하여 지급할 책임이 있다(제551조 1항).

주식회사와는 달리 감사는 임의기관이다. 즉 유한회사는 정관에 의하여 1인 또는 수인의 감사를 둘 수 있다(제568조). 감사를 둔 경우에는 회계감사와 직무감사의 권한을 가진다(제569조).

이와 같은 유한회사는 주식회사의 주식이 출자 1좌로 변형된 회사형태로서 상법상 주식회사에 요구되는 이사회, 감사 등 여러 가지 기관을 간소화 한 소규모회사에 적합한 회사제도이다.

제 **05** 장

보 험

제 1 절 보험제도의 의의

현실 사회에서는 여러 가지 위험이 계속적으로 사람을 위협한다. 때문에 사람들은 옛날부터 저축이나 상호부조, 계 등을 통하여 자신들이 위험에 처했을 때 경제적 도움을 받을 수 있도록 하고 있었다.

보험제도는 동일한 위험을 부담하는 다수인이 단체를 구성하여 통계적 기초에서 산출된 금액(보험료)의 납부를 통해 기금을 마련하고 이후 실제로 사고가 발생한 경우 그 기금에서 일정한 재산적 급여(보험금)를 받음으로써 사고로 인한 경제적 위험을 보전하는 제도이다. 보험제도는 저축과 달리 오랜 시간을 소요할 필요가 없고, 상호부조와 달리 보상의 불확실성이 없다는 측면에서 현대로 올수록 점점 더 많이 이용되고 있다.

제 2 절 보험계약

보험계약은 당사자 일방이 약정한 보험료를 지급하고 재산 또는 생명·신체에 불확정한 사고가 발생할 경우에 상대방이 일정한 보험금이나 그 밖의 급여를 지급할 것을 약정함으로써 효력이 생기는 계약이다(제638조).

보험계약의 당사자 중 보험료납부의무를 지는 자를 보험계약자라 하고 보험사고 발생시 보험금지급의무를 지는 자를 보험자라 한다. 그리고 사고 발생시 보험금을 수령하는 자를 손해보험에서는 피보험자, 인보험에서는 보험수익자라고 한다. 보험계약자와 피보험자가 동일인인 경우를 자기를 위한 손해보험, 다른 경우를 타인을 위한 손해보험이라고 하고 보험계약자와 보험수익자가 동일인인 경우를 자기를 위한 인보험, 다른 경우를 타인을 위한 인보험이라고 한다.

보험계약은 보험계약의 목적이 재산(물건)인 손해보험과 사람의 생명·신체인 인보험으로 크게 나누어진다. 손해보험은 적극적으로 피보험자가 가지고 있는 물건의 파손·손괴위험을 담보하는 물건보험과 소극적으로 피보험자의 행위로 인해 입을 수 있는 피보험자의 전체재산상 손실을 담보하는 재산보험으로 나누어진다. 인보험은 사람의 생명에 관한 위험을 담보하는 생명보험과 사람의 신체에 관한 위험을 담보하는 상해보험으로 나누어진다.

보험계약은 그 체결시 보험자의 보조자로 보험대리상, 보험중개인, 보험모집인을 통한 계약체결의 경우가 많다. 또한 인보험계약의 경우 피보험자가 신체검사를 받아야 하는 경우가 많은데 이 경우 신체검사를 담당하는 의사를 보험의라고 하고 보험자의 보조자 중 하나이다.

보험계약은 불확정한 보험사고의 발생을 원인으로 보험금의 지급여부가 결정되기 때문에 사행계약성을 가진다. 또한 보험계약은 보험계약자와 피보험자가 자신의 사정을 정확히 보험자에게 알려야 정확한 위험을 계산하여 적절한 보험료를 계산할 수 있기 때문에 선의계약성을 가진다. 이러한 선의계약성에 근거하여 보험계약당시에 보험계약자 또는 피보험자는 중요한 사항을 고지하고 부실의 고지를 하지 않아야 하는 고지의무를 부담하고 고지의무 위반시 보험자는 보험계약을 해지할 수 있다(제651조).

그리고 보험계약은 대부분 보험자가 미리 작성하여 제시하는 보험약관에 따르는 부합계약성을 가진다. 때문에 보험계약자의 소비자로서의 보호가 불충분할 것을 예상하여 상법은 보험자에게 보험계약시 보험약관의 교부의무와 명시설명의무를 지도록 하고 있다(제638조의3).

제3절 손해보험

손해보험계약이란 보험계약자가 보험료를 지급할 것을 약정하고 이에 대하여 보험자가 보험사고로 인한 피보험자의 재산상의 손해를 보상할 것을 약정함으로써 효력이 생기는 계약이다(제665조). 손해보험계약에서 보험자의 주된 의무는 보험사고로 인하여 생길 피보험자의 재산상의 손해를 보전할 보험금을 지급할 의무이다. 따라서 보험계약은 금전으로 산정할 수 있는 이익에 한하여 보험계약의 목적으로 할 수 있다(제668조). 또한 보험금의 지급은 피보험자가 보험사고로 입을 재산상 손해의 최고액(보험가액)을 초과하여서는 아니된다(제669조). 만약 보험가액을 초과하는 보험금을 지급한다면 피보험자의 도덕적 위험(Moral Hazard)이 발생할 여지가 크기 때문이다. 마찬가지 이유에서 보험가액의 일부를 보험에 붙인 경우에는 보험자는 보험금액의 보험가액에 대한 비율에 따라 보상할 책임을 진다(제674조). 보험의 목적의 전부가 멸실한 경우에 보험금액의 전부를 지급한 보험자는 그 목적에 대한 피보험자의 권리를 취득하고(제681조), 손해가 제3자의 행위로 인하여 발생한 경우에 보험금을 지급한 보험자는 그 지급한 금액의 한도에서 그 제3자에 대한 보험계약자 또는 피보험자의 권리를 취득한다(제682조). 이를 보험자대위라고 한다.

상법상 손해보험의 유형으로는 화재보험, 운송보험, 해상보험, 책임보험, 자동차보험이 있다.

제4절 인 보 험

인보험계약이란 보험계약자가 보험료를 지급할 것을 약정하고 이에 대하여 보험자가 피보험자의 생명 또는 신체에 관하여 보험사고가 생길 경우에 보험계약이 정하는 바에 따라 보험금액 기타의 급여를 보험수익자에게 지급할 것을 약정하는 계약이다(제727조). 따라서 보험자는 보험사고가 발생한 경우에 약정된 보험금을 지급할 책임이 있다. 인보험에 있어서는 보험의 목적이 사람의 생명 또는 신체이기 때문에 손해보험과는 다르게 보험사고로 입을 재산상 손해의 최고액(보험가액)이라는 개념이 존재하지 않는다. 인명은 재산적 가치를 측정할 수 없는 소중한 것이기 때문이다. 마찬가지 이유로 손해보험과는 다르게 제3자에 대한 보험자대위가 금지된다(제729조).

상법상 인보험의 유형으로는 생명보험과 상해보험이 있다.

제 *06* 장

어음 · 수표

제1절   어음 · 수표의 특성과 종류

어음과 수표는 완전한 유가증권이다. 유가증권이란 권리를 표창하는 증권으로 그 증권상 권리의 발생 · 행사 · 이전에 증권의 소지를 필요로 하는 증권을 뜻한다. 어음과 수표는 완전한 유가증권이기 때문에 유가증권의 속성인 요식증권성, 지시증권성, 문언증권성, 제시증권성, 상환증권성, 면책증권성, 인적항변절단성을 모두 가진다.

어음에 관해서는 어음법이, 수표에 관해서는 수표법이 규율하고 있다. 어음법과 수표법은 과거에는 어음과 수표가 상인간의 거래에서 주로 쓰였기 때문에 실질적 의의의 상법의 일종으로 다루어 졌으나 오늘날에 와서는 일반 거래관계에서도 빈번히 사용되므로 실질적 의의의 상법이 아닌 일반사법에 포함되는 것으로 여겨지고 있다. 다만 강학상으로는 과거의 예를 쫓아 상법학의 일부분으로 강의되고 있다.

어음이란 일정한 기간 후에 일정한 금액의 지급을 위탁 또는 약속하는 유가증권을 의미한다. 어음의 종류에는 환어음과 약속어음이 있다. 환어음은 발행인이 제3자인 지급인에게 수취인 기타 증권의 소지인에게 일정한 금액을 지급할 것을 위탁하는 지급위탁증권으로서 신용기능, 송금기능, 추심기능, 지급기능이 있다. 약속어음은 발행인이 수취인 기타 증권의 소지인에게 일정한 금액을 자신이 지급할 것을 약속하는 지급약속증권으로서 신용기능, 추심기능, 지급기능은 있으나 송금기능은 없다.

수표는 어음과 달리 제시하면 즉시 일정한 액수의 지급을 금융기관에게 위탁하는 유가증권이다. 수표는 환어음과 마찬가지로 그 성질이 지급위탁증권이나 환어음과 달리 지급기능, 송금기능은 있으나 추심기능, 신용기능이 없다.

제 2 절   발 행

어음의 발행이란 발행인이 어음에 법정사항을 기재하고 기명날인 또는 서명하여 수취인에게 교부하는 어음행위를 말한다. 어음의 기재사항은 필요적 기재사항, 유익적 기재사항, 무익적 기재사항, 유해적 기재사항으로 구별된다.

어음법 제1조의 어음요건, 즉 ① 증권의 본문 중에 그 증권을 작성할 때 사용하는 국어로 환어음임을 표시하는 글자, ② 조건 없이 일정한 금액을 지급할 것을 위탁하는 뜻, ③ 지급인의 명칭, ④ 만기, ⑤ 지급지, ⑥ 지급받을 자 또는 지급받을 자를 지시할 자의 명칭, ⑦ 발행일과 발행지, ⑧ 발행인의 기명날인 또는 서명 등은 필요적 기재사항으로 만일 이를 기재하지 않으면 환어음의 효력이 없다. 유익적 기재사항은 어음에 기재되면 이에 상응하는 어음의 효력이 발생한다. 무익적 기재사항은 기재하여도 아무런 어음상의 효력이 발생하지 않고, 유해적 기재사항을 어음에 기재하면 어음 자체가 무효로 된다.

제 3 절   배 서

어음의 배서는 어음의 뒷면에 피배서인에게 지급할 뜻을 기재하여 자기의 권리를 양도하는 어음행위로 유가증권에 특유한 권리양도방법이다.

어음은 당연한 지시증권성을 가지기 때문에 어음을 지시식으로 발행하지 아니하고 기명식으로 발행한 경우에도 배서에 의하여 양도할 수 있다(어음법 제11조 1항). 배서는 무조건이고, 배서에 붙인 조건은 기재하지 아니한 것으로 보며, 일부의 배서는 무효로 한다(어음법 제12조). 배서를 어음의 뒷면 외에 어음의 앞면이나 어음에 결합한 보충지에 기재하는 경우도 무방하다(어음법 제13조).

배서는 권리이전적 효력(어음법 제14조), 담보적 효력(어음법 제15조), 자격수여적 효력(어음법 제16조 1항)이 있고, 배서의 연속이 있는 경우 선의취득(어음법 제16조 2항), 인적 항변의 절단(어음법 제17조)이라는 효력이 생긴다.

제4절　인　수

　　환어음의 인수는 어음인수인이 어음상에 "인수"라는 문구를 기재하여 어음금액의 지급채무를 부담함으로써 어음상의 주채무자가 되는 어음행위이다. 인수는 지급위탁증권인 환어음에만 있는 어음행위이다. 환어음의 소지인 또는 단순한 점유자는 만기에 이르기까지 인수를 위하여 지급인에게 그 주소에서 어음을 제시할 수 있다(어음법 제21조). 지급인은 인수를 환어음에 기재하여야 하며, "인수" 그 밖에 이와 같은 뜻이 있는 글자로 표시하고 지급인의 기명날인 또는 서명이 있으면 이를 인수로 본다(어음법 제25조). 지급인은 인수를 함으로써 만기에 환어음을 지급할 의무를 부담한다(어음법 제28조).

제5절　보　증

　　어음은 보증에 의하여 그 금액의 전부 또는 일부의 지급을 담보할 수 있다(어음법 제30조). 보증의 방식은 어음 또는 보충지에 "보증" 또는 이와 같은 뜻이 있는 문구를 표시하고 보증인이 기명날인 또는 서명하여야 한다(어음법 제31조 2항). 보증은 보증인이 보증된 자와 같은 책임을 지는 효과를 발생시킨다(어음법 제32조 1항).

제6절　지　급

　　어음소지인은 지급을 할 날 또는 그날 이후의 2거래일 내에 지급을 위한 제시를 하여야 한다(어음법 제38조 1항). 환어음의 지급인은 지급을 할 때에 소지인에 대하여 그 어음에 영수를 증명하는 뜻을 적어서 교부할 것을 청구할 수 있다(어음법 제39조 1항). 지급인은 만기에 어음금액을 지급할 의무가 발생한다. 따라서 환어음의 소지인은 만기 전에는 그 지급을 받을 의무가 없고 만약 지급인이 만기 전에 지급을 하는 경우에는 자기위험부담으로 한 것으로 본다(어음법 제40조 1·2항). 그리고 만기에 지급하는 지급인은 배서의 연속이 있는지를 조사할 의무는 있으나 배서인의 기명날인 또는 서명을 조사할 의무는 없다(어음법 제40조 3항). 따라서 어음의 지급인은 배서의 연속이 있는 한 그 어음소지인이 무권리자일지라도 어음금의 지급으로 인하여 책임을 면한다(면책증권성).

제 7 절 상환청구(소구)

상환청구(소구)는 어음이 인수거절 또는 지급거절된 경우에 어음의 소지인이 배서인, 발행인 그 밖의 어음채무자에 대하여 어음금액 기타 비용을 청구하는 어음행위이다. 어음소지인의 상환청구권은 실질적 요건(어음법 제43조)과 형식적 요건(어음법 제44조)이 갖추어진 경우에만 행사할 수 있다. 즉 어음소지인은 만기에 지급되지 않거나 만기 전이라도 실질적으로 지급이 불가능한 경우(인수의 전부 또는 일부의 거절이 있는 때, 지급인의 인수 여부와 관계없이 지급인이 파산한 경우, 그 지급이 정지된 경우 또는 그 재산에 대한 강제집행이 주효하지 아니한 경우, 인수를 위한 어음의 제시를 금지한 어음의 발행인이 파산한 경우)에 인수거절증서 또는 지급거절증서를 작성하여 상환청구권을 행사할 수 있다.

제 4 부

사 회 법

제 1 편 노 동 법
제 2 편 경 제 법
제 3 편 사회보장법

제 01 편 노동법

제**01**장

노동법 총설

안 은 진*

제1절 노동법의 목적

노동법은 근로자에게 노동을 가능케 함으로써 인간다운 삶을 영위해 나갈 수 있도록 하는 데 궁극적인 목적이 있다.

제2절 노동법의 개념 및 규율대상

노동법의 개념 정의에 대하여는 다음과 같이 학계의 의견이 나뉘고 있다. 첫째 노사관계를 규정하는 제규범의 총체로 파악하는 입장, 둘째 근로자가 노동을 통하여 자신의 생존을 확보하기 위한 법으로 파악하고 있는 입장, 셋째 사용자의 지휘. 감독 아래 노동을 제공하는 근로자가 종속적 노동관계에 있다고 파악하는 입장 등이 있다. 다수설은 노동의 종속성을 중심으로 파악하는 견해를 취하고 있으나 노동의 종속성에 대한 구체적인 내용에 대해서는 의견이 합치되지 않고 있다.

한편 노동법은 노동관계의 총체적인 부분을 규율대상으로 하며, 여기에는 개별적 근로관계법과 집단적 노사관계법을 포함한다.

---

* 백석대학교 경찰학부 외래교수.

제*02*장
노동기본권

제1절　노동기본권의 의의

　　노동기본권은 근로자에 대한 생존권을 보장하기 위하여 우리 헌법에서 규정하고 있는 권리이다. 노동기본권에는 헌법 제32조의 근로의 권리, 제33조의 노동3권이 포괄되는 개념이다. 노동3권에는 국민의 근로의 권리를 실현하고 근로자의 근로조건 및 생활개선을 실현하기 위해 마련된 적극적 보장권인 단결권, 단체교섭권 및 단체행동권이 있다.

제2절　근로의 권리

I　의　　의

　　근로의 권리가 처음으로 규정된 것은 1919년의 독일의 바이마르 헌법이다. 우리나라에서는 헌법 제32조 1항에서 근로의 권리를 규정하고 있으며 이에 국가는 사회적·경제적 방법으로 근로자의 고용증진과 적정임금의 보장을 위해 노력하여야 할 책무를 지게 된다. 이러한 근로의 권리는 일반적인 근로관계에 있는 근로자의 보호뿐만 아니라 근로의 의욕과 기회를 얻고자 하는 잠재성을 가진 일반국민의 기본권이라 할 수 있다.

Ⅱ 법적 성질

1._ 구체적 권리설

헌법 제32조의 근로의 권리에 대한 성질을 근로의 권리 자체가 구체적인 권리이기 때문에 이를 보장해 주지 못하였을 경우에는 국가가 책임을 부담해야 한다는 입장이다.

2._ 추상적 권리설

근로의 권리는 추상적 권리에 지나지 않기 때문에 입법에 의하여 그 내용이 구체화될 것이 요구되는 권리이므로 국가가 근로자들에게 현실적으로 근로의 기회를 제공하지 못한다 하더라도 구체적인 책임을 국가가 부담하는 것이라고 볼 수 없다는 입장이다.

제3절 노동3권

Ⅰ 의 의

우리 헌법은 제33조 1항에서 노동3권에 대하여 규정하고 있다. 노동3권이란 근로자의 근로조건의 향상과 인간다운 생활을 보장하기 위한 권리를 의미하며 단결권, 단체교섭권, 단체행동권이 해당된다.

Ⅱ 법적 성질

노동3권의 성격에 대해서는 자유권적 기본권의 성격을 가진다는 자유권설과 사회권적 기본권의 성격을 가진다는 사회권설, 그리고 두 가지 기본권의 성격이 혼재되어 있다는 혼합설 등으로 견해가 대립되고 있다.

노동3권은 근로조건과 근로환경을 개선시키기 위한 목적으로 단체를 자유롭게 결성할 수 있고 이를 바탕으로 사용자와 자유롭게 교섭하며 자유의사를 가지고 단체

활동을 할 수 있는 자유를 보장한다는 자유권적 성격을 가진다. 이와 함께 사용자에 비해 열등한 위치에 놓여 있는 근로자의 지위 및 위치를 강화할 수 있도록 하는 사회 권적 성격도 함께 가지게 된다. 종전 판례에 따르면 노동3권에 대하여 사회권적 성격 내지는 생존권만을 인정하는 입장을 취하였으나 최근에는 자유권적 성격도 인정하고 있다.

> 헌재 1998. 2. 27, 94헌바13·26, 95헌바44(병합)
> …… 근로자는 노동조합과 같은 근로자단체의 결성을 통하여 집단으로 사용자에 대항함 으로써 사용자와 대등한 세력을 이루어 근로조건의 형성에 영향을 미칠 수 있는 기회를 가지게 되므로 이러한 의미에서 근로3권은 '사회적 보호기능을 담당하는 자유권' 또는 '사회권적 성격을 띤 자유권'이라고 말할 수 있다. 이러한 근로3권의 성격은 국가가 단지 근로자의 단결권을 존중하고 부당한 침해를 하지 아니함으로써 보장되는 자유권적 측면 인 국가로부터의 자유뿐만 아니라 근로자의 권리행사의 실질적 조건을 형성하고 유지해 야 할 국가의 적극적인 활동을 필요로 한다.

Ⅲ 내   용

1._ 단 결 권

(1) 의   의

단결권이란 근로자들이 근로조건의 향상이나 근로환경 등을 위하여 단결할 수 있 는 권리를 말한다.

(2) 소극적 단결권

소극적 단결권이란 근로자가 자유로이 단결하지 않을 수 있는 권리를 의미한다. 소극적 단결권의 보장여부에 따라 단결강제와 관련된 문제가 제기될 수 있기 때문에 이는 중요한 의미를 가진다. 소극적 단결권에 대하여는 노조의 가입 또는 탈퇴가 자 유로울 수 있다는 긍정설과 단결권의 행사를 위해서는 어느 정도의 단결강제는 용인 된다는 부정설이 대립하고 있다.

2._ 단체교섭권

단체교섭권은 근로자의 단결권에 의해 결성된 노동조합이 근로조건의 향상을 위하여 사용자와 단체교섭할 수 있는 권리를 의미한다. 따라서 단체교섭권은 근로자 개개인이 개별적으로 행사할 수 있는 권리는 아니며 단체교섭을 할 수 있는 주체는 노동조합이다.

3._ 단체행동권

단체행동권은 근로자의 근로조건 등의 향상을 위하여 노동조합이 실력을 행사하고 투쟁할 수 있는 권리를 의미한다. 단체행동권에는 노동조합이 자신의 의사를 관철시킬 목적으로 파업, 태업 등의 쟁의행위를 할 수 있는 쟁의행위권과 업무의 정상적 활동을 저해하지 않는 범위 내에서 요구, 시위 등을 할 수 있는 조합활동권 등이 있다. 이러한 단체행동권을 행사할 경우 민·형사상 책임이 면제되는 법률적 효과를 발생시킨다.

제**03**장
개별적 근로관계법

제1절   근로기준법

I 총   설

1._ 의의 및 목적

근로기준법은 근로조건에 대하여 최소한의 기준을 정한 법으로서 개별적인 근로자에게 적용하는 법률이다. 헌법 제32조 3항에 따르면 근로조건의 기준은 인간의 존엄성을 보장하도록 법률로 정한다고 규정하고 있어 근로기준법이 헌법적 차원에서 보장되고 있음을 알 수 있다.

근로기준법 제1조는 헌법에 따라 근로기준을 정함으로써 근로자의 기본적 생활을 보장, 향상시키며 균형있는 경제발전을 꾀하는 것이 이 법의 목적이라고 명시하고 있다.

2._ 적용범위

근로기준법은 상시 5명 이상의 근로자를 사용하는 모든 사업 또는 사업장에 적용한다. 다만 동거하는 친족만을 근로자로 사용하고 있거나 가사사용인에 대하여는 적용하지 않는다.

최근 정부에서는 5인 미만 사업장의 근로자에게도 근로기준법을 확대적용하려는 논의를 계속하고 있다. 이는 5인 미만 소규모 사업장에서 근로하고 있는 근로자들의 권리도 보장한다는 점에서는 긍정적으로 보여지나 소규모 사업장을 운영하는 영세사업주들의 입장에서는 부담스러울 수 있어 적용시기나 업종의 행태 등에 따른 충분한 논의가 전제되어야 할 것으로 보인다.

382 제 4 부 사 회 법

3._ 적용대상

근로기준법의 적용을 받는 대상은 근로자와 사용자이다. 근로자란 직업의 종류와 상관 없이 사용자에게 근로를 제공하고 임금을 목적으로 사업이나 사업장에 근로를 제공하는 자를 의미한다. 즉 사용자의 지휘, 감독을 받으면서 종속적 관계에서 노무를 제공하고 임금을 받는 자를 뜻한다.

사용자란 사업주 또는 사업 경영 담당자, 그 밖에 근로자에 관한 사항에 대하여 사업주를 위하여 행위하는 자이다. 다시 말해 근로자에게 지휘, 감독권을 행사하여 일정한 노무를 제공받고 그에 대한 대가로 임금을 지급하는 사람을 말한다.

Ⅱ) 근로계약

1._ 의   의

근로계약이란 근로자가 사용자에게 근로를 제공하고 사용자는 이에 대하여 임금을 지급하는 것을 목적으로 체결된 계약을 의미한다.

2._ 법적 성질

근로계약은 근로자가 노동력을 제공하고 사용자에게는 임금지급의 의무를 발생시킨다. 따라서 사용자에게는 노동을 제공받은 대가로 임금지급의 채무를 부담케 하고 근로자는 임금을 지급받을 채권관계를 성립시키는 쌍방 채권채무관계에 해당한다.

3._ 주요내용

(1) 근로계약의 성립 및 체결

1) 근로계약의 성립

우리 판례는 근로계약이 성립하기 위하여는 양 당사자 사이에 명시적 또는 묵시적으로 체결된 계약이 있거나 법적 근거가 있어야 한다고 하고 있다.

2) 미성년자의 근로계약

미성년자의 근로계약의 경우 친권자나 후견인은 미성년자의 근로계약을 대리할 수 없다(제67조 1항). 다만 친권자나 후견인 또는 고용노동부장관은 근로계약이 미성년자에게 불리하다고 인정하는 경우에는 이를 해지할 수 있다(제67조 2항).

3) 근로계약의 계약체결시 근로자의 의무

근로계약체결시 사용자와 근로자는 쌍방 모두 각각의 상대방에 대하여 신의칙상 존재하는 고지, 배려, 주의의무 등을 부담하게 된다. 또한 민법상 규정이 그대로 적용되어 특정한 기능이나 기술이 없음에도 사용자에게 거짓으로 이를 믿게 하여 사용자에게 손해를 끼치게 된 경우에는 그 손해를 배상할 책임을 지게 된다.

4) 채용내정

채용내정이라 함은 근로자가 채용되기로 내정은 되었으나 정식 근로계약은 체결하지 않은 상태를 의미한다. 이를테면 졸업을 조건으로 졸업예정자를 입사시험에 합격시키는 경우에 해당되며 합격자가 졸업시까지 어떤 지위를 갖게 되는지에 대한 문제와도 밀접한 관련이 있다. 해당 문제에 대하여는 학설의 대립이 있으며 이러한 채용내정의 일방적 취소는 사용자측이 정당한 해지권을 사용하는 경우를 제외하고는 부당해고에 해당된다.

(2) 해　고

근로계약법에 따르면 사용자는 근로자에게 정당한 이유 없이 해고하지 못한다(제23조 1항). 정당한 이유에 대하여 법률에서 구체적으로 규정하고 있는 바는 없지만 일반적으로 사용자와 근로자가 근로계약 관계를 유지할 수 없을 정도의 이유가 존재하여야 하되 개별적인 사안과 구체적인 정황 등을 종합적으로 고려하여 판단하여야 한다. 정당한 이유에는 일신상의 이유나 행태상 이유, 경영상의 이유 등이 해당되며 특히 경영상의 이유에 의한 해고에 대하여는 근로기준법 제24조에서 별도로 규정하고 있다.

> 대판 2002. 6. 14, 2000두8349
>
> 정당한 이유의 내용은 개별적 사안에 따라 구체적으로 판단되어야 할 것이지만 대체로 사회통념상 근로관계를 계속시킬 수 없을 정도로 근로자에게 귀책사유가 있다든가 또는 부득이한 경영상의 필요가 있는 경우가 이에 해당된다고 할 것이다.

Ⅲ 임　금

임금이란 사용자가 근로의 대가로 근로자에게 임금, 봉급, 그 밖에 어떤 명칭으로든지 지급하는 일체의 금품을 말한다.

근로기준법은 근로자의 인간다운 생활을 보장하기 위하여 최저임금액을 국가가

설정토록 하고 있어 근로자는 임금의 최저수준을 보장받고 이를 통해 근로자의 생활
안정을 도모하도록 있다. 임금은 근로자에게 통화로 직접 매월 1회 이상 지급하도록
규정하고 있다.

Ⅳ 취업규칙

취업규칙이란 사용자가 다수의 근로자의 기본사항을 일률적으로 규정하여 준수
하도록 하는 규칙을 말하며 근로자의 근로조건이나 일반규율사항 등에 대하여 규정
하고 있다. 상시 10명 이상의 근로자를 사용하는 사용자는 업무시간 및 임금에 관한
사항, 퇴직, 식비, 안전보건, 업무상 재해, 표창과 제재 등에 관련된 필수사항 등에 대
한 취업규칙을 작성하여 노동부장관에게 신고할 의무를 지닌다.

Ⅴ 재해보상

재해보상제도란 근로자가 업무상 질병 또는 부상에 걸리거나 사망에 이른 경우
근로자와 근로자의 가족을 보호하기 위하여 마련된 제도로 재해보상을 위해 우리나
라에서는 산업재해보상보험법이라는 사회보험제도의 적용을 받도록 하고 있다.

제2절   산업안전보건법

Ⅰ 의의 및 목적

산업안전보건법이란 산업안전·보건에 관한 일반사항 및 책임에 대한 사항을 규정하
고 있는 제도를 뜻하며 이를 통해 책임소재를 명확히 하여 산업재해를 예방하고 쾌적한
작업환경을 조성함으로써 근로자의 안전과 보건을 유지·증진토록 하는 것이 목적이다.

Ⅱ 적용범위

산업안전기본법은 모든 사업 또는 사업장에 적용하며 국가나 지방자치단체 및 정

부투자기관에도 그 효력이 미친다. 그러나 예외적으로 위험의 정도나 사업의 종류 및 규모 등을 고려하여 대통령령이 정하는 사업에 대하여는 이 법의 전부 또는 일부를 적용하지 않을 수 있다.

Ⅲ 내 용

산업안전보건법에서는 근로자와 사업주, 정부 및 지방자치단체에 대하여 각각의 책무를 부과하고 있다. 2021년 개정된 산업안전보건법에서는 지방자치단체가 정부의 정책에 적극 협조하고 관할 지역의 산업재해를 예방하기 위한 대책을 수행하여야 한다는 신설 조항을 명시한 것이 눈에 띈다. 최근 산업현장에서 빈번하게 발생하는 안타까운 산재사고로 인해 근로자가 사망하는 사건이 자주 발생하자 책임소재를 명확히 하고 앞으로 산재사고를 예방하고자 하는 의미에서 관련 법을 개정하기에 이르렀다.

사업주는 산업재해예방을 위한 기준을 준수하고 안전 · 보건에 관한 정보를 근로자에게 제공하고 근로조건의 개선을 위한 근로환경을 조성함으로써 근로자의 건강장해를 예방하고 근로자의 생명보전과 안전 및 보건을 유지할 수 있도록 하여야 한다. 근로자는 산업재해예방을 위한 기준을 준수하여야 하며 사업주 또는 기타 관련단체에서 실시하는 산업재해방지에 관한 조치를 따라야 한다. 노동부 장관은 산업재해예방계획을 수립하여 공표하고 유해 · 위험설비로 인한 안전사고를 예방하기 위하여 공정안전보고서의 이행을 평가하거나 제출하도록 명령할 수 있다.

산업안전보건법은 사용자와 근로자, 노동부 장관의 개별적인 책임에 대한 조항 외에도 안전 · 보건 관리체제나 유해 · 위험 방지조치 및 근로자의 보건관리 등의 사항을 규정하고 있다.

제3절 남녀고용평등법

남녀고용평등법(남녀고용평등과 일 · 가정 양립 지원에 관한 법률)은 헌법상 평등이념에 입각하여 고용상 남녀의 공평한 기회와 대우를 보장하기 위한 세부사항을 규율한 제도로서 노동시장에서의 남녀의 평등한 고용실현은 물론 여성의 모성을 보호하고 직장과 가정생활을 양립할 수 있도록 하는 것을 목적으로 한다.

남녀고용평등법은 합리적 이유 없는 차별대우금지 및 직장 내 성희롱 예방, 모집과 채용에 있어 공평한 기회 제공, 모성보호 및 직장과 가정생활의 양립을 지원하기 위한 규정 등을 포함한다.

제**04**장
집단적 노사관계법

> 제1절 노동조합 및 노동관계조정법

☽ 노동조합

1._ 의   의

노동조합이란 근로자가 주체가 되어 근로조건의 유지 또는 개선을 위하여 조직된 단체를 의미한다.

2._ 성립요건

노동조합이 성립되기 위하여는 실질적 요건과 형식적 요건이 갖추어져야 한다. 실질적 요건은 다시 적극적 요건과 소극적 요건으로 분류된다. 우선 적극적 요건으로는 그 주체가 근로자여야 하며 근로자는 자주성을 가지고 단결하여야 하고 근로조건의 유지·개선을 위한 목적으로 결성되어야 한다. 소극적 요건으로는 사용자 또는 항상 그의 이익을 대표하여 행동하는 자의 참가를 허용할 수 없고 경비의 주된 부분을 사용자로부터 원조받아서는 안 되며 근로자가 아닌 자의 가입 불가의 내용 등을 포함하며 노동조합의 결격요건을 의미한다.

한편 노동조합의 성립을 위해서는 행정관청에 노동조합 설립신고를 하여야 하는데 이를 형식적 요건이라 한다. 노동조합의 형식적 요건은 노동조합의 민주성을 확보하기 위한 일환이라고 할 수 있다.

3._ 설립과 심사

　　노동조합이 성립요건을 갖추어 설립신고서를 행정관청에 제출하게 되면 행정관청의 자격심사를 거쳐 노동조합 설립이 인정된다. 노동조합 설립에 있어 신고제를 채택하고 있는 이유는 노동조합의 자주성과 민주성을 확보하기 위함이다.

> **대판 1997. 10. 14, 96누9829**
> 노동조합법이 노동조합의 설립에 관하여 신고주의를 택하고 있는 취지는 소관 행정당국으로 하여금 노동조합이 자주성과 민주성을 갖춘 조직으로 존속할 수 있도록 노동조합을 보호·육성하고 그 지도 감독에 철저를 기하기 위한 노동정책적인 목적에서이다. 따라서 노동조합설립신고의 수리 그 자체에 의하여 사용자에게 이러한 공적 의무가 부과되는 것은 아니다.

II) 단체교섭

　　단체교섭이란 노동조합과 사용자 또는 사용자 단체간에 근로조건을 유지·개선함으로써 경제적·사회적 지위의 향상을 도모하기 위한 집단적 교섭을 의미한다. 단체교섭은 근로조건의 향상을 위한다는 생존권의 존재목적에 비추어 볼 때 노동3권 가운데에서 핵심적 권리이다. 단체교섭의 방식으로는 노동조합과 상대방인 사용자간에 이루어지는 단체교섭인 기업별교섭, 사용자단체와 통일적 교섭형태를 취하게 되는 통일교섭, 지부의 교섭에 산업별 노동조합이 참가하는 공동교섭 등이 있다. 단체교섭의 대상으로는 근로자의 근로조건에 관한 사항, 집단적 노사관계에 대한 사항, 경영권에 관한 사항 등이 해당된다.

III) 단체협약

　　단체협약이란 노동조합과 사용자 또는 사용자단체가 자유의사로 개별적 근로관계와 집단적 노사관계에 대해 합의한 협약을 말한다. 단체협약은 반드시 서면으로 작성하여 당사자 쌍방이 서명날인하여야 한다. 단체협약은 규범적 부분, 채무적 부분, 조직적 부분에 이르기까지 다양한 효력을 발생시킨다.

Ⅳ 쟁의행위

1._ 의 의

쟁의행위란 파업, 태업, 직장폐쇄 기타 노동관계당사자가 그 주장을 관철할 목적으로 행하는 행위로 업무의 정상적인 운영을 저해하는 행위를 말한다. 노동조합은 쟁위행위를 할 경우 노동부령이 정하는 바에 따라 노동부장관과 관할노동위원회에 쟁위행위의 일시와 장소, 참가인원 및 그 방법에 대해 미리 서면으로 신고하여야 한다.

2._ 종 류

쟁의행위의 종류에는 근로제공을 거부하는 행위인 파업, 형식적으로는 근로를 제공하지만 의식적으로 불성실한 근무를 제공함으로써 작업능률을 지하시키는 태업, 사용자 또는 그와 거래관계에 있는 제3자의 상품을 구입거부하는 불매운동인 보이콧, 파업을 효과적으로 수행하기 위하여 근로를 희망하는 자의 사업장 출입을 저지하고 파업에 동참할 것을 구하는 피케팅 등이 있다.

3._ 쟁위행위의 정당성 확보

쟁의행위가 정당성 확보를 위해서는 일정한 요건을 필요로 한다. 쟁의행위의 정당성 여부에 따라 민·형사상 책임 문제가 결부되므로 정당성 문제는 매우 중요하다. 쟁위행위가 정당성을 갖추기 위해서는 현행 법질서에 위배되지 않고 노동법규에 어긋나지 않아야 함은 물론이다. 정당한 쟁위행위에 대하여는 민·형사상 책임이 면제된다.

제2절 노동위원회법

Ⅰ 의의 및 목적

노동위원회란 근로자 대표자, 사용자 대표자, 공공을 대표하는 자가 구성한 노·사·정 협의체를 의미한다. 노동위원회법은 이러한 노동위원회의 운영사항을 규정하고 부당해고나 부당노동행위를 판정하고 신속·정확한 조정행위를 통해 노동관계의 발전에 이바지함을 목적으로 하고 있다.

Ⅱ 종 류

노동위원회에는 지방노동위원회, 특별노동위원회, 중앙노동위원회가 있다. 지방노동위원회에서는 당해 관할구역에서 발생하는 사건을 관장하며 특별노동위원회는 관계법률이 정하는 바에 따라 그 설치목적으로 규정된 특정사항에 관한 사건을 관장한다. 중앙노동위원회는 지방노동위원회와 특별노동위원회의 처분에 대한 재심사건이나 둘 이상의 지방노동위원회의 관할구역에 걸친 노동쟁의의 조정사건 등을 처리한다.

Ⅲ 노동위원회의 권한

노동위원회는 노동쟁의의 해결 및 권리구제를 위하여 판정을 내릴 수 있는 판정권과 노동쟁의의 중재 및 조정권, 정책의 개선 및 건의를 할 수 있는 권한 등을 가진다.

제02편 경제법

제1장 총   설
제2장 독점규제 및 공정거래에 관한 법률

제01장
총 설

박 성 혜*

제1절 경제법의 등장

    봉건사회의 신분사회에서 탈피하여 근대시민사회를 형성함에 따라 경제활동에 있어서도 대폭적인 제한을 제거하여 자유로운 경제활동을 인간의 기본적인 자유의 일환으로 보장하기 위해 경제체제로 자본주의가 형성되었다.

    자유로운 경제활동은 먼저 자본 및 생산수단의 사적소유를 원칙으로 하며, 경쟁을 매개로 하지 않으면 안 된다. 시장에서의 경쟁을 통해 시장가격을 결정하는 구조야말로 자유로운 경제활동을 보장하고 누구에 의해서도 경제활동이 지배되지 않는 상황을 확보하여 시장 구성원 간의 실질적인 자유와 거래상 지위의 대등성이 보장되는 경제민주화를 확립할 수 있기·때문이다. 따라서 정부는 경제주체가 자유로이 활동할 수 있도록 재산권과 영업의 자유 등을 보호해 주고 가능한 경제에 간섭하지 않아야 경쟁이 제대로 작동하여 사회후생의 극대화를 실현할 수 있다고 하는 고전적 자유주의 사상이 19세기까지 경제정책의 지배이념이었다.

    그러나 무한대의 자유는 무한대의 경쟁으로 이어졌고 고도로 발전한 자본주의사회에서는 자본축적이 진행되어 부의 편재현상이 나타났다. 자본을 축적한 자본가들은 또 다른 지배계급으로 등장하여 자신의 이윤추구에 치중한 나머지 노동자 계층을 빈

---

* 이화여자대학교, 국민대학교 강사.

궁한 상태에 빠지게 하였고 경제가 발전할수록 빈부격차가 더욱 확대되어 계층 간의
갈등이 심화되었다. 동시에 기업은 결합, 집중 등 여러 형태로 그 힘을 형성하여 이윤
을 확대하고자 하였고 그러는 과정에서 기업 간에도 힘의 격차가 커졌으며 이는 경쟁
질서에 지대한 영향을 주었고 시장에서의 경쟁을 왜곡하는 방향으로 나아가게 되었다.

　　이러한 부작용과 사회적 모순을 해소하기 위해 경제에 관한 국가의 개입과 조정
이 요청되어 국가는 경제정책과 입법을 통해 시장에 개입하게 되었다. 이로써 자본주
의는 상당한 수정을 거치게 되었지만 자본주의 그 자체를 부정하는 것은 아니었으며,
국가의 경제에 대한 간섭 또한 시장기능을 부정하는 것이 아니라 자유경제질서 하에
서의 간섭·규제체제를 이루어갔다.

　　결국 경제법은 자본주의의 고도화에 따라 불가피한 국가의 경제개입의 근거를 마
련하기 위해 형성된 경제관련 법규들의 총체라 할 수 있다.

　　우리 헌법도 제119조 1항에서 사적자치 및 자유시장경제를 기본으로 하고 있음을
선언하는 한편, 제119조 2항에서는 "국가의 균형 있는 국민경제의 성장 및 안정과 적
정한 소득의 분배를 유지하고 시장의 지배와 경제력의 남용을 방지하며 경제주체 간
의 조화를 통한 경제의 민주화를 위하여 경제에 관한 규제와 조정을 할 수 있다"고
규정하여 국가의 간섭, 규제를 허용하고 있다. 그런데 이러한 국가의 경제규제와 조정
은 자유경제질서에 반하지 않는 범위에서 인정된다는 것을 분명히 하고 있어서 우리
나라의 경제질서는 사회적 시장경제질서에 해당한다고 할 수 있다.

> 헌재 2001. 6. 28, 2001헌마132
>
> 우리 헌법은 전문 및 제119조 이하의 경제에 관한 장에서 균형있는 국민경제의 성장과
> 안정, 적정한 소득의 분배, 시장의 지배와 경제력남용의 방지, 경제주체 간의 조화를 통한
> 경제의 민주화, 균형있는 지역경제의 육성, 중소기업의 보호육성, 소비자보호 등 경제영
> 역에서의 국가목표를 명시적으로 규정함으로써, 우리 헌법의 경제질서는 사유재산제를
> 바탕으로 하고 자유경쟁을 존중하는 자유시장 경제질서를 기본으로 하면서도 이에 수반
> 되는 갖가지 모순을 제거하고 사회복지·사회정의를 실현하기 위하여 국가적 규제와
> 조정을 용인하는 사회적 시장경제질서로서의 성격을 띠고 있다.

　　경제법의 개념을 정의하고자 오랫동안 다양한 학설들이 주장되었지만 일반적으
로 승인된 개념은 제시되지 못하였다. 그 이유는 경제법이 다양하고 복잡한 경제를
대상으로 하고 또 경제에 대한 각각의 시각이 다르기 때문이라고 할 수 있다.

국내 다수의 학자들은 "경제법은 국가가 국민경제 전체를 정당하게 질서지우기 위하여 경제활동을 규제하는 법규범과 법제도의 총체"라고 하는 리트너(F. Rittner)의 입장을 취하고 있다. 경제법은 국민경제 전체를 규율하기 위한 것으로 개별적 경제주체의 보호를 위한 규제는 경제법에 포함되지 않으며, 국민경제 전체를 '정당하게' 질서지우기 위한 국가의 경제정책을 실현하기 위해 마련한 법규범과 법제도의 총체로 보아야 경제법이 경제정책 수행에 있어 자의적인 도구가 되는 것을 방지할 수 있을 것이다.

제2절   경제법상의 규제

국가가 경제질서에 관여하는 것을 규제라고 하는데 규제의 의미를 좁게 보면 국가가 일정한 행위에 일정한 질서를 부여하고자 그 행위를 통제하거나 제한하는 작용을 말한다. 그러나 국가의 경제에 대한 간섭은 제한이나 통제뿐 아니라 그 보호나 지원, 육성 등의 모든 작용을 포함한다. 경제법은 국민의 경제생활을 그 규제대상으로 하므로 어느 특정 분야의 활동이나 특정인만을 대상으로 한다고 할 수 없고 모든 분야의 경제활동과 그러한 분야에서 활동하는 모든 사람이 규제대상이 된다. 즉 생산, 교환, 분배 및 소비 등 경제순환의 전 과정에서의 법률관계뿐 아니라 사실관계와 기업 내지 사업자뿐 아니라 소비자까지 그 대상으로 한다.

우리나라 경제법상 규제의 일반적 목적은 헌법 제119조에서 알 수 있듯이 개인과 기업의 경제상의 자유와 창의의 존중을 기본으로 하면서(1항), 균형 있는 국민경제의 성장 및 안정과 적정한 소득분배를 유지하고, 시장의 지배와 경제력의 남용을 방지하여 경제주체 간의 조화를 통한 경제의 민주화를 위해 국가가 경제를 규율하고 조정하는 데 있다(2항). 물론 경제법규들은 각각의 규제목적을 가지고 있지만 개별실정법마다의 목적은 궁극적으로는 일반적 목적인 헌법 제119조에 부합하여야 한다.

규제는 본래 사경제주체에 의해 자율적으로 행해져야 할 경제활동에 대해 제한이나 변경을 가하는 것으로 민간의 자율적, 창의적 활동을 방해하여 시장의 기능과 자원의 배분을 왜곡할 우려가 있다. 따라서 우리나라뿐 아니라 각국이 규제를 완화하는 추세에 있다.

제 *02* 장

독점규제 및 공정거래에 관한 법률

제1절 서 설

Ⅰ 등장배경

우리나라에서 독과점문제에 관심을 갖게 된 계기는 1963년 국민생활과 밀접한 설탕, 밀가루, 시멘트를 생산하던 독과점 사업자가 식량파동을 계기로 엄청난 폭리를 취한 삼분폭리사건 이후이다. 당시 우리나라 경제상황이 자유경쟁보다는 정부 주도하의 산업보호, 육성정책을 통한 경제성장을 우선하여 소수의 기업에 정부의 지원, 보호가 집중된 결과 산업구조가 독과점체제로 변하였고, 정부의 지원을 배경으로 성장한 소수의 대규모 기업들은 부당히 경쟁을 제한하는 등 여러 가지 폐단이 나타나게 되면서 독점규제법 제정에 관한 논의가 시작되었다. 실제로 수차례의 초안이 마련되었으나 성장우선론과 기업들의 반발에 밀려 번번이 성공하지 못하다가 1980. 12. 31.에 비로소 「독점규제 및 공정거래에 관한 법률」을 제정하기에 이르렀다.

Ⅱ 우리나라 독점규제법의 목적

독점규제법 제1조는 "사업자의 시장지배적 지위의 남용과 과도한 경제력의 집중을 방지하고, 부당한 공동행위 및 불공정거래행위를 규제하여 공정하고 자유로운 경쟁을 촉진함으로써 창의적인 기업활동을 조성하고 소비자를 보호함과 아울러 국민경제의 균형 있는 발전을 도모함을 목적으로 한다"고 규정하고 있다.

이 문언을 살펴보면 시장지배적 지위의 남용과 과도한 경제력의 집중을 방지하고, 부당한 공동행위 및 불공정거래행위를 규제한다는 전단의 규정은 독점규제정책의 목적을 달성하기 위한 구체적 수단이고 공정하고 자유로운 경쟁의 촉진이 핵심적 목적이다. 이러한 공정하고 자유로운 경쟁을 통해 궁극적으로 달성하고자 하는 목적이 국민경제의 균형 있는 발전을 도모하는 것이며, 창의적 기업활동조성, 소비자보호 등은 국민경제의 민주적이고 건전한 발전의 내용을 상세히 표현한 것이라 하겠다.

제2절   시장지배적 지위의 남용금지

I 독과점 규제 일반

1._ 독과점 규제의 근거

독과점 옹호론자들은 규모의 경제 실현에 독과점이 불가피하고, 이를 통해 획득한 독점이윤은 연구개발에 투자하여 신제품을 개발하는 등 경제성장 촉진, 소비자복지 증진에 긍정적인 면이 있다고 한다.

그러나 독점구조에서 사업자는 판매량 감소 없이 가격을 인상할 수 있어서 가격, 품질, 생산량을 오로지 자신의 이윤극대화만을 염두에 두어서 결정한다면 생산량 감소나 가격 인상으로 이어질 가능성이 많다. 또한 품질경쟁의 압력이 없기에 독과점 기업은 품질개발이나 기술혁신에 독점이윤을 투자하지 않을 것이며 오히려 경쟁사업자의 시장진입을 봉쇄하는 등의 폐단이 야기된다.

2._ 우리법의 독과점 규제방식

독점을 원칙적으로 금지하고 거래제한행위를 당연위법으로 보는 입장인 원인규제주의(사전적 규제)와 독점 자체를 금지하는 것은 아니나 공공의 이익을 침해하여 폐해를 수반하는 경우에만 규제하는 폐해규제주의가 있다. 우리나라 독점규제법은 시장지배적 사업자의 남용행위를 규제하는 폐해규제주의 방식을 취하면서 효과적인 규제를 위해 독과점적 구조가 장기간 유지되는 경우 시장구조를 개선할 수 있는 근거를 마련하였다(법 제4조).

Ⅱ 시장지배적 사업자

1._ 시장지배적 사업자 개념

시장지배적 사업자라 함은 일정한 거래 분야의 공급자나 수요자로서 단독으로 또는 다른 사업자와 함께 상품이나 용역의 가격·수량·품질 그 밖의 거래조건을 결정·유지 또는 변경할 수 있는 시장지위를 가진 사업자를 말한다(법 제2조 3호). 철도운송사업을 독점하는 철도청이 철도차량구매와 관련하여 지위를 남용하거나 수요독점의 지위에는 이르지 않았지만 백화점이나 대형마트가 상당한 구매력으로 납품업자나 입점업자에 대해 지위를 남용하는 등 수요측면에서의 남용행위도 규제할 필요가 있어서 공급뿐 아니라 수요자로서의 시장지배적 지위 남용행위를 규제할 수 있도록 하고 있다.

2._ 시장지배적 지위 추정

시장지배적 사업자에 해당되는지 여부는 시장점유율, 진입장벽의 존재 및 정도, 경쟁사업자의 상대적 규모, 경쟁사업자간의 공동행위의 가능성, 유사품 및 인접시장의 존재, 시장봉쇄력, 자금력 등을 종합적으로 고려하여 1차적으로 공정거래위원회가 입증하여야 한다. 독점규제법은 이러한 입증의 곤란성을 완화하고자 시장점유율을 기준으로 하는 추정제도를 마련하고 있다. 즉 연간매출액 또는 구매액이 연간 40억 이상이면서 다음 중 하나에 해당하는 사업자는 시장지배적 사업자로 본다(법 제6조).

① 1 사업자의 시장점유율이 50/100 이상
② 3 이하의 사업자의 시장점유율 합계가 75/100 이상(시장점유율이 10/100 미만인 사업자는 제외)

3._ 금지대상이 되는 시장지배적 사업자의 남용행위

시장지배적 사업자의 다음 각 호의 행위는 남용행위로 금지된다(법 제5조).

① 가격의 부당한 결정·유지·변경행위
② 상품판매 또는 용역제공의 부당한 조절행위
③ 다른 사업자의 사업활동에 대한 부당한 방해행위
④ 새로운 경쟁사업자의 시장참가에 대한 부당한 방해행위
⑤ 경쟁사업자 배제 및 소비자 이익 저해행위

제3절　기업결합의 제한

I　서　설

　　기업결합은 기술적 또는 금전적 측면에서의 규모의 경제 실현, 효율성 추구 및 비용과 위험의 분산 등 기업 경영상의 동기가 대부분이며, 시장에 미치는 효과도 복합적이어서 곧바로 경쟁제한성을 추단하거나 엄중한 잣대를 적용하지 않고 있다. 우리법도 경쟁제한적인 기업결합만을 제한하며, 예외적으로 허용되는 기준도 마련하고 있고, 일정요건에 해당하는 기업결합은 사전 또는 사후 신고하도록 하는 등 복합적 성격을 감안하여 다양한 방법으로 규제하고 있다.

II　규제체계

　　독점규제법은 먼저 일정한 규모와 요건을 갖춘 경우 당사자들은 그 기업결합 사실을 공정거래위원회에 신고하도록 하고 있는데(법 제11조), 신고대상이 아니어도 결합 사실을 인지한 경우 공정거래위원회는 직권으로 법적용의 대상이 되는 기업결합인지 여부를 확인하게 된다. 이때 취득기업이 법에서 열거하는 결합수단을 통해 지배관계를 형성하였는지를 조사한다. 만일 지배관계가 형성된 것으로 판단되면 그 경제적 단일체가 해당 시장에서 어떤 지위를 갖는지, 그 결합이 시장에 어떤 영향을 미치게 되는지를 분석한다. 이러한 분석을 위해서는 우선 일정한 거래분야, 즉 관련시장을 획정하고 이를 토대로 경쟁제한성을 판단한다. 만일 해당 결합이 경쟁제한성을 내포하고 있지 않다면 결합은 허용되고, 경쟁제한성이 인정된다면 법에서 허용하는 예외적 사유(법 제9조 2항)에 해당하지 않는 한 해당 결합은 위법한 것으로 판단된다.

III　기업결합의 제한 · 금지

　　누구든지 직접 또는 대통령령이 정하는 특수한 관계에 있는 자를 통하여 다른 회사의 주식의 취득 또는 소유, 임원 또는 종업원에 의한 다른 회사의 임원지위의 겸임, 다른 회사와의 합병, 다른 회사의 영업의 전부 또는 주요 부분의 양수 · 임차 또는 경영의 수임이나 다른 회사의 영업용고정자산의 전부 또는 주요 부분의 양수, 새로운 회사설립에의 참여로서 일정한 거래분야에서 경쟁을 실질적으로 제한하는 기업결합을 하여서는 안 된다(법 제9조 1항).

　기업결합의 당사회사의 시장점유율의 합계가 시장지배적 사업자의 추정요건에 해당하고, 시장점유율의 합계가 해당 거래분야에서 제1위이며, 시장점유율의 합계와 시장점유율이 제2위인 회사의 시장점유율과의 차이가 그 시장점유율의 합계의 100분의 25 이상인 경우 해당 결합은 일정한 거래분야에서 경쟁을 실질적으로 제한하는 것으로 추정된다. 또한 대규모회사가 직접 또는 특수관계인을 통하여 행한 기업결합이 「중소기업기본법」에 의한 중소기업의 시장점유율이 3분의 2 이상인 거래분야에서의 기업결합이고, 해당 기업결합으로 100분의 5 이상의 시장점유율을 가지게 될 경우에도 경쟁제한성이 추정된다(법 제9조 3항).

제4절　경제력 집중의 억제

I 서　　설

　경제력 집중은 경제적 자원이 소수의 경제주체에 집중되는 것으로 규모의 경제, 진입장벽, 제품차별화 등이 원인이 되기도 한다. 특히 우리나라의 경우 자본 및 자원의 부족으로 정부는 고도성장을 위해 소수의 능력 있는 기업에 집중 지원하였고 국제경쟁력 향상을 위해 정책 금융과 외국자본 및 기술도입의 인·허가에 소수 기업을 특히 우대하는 등 정부개입이 경제력 집중의 주요 원인이 되었다.

　경제력 집중은 경제개발초기에는 경제성장을 촉진하고, 규모의 경제를 실현하여, 국제경쟁력을 강화할 수 있다는 긍정적인 면이 있지만 국민경제가 소수의 경제주체에 의해 좌우되거나 계열기업의 과도한 확장으로 기업집단의 전문성 및 효율성이 저하되는 폐해가 있다.

Ⅱ 규제모습

경제력집중 억제를 위한 규제의 기본구조를 보면 지주회사에 대한 규제와 기존의 대규모기업집단에 대한 규제로 되어 있다. 지주회사에 대한 규제는 대규모기업집단의 형성을 사전에 통제하고자 지주회사의 설립을 금지하는 것으로 시작되었으나 1999년 개정으로 지주회사의 설립과 지주회사로의 전환을 허용하되 지주회사 운용과정에서 일정한 행위를 금지하고 있다(법 제18조 및 제19조).

기업들의 자산총액이 일정규모 이상인 복수의 기업들로 구성된 대규모기업집단에 대한 규제는 기존 기업집단의 확대 억제, 내부적 지배구조 개선을 목적으로 한다. 가공자본을 이용한 지배권 왜곡 및 개별기업의 부실이 기업집단 전체로 전이되는 것을 방지하기 위한 상호출자 및 순환출자 금지제도, 금융자원 이용의 공정성을 확보하고 금융보험사를 통한 지배력확장을 억제하고자 채무보증제한제도 및 금융보험사 의결권제한제도와 대규모내부거래의 이사회의결 및 기업에 관한 정보를 공시하도록 하여 효과적 감시뿐 아니라 기업 스스로의 투명성과 책임성 제고의 계기를 마련하고 있다(법 제19조 내지 제30조).

제5절   부당한 공동행위의 제한

Ⅰ 서   설

부당한 공동행위는 둘 이상의 사업자가 법률적으로 독립성을 유지하면서 서로의 사업에 관하여 그 가격이나 생산량 또는 판매량 등을 공동으로 결정하거나 협정하여 경쟁을 피하고 초과이윤을 확보하려는 행위로 '카르텔'이라고도 한다.

카르텔은 독과점적 시장구조와 대량생산방식에서 사업자들이 자신의 이윤을 확대·유지하고자 행동하는 과정에서 발생·촉진된 행위로, 자본주의경제가 발전함에 따라 나타난 필연적 산물로 파멸적 경쟁 방지, 품질저하 방지, 중복투자비용 절감, 기업도산 및 대량해고 방지, 독점기업에 대한 대항력 강화 및 국제경쟁력을 확보할 수 있는 순기능이 있다.

반면 카르텔은 독점이윤을 목적으로 하기에 대부분의 경우 가격이 상승되고 카르텔 결성 사업자들은 가격을 높은 수준에서 유지하려고 하여 소비자는 높은 가격으로 상품을 구매할 수밖에 없어 결국 소비자에게 돌아가야 하는 이득까지 사업자에게로 이전되는 부의 왜곡현상과 시장구조의 악화 등 폐해가 나타난다.

Ⅱ 규제모습

사업자는 계약·협정·결의 기타 어떠한 방법으로도 다른 사업자와 공동으로 부당하게 경쟁을 제한하는 법 제40조 제1항 각호의 어느 하나에 해당하는 행위를 할 것을 합의하거나 다른 사업자로 하여금 이를 행하도록 하는 교사행위를 금지한다. 이때 금지의 대상은 법 제40조 제1항 각호의 실행행위가 아니라 경쟁제한을 목적으로 하는 각호 행위에 대한 합의 그 자체이다.

> **대판 1999. 2. 23, 98두15849**
>
> 독점규제 및 공정거래에관한법률(이하 "법"이라 한다) 제19조 제1항의 부당한 공동행위는 사업자가 다른 사업자와 공동으로 일정한 거래분야에서 경쟁을 실질적으로 제한하는 같은 항 각 호의 1에 해당하는 행위를 할 것을 합의함으로써 성립하는 것이므로, 합의에 따른 행위를 현실적으로 하였을 것을 요하는 것이 아니고, 또 어느 한 쪽의 사업자가 당초부터 합의에 따를 의사도 없이 진의 아닌 의사표시에 의하여 합의한 경우라고 하더라도 다른 쪽 사업자는 당해 사업자가 합의에 따를 것으로 신뢰하고 당해 사업자는 다른 사업자가 합의를 위와 같이 신뢰하고 행동할 것이라는 점을 이용함으로써 경쟁을 제한하는 행위가 되는 것은 마찬가지이므로 부당한 공동행위의 성립에 방해가 되지 않는다고 할 것이며, 위와 같은 합의는 어떠한 거래분야나 특정한 입찰에 참여하는 모든 사업자들 사이에서 이루어질 필요는 없고 일부의 사업자들 사이에서만 이루어진 경우에도 그것이 경쟁을 제한하는 행위로 평가되는 한 부당한 공동행위가 성립한다고 보아야 할 것이다.

이렇듯 부당한 공동행위로 규제하기 위해서는 합의의 존재가 인정되어야 하는데 합의가 명시적인 경우는 입증이 용이하나 묵시적으로 이루어지는 경우에는 그 입증이 어렵다. 따라서 독점규제법은 법 제40조 제1항 각호 어느 하나에 해당하는 행위의 외형상 일치가 있고, 이에 필요한 정보를 교환한 경우 합의가 존재하는 것으로 추정한다(법 제40조 5항). 이때 추정이 되는 것은 공동행위의 부당성이 아닌 합의의 존재이다. 한편 부당한 공동행위에 해당되어도 일정한 요건을 충족하여 공정거래위원회의

인가를 받은 경우에는 예외적으로 허용하고 있다(법 제40조 2항).

　　독점규제법은 효율적 규제를 위해 부당공동행위에 가담한 기업이 그 사실을 자진 신고하거나 조사에 협조하는 경우 첫 번째 자진신고자는 과징금, 시정조치가 완전 면제되며, 두 번째 신고자는 과징금이 50% 감경되고 시정조치도 감경된다. 또한 진행중인 담합사건의 조사 과정에서 사업자가 다른 담합에 대한 증거를 첫 번째로 제공하면 현재 조사 중인 담합에 대해서도 감면하는 Amnesty Plus제도를 시행하고 있다(법 제44조).

> ## 제 6 절　불공정거래행위의 금지

　　시장에 시장지배적 지위의 사업자가 존재하지 않아 경쟁이 자유롭게 행해지는 경우라도 기업들이 치열한 경쟁을 하는 과정에서 불공정한 경쟁방법이 출현하기도 한다, 물론 독점규제법이 자유경쟁을 그 대상으로 하고는 있지만 그 경쟁의 자유가 불공정한 경쟁까지도 방임하는 것을 의미하는 것은 아니므로 공정한 경쟁질서를 확보하기 위해 불공정거래행위를 제한할 필요가 있다.

　　불공정거래행위는 시장구조 형성과 관계없이, 주어진 시장구조하에서 개별기업의 행위가 경쟁질서를 제한하기에 규제하는 것으로, 시장지배적 지위남용이나 부당한 공동행위로 발전하는 것을 사전에 예방할 수 있고 적극적으로 경쟁을 촉진하는 기능을 한다.

　　독점규제법 제45조 1항 각호의 행위로서 공정한 거래를 저해할 우려가 있는 행위를 하거나 이를 교사하여서는 안 된다. 이때 공정거래저해성은 경쟁제한성 외에 민법상 불공정성을 포함하는 것으로 보고 행위 유형별로 공정경쟁제한성을 판단한다. 즉 거래거절, 차별적 취급, 경쟁사업자 배제, 구속조건부거래(배타조건부거래, 거래지역 · 거래상대방 제한)의 경우는 경쟁제한성을 위주로 심사하고, 부당한 고객유인, 거래강제, 사업활동 방해, 거래상 지위남용행위의 경우에는 불공정성을 위주로 심사한다.

　　공정거래위원회는 또 대규모 소매업과 병행수입, 부당한 지원행위 및 신문업인 특정사업분야에 대해 적용되는 세부기준을 마련하여 고시하고 있다.

제 7 절   사업자 단체의 금지행위 및 재판매가격유지행위의 제한

I 사업자단체의 금지행위

"사업자단체"라 함은 그 형태 여하를 불문하고 2 이상의 사업자가 공동의 이익을 증진할 목적으로 조직한 결합체 또는 그 연합체를 말한다(법 제2조 2호).

사업자 단체는 구성사업자들에 대해 기술이나 경영에 관한 유익한 정보를 제공하거나, 필요한 경우 사업자들의 판매를 홍보하는 등의 사업활동을 공동으로 수행하는 매개체 역할 수행하기도 하지만 구성사업자들에 대한 통제력을 바탕으로 구성사업자 사이의 공정하고 자유로운 경쟁을 제약하고, 비구성사업자의 신규진입을 방해하거나 이들의 영업활동 방해위해 거래거절 등의 불공정한 거래행위를 할 우려가 있어서 독점규제법은 사업자단체가 다음 각호에 해당하는 행위를 하는 것을 금지한다(법 제51조 1항).

① 부당한 공동행위에 해당하는 행위에 의하여 부당하게 경쟁을 제한하는 행위
② 일정한 거래분야에 있어서 현재 또는 장래의 사업자수를 제한하는 행위
③ 사업자단체의 구성원인 사업자의 사업내용 또는 활동을 부당하게 제한하는 행위
④ 사업자에게 불공정거래행위 재판매가격유지행위를 하게 하거나 이를 방조하는 행위

사업자 단체도 부당한 공동행위의 인가요건을 갖춘 경우 신청하여 공동행위를 할 수 있다.

II 재판매가격 유지행위 금지

재판매가격 유지행위라 함은 사업자가 상품 또는 용역을 거래함에 있어서 거래상대방인 사업자 또는 그 다음 거래단계별 사업자에 대하여 거래가격을 정하여 그 가격대로 판매 또는 제공할 것을 강제하거나 이를 위하여 규약 기타 구속조건을 붙여 거래하는 행위를 말한다(법 제2조 20호).

재판매가격 유지행위는 가격경쟁을 배제하고 수평적 가격협정을 유발할 뿐 아니

라 지정가격을 유지할 유인을 제공하기 위해 높은 마진을 제공하고자 가격이 상승되는 부정적 효과가 있지만 브랜드 이미지를 보호하고, 가격경쟁을 차단함으로써 판매업자들의 서비스경쟁이 활발해질 수도 있으며 영세소매인 간의 과도한 가격경쟁을 차단하여 도산을 방지하는 순기능도 갖고 있다. 따라서 재판매가격 유지행위를 허용하는 일정한 상품의 지정과 더불어 사업자의 자율성을 침해할 정도의 강제성이 수반되는 경우 이를 금지한다.

제03편
제 편

사회보장법

제 **01** 장

사회보장법과 국가

안 은 진*

제1절   사회보장과 국가

I 사회적 위험

사회적 위험이란 질병, 장애, 실업, 노령, 사망 등과 같이 개인의 힘만으로는 대항하기 힘든 위험요소들을 의미한다. 종래에는 이러한 위험요소들을 개인의 문제로 치부하여 국가가 직접 개입하지는 않았으나 최근의 사회구조상 이러한 문제들을 단순히 개인의 문제로 바라보기에는 대처하기 불가능한 점들이 있어 국가차원의 제도적 대응에 관한 필요성이 제기되었다. 이러한 사회적 위험이 단순히 어제 오늘에 발생한 것은 아니지만 현대국가에서 제도적 대응의 필요성이 점차 부각되면서 국가의 중요 과제로 부상하게 되었다.

사회적 위험은 사회나 시대에 따라 가변적이다. 가령 수명이 짧았던 과거에는 노령문제가 사회적 위험요소로 지적되진 않았으나 현재에는 국민연금법상 노령연금제도가 운영되고 있으며 국민건강보험법상의 치매나 중풍과 같은 노인성 질환이 하나의 사회적 위험으로 인정받아 노인장기요양보험이라는 제도를 신설하기에 이르렀다. 이 밖에도 환경오염에 따른 기후변화로 인한 자연재해, 이혼 및 가족의 변화, 임신과

---

* 백석대학교 경찰학부 외래교수.

출산 등도 사회적 위험으로 인정받고 있다.

사회보장의 의의 및 기본이념

1._ 사회보장의 의의

사회보장의 정의에 대해서는 각 나라나 시대에 따라 약간씩의 차이가 존재한다. 하지만 궁극적으로 사회보장이 종래에 도달하고자 하는 목표나 목적은 공통분모를 많이 가지고 있다.

우리나라의 사회보장기본법 제3조 1호에 의하면 사회보장에 대하여 "출산, 양육, 실업, 노령, 장애, 질병, 빈곤 및 사망 등의 사회적 위험으로부터 모든 국민을 보호하고 국민 삶의 질을 향상시키는 데 필요한 소득·서비스를 보장하는 사회보험, 공공부조, 사회서비스"라고 규정하고 있다. 따라서 사회보장이라 함은 국민생활의 질을 저하시키고 빈곤을 가져올 수 있는 사회적 위험으로부터 개인을 보호하고 범국가적 차원에서 집단적으로 관리함으로써 종국에는 인간다운 삶을 보장하고자 하는 것이라고 볼 수 있다.

2._ 사회보장의 기본이념

우리나라의 사회보장기본법 제2조에 따르면 사회보장의 기본이념에 대하여 "모든 국민이 다양한 사회적 위험으로부터 벗어나 행복하고 인간다운 생활을 향유할 수 있도록 자립을 지원하며, 사회참여·자아실현에 필요한 제도와 여건을 조성하여 사회통합과 행복한 복지사회를 실현하는 것"이라고 규정하고 있다. 즉 사회보장이라고 하는 것은 기본적으로는 개인의 삶의 질을 향상시키고 인간다운 삶을 보장함으로써 더 나아가 복지국가의 실현을 의미하는 것이라고 볼 수 있다.

> 헌재 2002. 12. 18, 2002헌마52
>
> 우리 헌법은 사회국가원리를 명문으로 규정하고 있지는 않지만 헌법의 전문, 사회적 기본권의 보장, 정치영역에서 적극적으로 계획하고 유도하고 재분배하여야 할 국가의 의무를 규정하는 경제에 관한 조항 등과 같이 사회국가원리의 구체화된 여러 표현을 통하여 사회국가원리를 수용하였다. 사회국가란 한마디로 사회정의의 이념을 헌법에 수용한 국가, 사회현상에 대하여 방관적인 국가가 아니라 경제·사회·문화의 모든 영역에서 정의

로운 사회질서의 형성을 위하여 사회현상에 관여하고 간섭하고 분배하고 조정하는 국가
이며, 궁극적으로는 국민 각자가 실제로 자유를 행사할 수 있는 실질적 조건을 마련해
줄 의무가 있는 국가이다.

제2절　우리나라의 사회보장과 한계점

Ⅰ　사회보험

　　우리나라의 대표적인 사회보험에는 국민연금, 건강보험, 고용보험, 산재보험이 있
다. 1980년대 전국민 의료보험시대를 시작으로 국민연금, 고용보험 등의 제도가 실시
되어 국민생활의 안정을 도모하고 있지만 사각지대에 대한 보완정책이 요구되었다.
　　다행히 이러한 상황을 정부에서도 인식하여 2017년부터는 대표적 사각지대에 해
당되었던 1인 자영업자들과 제조업자들에 대하여서도 고용보험과 산재보험을 확대
실시하기로 당정이 합의하였다. 이로써 상대적으로 경기에 민감하여 한계가구로 내몰
릴 가능성이 높은 전통시장, 골목상권 세입자와 1인 자영업자 및 제조업자를 위한 적
극적인 보호정책이 될 수 있을 것으로 기대된다.

Ⅱ　공공부조

　　2001년 국민기초생활법의 제정에 따라 최저생계비에 미치지 못하는 가구에 대하
여는 국가가 물적, 금전적, 의료적인 혜택을 지원하고 있다. 하지만 과연 정부에서 지
급되는 수급액만으로 생활을 영위할 수 있을지가 의문이며, 이마저도 국민기초생활수
급자의 선정요건이 까다로워 실질적인 도움을 필요로 하는 이에게 혜택이 미치지 않
는다는 지적도 꾸준히 제기되어 왔다. 특히 종래에는 부양의무자 기준이 까다로워 복
지사각지대가 존재하는 점도 큰 문제로 제기되어 왔으나 최근 부양의무자 기준을 단
계적으로 폐지하겠다는 정부 정책으로 수급권자의 범위 역시 대폭 넓어지게 되었다.

Ⅲ 사회서비스

우리나라는 사회복지사업법을 비롯하여 아동복지법, 장애인복지법, 노인복지법 등에 대한 개정을 수차례 거치면서 점차 사회적 도움과 배려가 필요한 계층에 대한 사회적 제도의 보완을 가속화하였다. 이러한 성과로 장애인을 위한 저상버스 도입 및 활동보조인제도 등과 같은 실질적인 제도가 정착되었고 노인복지 분야에서도 노인장기요양보험제도가 현실화되었다. 하지만 아직도 사회서비스 분야에 대한 국민적 혜택은 많이 미흡한 실정이다. 제도적 보완뿐만 아니라 정확하고 기초적인 역학조사가 전제되어 실질적으로 도움이 필요한 사람들에게 공평하고 합리적으로 혜택이 돌아갈 수 있도록 해야 한다.

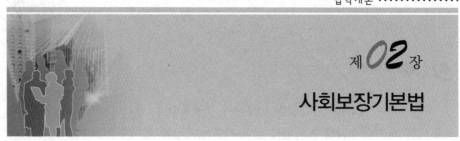

제 02 장

사회보장기본법

제1절 사회보장기본법의 연혁

우리나라가 최초로 사회보장에 대한 기본사항을 규정한 「사회보장에 관한 법률」
은 1963년에 제정되었다. 해당 법률은 단지 7개 조항만으로 이루어져 사회보장에 관
한 기본사항을 규정하고 있다고 보기에는 미흡한 점이 많이 있었다. 이후 점차 우리
나라가 경제적 성장을 이룩하면서 사회보장에 대한 구체적 필요성이 재차 제기되었
고 이에 1993년 「사회보장기본법」이 새로이 제정되었다. 2005년 개정을 통해 민간의
참여를 유도하는 조항 등이 신설되었으며 그 후 몇 차례 개정을 통해 현재에 이르게
되었다.

제2절 사회보장기본법의 목적

우리나라의 사회보장법기본법은 국민의 권리와 국가 및 지방자치단체의 책임을
정하고 사회보장제도에 관한 기본적인 사항을 규정함으로써 국민의 복지증진에 기여
하는 것을 그 목적으로 한다.

제 3 절 사회보장기본법의 특성

I 기본법적 특성

사회보장기본법은 헌법 제34조에서 규정하고 있는 인간다운 생활을 할 권리를 구체적으로 실현하기 위해 국민의 권리와 국가의 의무를 구체적으로 규정하고 있는 기본법이라고 할 수 있다.

II 유기적 특성

사회보장기본법은 헌법과 다른 구체적인 법령들 사이에 중간적인 위치를 차지하며 헌법과 개별 법령들을 연결해주는 유기적 특성을 가지고 있다. 따라서 헌법의 하위법이며 구체적 법령들의 기본법으로서 구체적인 사회보장을 실현할 수 있도록 하는 연결고리 역할을 하고 있다.

제 4 절 사회보장기본법의 내용

I 사회보장의 형태

1._ 사회보험

사회보험이란 국민에게 발생하는 사회적 위험을 보험방식에 의하여 대처함으로써 국민건강과 소득을 보장하는 제도로 국민건강보험법, 국민연금법, 고용보험법, 산업재해보상법 등을 포함하고 있다.

2._ 공공부조

국가 및 지방자치단체의 책임하에 생활유지능력이 없거나 생활이 어려운 국민의 최저생활을 보장하고 자립을 지원하는 제도를 의미하며 국민기초생활법, 의료급여법 등이 있다.

3._ 사회서비스

국가 및 지방자치단체 및 민간부문의 도움을 필요로 하는 모든 국민에게 상담, 재활, 직업소개 및 지도, 사회복지시설 이용 등을 제공하여 정상적인 사회생활이 가능하도록 지원하는 제도이다. 관련법으로는 사회복지사업법을 비롯하여 아동복지법, 노인복지법, 장애인복지법 등을 포함한다.

Ⅱ) 사회보장수급권

우리나라의 사회보장기본법은 제9조에서 모든 국민은 사회보장에 관한 관계법령이 정하는 바에 의하여 사회보장의 급여를 받을 권리를 가진다고 규정하고 있다. 이러한 사회보장의 급여를 받을 권리의 성질에 대하여는 학설이 다음과 같이 나뉘고 있다.

1._ 구체적 권리설

국가는 국민의 인간다운 생활을 할 권리를 위하여 구체적이고 직접적으로 사회보장을 실시해야 할 의무를 지닌다는 입장이다.

2._ 추상적 권리설

국가의 사회보장에 대한 의무를 구체적인 입법이 존재해야만 국가에게 그 책임을 물을 수 있고 현실적으로 구현될 수 있다고 보는 견해이다.

Ⅲ) 국가 및 지방자치단체의 책임

사회보장기본법은 사회보장에 대한 국가와 지방자치단체의 책임을 규정하고 있는데 구체적인 내용으로는 제5조에서 재원을 조달할 책임, 제6조 2항에서 자발적 복지활동을 촉진할 의무, 제31조에서는 전문인력의 양성, 학술조사 및 연구, 국제교류 증진 등에 노력할 의무, 제33조 등에서는 사회보장관련 정보의 공개 등에 관한 의무를 규정하고 있다.

제*03*장

사회보험법

제1절　국민연금법

Ⅰ 국민연금법의 의의

국민연금이란 노령이나 장애로 인하여 소득능력이 감소하거나 상실되는 등의 사회적 위험으로부터 보호하고자 하는 사회보험의 일종으로 일반 국민을 가입대상으로 한다. 이 밖에 국민연금과는 별도로 군인, 공무원, 사립학교교직원 등은 일반적인 국민연금과는 별도로 군인연금법, 공무원연금법, 사립학교교직원 연금법 등에 의해 규율된다.

Ⅱ 가 입 자

1._ 가입대상자

국민연금법 제6조에 따르면 국민연금이 가입대상으로 하는 자는 국내에 거주하는 18세 이상 60세 미만의 국민을 규정하고 있다. 하지만 군인이나 공무원, 사립학교교직원, 그 밖에 대통령령으로 정하는 자는 제외된다.

2._ 가입대상자의 종류

(1) 사업장가입자

사업장가입자라 함은 국민연금에 가입된 사업장의 18세 이상 60세 미만의 사용자 및 근로자로서 국민연금에 가입된 자를 의미한다. 국민연금에 가입하게 되는 사업장

은 1인 이상의 근로자를 사용하는 사업장 또는 주한외국기관이며 국민연금가입여부
는 의무사항이다. 따라서 지역가입자가 취업하여 사업장에서 근로를 제공하게 되면
사업장가입자의 자격을 취득하게 된다.

하지만 18세 미만이거나 60세 이상인 사용자 및 근로자 등은 본인이 희망하는 경
우에 한해 사용자의 동의를 거쳐 가입이 가능하며 국민기초생활수급자나 소재지가
일정치 않는 사업장에서 종사하는 근로자, 법인의 이사 중 소득세법 제20조 1항에 의
거해 소득이 없는 자 등은 사업장가입자의 대상에서 제외된다.

(2) 지역가입자

사업장 가입자가 아닌 국내에 거주하는 18세 이상 60세 미만의 국민은 지역가입
자에 해당된다. 다만 노령연금수급권자 및 퇴직연금 등 수급권자의 배우자로서 별다
른 소득이 없거나 18세 이상 27세 미만인 자로 학생 또는 군복무 등의 이유로 소득이
없는 자, 국민기초생활 보장법에 따른 수급권자 등에 해당하는 자는 지역가입자의 대
상에서 제외된다.

(3) 임의가입자, 임의계속가입자

임의가입자란 사업장가입자나 지역가입자의 대상에 해당되진 않지만 60세 이전
에 본인의 신청으로 연금가입신청을 하면 임의가입자가 될 수 있는 것을 의미한다.

임의계속가입자는 가입기간이 20년 미만인 가입자가 60세에 달하여 국민연금가
입자의 자격을 상실하였으나 가입액이 부족하여 연금을 지급받지 못하거나 더 많은
연금을 지급받고자 하는 경우에 65세에 달할 때까지 임의계속가입자의 자격을 취득
할 수 있다.

Ⅲ 국민연금급여의 종류

1._ 노령연금

노령이라는 사회적 위험에 제도적으로 대응하여 일정 나이에 도달하면 지급받을
수 있는 연금을 의미하며 완전노령연금과 감액노령연금, 재직자노령연금, 조기노령연
금 등으로 나누어진다.

2._ 장애연금

장애연금은 가입기간 중 발생한 질병 또는 부상이 완치되었으나 이에 따른 장애가 남아 감소된 소득부분을 보장해 주는 제도로서 본인과 가족의 안정된 생활을 위하여 지급되는 급여이다. 장애연금의 급여는 1~4급으로 분류되는 장애등급의 정도에 따라 지급액이 결정된다.

3._ 유족연금

유족연금은 국민연금에 가입하고 있던 자 또는 연금을 받던 자가 사망하여 여기에 의존하여 생계를 유지하던 가족들을 보호하기 위한 연금제도이다.

4._ 분할연금

분할연금은 이혼한 자가 배우자였던 자의 노령연금액 중에서 혼인기간을 산정하여 지급받는 연금방식을 의미하며 이 경우 혼인기간 중 국민연금에 가입하여 납부한 기간이 5년을 초과하여야 한다.

5._ 반환일시금

반환일시금이란 60세 도달이나 사망, 국외이주 등으로 국민연금에 더 이상 가입할 수는 없는 경우 연금수급조건을 충족하진 못하였으나 그동안 납부했던 보험료에 이자를 더하여 일시에 지급하는 급여를 의미한다.

> **헌재 2001. 2. 22. 99헌마365**
>
> 강제가입과 연금보험료의 강제징수를 전제로 한 국민연금제도는 자신 스스로 사회적 위험에 대처하고자 하는 개인들의 행복추구권을 침해한다고 볼 수 있다. 그러나 국민의 노령, 폐질 또는 사망에 대하여 연금급여를 실시함으로써 국민의 생활안정과 복지증진에 기여할 것을 그 목적으로 하는 국민연금법의 입법목적에 정당성이 있으며, 국가적인 보험기술을 통하여 사회적 위험을 대량으로 분산시킴으로써 구제를 도모하는 사회보험제도의 일종으로서 그 방법 또한 적정하고 필요한 최소한도로 개인의 선택권이 제한되며, 국민연금제도를 통하여 달성하고자 하는 공익이 개별적인 내용의 저축에 대한 선택권이라는 개인적 사익보다 월등히 크다고 보아야 할 것이어서 과잉금지의 원칙에 위배되지 아니하므로 결국 위 행복추구권 침해는 헌법에 위반된다고 할 수 없다.

제 2 절 국민건강보험법

Ⅰ 국민건강보험법의 의의

국민건강보험은 질병 및 부상이라는 사회적 위험으로부터 국민을 보호하고 국민건강의 증진을 향상시킴으로써 사회보장을 꾀하는 사회보험제도이다.

Ⅱ 국민건강보험법의 적용대상

1._ 직장가입자

직장가입자란 근로를 제공하고 임금을 그 대가로 지급받는 자로 임금소득자와 그 가족을 대상으로 한다. 따라서 모든 사업장의 근로자 및 사용자와 근로자, 공무원 및 교직원 등은 모두 직장가입자에 해당한다.

2._ 지역가입자

지역가입자는 직장가입자와 그 피부양자가 아닌 자를 의미하며 자영업자 등이 이에 포함된다.

Ⅲ 국민건강보험의 운영

국민건강보험법 제13조의 규정에 의하면 국민건강보험의 보험자는 국민건강보험공단이며, 국민건강보험공단은 가입자 및 피부양자의 자격관리 및 보험료의 부과 · 징수, 가입자의 건강증진업무 등을 추진하는 공법인에 해당된다. 이 밖에 건강보험심사평가원은 요양급여를 산정하고 그 적정성을 평가하는 기관이다.

Ⅳ 국민건강보험의 급여 및 재정

1._ 국민건강보험의 급여

국민건강보험의 급여는 현물급여를 원칙으로 하며 여기에는 가입자 및 피부양자
의 질병, 부상, 출산 등에 대하여 실시하는 진찰·검사, 약제·치료비 등을 지급하는
요양급여(제41조)와 보험가입자와 피부양자의 건강검진(제52조), 그리고 현물급여의 대
체적·보충적 수단으로 실시되는 현금급여 등이 있다.

2._ 재 정

(1) 보 험 료

국민건강보험의 재정은 원칙적으로 가입자 및 사용자가 부담하는 국민건강보험
료에 의해 충당된다. 직장가입자의 경우 근로자와 사용자가 50%씩 부담하며 보험료
는 표준보수월액에 보험료율을 곱하여 산정된다. 다만 사립학교교직원의 경우는 예외
적으로 가입자가 50%, 학교경영자가 30%, 국가가 20%를 부담하게 된다. 지역가입자
의 경우에는 소득, 재산 등을 종합적으로 평가한 보험료 부과점수에 의하여 보험료가
산정되며 지역가입자 전원이 연대하여 부담하게 된다.

(2) 정부보조금

국민건강보험에 대한 정부보조는 예산범위 안에서 해당 연도 보험료의 100분의
14에 해당하는 금액을 공단에 지원할 수 있다(제108조).

제 3 절 고용보험법

Ⅰ 고용보험법의 의의

고용보험법이란 실업이라는 사회적 위험에 대응하여 성립한 사회보험법의 일종
으로 근로자가 실업할 경우 생활에 필요한 급여를 실시하여 근로자의 생활안정을 도
모하고 나아가 취업활동을 꾀함으로써 사회발전에 이바지할 수 있도록 한다.

Ⅱ 고용보험법의 적용대상

　고용보험법의 적용대상 사업장은 1인 이상의 근로자를 사용하는 모든 사업 또는 사업장을 의미하나 산업의 특수성 등을 감안하여 대통령령으로 정하는 별도의 사업에 대하여는 적용하지 않는다.

　고용보험의 대상이 되는 근로자는 고용보험이 적용되는 사업장에서 사업주의 지휘·감독을 받으며 근로를 제공하고 그 대가로 임금을 지급받는 자를 의미하며 일용근로자나 계약직 공무원 중 가입을 희망하는 자 역시 고용보험의 대상에 해당된다.

Ⅲ 고용보험법의 보장내용

1._ 고용보험사업

　고용보험사업은 크게 고용안정사업과 직업능력개발사업으로 분류할 수 있다. 해당 사업은 고용보험의 피보험자 및 피보험자였던 자, 그 밖에 취업의사를 가진 자에 대한 실업의 예방, 취업촉진 및 고용기회확대, 직업능력향상의 기회를 제공한다. 구체적으로는 고용기회를 확대한 사업주에 대한 지원(제20조)과 지역고용촉진을 위한 지원(제22조), 고령자 고용촉진지원(제23조), 사업주에 대한 직업능력개발훈련 지원(제27조), 피보험자 등에 대한 직업능력개발 지원(제29조) 등이 이에 해당된다.

2._ 보장급여

(1) 실업급여

　실업급여는 근로자가 실직한 경우 일정 기간 동안 급여를 지급하여 근로자가 새로운 직장에 취업하기 전까지 근로자와 그 가족의 경제적 안정을 도모하기 위해 지급되는 급여이며 구직급여와 취업촉진수당으로 분류된다.

(2) 육아휴직급여

　육아휴직급여란 근로자가 고용상태를 유지하면서 아이의 육아를 위하여 근로의무를 면제받고 일정한 금액을 고용보험에 의해 지급받는 것을 말한다.

(3) 산전후휴가급여

　근로기준법상 사용자가 임신 중의 여성에게 출산을 전후하여 주게 되는 휴가를 산전후휴가라고 하며 고용보험에서는 산전후휴가를 받은 자에게 해당기간 중 산전후휴가급여를 지급하도록 하고 있다.

Ⅳ 고용보험료와 재정

고용보험료 중 고용안정 및 직업능력개발사업에 드는 비용은 사업주가 보험료의 전액을 부담하게 되지만 실업급여의 보험료는 사업주와 근로자가 50%씩 부담한다.

고용보험의 재정은 일반적으로 고용보험료와 고용보험기금, 국고부담 등으로 이루어진다.

제4절 산업재해보상보험법

Ⅰ 산업재해보상보험법의 의의

산업재해보상보호법은 업무상 재해라는 사회적 위험에 대처하기 위하여 국가가 운영하는 사회보험의 일종인 산업재해보상보험에 대한 기본적 사항을 규정한 법률을 의미한다. 산업재해보상보험법은 산업재해보상보험사업을 통하여 재해근로자의 재활 및 사회복귀를 촉진하고 나아가 근로자의 복지증진을 위한 사업을 시행하여 근로자 보호에 이바지하는 것을 목적으로 하고 있다(제1조).

Ⅱ 산업재해보상보험법의 적용대상

산업재해보상보험법의 적용대상 사업장은 적용제외사업을 제외하고 1인 이상의 근로자를 사용하고 있는 모든 사업 또는 사업장을 뜻한다. 적용대상사업장은 사업주의 의사와는 상관없이 당연적용된다. 이와는 달리 임의적용사업에 해당하는 사업주는 자유의사에 따라 가입신청을 할 수 있으며 근로복지공단의 승인을 거치면 산업재해 보상보험법의 적용대상이 될 수 있다.

한편 산업재해보상보험법 제6조의 규정에 따르면 위험정도나 규모 등을 고려하여 대통령령으로 정하는 사업에 대하여는 산업재해보상보험법의 적용제외사업으로 본다.

Ⅲ 산업재해보상보험법의 급여 및 재정

1._ 산업재해보상보험법의 급여

산업재해보상급여는 근로자가 업무상 재해에 의하여 부상, 질병, 장해를 얻거나 사망에 이른 경우 이를 회복하고 가족의 경제적 안정을 도모하기 위하여 지급되는 급여이다. 이러한 급여에는 요양급여, 장해급여, 휴업급여, 유족급여, 상병보상연금 등이 있다.

2._ 재   정

산재보험의 재정은 원칙적으로 사업주가 부담하는 보험료로 충당되며 이 밖에도 국고부담, 예방기금 등으로 이루어진다.

> **대판(전) 2007. 9. 28, 2005두12572**
>
> 산업재해보상보험법 소정의 '업무상 재해'라 함은 근로자와 사업주 사이에 근로계약에 터잡아 사업주의 지배·관리하에서 당해 근로업무의 수행 또는 그에 수반되는 통상적인 활동을 하는 과정에서 이러한 업무에 기인하여 발생한 재해를 말한다…… 따라서 출퇴근 중에 발생한 재해가 업무상 재해가 되기 위하여는 사업주가 제공한 교통수단을 근로자가 이용하거나 또는 사업주가 이에 준하는 교통수단을 이용하도록 하는 등 근로자의 출퇴근 과정이 사업주의 지배·관리하에 있다고 볼 수 있는 경우이어야 한다.

제 **04** 장

공공부조법

국민기초생활 보장법

I 국민기초생활 보장법의 의의

국민기초생활 보장법은 빈곤과 곤궁이라는 사회적 위험으로부터 국민을 보호하고자 하는 법으로 생활유지능력이 없거나 생활이 어려운 자에게 필요한 급여를 행하여 최저생활을 보장하고 자활을 조성하는 제도를 의미한다.

II 국민기초생활 보장법의 적용대상과 한계

국민기초생활 보장법의 적용대상인 수급권자가 되기 위해서는 근로능력여부, 연령과는 관계없이 가구의 소득, 재산이 급여 종류별 최저보장수준 이하에 해당하여야 한다. 종전에는 부양의무자의 유무나 능력이 수급권자를 결정하는 중요한 요건 중 하나였으나 최근에는 부양의무자 기준을 단계적으로 폐지하게 되면서 복지사각지대를 해소할 수 있는 계기가 될 수 있을 것으로 보인다. 최저생계비는 국민의 소득 · 지출수준과 생활 및 물가상승률 등을 감안하여 보건복지부 장관이 공표하게 된다.

III 국민기초생활 보장법의 급여 및 재정

국민기초생활 보장법의 급여에는 생계급여 및 주거급여, 교육급여, 장제급여, 의료급여 등이 포함되나 의료급여는 별도로 의료급여법에서 규정하고 있다. 국민기초생활보장사업의 재정은 국가 또는 해당 지방자치단체가 부담하는 비용으로 충당된다.

제2절 의료급여법

Ⅰ) 의료급여법의 의의

의료급여법은 생활이 어려운 자를 질병이라는 사회적 위험으로부터 보호하기 위한 제도적 장치로 국민보건의 향상과 사회복지의 증진을 꾀하고자 한다.

Ⅱ) 의료급여법의 적용대상

의료급여법의 적용을 받는 자는 국민기초생활 보장법에 의한 수급자, 재해구호법에 의한 이재민, 의사상자 등 예우 및 지원에 관한 법률에 따른 의상자 및 의사자 유족, 입양특례법에 의하여 국내에 입양된 18세 미만의 아동, 독립유공자 예우에 관한 법률 및 국가유공자 등 예우 및 지원에 관한 법률의 적용을 받고 있는 자와 그 가족으로서 국가보훈처장이 의료급여가 필요하다고 요청한 자 중 보건복지부장관이 의료급여가 필요하다고 인정한 자 등을 그 대상으로 한다(제3조 1항).

Ⅲ) 의료급여법의 급여 및 재정

의료급여법상 급여는 진찰·검사, 약제·치료재료의 지급, 처치 및 수술, 예방·재활, 입원 등을 그 내용으로 하는 의료급여와 요양비로 지급되며 이에 대한 재정은 시·도에 설치된 의료급여기금으로 충당한다. 의료급여의 비용은 대부분 의료급여기금에서 부담하나 의료급여기금에서 일부만 부담하는 경우에는 그 나머지에 해당하는 비용은 수급권자 본인이 부담하게 된다.

제**05**장
사회(복지)서비스법

Ⅰ 장애인복지법의 의의

장애인은 혼자의 힘으로는 사회생활을 정상적으로 영위해 나갈 수 없기 때문에 주변인의 배려와 국가의 도움이 절실히 요구된다. 또한 정상인들과 차별받지 않고 살아갈 수 있는 환경을 조성하여 장애인이 이 사회에서 소외되지 않도록 하는 사회통합 시스템이 필요하다. 따라서 장애인복지법은 장애인의 인간다운 삶과 권리보장을 위하여 국가와 지방자치단체의 책임을 명백히 함으로써 장애인의 생활안정과 사회활동의 참여증진을 도모하고자 하는 제도이다.

Ⅱ 장애인복지법의 적용대상

장애인복지법의 적용대상은 신체적·정신적 장애인으로 대통령령으로 정하는 장애기준에 해당하는 자를 의미하며 장애인복지법의 수급권자가 되기 위해서는 장애인 등록을 하여야 한다.

Ⅲ 장애인복지서비스의 내용 및 재정

1._ 장애인 복지급여

(1) 재활치료의 지원

장애인복지법 제18조에 따르면 국가와 지방자치단체는 장애인이 생활기능을 익히거나 되찾을 수 있도록 필요한 기능치료와 심리치료 등 재활치료를 제공하고 장애인의 장애를 보완할 수 있는 장애인 보조기구를 지원하는 등 필요한 정책을 강구하여야 한다고 규정하고 있다. 또한 장애인복지기관은 장애인에 대한 검진 및 재활상담 등을 할 수 있다(제34조)고 하고 있어 장애인의 재활치료에 대한 지원을 구체적으로 명시하고 있다.

(2) 생활환경개선에 대한 지원

국가와 지방자치단체는 장애인의 생활환경개선에 대한 지원을 실시하고 있다. 이러한 생활환경개선사업의 일환으로 장애인이 충분히 교육을 받을 수 있도록 교육내용이나 교수방법 등을 개선하도록 하는 교육환경개선, 장애인이 안심하고 활동할 수 있도록 안내판이나 신호등을 점자나 음성으로 지원토록 하는 안전환경개선 등을 주요내용으로 하고 있다.

(3) 경제적 지원

국가와 지방자치단체는 장애인의 장애정도와 소득수준에 따라 장애수당을 지급하여야 하며 장애인에게 무상 또는 우선으로 주택을 분양하거나 임대하도록 노력하고 장애인에게 중요한 이동수단인 자동차에 대한 비용부담을 줄여 주기 위한 정책을 연구하여야 한다. 이 밖에 각종 세제에 대한 감면이나 공과금에 대한 경감 등을 통하여 장애인에게 경제적 혜택을 지원하도록 하고 있다.

(4) 사회활동 지원

장애인이 사회에 복귀하여 활동할 수 있도록 국가와 지방자치단체는 직업훈련을 실시하고 생업을 위하여 공공기관 및 시설에 자판기 등을 설치하는 사업에 대하여 우선권을 부여할 수 있다.

(5) 활동보조서비스 지원

중증장애인에 대하여 국가는 활동보조인을 지원하도록 하여 활동이 보다 자유로울 수 있도록 배려할 수 있다.

2._ 장애인복지법의 재정

장애인복지서비스를 위한 재정은 예산의 일정 범위 안에서 국가와 지방자치단체의 보조금과 장애인복지서비스를 받는 해당 장애인 또는 그 부양의무자가 부담한 비용, 대통령령이 정하는 바에 따라 장애인복지실시기관이 부담하는 비용으로 충당한다.

Ⅳ) 장애인복지법의 한계

우리나라에 장애인복지법이 제정된 이래 눈부신 성과와 발전이 있었다. 하지만 장애인을 위한 인적, 물적 지원 이외에 가장 중요한 것은 장애인을 바라보는 사회적 인식개선을 위한 노력이라고 생각한다. 비록 장애를 가졌지만 뛰어난 재능과 끈질긴 노력으로 각 분야에서 인정받는 장애인들이 늘고 있어 장애인에 대한 인식이 크게 달라지기는 하였으나, 여전히 장애를 이유로 차별받거나 괴롭힘을 당하는 일은 비일비재하다. 또한 최근 들어 장애인 여성을 대상으로 하는 성범죄가 끊임없이 증가하는 현상 역시 정상인에 비하여 저항 능력이 떨어지는 장애인을 대상으로 한다는 점에서 제도적 보완과 대책이 절실히 요구된다.

제 2 절　　노인복지법

Ⅰ) 노인복지법의 의의

최근 의료기술의 발달로 노령인구가 증가하게 되면서 노인의 빈곤, 질병, 실업이 사회문제화되고 있다. 따라서 노인복지법은 노인의 질환을 예방 및 조기발견하고 치료에 임하여 노인건강에 이바지하고 노후에 안정된 삶을 살 수 있는 조치를 강구함으로써 노인복지증진에 이바지하는 법을 의미한다.

Ⅱ) 노인복지법의 적용대상

노인복지법은 원칙적으로 65세 이상의 노인을 그 대상으로 한다. 그러나 경우에 따라 65세 미만자가 수급자가 될 수도 있다.

Ⅲ 노인복지서비스의 내용 및 재정

노인복지법은 노인들의 생업지원, 국가 및 지방자치단체가 운영하는 공공시설 등을 이용할 때 그 비용을 무료 또는 경감받을 수 있도록 하는 경로우대정책 등과 같은 경제적 지원을 받을 수 있다. 또한 노인의 사회참여를 위한 지원, 보건지원 등을 받을 수 있으며 이러한 노인복지시설의 설치, 운영 등에 대한 재정은 국가 또는 지방자치단체가 충당한다.

제3절 아동복지법

Ⅰ 아동복지법의 의의 및 대상

아동복지법은 18세 미만의 아동의 복지를 위한 법으로 우리나라 최초의 사회복지서비스법이다. 아동복지법은 제1조에서 아동이 건강하고 행복하게 자라날 수 있도록 복지를 보장한다고 규정하고 있다. 최근 아동학대와 어린이 유괴, 살해 등과 같은 강력범죄에 대응하고자 몇 차례 개정과정을 거친 바 있다.

아동복지법의 적용을 받는 대상은 '아동'으로 18세 미만에 해당하는 자(제3조 1호)를 의미한다.

Ⅱ 아동복지서비스의 내용 및 재정

아동복지법에 따르면 국가 또는 지방자치단체는 아동복지시설을 설치, 운영하여 아동의 상담 및 지도 등을 할 수 있다. 이 밖에도 아동학대에 대한 예방조치 및 금지와 제재를 규제하는 조항들을 포함하고 있으며 아동의 안전과 보호를 위해 국가와 지방자치단체, 아동의 보호자, 아동복지 관련자 등에게 최선의 주의와 노력을 요할 것을 그 내용으로 하고 있다.

아동복지서비스를 위한 주요재정은 국가와 지방자치단체와 지원과 보조로 이루어지며 이외에도 직접적인 혜택을 받는 본인이나 부양의무자로부터 실비에 해당하는 금액을 징수하여 충당한다.

제 5 부

소 송 법

ntroduction to Law

제 01 편 헌법소송

제 1 장   헌법소송의 일반이론
제 2 장   헌법소송의 유형

제 *01* 장

헌법소송의 일반이론

나 달 숙*

제1절   헌법소송의 의의

헌법재판은 헌법규범의 내용이나 헌법문제에 대한 분쟁이 발생한 경우에 이를 유권적으로 해결하는 헌법의 규범력 확인과 실현 작용을 말한다. 이러한 헌법재판은 유권적 해석기관인 헌법재판소에 의한 헌법소송을 통해 이루어진다.

좁은 의미에서의 헌법소송은 사법적 기관인 법원의 제청에 의한 법률의 위헌여부를 판단하는 위헌법률심판소송을 말하며, 넓은 의미에서의 헌법소송은 이러한 법률의 위헌여부의 심판소송 외에도 헌법소원심판소송, 탄핵심판소송, 권한쟁의심판소송, 정당해산심판소송, 국민투표소송, 선거소송까지도 포함하는 것을 말한다.

헌법소송은 헌법의 최고규범성과 실효성을 담보하기 위한 것으로서, 국민이 제정한 최고규범인 헌법을 위반하는 국가활동을 통제하고, 헌법적 분쟁을 해결함으로써 국민의 기본권 보장과 헌법수호의 역할을 한다. 이러한 역할을 효과적으로 수행하기 위해서는 그 소송절차가 완비되어야 하고, 헌법재판소의 결정의 효력 및 집행력이 확보되어야 한다.

---

* 백석대학교 경찰학부 교수.

제2절 헌법재판부의 구성 및 일반심판절차

Ⅰ 헌법재판부의 구성

1._ 전원재판부와 지정재판부

헌법재판은 재판관으로 구성되는 재판부에서 진행된다. 재판부에는 재판관 9인 전원으로 구성되는 전원재판부와 재판관 3인으로 구성되는 지정재판부가 있다.

2._ 재판관의 배제

지정재판부 이외에 재판관이 재판부의 구성에서 제외되는 재판관의 제척·기피·회피가 있다. 제척이란 재판관이 구체적 사건과 특수한 관계에 있는 경우에 그 사건의 재판업무로부터 제외하는 것을 말하고, 기피란 제척사유 외에 재판관에게 공정한 재판을 기대하기 어려운 사정이 있는 경우에 재판부 구성에서 배제하는 것을 말한다. 재판관 스스로 제척·기피사유가 있다는 것을 인정하고 자발적으로 특정사건 심판에 관여하지 않는 것이 회피이다. 헌법재판에서 재판관의 배제로 헌법해석 의견 차이에 심각한 불균형을 가져올 수 있으므로 기피의 경우 동일 당사자에 대하여 2인 이상의 재판관을 기피할 수 없도록 제한하고 있다.

Ⅱ 심판정족수

헌법재판소의 재판부는 재판관 7인 이상의 출석으로 사건을 심리한다. 따라서 6인 이하의 재판관으로 구성된 재판부에서 한 결정은 결정의 부존재가 된다.

심판부의 종국심리는 권한쟁의심판, 가처분심판의 경우 재판관의 과반수의 찬성으로 사건에 관한 결정이 이루어진다. 다만 법률의 위헌결정, 탄핵의 결정, 정당해산의 결정, 헌법소원에 관한 인용결정, 종래 판시한 헌법 또는 법률의 해석적용에 관한 의견을 변경하는 경우는 재판관 6인 이상의 찬성이 있어야 한다.

Ⅲ 헌법재판의 진행절차

1._ 소송대리인

헌법재판의 심판절차에서 당사자인 사인은 변호사를 대리인으로 선임하지 아니하면 심판청구를 하거나 심판수행을 하지 못하는 변호사강제주의를 취하고 있다.

2._ 심판청구

헌법재판은 심판청구가 있어야 해당절차가 진행되는 신청주의에 의하고, 심판청구는 서면주의에 의한 방식을 취한다. 심판청구에 의해 소송관계가 형성되고 헌법재판소에의 소송계속이 발생한다. 심판청구의 전부 또는 일부를 철회하는 취하에 의해 소송은 소급적으로 소멸되고 종료된다.

3._ 사건의 심리

사건의 심리방식은 구술로 자료를 제출하는 구두변론이나 서면자료에 의한 서면심리로 진행된다. 탄핵심판, 정당해산심판, 권한쟁의심판은 반드시 구두변론을 거쳐야 하고, 위헌법률심판과 헌법소원심판은 재판부가 필요하다고 인정한 경우에 구두변론이 행해지며, 원칙적으로 서면심리에 의한다. 심리가 종결되면 재판관회의에서 사건에 대한 평의를 하며 평의는 공개하지 아니한다.

4._ 종국결정

재판부가 심리를 마친 때에는 종국결정을 한다. 종국결정을 할 때에는 사건번호와 사건명, 당사자와 심판수행자 또는 대리인의 표시, 주문, 이유, 결정일자를 기재한 결정서를 작성하고 심판에 관여한 재판관 전원이 이에 서명·날인하여야 한다. 종국결정으로 형식적 효력인 자기구속력과 형식적 확정력이 발생하고, 실질적 효력인 기판력과 결정의 성질에 따른 기속력이 발생한다.

종국결정이 선고되면 당사자에게 송달하고, 관보에 게재하여 공시한다.

> **심판유형별 사건번호**
> 헌가: 위헌법률심판, 헌나: 탄핵심판, 헌다: 정당해산심판, 헌라: 권한쟁의심판,
> 헌마: 권리구제형 헌법소원, 헌바: 위헌심사형 헌법소원, 헌사: 각종 신청사건,
> 헌아: 각종 특별사건

제**02**장
헌법소송의 유형

제1절 위헌법률심판

Ⅰ 위헌법률심판의 의의

위헌법률심판이란 법률의 위헌여부를 심사하여 위헌인 법률의 효력을 상실시키는 것을 말하며, 구체적·사후교정적 규범통제를 하고 있다. 이러한 위헌법률심판은 헌법의 최고규범성을 전제로 법률에 의한 헌법의 침해를 방지하고 헌법국가를 유지·수호하는 제도이다.

Ⅱ 심판의 대상

위헌법률심판의 대상이 되는 법률은 국회가 제정한 형식적 법률에 한정되며, 법규명령이나 행정규칙은 심판의 대상이 될 수 없다. 긴급재정경제명령과 긴급명령 그리고 법률의 효력을 갖는 조약 등의 국제법규와 같은 법률적 효력을 갖는 규범들은 심판의 대상이 된다.

Ⅲ 심판의 제청

법원에 계속 중인 소송사건의 당사자는 재판의 전제가 된 법률 또는 법률조항이 위헌이라고 판단되는 경우에 법원에 심판의 제청신청을 하며, 법원은 재판의 전제가 된 법률 또는 법률조항이 위헌이라고 판단되는 경우에 해당 법률 또는 법률조항의 위헌여부 심판을 헌법재판소에 제청할 수 있다(제청신청). 법률 또는 법률조항이 헌법에 위반되는 여부가 재판의 전제가 된 때에는 당해 사건을 담당하는 법원은 직권으로 헌법재판소에 해당 법률이나 법률조항의 위헌여부심판을 제청할 수 있다(직권신청).

법원이 법률의 위헌여부의 심판을 헌법재판소에 제청한 때에는 긴급하다고 인정되는 경우를 제외하고는 당해 소송사건의 재판은 헌법재판소의 위헌여부의 결정이 있을 때까지 정지된다. 당사자는 당해 법원이 위헌여부심판의 제청신청을 각하 또는 기각한 결정에 대하여 항고할 수 없다.

Ⅳ) 위헌심판절차

1._ 재판의 전제성

법률의 위헌여부의 심판 제청과 위헌심사형 헌법소원심판청구의 경우에 심판하려면 제청된 법률의 위헌여부가 재판의 전제성이 있어야 한다. 재판의 전제성이란 ① 소송사건이 법원에 계속중이어야 하고, ② 위헌여부가 문제되는 법률 또는 법률조항이 당해 소송사건의 재판에 적용되어야 하며, ③ 그 법률의 위헌여부에 따라 당해 사건을 담당한 법원이 다른 내용의 재판을 하게 되는 경우로 재판의 결론이나 주문의 변경을 가져오는 경우를 말한다.

2._ 심판절차 및 기준

법률의 위헌여부심판은 서면심리에 의한다. 필요한 경우 변론을 열어 당사자·이해관계인 기타 참고인의 진술을 들을 수 있고, 입법사실에 대해서 조사할 수 있다.

법률의 위헌여부를 심판하는 심판의 기준은 실정 헌법규정이지만 관습헌법도 위헌법률심판의 기준이 된다.

3._ 종국결정

헌법재판소가 하는 종국결정은 모두 결정의 형식으로 이루어진다. 종국결정의 유형으로는 각하결정, 합헌결정, 위헌결정 그리고 단순합헌결정이나 단순위헌결정이 아닌 변형결정이 있다. 변형결정에는 한정합헌결정, 한정위헌결정, 헌법불합치결정 등이 있다.

① 각하결정은 법원의 제청이 부적법하거나, 위헌심사형헌법소원의 심판청구가 부적법한 경우에 하는 결정이다. 재판의 전제성이 없는 법률이나 법률조항에 대하여 심판을 구하는 경우, 이미 헌법재판소가 위헌으로 선고한 법률이나 법률조항에 대하여 심판을 구하는 경우에도 각하결정을 한다.

② 합헌결정은 본안심리를 한 결과 재판의 전제가 되는 법률 또는 법률조항이 헌법에 합치되는 경우에 한다. 주문은 「……은 헌법에 위반되지 아니한다」로 표시하고 있다.

③ 위헌결정은 심판의 대상이 된 법률이나 법률조항이 헌법에 위반된다고 선언하는 결정이다. 주문은 「……은 헌법에 위반된다」로 표시하고 있다.

④ 한정합헌결정은 심판의 대상이 된 법률 또는 법률조항의 다의적 해석의 가능성 중에서 위헌적인 해석의 가능성을 배제하고 합헌적인 내용으로 축소한정하여 해석함으로써 법률의 효력을 유지하게 하는 결정유형이다. 주문은 「……라고 해석하는 한 헌법에 위반되지 아니한다」로 표시한다.

⑤ 한정위헌결정은 심판대상이 된 법률 또는 법률조항의 다의적 해석의 가능성 중에서 일정한 합헌적 의미를 넘어선 경우에 축소한정하여 해석함으로써 법적용을 배제하는 결정유형이다. 주문은 「…… 것으로 해석하는 한 헌법에 위반된다」로 표시한다.

⑥ 헌법불합치결정은 해당 법률이나 법률조항이 헌법에 위반되는 경우에도 위헌결정에서 오는 법의 공백을 막아 법적 안정성을 유지하기 위하여 당해 법률효력을 일정기한까지 유지시키는 결정유형이다. 주문은 「헌법에 합치되지 아니한다」, 「입법자가 개정할 때까지 그 효력을 지속한다」로 표시한다.

4._ 위헌결정의 효력발생

위헌으로 결정된 법률 또는 법률의 조항은 그 결정이 있는 날로부터 효력을 상실한다. 법률에 대한 위헌결정은 소급효를 갖지 못하며, 장래효만을 갖는다. 다만 형벌에 관한 법률 또는 법률조항은 소급하여 그 효력을 상실한다.

위헌법률심판으로서의 위헌소원(위헌심사형 헌법소원)

1._ 위헌심사형 헌법소원의 의의

위헌심사형 헌법소원이란 청구인이 법률의 위헌여부에 대한 심판제청 신청을 하였으나 법원에서 이를 기각한 경우에 그 신청을 한 당사자는 헌법재판소에 직접 헌법소원심판을 청구할 수 있는 것을 말한다. 이는 형식상은 헌법소원이지만 실제상으로는 위헌법률심판이다.

2._ 위헌심사형 헌법소원의 제기요건

위헌심사형 헌법소원을 제기하는 경우

첫째, 청구권자는 법원에 계속중인 사건에서 재판의 전제가 되는 법률에 대해 위헌법률심판제청신청을 하였으나 법원에 의해 기각된 당사자이다.

둘째, 문제가 된 법률의 위헌여부가 법원에 계속중인 사건에 대한 재판의 전제가 되어야 하는 재판의 전제성이 요구된다.

셋째, 사건 및 당사자, 위헌이라고 해석되는 법률 또는 법률조항, 위헌이라고 해석되는 이유 등을 기재한 심판청구서를 작성하여 헌법재판소에 심판을 청구하여야 한다.

3._ 위헌심사형 헌법소원의 심판절차

심판의 대상은 위헌법률심판제청의 대상으로서 문제가 되었던 법률이다. 형식적 의미의 법률뿐만 아니라 법률적 효력을 가진 긴급재정경제명령, 긴급명령, 조약 등이 심판의 대상이 된다.

재판관 3인으로 구성된 지정재판부에 의한 사전심사를 거친다. 지정재판부에서는 청구기간이 경과한 경우, 대리인의 선임이 없는 경우, 기타 청구가 부적법하고 그 흠결을 보정할 수 없는 경우에 지정재판부 재판관 전원의 일치된 의견으로 심판청구를 각하할 수 있다. 각하결정이 없는 경우에는 심판절차에 들어간다.

위헌결정을 내리기 위해서는 재판관 6인 이상의 찬성이 있어야 한다.

4._ 결정의 효력

위헌심사형 헌법소원이 인용된 경우에 당해 헌법소송과 관련된 소송사건이 이미 확정된 때에는 당사자는 재심을 청구할 수 있다(헌법재판소법 제75조 제7항). 재심과 관련하여 형사사건에서는 형사소송법을, 그 외의 사건에는 민사소송법의 규정을 준용한다.

Ⅵ 종국결정서의 송달 및 재판의 속개

헌법재판소가 종국결정을 한 경우에는 14일 이내에 대법원을 경유하여 결정서 정본을 제청한 법원에 송달한다. 결정서 정본을 송달받은 제청법원은 제청으로 정지되었던 당해 소송사건의 소송절차를 속개하여 헌법재판소의 결정에 따라 재판한다.

제 2 절 탄핵심판

Ⅰ 탄핵심판의 의의

탄핵심판제도는 통상의 사법절차나 징계절차에 의하여 법적인 책임을 추궁하기가 곤란한 통치자나 고위공직자가 헌법 또는 법률에 위반되는 행위를 한 경우에 재판을 통하여 법적인 책임을 추궁하는 제도이다. 이는 대통령이나 고위직 공무원들이 국가권력을 행사함에 있어서 야기할 수 있는 헌법의 침해나 침해 위험을 제거하여 헌법을 보호하고자 하는 것이다.

Ⅱ 탄핵의 소추

공무원이 직무집행에 있어서 헌법이나 법률을 위반한 때에는 국회의 의결로 탄핵소추를 할 수 있다. 탄핵소추 대상은 대통령, 국무총리, 국무위원, 행정각부의 장, 헌법재판소 재판관, 법관, 중앙선거관리위원회 위원, 감사원장, 감사위원 기타 법률이 정하는 공무원 등이다. 대통령에 대한 탄핵소추발의는 국회의원재적 과반수로, 탄핵소추의결은 국회의원재적 3분의 2의 찬성이 있어야 한다. 그 외 탄핵소추발의는 국회의원 재적 3분의 1 이상이 요구되며, 탄핵소추의결은 국회의원재적 과반수의 찬성이 있어야 한다.

탄핵소추의 의결을 받은 자는 탄핵심판이 있을 때까지 그 권한행사가 정지된다.

Ⅲ 탄핵심판 절차

탄핵심판의 청구는 소추위원이 의결서를 헌법재판소에 제출하여 접수한 때에 이루어진다. 이때는 지체 없이 그 등본을 피청구인에게 송달하여야 한다. 탄핵심판은 구두변론에 의한다.

Ⅳ 결정 및 효력

탄핵심판 청구의 형식적 요건을 심사한 결과 그 청구가 요건을 갖추지 못한 부적법한 경우에는 각하결정을 하며, 청구이유가 없는 경우에는 기각결정을 한다.

탄핵심판청구의 이유가 있는 경우에 인용결정을 통한 탄핵결정이 이루어지며, 탄핵결정은 재판관 9인 중 6인 이상의 찬성이 있어야 이루어진다. 탄핵결정은 공직으로부터 파면함에 그친다.

> **대통령의 탄핵결정 결과로서의 파면**
>
> 대통령의 파면을 요청할 정도로 '헌법수호관점에서 중대한 법위반'이란 자유민주적 기본질서를 위협하는 행위로서 법치국가원리와 민주국가원리를 구성하는 기본원칙에 대한 적극적인 위반행위를 뜻하는 것이고, '국민의 신임을 배반한 행위'란 '헌법수호의 관점에서 중대한 법위반'에 해당하지 않는 그 외의 행위유형까지도 모두 포괄하는 것으로서, 자유민주적 기본질서를 위협하는 행위 외에도, 예컨대, 뇌물수수, 부정부패, 국가의 이익을 명백히 해하는 행위가 그의 전형적인 예라 할 것이다. 결국 대통령의 직을 유지하는 것이 더 이상 헌법수호의 관점에서 용납될 수 없거나 대통령이 국민의 신임을 배신하여 국정을 담당할 자격을 상실한 경우에 한하여, 대통령에 대한 파면결정은 정당화되는 것이다(헌재 2004. 5. 14, 2004헌나1).

제3절 정당해산심판

I 정당해산심판의 의의

정당해산심판제도는 정당의 목적이나 활동이 헌법에 위반될 때 헌법재판소의 재판을 통하여 해산하는 제도를 말한다. 이는 정당설립과 활동의 자유를 보장하고 있으나 정당이 자유민주주의의 이념을 부인하고 헌법을 파괴하는 경우에 이를 사전에 제거하여 헌법을 보호하려는 것이다. 최근 헌법재판소는 통합진보당을 위헌정당으로 해산시킨 바 있다(헌재 2014. 12. 19, 2013다1).

II 심판의 청구

정부는 위헌정당해산의 심판을 청구할 수 있다. 정부는 국무회의의 심의를 거쳐 심판청구서를 헌법재판소에 제출함으로써 정당해산심판청구가 이루어진다. 심판청구는 현저한 잘못이 없는 한 원칙적으로 사후에 그 심판청구를 취하할 수 없다.

III 심판의 요건

정당의 목적이나 활동이 민주적 기본질서에 위배되어야 한다. 여기서 정당은 정당법에 따라 정당으로서 등록을 마친 정당을 말한다. 정당의 목적은 정강, 정책, 당헌, 당보, 당수와 간부의 연설, 기관지, 출판물, 당자료 등을 통해 판단한다. 정당의 활동은 당수와 당 간부, 평당원의 활동뿐 아니라 비당원인 추종자들의 공식적 활동 등도 포함된다.

IV 심판의 절차

헌법재판소가 청구를 접수한 때에는 지체 없이 그 등본을 정당에 송달하여야 한다. 정당의 해산심판은 구두변론에 의하며, 변론은 공개한다. 헌법재판소가 정당해산심판을 종료한 때에는 헌법재판소장은 그 사실을 국회와 중앙선거관리위원회에 통지하여야 한다.

Ⅴ 결정 및 효력

정당해산심판결정에는 각하결정, 기각결정, 해산결정이 있다. 각하결정은 정당해산심판의 청구가 부적법하다고 인정한 때에 하며, 주문은 「이 사건 심판청구를 각하한다」라고 표시한다. 기각결정은 본안판단에서 청구가 이유없는 경우에 한다. 해산결정은 청구에 이유있다고 인정하는 때에 정당의 해산을 명하는 결정이다. 해산결정은 9인의 재판관 중 6인 이상의 찬성으로 이루어진다. 정당해산결정이 선고되면 해당 정당은 해산되고, 해당 정당의 재산은 국고에 귀속된다. 대체조직의 결성이 금지되며 해산된 정당의 명칭과 같은 명칭을 사용하지 못한다.

제 4 절   권한쟁의심판

Ⅰ 권한쟁의심판의 의의

권한쟁의심판은 국가기관 상호간, 국가기관과 지방자치단체간 및 지방자치단체 상호간에 그 권한의 유무나 범위에 대하여 다툼이 있을 때 재판으로 그 권한의 유무나 범위를 확정하는 것을 말한다. 이 제도는 국가기관이나 지방자치단체 간에 배분한 권한의 수행을 원활하게 하고 상호간의 견제와 균형을 유지시켜 헌법의 규범력을 보호하기 위한 것이다.

Ⅱ 권한쟁의심판의 종류와 당사자

1._ 권한쟁의심판의 종류

권한쟁의심판으로는 국가기관 상호간, 국가기관과 지방자치단체간, 지방자치단체 상호간의 권한쟁의심판을 규정하고 있다.

국가 또는 공공단체의 기관 상호간에 권한의 유무 또는 행사에 관한 다툼이 있는 경우에 권한쟁의심판으로 다툴 수 있는 사항은 권한쟁의심판으로 다투고 이를 제외한 사항에 대해서만 보충적으로 법원에서 행정소송으로 다툴 수 있다. 지방자치단체 상호간 또는 지방자치단체장 상호간 사무를 처리함에 있어서 다툼이 있는 경우에는 당사자의 신청 또는 직권에 의하여 행정자치부장관 또는 시·도지사가 조정을 할 수 있다. 이 조정에 의해서도 분쟁을 해결하지 못하는 경우에 권한쟁의심판을 청구하게 된다.

2._ 권한쟁의심판 당사자

권한쟁의심판의 당사자는 심판을 청구하는 청구인과 그 상대방의 지위에 있는 피청구인으로, 국가기관, 국가기관의 부분, 지방자치단체이다. 국가기관은 국회, 정부, 법원 및 중앙선거관리위원회를 의미한다. 국가기관의 부분은 대통령, 국무총리, 행정각부의 장, 국무회의, 국무위원, 감사원장, 감사위원 등 정부구성원이나 국회의장, 원내교섭단체, 국회의원, 국회의 위원, 지방자치단체 장, 지방의회 등으로 권한쟁의심판 절차의 당사자로서의 지위를 갖는다. 권한쟁의심판의 당사자로서 지방자치단체는 특별시, 광역시, 도, 시, 군, 지방자치단체인 구이다.

Ⅲ) 심판의 청구

권한쟁의심판의 청구인은 피청구인의 처분 또는 부작위가 헌법 또는 법률에 의하여 부여받은 권한을 침해하였거나 침해할 현저한 위험이 있는 자이다. 피청구인은 위 침해나 침해 위험을 야기한 국가기관이나 지방자치단체이다.

권한쟁의심판은 헌법재판소에 심판청구서를 제출함으로써 이루어지며 재판관 9인의 재판부에서 구두변론으로 심리가 이루어진다. 심리를 마친 경우 종국결정을 하며 결정의 선고는 공개한다.

Ⅳ) 심판의 요건

권한쟁의심판절차에서의 권한은 헌법뿐 아니라 법률에 의해 부여되는 권한을 포함한다. 권한을 침해하였거나 침해할 현저한 위험이 있는 때에 한하여 권한쟁의심판이 이루어지는데, 침해란 현실적인 침해를 말하며 권한을 침해할 현저한 위험이란 침해의 개연성이 있고 구체적인 분쟁이 이루어질 정도로 구체화된 경우를 말한다.

Ⅴ 심판의 절차

권한쟁의심판은 재판관 7인 이상의 출석과 출석 재판관 과반수 이상의 찬성으로 결정한다.

Ⅵ 결정 및 효력

권한쟁의심판에서의 결정은 심판청구가 부적법한 경우에 행해지는 각하결정, 권한의 침해나 침해의 현저한 위험이 인정되지 않을 때에 행해지는 기각결정, 청구를 인용하는 인용결정이 있다. 인용결정에는 권한존부확인결정, 권한범위확인결정, 취소결정, 무효확인결정 등이 있다.

권한쟁의심판의 결정으로 자기구속력, 형식적 확정력, 기판력이 발생한다.

제 5 절   헌법소원심판

Ⅰ 헌법소원심판의 의의

헌법소원심판은 공권력의 행사 또는 불행사로 인하여 헌법상 보장된 기본권을 침해받은 자가 헌법재판소에 그 권리의 구제를 청구하는 것이다. 이는 기본권이 침해된 경우에 이를 구제하고 공권력으로부터 헌법질서를 보호하고 유지하기 위한 것이다.

Ⅱ 심판의 대상

헌법소원심판의 전제가 되는 것은 기본권을 침해한 공권력의 행사 또는 불행사이다. 공권력은 헌법에 의해 창설된 입법권, 행정권, 사법권 등 국가권력을 말한다.

Ⅲ 심판의 청구

헌법소원심판을 청구할 수 있는 자(청구인)는 공권력의 행사 또는 불행사로 헌법상 보장된 기본권을 침해받은 자이다. 공법인은 성질상 원칙적으로 기본권의 주체가 될 수 없으나 예외적으로 국공립대학, 지방자치단체, 국공립공영방송국, 국가에서 독립된 국책은행 등은 기본권 주체로서 기본권을 주장할 여지를 가진다.

헌법소원심판청구는 청구서를 헌법재판소에 제출함으로써 하며, 서면주의에 의한다. 헌법소원심판을 청구하는 경우에도 사인인 청구인은 직접 심판을 청구할 수 없고 변호사를 대리인으로 선임하여 청구하여야 한다. 청구인이 변호사를 대리인으로 선임할 자력이 없는 경우에는 헌법재판소에 국선대리인을 선임해 줄 것을 신청할 수 있다.

Ⅳ 심판의 요건

첫째, 기본권이 침해되어야 한다. 기본권도 어떤 기본권이 침해되고 있는지를 구체적으로 주장하여야 한다.

둘째, 기본권의 침해와 주장 간에 법적 관련성이 있어야 한다. 즉 청구인이 침해받았다고 주장하는 기본권이 자기의 기본권이어야 하고(자기관련성), 기본권의 침해가 공권력의 행사 또는 불행사로 직접 생겨야 하고(직접관련성), 현재 지금 현실적으로 존재해야 한다(현재관련성).

셋째, 헌법소원심판을 청구함에 있어서는 보충성의 원칙이 적용된다. 보충성의 원칙이란 다른 법률에 구제절차가 있는 경우에는 그 절차를 모두 거친 후가 아니면 청구할 수 없는 최종적 구제 수단으로 이용되는 것이다.

넷째, 권리보호이익이 있어야 한다. 헌법소원심판은 국민의 기본권을 구제하는 것으로 이를 청구하려면 권리보호이익이 있어야 한다.

헌법소원의 청구는 그 사유가 있음을 안 날로부터 90일 이내에, 그 사유가 있은 날로부터 1년 이내에 청구하여야 한다.

Ⓥ 심판절차

헌법재판소장은 지정재판부에서 헌법소원심판의 사전심사를 담당하게 할 수 있으며 이는 헌법재판소장의 재량사항이다. 지정재판부는 사전심사결과 ① 심판 청구가 다른 법률의 구제절차를 거치지 않고 헌법소원심판을 제기하거나, ② 법원의 재판에 대하여 헌법소원심판 청구를 하는 경우, ③ 대리인 없이 헌법소원심판을 청구하거나, ④ 기타 헌법소원심판 청구가 부적법하고 그 흠결을 보정할 수 없는 경우에는 지정재판부 재판관 전원의 일치된 의견에 의해 각하결정을 한다.

지정재판부의 전원 일치된 의사로 각하결정을 하지 아니한 경우에는 헌법소원을 재판부의 심판에 회부하여야 하며, 헌법소원심판 청구 후 30일이 경과할 때까지 각하결정이 없는 때에는 심판에 회부하는 결정이 있는 것으로 본다.

헌법소원심판은 서면심리에 의하며 변론은 공개한다.

Ⅵ 결정 및 효력

심리를 마치면 선고를 결정한다. 위헌심사형 헌법소원의 결정유형은 위헌법률심판의 결정유형과 같다. 헌법재판소가 하는 결정에는 청구가 부적법한 경우에 내리는 각하결정, 본안심리의 결과 이유가 없는 때의 기각결정, 청구를 인용하는 경우의 인용결정이 있다. 공권력의 행사 또는 불행사가 위헌인 법률 또는 법률의 조항에 기인한 것이라고 인정될 때에는 헌법재판소가 인용결정에서 당해 법률 또는 법률의 조항이 위헌임을 선고할 수 있다. 인용결정을 하는 경우에는 재판관 6인 이상의 찬성이 있어야 한다.

헌법소원의 인용결정은 모든 국가기관과 지방자치단체를 기속한다.

제 02 편 형사소송

제 *01* 장

형사소송의 기초

박 종 선*

제1절   형사소송의 의의

I 형사소송의 의의

1._ 형사소송법의 개념

형사소송법이란 형사절차를 규정하는 국가적 법률체계, 즉 형법을 적용·실현하기 위한 절차를 규정하는 법률체계를 의미한다. 형법이 구체적 사건에 적용되고 실현되기 위하여는 형법을 적용·실현하기 위한 법적 절차가 필요하다. 범죄를 수사하여 형벌을 과하고 선고된 형벌을 집행하기 위한 절차가 없으면 형법은 적용될 수 없기 때문이다. 이러한 절차를 형사절차라고하며, 형사절차를 규정하는 법률체계가 바로 형사소송법이다.

형식적 의미의 형사소송법은 형사소송법이라는 이름을 가진 법률(1954. 9. 23. 법률 제341호)을 말하며, 제1편 총칙, 제2편 1심, 제3편 상소, 제4편 특별소송절차, 제5편 재판의 집행으로 제5편 제493조와 부칙으로 되어 있다.

실질적 의미의 형사소송법은 형사절차에 관한 법규범의 총체를 말한다. 형식적 의미의 형사소송법 이외에도 법원조직법·검찰청법·변호사법·소년법·즉결심판에

---

* 백석대학교 경찰학부 교수.

관한 절차법·형사보상 및 명예회복에 관한 법률·특별사법경찰관리 집무규칙·검찰사건사무규칙 등 형사절차와 관련되는 모든 법이 포함된다.

2._ 형사절차법정주의

형사소송법에 의하여 국가형벌권을 실현함에 있어서는 필연적으로 개인의 기본적 인권을 침해하지 않을 수 없다. 형벌권을 실현하는 절차에서 개인의 자유침해를 억제하기 위하여는 형사절차를 법률에 의하여 규정할 것이 요구된다. 이를 형사절차법정주의라고 한다.

Ⅱ 형사소송법의 성격

형사소송법은 국가와 개인 사이에서 국가 통치권의 발동에 관련되는 법으로서 공법에 속하며, 재판에 관한 법으로서 사법법(司法法)에 속한다. 그리고 형사소송법은 사법법 중에서도 형사법에 속하며, 형사법 중에서도 재판의 대상이 되는 사건에 대한 판단과 평가를 하기 위한 절차법에 속한다.

제 2 절 형사소송의 이념과 구조

Ⅰ 형사소송의 지도이념

1._ 형사소송의 목적과 이념

형사소송법은 형법의 구체적 실현을 위한 절차를 규정하는 법률로서, 형사소송법에 의하여 형법은 비로소 구체적 사건에 적용될 수 있다. 형법의 적정한 적용을 위하여는 사건의 진상을 파악하여 범죄에 대한 혐의의 진부를 명백히 하고 죄 있는 자와 죄 없는 자를 구별하여 죄 있는 자를 처벌하고 죄 없는 자를 벌하지 않음으로써 판결의 실질적 정당성을 확보하여야 한다. 이러한 의미에서 형사소송의 최고이념은 실체진실의 발견에 있다고 할 수 있다.

2._ 실체진실주의

실체진실주의란 재판의 기초가 되는 사실의 인정에 관하여 객관적 진실을 발견하여 사안의 진상을 명백히 하자는 주의를 말한다. 즉 법원이 당사자의 사실상의 주장, 사실의 인부 또는 제출한 증거에 구속되지 않고 사안의 진상을 규명하여 객관적 진실을 발견하려는 소송법상의 원리가 바로 실체진실주의이다.

3._ 적정절차의 원리

적정절차의 원칙은 형사절차가 공정한 법정절차에 의하여야 한다는 원칙을 말한다. 헌법 제12조 1항이 "누구든지 법률에 의하지 않고는 체포·구속·압수·수색 또는 심문을 받지 아니하며, 법률과 적정한 절차에 의하지 아니하고는 처벌·보안처분 또는 강제노역을 받지 아니한다"고 규정하고 있는 것은 적정절차의 원칙을 규정하고 있는 일반조항이라고 할 수 있다.

4._ 신속한 재판의 원칙

신속한 재판의 원칙이란 형사재판절차가 적정한 기간 내에 종료되어야 한다는 원칙을 말한다. 헌법 제27조 3항에서 신속한 재판을 받을 권리를 형사피고인의 기본적 인권으로 보장하고 있다. 신속한 재판은 실체진실의 발견, 소송경제, 재판에 대한 국민의 신뢰와 형벌목적의 달성과 같은 공공의 이익에 그 근거를 두고 있다.

Ⅱ 형사소송의 기본구조

1._ 소송구조론

형사소송은 소송주체의 활동을 전제로 하여 전개된다. 소송의 주체가 누구이고 소송주체 사이의 관계를 어떻게 구성할 것인가에 대한 이론을 소송구조론이라고 한다. 소송의 이념을 달성하기 위하여는 적절한 소송구조를 확립하여야 한다.

형사소송법은 탄핵주의 소송구조를 취하고 있으며, 탄핵주의 소송구조에는 대륙의 직권주의와 영미의 당사자주의가 있다.

2._ 규문주의 소송구조와 탄핵주의 소송구조

(1) 규문주의

규문주의란 법원이 스스로 절차를 개시하여 심리·재판하는 주의를 말한다. 이러한 규문주의에 있어서는 소추기관이나 피고인도 없이 오직 심리·재판하는 법관과 그 조사·심리의 객체가 있을 뿐이다. 이러한 규문주의는 프랑스혁명을 계기로 형사소송의 구조에서 자취를 감추게 되었다.

(2) 탄핵주의

탄핵주의는 재판기관과 소추기관을 분리하여 소추기관의 공소제기에 의하여 법원이 절차를 개시하는 주의를 말한다. 탄핵주의에서 법원은 공소제기된 사건에 대하여만 심판할 수 있다는 불고불리의 원칙이 적용되고 피고인도 소송의 주체로서 절차에 관여하는 형사절차는 소송의 구조를 갖게 된다.

3._ 당사자주의 소송구조와 직권주의 소송구조

(1) 당사자주의

당사자주의란 당사자, 즉 검사와 피고인에게 소송의 주도적 지위를 인정하여 당사자 사이의 공격과 방어에 의하여 심리가 진행되고 법원은 제3자의 입장에서 당사자의 주장과 입증을 판단하는 소송구조를 말한다.

(2) 직권주의

직권주의란 소송에서의 주도적 지위를 법원에게 인정하는 소송구조를 말한다. 따라서 직권주의에서는 ① 법원이 실체진실을 발견하기 위하여 검사나 피고인의 주장 또는 청구에 구속받지 않고 직권으로 증거를 수집·조사해야 하며(직권탐지주의), ② 소송물은 법원의 지배 아래 놓이게 되고 따라서 법원이 직권으로 사건을 심리할 것을 요구한다(직권심리주의).

4._ 우리 형사소송법의 기본구조

우리의 현행 형사소송법은 직권주의와 당사자주의를 혼합·절충한 구조를 취하고 있다. 즉 직권주의를 기본구조 내지 기초로 하면서도 형식적으로는 당사자주의구조를 취하여 당사자주의와 직권주의를 조화한 것이 우리 형사소송의 구조이다.

제02장

소송의 주체

Ⅰ 소송의 주체

소송은 절차이므로 일정한 주체를 전제로 하여 그 주체의 활동에 의하여 비로소 성립하고 발전하게 된다. 소송을 성립시키고 발전하게 하는 데 필요한 최소한의 주체를 소송의 주체라고 한다.

소송의 주체에는 법원·검사·피고인이 있다. 이를 소송의 3주체라고 한다.

Ⅱ 소송관계인

소송관계인은 소송당사자인 검사와 피고인, 그리고 보조자인 변호인과 보조인 등을 함께 일컫는 개념이다. 증인·감정인·고소인·고발인은 소송관여자로 소송의 주체가 아닐 뿐 아니라 소송에 대한 적극적인 형성력이 없기 때문에 소송관계인과 구별된다.

소송주체		법원·검사·피고인	
소송관계인	당사자	검사	피고인
	보조자	사법경찰관리	변호인·보조인
소송관여자		증인·감정인·고소인·고발인	

제 2 절   법   원

Ⅰ 법원의 의의와 종류

1._ 법원의 의의

법원이란 사법권을 행사하는 국가기관을 말한다(헌법 제101조). 법률상의 쟁송에 관하여 심리·재판하는 권한과 이에 부수하는 권한을 사법권이라고 한다. 공정한 재판을 보장하여 개인의 자유와 권리를 보호하기 위하여는 법원을 사법권의 독립이 보장된 법원에 의하여 구성되어야 한다.

2._ 법원의 종류

법원에는 최고법원인 대법원과 하급법원인 고등법원과 지방법원·가정법원이 있다. 최고법원인 대법원은 서울특별시에 두며, 대법원장과 대법관으로 구성된다. 고등법원과 지방법원은 고등법원장 또는 지방법원장과 법률로 정한 수의 판사로 구성되며, 고등법원장과 지방법원장도 판사로써 보한다.

Ⅱ 법원의 구성

법원을 구성하는 방법에는 1인의 법관으로 구성되는 단독제와 2인 이상의 법관으로 구성되는 합의제가 있다. 형사소송에 있어서 제1심법원에는 단독제와 합의제를 병용하고 있으나 단독제가 원칙이 되고 있음에 반하여, 상소법원은 합의제로 구성되어 있다. 심급을 기준으로 1심법원과 상소법원이 있고, 구성방법에 따라 합의부법원과 단독법원이 있다. 재판은 사건에 따라 한사람의 판사가 하는 단독심과, 3인의 판사로 구성된 합의부가 있다. 원칙적으로 단기 1년 이상의 징역에 해당하는 사건은 합의부의 관할이다. 단독판사가 한 재판에 대하여는 지방법원의 항소부, 합의부에서 한 재판에 대하여는 고등법원에 각 항소를 할 수 있고 이에 대하여는 다시 대법원에 각 상고할 수 있다.

Ⅲ 법원의 관할

1._ 관할의 의의와 종류

(1) 관할의 의의

관할은 재판권의 행사를 위하여 개별법원에 분배된 직무의 분담을 의미한다. 관할은 특정법원이 특정사건을 재판할 수 있는 권한을 의미한다는 점에서 법원의 일반적·추상적 심판권을 의미하는 재판권과 구별된다.

(2) 관할의 종류

관할은 사물관할과 직무관할로 구분할 수 있다. 통상 관할이라고 할 때에는 피고사건 자체의 심판에 관한 관할인 사건관할을 의미한다. 직무관할은 피고사건과 관련된 특수절차의 심판에 관한 관할로, 재심청구사건, 비상상고사건, 재정신청사건 등이 여기에 해당한다.

2._ 법정관할

(1) 고유의 법정관할

1) 사물관할

사건의 경중이나 성질에 따른 제1심 법원의 관할의 분배를 말한다. 사물관할은 원칙적으로 지방법원 또는 지원의 단독판사에 속한다. 그러나 ① 사형·무기 또는 단기 1년 이상의 징역이나 금고에 해당하는 사건과 이와 동시에 심판할 공범사건, ② 지방법원 판사에 대한 제척·기피사건, ③ 법률에 의하여 지방법원 합의부의 권한에 속하는 사건 및 ④ 합의부에서 심판할 것으로 합의부가 스스로 결정한 사건은 합의부에서 심판한다.

2) 토지관할

토지관할은 범죄지, 피고인의 주소·거소·현재지로 한다. 범죄지란 범죄사실의 전부 또는 일부가 발생한 장소이다. 주소와 거소는 민법상의 개념에 의한다. 현재지란 임의 또는 적법한 강제에 의하여 피고인이 현재하는 장소를 말한다. 주소, 거소, 현재지는 공소제기시를 기준으로 판단한다.

3) 심급관할

심급관할이란 상소관계에 있어서의 관할을 말한다. 상소에는 항소·상고·항고가 있다.

제1심		제2심		제3심
합의부	→	고등법원	→	대법원
		(지방법원 및 지원)		
단독판사	→	지방법원본원합의부	→	대법원
(지방법원 및 지원)		(항소부)		

(2) 관련사건의 관할

관련사건이란 관할이 인정된 하나의 피고사건을 전제로 하여 그 사건과 주관적 또는 객관적 관련성이 인정되는 사건을 말한다. 형사소송법은 ① 1인이 범한 수죄, ② 수인이 공동으로 범한 죄, ③ 수인이 동시에 동일 장소에서 범한 죄, ④ 범인은닉죄, 증거인멸죄, 위증죄, 허위감정통역죄 또는 장물에 관한 죄와 그 본범의 죄를 관련사건으로 인정하고 있다.

3._ 재정관할

재정관할이란 법원의 재판에 의하여 정하여지는 관할을 말하며 관할의 지정, 관할의 이전이 해당된다.

관할의 지정사유로는, ① 법원의 관할이 명확하지 아니한 때, ② 관할위반을 선고한 재판이 확정된 사건에 대하여 다른 관할법원이 없을 때이다.

관할의 이전사유로는, ① 관할법원이 법률상 이유 또는 특별한 사정으로 관할권을 행사할 수 없을 때, ② 범죄의 성질, 지방의 민심, 소송의 상황 기타 사정으로 재판의 공평을 유지하기 어려울 염려가 있을 때이다.

4._ 관할위반의 효과

관할권의 존재는 소송조건이다. 법원은 직권으로 관할을 조사하여야 하며, 관할권이 없음이 명백한 때에는 관할위반의 선고를 하여야 한다. 관할을 위반하여 선고한 판결은 항소이유가 된다.

Ⅳ) 제척·기피·회피

1._ 제척·기피·회피제도의 필요성

재판은 공정해야 한다. 공정한 재판은 공평한 법원의 존재를 전제로 한다. 그러나 구체적인 특정사건의 재판에 있어서 개인적인 특수 관계로 인하여 불공평한 재판을 할 우려가 있는 법관이 재판에 관여한다면 공정한 재판을 기대할 수 없다. 따라서 공평한 법원의 구성을 구체적으로 보장하기 위하여 마련된 제도가 제척·기피·회피제도이다.

2._ 제척사유

제척사유는 ① 법관이 피해자인 때, ② 법관이 피고인 또는 피해자의 친족 또는 친족관계가 있었던 자인 때, ③ 법관이 피고인 또는 피해자의 법정대리인, 후견감독인인 때, ④ 법관이 사건에 관하여 피해자의 대리인 또는 피고인의 대리인, 변호인, 보조인으로 된 때, ⑤ 법관이 이미 해당 사건에 관여하였을 때이다.

3._ 기피사유

기피란 법관이 제척사유에 해당하거나 법관이 불공평한 재판을 할 염려가 있는 때에 당사자의 신청에 의하여 그 법관을 직무집행에서 탈퇴케 하는 제도이다.

4._ 회피사유

회피란 법관이 스스로 기피의 원인이 있다고 판단한 때에 자발적으로 직무집행에서 탈퇴하는 제도이다.

제3절 검 사

Ⅰ) 검사의 성격

검사는 검찰권을 행사하는 권한을 가진 관청이다. 검사는 행정부인 법무부에 소속된 행정공무원이라는 점에서 사법부에 소속된 법관과 다르다. 검사는 범죄수사로부터 재판의 집행에 이르기까지 형사절차의 모든 단계에 관여하여 형사사법의 정의를 실현하는 능동적이고 적극적인 국가기관이라 할 수 있다.

Ⅱ 검사의 소송법상 지위

검사는 범죄의 혐의가 있다고 사료하는 때에는 범인, 범죄사실과 증거를 수사하는 수사의 주재자로서 범죄를 직접 수사할 뿐만 아니라(수사권), 공소의 제기 여부를 결정한다(수사종결권).

제4절 피고인

Ⅰ 피고인의 의의

피고인이라 함은 검사에 의하여 범죄를 범하였다는 혐의를 받고 공소가 제기된 자로서 법원에 재판이 계속되어 있다는 점에서 수사대상인 피의자나 유죄판결이 확정된 수형자와 구별된다.

Ⅱ 피고인의 소송법상 지위

1._ 소송당사자로서의 지위

피고인은 검사의 공격에 대한 방어자로서 수동적인 당사자이다. 현행법은 피고인의 당사자적 지위에 기인하여 방어권과 소송절차참여권을 부여하고 있다.

2._ 인적 증거방법으로서의 지위

피고인은 당사자의 지위에 있기 때문에 순수한 의미에서의 증거방법으로는 인정될 수 없으나, 피고인의 임의의 진술은 증거가 될 수 있다. 따라서 피고인은 인적 증거방법으로서의 지위를 가진다.

3._ 절차의 대상으로서의 지위

피고인은 소환·구속·압수·수색 등 강제처분의 객체가 된다. 이것을 피고인의 강제처분 대상으로서의 지위 또는 절차의 대상으로서의 지위라 한다.

제5절　변 호 인

Ⅰ) 변호인제도의 의의

변호인이라 함은 피고인 또는 피의자의 방어권을 보충하는 것을 임무로 하는 보조자를 말한다. 검사의 공격에 맞설 수 있는 방어무기의 대등성 확보와 공정한 재판의 실현을 위하여 인정되는 것이 변호인제도이다.

Ⅱ) 변호인의 선임

1._ 사선변호인

사선변호인이라 함은 피고인·피의자 또는 그와 일정한 관계에 있는 자가 선임한 변호인을 말한다.

2._ 국선변호인

(1) 의의와 제도적 취지

국선변호인이라 함은 법원에 의하여 선임된 변호인을 말한다. 국선변호인의 선정사유에 해당하는 경우에 피고인에게 변호인이 없거나 변호인이 출석하지 아니한 때에는 개정이나 심리를 진행할 수 없으므로, 법원은 직권으로 국선변호인을 선정하여야 한다.

(2) 국선변호인 선정사유

1) 필요적 선정사유

피고인이 구속된 때, 피고인이 미성년자인 때, 피고인이 70세 이상인 때, 피고인이 농아자인 때, 피고인이 심신장애의 의심이 있는 때, 피고인이 사형·무기 또는 단기 3년 이상의 징역이나 금고에 해당하는 사건으로 기소된 때(제33조 1항) 법원은 직권으로 변호인을 선정하여야 한다.

2) 청구에 의한 선정사유

피고인이 빈곤, 그 밖의 사유로 변호인을 선임할 수 없는 경우에 피고인의 청구가 있는 때에 변호인을 선정하여야 한다(동조 2항). 또한 법원은 피고인의 연령·지능 및 교육 정도 등을 참작하여 권리보호를 위하여 필요하다고 인정하는 때에는 피고인의 명시적 의사에 반하지 아니하는 범위 안에서 변호인을 선정하여야 한다(동조 3항).

3) 체포·구속적부심사

체포·구속적부심사를 청구한 피의자에게 변호인이 없는 때에는 국선변호사건의 근거규정인 제33조를 준용하여 변호인을 선정하여야 한다(제214조의2 10항).

4) 피의자 심문과 구속

영장실질심사에서 심문할 피의자에게 변호인이 없는 때에는 변호인을 선정하여야 한다(제201조의2 8항).

5) 재심사건

재심 개시결정이 확정된 사건에 있어서, 사망자 또는 회복할 수 없는 심신장애자를 위하여 재심청구가 있는 때 및 유죄의 선고를 받은 자가 재심을 판결 전에 사망하거나 회복할 수 없는 심신장애자로 된 때에는 변호인을 선정하여야 한다(제438조 4항).

6) 아동·청소년 성폭력 피해자

아동·청소년 성폭력 피해자에게 변호인이 없는 경우에 검사는 변호인을 지정하여야 한다(아동·청소년의 성보호에 관한 법률 제30조).

7) 기 타

군사법원 관할사건(군사법원법 제62조 1항), 치료감호청구사건(치료감호법 제15조 2항), 국민참여재판(국민의 형사재판 참여에 관한 법률 제7조)의 경우 피의자에게 변호인이 없는 경우 변호인을 선정하여야 한다.

제03장
수사와 공소

제1절   수   사

I 수사와 수사기관

1._ 수사의 개념

형사절차는 수사에 의하여 개시된다. 즉 수사란 범죄혐의의 유무를 명백히 하여 공소의 제기와 유지 여부를 결정하기 위하여 범인을 발견·확보하고 증거를 수집·보전하는 수사기관의 활동을 말한다.

2._ 수사기관

수사기관이란 법률상 수사의 권한이 인정되어 있는 국가기관을 말한다. 수사기관에는 검사와 사법경찰관이 있으며 검사는 수사지휘권이 있다.

그러나 2020년 2월 4일 법개정에 의하여 종전 검사의 수사지휘권이 검사와 사법경찰관이 서로 협력관계로(법 제195조) 변경되었다.[1]

따라서 검사(제196조)와 사법경찰관인 경무관, 총경, 경정, 경감, 경위는 모든 수사의 주재자이고(제197조 1항), 경사와 경장, 순경은 사법경찰관리로서 수사를 보조하여야 한다(제197조 2항).

---

1) 법 제195조와 제196조는 2018년 6월 21일 법무부장관과 행정안전부장관이 발표한 「검·경 수사권 조정합의문」 취지에 따라 검찰과 경찰로 하여금 국민의 안전과 인권수호를 위하여 서로 협력하게 하고, 수사권이 국민을 위해 민주적이고 효율적으로 행사하려는 목적으로 2020년 2월 4일 법률 제16924호로 개정되어 2021년 1월 1일 시행되었다.

Ⅱ 수사의 조건

1._ 개   념

수사의 조건이란 수사의 개시와 그 진행·유지에 필요한 조건을 말한다. 수사의 필요성과 상당성이 문제된다.

2._ 수사의 필요성

(1) 의   의

수사는 임의수사와 강제수사를 불문하고 수사의 목적을 달성하기 위하여 필요한 때에만 할 수 있다. 이에는 범죄혐의와 공소제기 가능성을 들 수 있다.

(2) 범죄의 혐의와 수사

수사는 수사기관의 주관적 혐의에 의하여 개시된다. 따라서 혐의 없음이 명백한 사건에 대한 수사는 허용되지 않는다. 이때 수사기관의 주관적 혐의는 구체적 사실에 근거를 둔 혐의일 것을 요한다.

(3) 소송조건과 수사

수사는 공소제기의 가능성이 있음을 요건으로 한다. 따라서 공소제기의 가능성이 없는 사건에 대하여는 수사가 허용되지 않는다.

3._ 수사의 상당성

(1) 의   의

수사의 필요성이 인정되는 경우에도 수사의 수단은 수사의 목적을 달성하는 데 있어서 상당해야 한다는 원칙을 말한다. 수사의 신의칙과 수사비례의 원칙을 내용으로 한다.

(2) 수사의 신의칙과 함정수사

수사는 국민의 신뢰를 침해하는 형태로 이루어져서는 안 된다는 원칙을 말한다. 수사의 신의칙과 관련하여 문제되는 것이 함정수사이다. 즉 수사기관이 범죄를 교사하여 그 실행을 기다려 범인을 체포하는 수사방법을 말한다.

이러한 함정수사에는 이미 범의를 가지고 있는 자에 대하여 범죄에 나갈 기회를 제공한 기회제공형 함정수사와, 범의가 없는 자에게 범의를 유발한 범의유발형 함정

수사가 있다. 기회제공형 함정수사는 적법하나 범의유발형 함정수사는 위법하다.

> **손님을 가장하여 도우미를 불러낸 사건**
> 경찰관이 노래방의 도우미 알선 영업 단속 실적을 올리기 위하여 그에 대한 제보나 첩보
> 가 없는데도 손님을 가장하고 들어가 도우미를 불러낸 사안에서, 위법한 함정수사로서
> 공소제기가 무효이다(대판 2005. 10. 28, 2005도1247).

(3) 수사비례의 원칙

수사비례의 원칙이란 수사처분은 그 목적을 달성하기 위한 최소한도에 그쳐야 한
다는 원칙이다. 수사비례의 원칙은 특히 강제수사를 하기 위한 요건으로서 의미를 가
지게 된다.

Ⅲ 수사의 개시

1._ 수사의 단서

수사는 수사기관이 범죄의 혐의가 있다고 사료하는 때에 개시되는데, 수사기관이
범죄의 혐의가 있다고 인정하게 된 사유를 수사의 단서라고 한다.

수사의 단서에는 수사기관 자신의 체험에 의한 경우와 타인의 체험을 근거로 한 경
우가 있다. 현행범인의 체포·변사자의 검시·불심검문·방송의 보도·신문·잡지 등
이 전자에 속하며, 고소·고발·자수·진정·탄원·투서·신고 등이 후자에 속한다.

2._ 변사자의 검시

변사자의 검시란 사람의 사망이 범죄로 인한 것인가를 판단하기 위하여 수사기관
이 변사자의 상황을 조사하는 것을 말한다(제222조 1항). 검시의 결과 범죄의 혐의가 인
정될 때에는 수사가 개시된다. 따라서 변사자의 검시는 수사가 아니라 수사 전의 처
분, 즉 수사의 단서에 지나지 않는다.

3._ 불심검문

불심검문은 경찰관이 거동이 수상한 자를 발견한 때에 이를 정지시켜 질문하는
것을 말한다(경찰관직무집행법 제3조 1항). 불심검문은 정지와 질문 및 질문을 위한 동행요

구를 그 내용으로 한다. 불심검문에 수반하여 흉기 기타 물건의 소지 여부를 밝히기 위한 소지품검사를 할 수 있다.

4._ 고 소

고소란 범죄의 피해자 또는 그와 일정한 관계에 있는 고소권자가 수사기관에 대하여 범죄사실을 신고하여 범인의 소추를 구하는 의사표시이다.

친고죄에 대하여는 범인을 알게 된 날로부터 6월을 경과하면 고소하지 못하며(제230조 1항), 고소권이 있는 자라 하더라도 자기 또는 배우자의 직계존속을 고소하지 못한다(제224조). 다만, 성폭력범죄에 대하여는 자기 또는 배우자의 직계존속을 고소할 수 있다(성폭력범죄의 처벌 등에 관한 특례법 제18조).

고소의 취소는 제1심 판결 선고 전까지 할 수 있다(제232조 1항).

5._ 고 발

고발이란 고소권자와 범인 이외의 사람이 수사기관에 대하여 범죄사실을 신고하여 그 소추를 구하는 의사표시를 말한다. 누구든지 범죄가 있다고 사료하는 때에는 고발할 수 있다(제234조 1항). 그러나 자기 또는 배우자의 직계존속은 고발하지 못한다(제235조). 고발은 대리인에 의한 고발이 인정되지 않으며, 고발기간에도 제한이 없다. 고발은 취소한 후에도 다시 고발할 수 있다는 점에서 고소와 구별된다.

구　　분	고　　소	고　　발
주　　체	고소권자	제3자
기　　간	비친고죄는 무제한 친고죄는 범인을 안 날로부터 6월	제한없다
대　　리	허용	불허
취소시기	제1심판결 선고전	부제한
취소 후의 재고소 · 재고발	불허	허용
헌법소원	고소인 가능	고발인 불가능

Ⅳ) 임의수사

1._ 임의수사와 강제수사

(1) 의   의

임의수사란 강제력을 행사하지 않고 상대방의 동의·승낙을 받아서 행하는 수사를 말하며, 강제수사란 상대방의 의사여하를 불문하고 강제적으로 행하는 수사를 말한다. 임의수사에는 영장주의가 적용되지 않으나, 강제수사의 경우에는 영장주의가 적용되며, 임의수사에 비하여 강제수사에는 엄격한 법적규제가 가해지므로 법정의 요건과 절차를 준수하지 않으면 그로 인해 획득한 증거는 위법수집증거배제법칙에 의하여 증거능력이 부정된다.

(2) 임의수사의 원칙과 강제수사의 규제

1) 임의수사의 원칙

수사는 원칙적으로 임의수사에 의하고 강제수사는 법률에 규정된 경우에 한하여 예외적으로 허용된다는 원칙을 말한다(제199조 1항).

2) 강제수사의 규제

강제수사는 상대방의 의사에 반하여 강제력을 사용하는 것으로서 체포·구속, 압수·수색·검증이 여기에 해당한다.

강제수사는 법률에 특별한 규정이 있는 경우에 한하며(강제수사법정주의), 필요최소한도의 범위 내에서만 하여야 한다(수사비례의 원칙). 또한 강제수사는 인권을 제한하므로 사전에 강제수사의 필요성, 상당성 등에 대하여 사법적 심사를 받아야 하며(영장주의), 사후적 구제제도로서 체포·구속적부심사제도, 수사기관의 구속·압수·압수물의 처분에 대한 준항고, 수사기관의 위법·부당한 처분으로 인한 손해배상청구, 자백의 증거능력제한 등이 있다.

2._ 피의자 신문의 방법

검사 또는 사법경찰관은 수사에 필요한 때에는 피의자의 출석을 요구하여 진술을 들을 수 있다(제200조). 피의자는 출석할 의무가 없으므로 출석을 거부할 수 있고, 일단 출석하더라도 언제든지 퇴거할 수 있다.

검사 또는 사법경찰관은 피의자를 신문하기 전에 피의자에게 진술거부권과 변호인의 피의자신문참여권을 고지하여야 한다(제244조의3 1항). 진술거부권을 고지하지 않고 신문한 진술을 기재한 피의자신문조서는 증거능력이 없다. 진술거부권과 변호인의 조력을 받을 권리를 행사할 것인지의 여부에 대한 피의자의 답변은 반드시 조서에 기재해야 한다(제244조 1항). 검사가 피의자를 신문함에는 검찰청수사관 또는 서기관이나 서기를 참여하게 하여야 하고, 사법경찰관이 피의자를 신문함에는 사법경찰관리를 참여하게 하여야 한다(제243조).

피의자의 신문조서는 피의자에게 열람하게 하거나 읽어주어야 하고, 진술한 대로 기재되지 아니하였거나 사실과 다른 부분의 유무를 물어 피의자가 증감 또는 변경의 청구 등 이의를 제기하거나 의견을 진술한 때에는 이를 조서에 추가로 기재하여야하고, 피의자가 조서에 이의나 의견이 없음을 진술한 때에는 피의자가 그 취지를 자필로 기재한 후, 조서에 간인한 후에 서명 또는 기명날인하여야 한다(제244조의3 2항).

제 2 절 강제처분과 강제수사

Ⅰ 체포와 구속

1._ 체   포

(1) 체포의 의의

체포는 죄를 범하였다고 의심할 만한 상당한 이유가 있는 피의자를 48시간 동안 수사관서 등 일정한 장소에 인치하는 제도이다. 피의자에 대한 신체의 자유를 억압하는 강제처분이라는 점에서는 구속과 같으나 그 기간이 단기이고, 요건이 완화되어 있다는 점에서 구속과 구별된다. 체포에는 체포영장에 의한 체포(통상체포), 긴급체포, 현행범인체포가 있다.

(2) 체포영장에 의한 체포(통상체포)

1) 의   의

통상체포란 수사기관이 사전에 법관의 체포영장을 발부받아 피의자를 체포하는 것을 말한다.

2) 요 건

① **범죄혐의의 상당성**   체포영장을 발부하기 위하여는 피의자가 죄를 범하였다고 의심할 만한 상당한 이유가 있어야 한다(제200조의2 1항). 즉 범죄혐의가 존재하여야 하며, 이때 범죄혐의는 수사기관의 주관적 혐의로는 부족하고 객관적 혐의를 의미하며, 무죄의 추정을 깨뜨릴 수 있을 정도의 유죄판결에 대한 고도의 개연성이 있어야 한다.

② **체포사유**   피의자를 체포하기 위하여는 피의자가 정당한 이유 없이 수사기관의 출석요구에 응하지 아니하거나 응하지 아니할 우려가 있어야 한다(제200조의2 1항). 다만, 다액 50만원 이하의 벌금, 구류 또는 과료에 해당하는 경미사건에 관하여는 피의자가 일정한 주거가 없는 경우 또는 정당한 이유 없이 제200조의 규정에 의한 출석요구에 응하지 아니한 경우에 한한다(동조 1항 단서).

3) 절 차

① **체포영장의 청구**   체포영장의 청구권은 검사에게 있으며, 사법경찰관은 검사에게 신청하여 검사의 청구로 체포영장을 발부받아야 한다(동조 1항).

② **체포영장의 발부**   체포영장의 청구를 받은 지방법원판사는 상당하다고 인정할 때에는 체포영장을 발부한다(동조 2항). 구속영장과 달리 체포영장 발부시에 피의자신문은 인정되지 않는다.

③ **체포영장의 집행**   체포영장은 검사의 지휘에 의하여 사법경찰관리 또는 교도관리가 집행한다(제81조 1항·3항). 체포영장을 집행함에는 체포영장을 피의자에게 제시하여야 하며(제85조 1항), 이때 피의자에게 범죄사실의 요지·체포이유·변호인을 선임할 수 있음을 말하고 변명할 기회를 준 후가 아니면 피의자를 체포할 수 없다(제72조). 다만, 체포영장을 소지하지 아니한 경우에 급속을 요하는 때에는 범죄사실의 요지와 영장이 발부되었음을 고지하고 집행할 수 있으나 집행이 완료된 후에는 신속히 체포영장을 제시하여야 한다(제85조 3항·4항).

④ **집행후의 절차**   체포된 피의자를 구속하고자 할 때에는 체포한 때로부터 48시간 이내에 구속영장을 청구하여야 하고 그 기간 내에 구속영장을 청구하지 아니하는 때에는 즉시 석방하여야 한다(제200조의2 5항). 체포영장에 의하여 체포된 피의자에게도 체포적부심사청구권이 인정된다(제214조의2 1항). 체포영장에 의하여 체포된 피의자를 구속영장에 의하여 구속한 때에는 구속기간은 체포된 때부터 기산한다(제203조의2).

(3) 긴급체포

1) 의 의

긴급체포란 중대한 죄를 범하였다고 의심할 만한 상당한 이유가 있는 피의자를 수사기관이 법관의 체포영장을 발부받지 않고 체포하는 것을 말한다. 현행범인 체포와 함께 영장주의의 예외가 인정되는 경우이다. 다만, 긴급체포는 범행과 체포사이의 시간적 접속성이 인정되지 않는 점에서 현행범인의 체포와 구별된다.

2) 요 건

① 범죄의 중대성   피의자가 사형·무기 또는 장기 3년 이상의 징역이나 금고에 해당하는 죄를 범하였다고 의심할 만한 상당한 이유가 있어야 한다(제200조의3 1항).

② 체포의 필요성   피의자가 증거를 인멸할 염려가 있거나 도망 또는 도망할 염려, 즉 구속사유가 있어야 한다(제200조의3 1항).

③ 체포의 긴급성   긴급을 요하여 지방법원판사의 체포영장을 받을 수 없을 것을 요한다(제200조의3 1항). 긴급을 요한다 함은 피의자를 우연히 발견한 경우 등과 같이 체포영장을 받을 시간적 여유가 없는 때를 말한다(제200조의3 1항 후단).

3) 절 차

검사 또는 사법경찰관은 피의자에게 긴급체포를 한다는 사유를 알리고 영장없이 피의자를 체포할 수 있다(동조 1항). 사법경찰관이 긴급체포를 한 경우에는 즉시 검사의 승인을 받아야 한다(동조 2항). 긴급체포시에는 범죄사실의 요지와 변호인선임권이 있음을 말하고 변명할 기회를 주어야 한다(제200조의5·제72조).

(4) 현행범인 체포

1) 의 의

현행범인은 고유한 의미의 현행범인과 준현행범인으로 나누어진다.

① 고유한 의미의 현행범인   현행범인이란 범죄의 실행중이거나 실행의 즉후인 자를 말한다(제211조 1항).

② 준현행범인   현행범인은 아니지만 현행범인으로 간주되는 자를 말한다. 형사소송법은 ① 범인으로 호창(呼唱)되어 추적되고 있는 때, ② 장물이나 범죄에 사용되었다고 인정함에 충분한 흉기 기타의 물건을 소지하고 있는 때, ③ 신체 또는 의복류에 현저한 증적이 있는 때, ④ 누구임을 물음에 대하여 도망하려 하는 때를 준현행범인으로 간주하고 있다(제211조 2항).

> **사고차량으로 인정되는 차량에서 내리는 경우**
>
> 순찰중이던 경찰관이 교통사고를 낸 차량이 도주하였다는 무전연락을 받고 주변을 수색
> 하다가 범퍼 등의 파손상태로 보아 사고차량으로 인정되는 차량에서 내리는 사람을 발견
> 한 경우, 형사소송법 제211조 제2항 제2호 소정의 '장물이나 범죄에 사용되었다고 인정함
> 에 충분한 흉기 기타의 물건을 소지하고 있는 때'에 해당하므로 준현행범인으로서 영장
> 없이 체포할 수 있다(대판 2000. 7. 4, 99도4341).

2) 요 건

① **범죄의 명백성**   현행범인을 체포하기 위하여는 범인임이 명백하여야 한다. 따라서 위법성조각사유나 책임조각사유가 명백한 경우에는 체포할 수 없다.

② **비례성의 원칙**   다액 50만원 이하의 벌금, 구류 또는 과료에 해당하는 경미사건은 주거가 부정한 경우에 한하여 체포할 수 있다(제214조).

3) 절 차

① **체포의 주체**   체포는 누구든지 할 수 있다(제212조). 수사기관 · 사인을 불문한다. 다만, 사인은 체포의 권한만 가질 뿐이며 체포의 의무가 있는 것은 아니다.

② **고지의무**   수사기관이 현행범을 체포할 경우에는 사인과 달리 범죄사실의 요지, 체포의 이유와 변호인을 선임할 수 있음을 말하고 변명할 기회를 준 후가 아니면 체포할 수 없다(제213조의2 · 제72조).

③ **체포후의 조치**   검사 또는 사법경찰관이 아닌 자가 현행범인을 체포 한 때에는 즉시 검사 또는 사법경찰관리에게 인도하여야 한다(제213조 1항).

체포된 피의자를 구속하고자 할 때에는 체포한 때로부터 48시간 이내에 구속영장을 청구하여야 하고, 그 기간 내에 구속영장을 청구하지 아니하는 때에는 피의자를 즉시 석방하여야 한다(제213조의2 · 제200조의2 5항).

2._ 구   속

(1) 구속의 의의와 목적

구속이란 피의자 또는 피고인의 신체의 자유를 체포에 비하여 장기간에 걸쳐 제한하는 강제처분이다. 구속은 피의자 · 피고인의 형사소송에의 출석을 보장하고, 증거인멸에 의한 수사와 심리의 방해를 제거하며, 확정된 형벌의 집행을 확보하는 것을 그 목적으로 한다.

(2) 요 건

1) 범죄혐의

피의자·피고인이 죄를 범하였다고 의심할 만한 상당한 이유가 있어야 한다(제201
조 1항·제70조 1항). 이때의 범죄혐의는 수사기관의 주관적 혐의로는 부족하고 무죄의
추정을 깨뜨릴 정도로 유죄판결에 대한 고도의 개연성이 있어야 한다. 위법성조각사
유나 책임조각사유가 있는 때 또는 소송조건의 흠결이 명백히 있는 경우에는 구속할
수 없다.

2) 구속사유

형사소송법이 인정하는 구속사유는 ① 일정한 주거가 없을 때, ② 증거를 인멸할
염려가 있는 때, ③ 도망 또는 도망할 염려가 있는 때이다. 또한 경미사건(50만원 이하의
벌금, 구류, 과료에 해당하는 범죄)의 경우에는 주거부정만이 구속사유가 되므로 이 때에는
독자적인 구속사유가 된다(제201조 1항 단서·제70조 3항).

3) 비례성의 원칙

형사소송의 확보라는 구속의 기능은 구속에 의한 개인의 자유권 침해와의 사이에
비례성의 원칙에 의하여 조화될 수 있다. 따라서 기대되는 형벌보다 구속에 의한 자
유권 침해가 더 중대할 경우에는 구속할 수 없다(균형성의 원칙). 또한 구속은 다른 방법
에 의해서는 형사소송을 확보할 수 없는 경우에 한하여 허용된다(보충성의 원칙).

(3) 절 차

1) 구속영장의 청구

피의자의 구속은 검사의 청구에 의하여 법관이 발부한 영장에 의한다. 사법경찰
관은 검사에게 신청하여 검사의 청구로 구속영장을 발부받아 피의자를 구속할 수 있
다(제201조 1항).

2) 구속전 피의자심문제도

구속영장의 청구를 받은 판사가 피의자를 직접 심문하여 구속사유를 판단하는 제
도로 영장실질심사제라고도 한다(제201조의2). 법관이 피의자측의 주장과 수사기관이
작성한 수사기록을 종합하여 구속여부를 결정하게 함으로써 구속에 보다 신중을 기
하여 피의자의 인권을 보장하고자 하는 데 그 목적이 있다.

3) 구속영장의 발부

구속영장의 발부 여부는 피의자심문을 종료한 때로부터 지체없이 결정하여야 하

며(제201조 3항), 구속영장 청구가 기각된 때에는 피의자를 즉시 석방하여야 한다(제200조
의4 2항, 규칙 제100조 3항). 구속영장을 발부한 결정이나 영장의 발부를 기각한 결정에 대
하여는 항고나 준항고가 허용되지 않는다.

4) 구속영장의 집행

구속영장은 검사의 지휘로 사법경찰관리 · 교도관리가 집행한다(제209조 · 제81조).

5) 구속기간

① 피의자에 대한 구속기간   사법경찰관이 피의자를 구속한 때에는 10일 이
내에 피의자를 검사에게 인치하지 아니하면 석방하여야 한다(제202조). 검사가 피의자
를 구속한 때 또는 사법경찰관으로부터 피의자를 인치를 받은 때에는 10일 이내에 공
소를 제기하지 아니하면 석방하여야 한다(제203조). 다만, 검사는 지방법원판사의 허가
를 얻어 10일을 초과하지 않는 한도에서 1차에 한하여 구속기간을 연장할 수 있다(제
205조 1항).

② 피고인에 대한 구속기간   피고인에 대한 구속기간은 2월로 한다. 특히 계속
할 필요가 있는 경우에는 심급마다 2차에 한하여 결정으로 2개월의 한도에서 연장할 수
있다. 다만, 상소심은 부득이한 경우에 3차에 한하여 갱신할 수 있다(제92조 1항 · 2항).

Ⅱ 피의자 · 피고인의 접견교통권

1._ 의   의

접견교통권이란 체포 · 구속된 피의자 · 피고인이 변호인이나 가족 등 타인과 접
견하고 서류 또는 물건을 수수하며 의사의 진료를 받을 수 있는 권리를 말한다. 접견
교통권은 헌법이 보장하는 변호인의 조력을 받을 권리(제14조 4항)의 가장 중요한 내용
으로서 체포 · 구속된 피의자 · 피고인의 권리(제89조)임과 동시에 변호인의 고유권
이다.

2._ 변호인과의 접견교통권

(1) 주체 및 상대방

접견교통권의 주체는 구속영장에 의하여 구속된 자, 체포영장에 의하여 체포된
자, 긴급체포된 자, 현행범인으로 체포된 자, 감정유치에 의하여 구속된 자, 임의동행
으로 연행된 자는 변호인 또는 변호인이 되려는 자와 접견교통권이 인정된다.

(2) 접견교통권의 내용

변호인과의 접견교통권은 방해나 감시없는 자유로운 접견교통을 본질로 한다. 따라서 체포 또는 구속된 피의자 또는 피고인과의 변호인의 접견내용에 대하여는 비밀이 보장되어야 한다. 변호인 또는 변호인이 되려는 자는 체포 또는 구속된 피의자 또는 피고인을 위하여 서류 또는 물건을 수수할 수 있다.

3._ 비변호인과의 접견교통권

(1) 주체 및 상대방

체포 또는 구속된 피의자 또는 피고인은 법률의 범위 내에서 타인과 접견하고 서류 또는 물건을 수수하며 의사의 진료를 받을 수 있다(제89조·제200조의6·제209조).

(2) 접견교통권의 제한

1) 근 거

① **법률에 의한 제한**　　구속된 피고인 또는 피의자의 접견교통권은 행형법과 동법 시행령에 의하여 제한되고 있다(형의 집행 및 수용자의 처우에 관한 법률 제41조 내지 제44조, 동법 시행령 제58조 이하). 경찰서 유치장에 있는 피의자의 접견교통권도 형의 집행 및 수용자의 처우에 관한 법률에 의하여 제한을 받는다(동법 제87조).

② **법원 또는 수사기관의 결정에 의한 제한**　　법원은 도망하거나 또는 죄증을 인멸할 염려가 있다고 인정할 만한 상당한 이유가 있는 때에는 직권 또는 검사의 청구에 의하여 결정으로 구속된 피고인과 비변호인과의 접견교통을 제한할 수 있다(제91조). 이 규정은 피의자의 체포 또는 구속에 대하여도 준용된다(제200조의6·제209조).

2) 범 위

① **내 용**　　제한의 내용은 타인과의 접견금지·수수할 서류 기타 물건의 검열·수수금지·압수 등이다(제91조).

② **예 외**　　단, 의류·양식·의료품은 수수를 금지하거나 압수할 수 없다(동조 단서).

4._ 침해에 대한 구제

(1) 항고·준항고

접견교통권을 제한하는 법원의 결정에 대해서는 보통항고를 할 수 있고(제402조), 검사 또는 사법경찰관의 접견교통권의 제한은 준항고(제417조) 할 수 있다.

(2) 증거능력의 배제

변호인과의 접견의 기회를 주지 않고 얻은 자백은 위법절차에 의하여 얻은 자백으로서 증거능력이 없다.

Ⅲ) 체포 · 구속적부심사제도

1._ 의　　의

체포 · 구속적부심사제도는 수사기관에 의하여 체포 또는 구속된 피의자에 대하여 법원이 체포 · 구속의 적부를 심사하여 체포 또는 구속이 부적법 · 부당한 경우에 피의자를 석방시키는 제도를 말한다(제214조의2 1항).

2._ 체포 · 구속적부심사의 청구

체포 · 구속적부심사의 청구권자는 체포 또는 구속된 피의자, 그 피의자의 변호인 · 법정대리인 · 배우자 · 직계친족 · 형제자매 · 가족 · 동거인 또는 고용주이다(동조 1항). 청구사유에는 제한이 없으며, 체포 · 구속적부심사의 청구를 받은 법원은 청구서가 접수된 때부터 48시간 이내에 피의자를 심문하고 수사관계서류와 증거물을 조사한다(동조 4항). 법원은 심문이 종료된 때로부터 24시간 이내에 체포 · 구속적부심사청구에 대한 결정을 하여야 하며(규칙 제106조), 법원의 결정에 대하여 항고할 수 없다(동조 8항).

법원은 구속된 피의자에 대하여 구속적부심사의 청구가 있는 경우 그에 대하여 출석을 보증할 만한 보증금의 납입을 조건으로 하여 결정으로 피의자의 석방을 명할 수 있다(동조 5항).

제3절　　수사의 종결

Ⅰ) 검사의 수사종결

1._ 수사종결의 의의

범죄수사는 범죄사실이 명백하게 되었거나 또는 수사를 계속할 필요가 없는 경우에 수사를 종결한다. 수사의 종결은 수사의 주재자인 검사만이 할 수 있다.

2._ 수사종결처분의 종류

(1) 공소의 제기

수사결과 범죄의 객관적 혐의가 충분하고 소송조건을 구비하여 유죄판결을 받을 수 있다고 인정할 때 검사는 공소를 제기한다(제246조).

(2) 불기소처분

불기소처분에는 협의의 불기소처분인 혐의 없음, 죄가 안됨, 공소권 없음이 있으며, 광의의 불기소처분은 협의의 불기소처분에 기소유예 및 기소중지가 있다.

Ⅱ) 불기소처분에 대한 불복

검사의 불기소처분에 대한 고소인 또는 고발인의 불복수단으로는 재정신청과 검찰청법에 의한 항고 및 재항고를 할 수 있다.

1._ 재정신청

고소권자로서 고소를 한 자는 검사로부터 공소를 제기하지 아니한다는 통지를 받은 때에는 그 검사 소속의 지방검찰청 소재지를 관할하는 고등법원에 그 당부에 관한 재정(裁定)을 신청할 수 있다(제260조 1항). 단, 재정신청을 하려면 검찰청법 제10조에 따른 항고를 거쳐야 한다(제260조 2항).

2._ 항고 · 재항고

(1) 항   고

검사의 불기소처분에 불복이 있는 고소인 또는 고발인인 그 검사 소속의 지방검찰청 또는 지청을 거쳐 서면으로 관할 고등검찰청 검사장에게 불기소처분의 시정을 구하는 제도이다(검찰청법 제10조).

(2) 재 항 고

항고를 기각하는 처분에 불복이 있는 항고인은 그 검사가 속하는 고등검찰청을 거쳐 서면으로 검찰총장에게 재항고할 수 있다(동조 3항).

3._ 헌법소원

검사의 공소제기 또는 불기소처분으로 인하여 헌법상 보장된 기본권을 침해받은 자는 헌법재판소에 헌법소원을 제기할 수 있다. 헌법소원의 제기기간은 검찰항고 또는 재정신청에 대한 최종결정을 통지받은 후 30일 이내에 청구해야 한다(헌법재판소법 제69조 1항).

제 4 절　공소의 제기

Ⅰ　공소제기의 기본원칙

1._ 국가소추주의

누구를 소송제기의 주체로 하는가에 따라 국가소추주의(국가에 공소제기권 인정)와 사인소추주의(사인에 공소제기권 인정)로 나눌 수 있다. 형사소송법 제246조는 "공소는 검사가 제기하여 수행한다"라고 규정함으로써 국가소추주의를 선언하고 있다.

2._ 기소독점주의

국가기관 중에서 검사만이 공소를 제기하고 수행할 권한을 갖는 것을 기소독점주의라 하며, 형사소송법 제246조는 국가소추주의와 함께 기소독점주의를 규정하고 있다.[2]

3._ 기소편의주의

범죄의 혐의가 존재하고 소송조건을 갖추고 있음에도 검사의 재량으로 불기소처

---

[2] 기소독점주의는 검사동일체의 원칙과 기소편의주의와 결부되어 강력한 검찰권 행사가 가능하게 되므로 이에 대한 형사소송법의 규제책은 재판상의 준기소절차인 재정신청(형사소송법 제260조 이하), 경찰서장에 의한 즉결심판의 청구(즉결심판에 관한 절차법 제2조)를 규정하고 있으며, 그 밖에 특별검사제(특별검사의 임명 등에 관한 법률) 등 예외규정을 두고 있다. 그러나 재판상의 재정 신청은 그 대상이 공무원의 직권남용죄(형법 제123조~제125조)에 국한되어 있기 때문에 한계가 있으며, 경찰서장에 의한 즉결심판청구권은 기소독점주의의 폐단을 막는 제도라고는 볼 수 없다. 또한, 특별검사제도는 정규검사가 아닌 독립된 변호사로 하여금 수사와 기소를 담당하게 하는 제도로서 그 대상이 "정규수사의 주체인 검찰의 고위간부 또는 검찰수사에 영향을 줄 수 있는 고위공직자가 수사대상이 된 경우"에 한정되어 있으므로 기소독점주의의 폐단을 막기에는 한계가 있다.

분을 할 수 있는 것을 기소편의주의라 하며, 형사소송법 제247조는 검사는 형법 제51
조(범인의 연령·성행·지능과 환경, 피해자에 대한 관계, 범행의 동기·수단과 결과, 범행후의 정황)
를 참작하여 기소를 하지 않을 수 있다고 규정하여 기소편의주의를 채택하고 있다.

4._ 공소의 취소

일단 제기한 공소를 검사 스스로 철회하는 법률행위적 소송행위를 공소의 취소라
하며, 형사소송법 제255조 1항에서 "공소는 제1심판결 선고 전까지 취소할 수 있다"
고 규정하여 기소변경주의를 취하고 있다. 공소의 취소는 검사만이 할 수 있으며 취
소사유는 제한은 없다. 공소취소는 제1심판결 선고 전까지 가능하다. 공소가 취소된
경우 결정으로 공소를 기각하여야 한다(제328조 1항 1호).

Ⅱ 공소제기의 방식

1._ 필요적 기재사항

공소장에는 피고인·죄명·공소사실·적용법조를 기재하여야 하며(제254조 3항)
피고인의 구속여부도 기재하여야 한다(규칙 제117조 1항 2호).

2._ 공소장일본주의

공소제기시 법원에 제출하는 것은 공소장 하나이며 공소사실에 대한 증거는 물론
법원에 예단을 생기게 할 수 있는 것은 증거가 아니더라도 제출할 수 없다는 원칙을
공소장일본주의라고 한다(규칙 제118조 2항). 공소장일본주의는 당사자주의, 예단배제원
칙, 공판중심주의, 위법증거배제원칙, 전문법칙에 의해 요청된다.

Ⅲ 공소제기의 효과

공소제기에 의해 법원의 공판절차가 개시된다. 공소제기로 인하여 피의자는 피고
인으로 전환하여 소송의 주체로서의 지위를 가지게 된다. 공소가 제기되면 해당 사건
에 대한 공소시효의 진행이 정지되며, 공소기각 또는 관할위반의 재판이 확정된 때로
부터 진행한다(제253조 1항).

Ⅳ 공소시효

1._ 의   의

공소시효란 검사가 일정한 기간 동안 공소를 제기하지 않고 방치하는 경우에 국가의 소추권을 소멸시키는 제도를 말한다. 공소시효가 완성된 때에는 면소의 판결을 해야 한다.

2._ 공소시효의 기간

공소시효의 기간(제249조 1항)은 법정형의 경중에 따라 차이가 있다. 즉 ① 사형에 해당하는 범죄 25년, ② 무기징역 또는 무기금고에 해당하는 범죄 15년, ③ 장기 10년 이상의 징역 또는 금고에 해당하는 범죄 10년, ④ 장기 10년 미만의 징역 또는 금고에 해당하는 범죄 7년, ⑤ 장기 5년 미만의 징역 또는 금고, 장기 10년 이상의 자격정지 또는 벌금에 해당하는 범죄 5년, ⑥ 장기 5년 이상의 자격정지에 해당하는 범죄 3년, ⑦ 장기 5년 미만의 자격정지, 구류, 과료 또는 몰수에 해당하는 범죄는 1년이다.

3._ 공소시효의 기산점

공소시효는 범죄행위가 종료한 때부터 진행한다(제252조 1항).

4._ 공소시효의 정지

공소시효는 일정한 사유가 있으면 그 진행이 정지되며, 그 사유가 없어지면 나머지 기간이 다시 진행된다. 공소시효는 ① 공소의 제기, ② 범인의 외국도피, ③ 재정신청, ④ 소년보호사건의 심리개시결정 등의 사유에 의해 정지된다.

5._ 공소시효 완성의 효과

공소의 제기없이 공소시효기간이 경과하거나 공소가 제기되었으나 판결이 확정되지 않고 25년을 경과한 때에는 공소시효가 완성된다.

제**04**장

공 판

I 공판절차의 기본원칙

1._ 의 의

공판 또는 공판절차란 공소가 제기되어 사건이 법원에 계속된 이후 그 소송절차가 종결될 때까지의 모든 절차를 말하며, 공판기일의 절차와 공판기일외의 절차로 구분된다. 공판기일의 절차를 협의의 공판절차라고 한다.

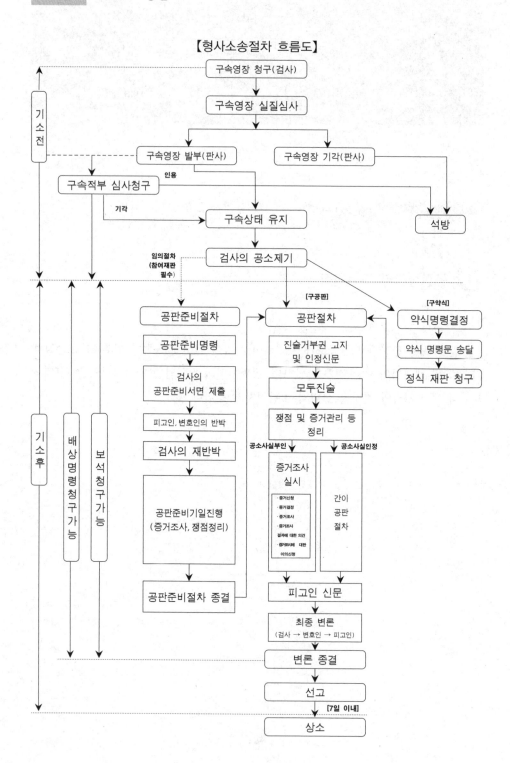

【형사소송절차 흐름도】

2._ 공판절차의 기본원칙

(1) 공개주의

공개주의란 일반 국민에게 법원의 재판과정에 대한 방청을 허용하는 것을 말한다. 공개주의는 일체의 방청을 허용하지 않고 비밀로 심판을 행하는 밀행주의와 대립되는 개념이다. 헌법 제27조 3항은 공개재판을 받을 권리를 기본권으로 보장하고 있으며, 동법 제109조는 다시 재판의 심리와 판결은 공개한다고 하여 공개주의를 명백히 규정하고 있다.

(2) 구두변론주의

구두변론주의란 법원이 당사자의 구두에 의한 공격·방어를 기초로 하여 심판을 해야한다는 원칙이다. 구두변론주의는 구두주의와 변론주의를 내용으로 한다.

구두주의란 구두에 의하여 제공된 소송자료에 의하여 재판을 행하는 주의를 말한다. 변론주의란 당사자의 변론에 의하여 재판하는 주의를 말하며 이는 당사자주의의 중요한 내용이 된다.

(3) 직접주의

직접주의란 공판정에서 직접 조사한 증거만을 재판의 기초로 삼을 수 있다는 주의를 말한다. 직접주의는 심증형성의 합리성 또는 진실발견이념에 봉사하고 피고인에게 반대신문의 기회를 주어 피고인을 보호하며 공개주의를 실현하는 바탕이 된다.

(4) 집중심리주의

집중심리주의란 심리에 2일 이상을 요하는 사건은 연일 계속하여 심리해야 한다는 원칙을 말한다. 집중심리주의는 소송의 촉진과 신속한 재판의 이념을 실현할 수 있다.

Ⅱ) 공판심리의 범위

1._ 심판의 대상

법원의 심판대상은 공소장에 기재된 사실이 심판대상이다. 이러한 공소사실은 범죄의 시일·장소와 방법을 명시하여 사실을 특정할 수 있어야 한다(제254조 1항·4항).

2._ 공소장 변경

검사가 공소사실의 동일성을 해하지 않는 한도에서 법원의 허가를 얻어 공소장에 기재된 공소사실 또는 적용법조를 추가·철회 또는 변경하는 것을 공소장 변경이라고 한다. 공소장 변경은 공소사실과 동일성이 인정되는 범위 내에서만 허용되며(제298조 1항), 검사의 신청으로 법원의 허가를 얻어 하는 경우(동조 1항)와 법원의 요구에 의하여 행하여지는 경우(동조 2항)가 있다.

Ⅲ 공판준비절차

1._ 의   의

공판준비절차란 공판기일에서의 심리를 준비하기 위하여 수소법원에 의하여 행하여지는 절차를 말한다.

2._ 공판기일전의 절차

(1) 공소장부본송달

법원은 공소제기가 있으면 지체없이 공소장부본을 피고인 또는 변호인에게 송달하여야 한다. 단, 제1회 공판기일전 5일까지 송달되어야 한다(제266조).

(2) 국선변호인의 선정

국선변호사건(제33조) 또는 필요적 변호사건(제282조)에 있어서 피고인에게 변호인이 없는 경우에 법원은 국선변호인을 선정하여야 한다(규칙 제17조).

(3) 공판기일의 지정·변경·통지·피고인 등의 소환

1) 공판기일의 지정·변경·통지

재판장은 공판기일을 정하여야 한다(제267조 1항). 재판장은 직권 또는 검사·피고인이나 변호인의 신청에 의하여 공판기일을 변경할 수 있다(제270조 1항). 지정·변경된 공판기일은 검사 및 변호인과 보조인에게 통지하여야 한다(제267조 3항).

2) 피고인 등의 소환

공판기일에는 피고인, 대표자 또는 대리인을 소환하여야 한다(제267조 2항). 소환장은 늦어도 출석할 일시 12시간 이전에 송달하여야 한다.

(4) 공판기일전 증거조사 · 증거제출

법원은 검사 · 피고인 또는 변호인의 신청에 의하여 공판준비에 필요하다고 인정되는 경우에는 공판기일전에 피고인 또는 증인을 신문할 수 있고, 검증 · 감정, 번역을 명할 수 있다(제273조 1항). 검사 · 피고인 또는 변호인은 공판기일전에 서류나 물건을 증거로 법원에 제출할 수 있다(제274조).

(5) 공무소 등에 대한 조회

법원은 직권 또는 검사 · 피고인이나 변호인의 신청에 의하여 공무소 또는 공사단체에 조회하여 필요한 사항의 보고 또는 그 보관서류의 송부를 요구할 수 있다. 신청을 기각함에는 결정으로 하여야 한다(제272조).

Ⅳ 공판정의 심리

1._ 공판정의 구성

공판기일에는 공판정에서 심리하며(제275조 1항), 공판정이란 공개된 법정을 의미한다. 공판정은 판사와 검사, 법원사무관 등이 출석하여 개정한다(제275조 2항).

2._ 당사자의 출석

(1) 피고인의 출석

피고인이 공판기일에 출석하지 아니한 때에는 특별한 규정이 없으면 개정하지 못한다(제276조). 피고인에게는 출석의 의무가 있을 뿐만 아니라 재정의무(在廷義務)까지 있다. 따라서 출석한 피고인은 재판장의 허가없이 퇴정하지 못한다(제281조 1항).

(2) 검사의 출석

검사의 출석은 공판개정요건이다(제275조 2항). 따라서 검사의 출석이 없을 때에는 개정하지 못하며, 검사의 출석없이 개정한 때에는 소송절차에 관한 법령에 위반한 경우로 상소이유가 된다(제361조의5 1호 · 제383조 1호).

(3) 변호인 등의 출석

변호인이나 보조인은 소송의 주체가 아니므로 원칙적으로 그 출석이 공판개정요건은 아니다. 그러므로 변호인이 공판기일의 통지를 받고도 출석하지 아니한 때에는 변호인의 출석 없이 개정할 수 있다. 다만 필요적 변호사건과 국선변호사건에 관하여는 변호인 없이 개정하지 못한다(제282조·제283조). 그러나 판결만을 선고하는 경우에는 예외로 한다(제282조 단서).

Ⅴ 공판기일의 절차

공판준비절차가 끝나면 수소법원은 지정된 공판기일을 열어 피고사건에 대한 실체심리를 하게 된다. 제1심 공판절차는 모두절차, 사실심리절차, 판결선고절차로 나눌 수 있다.

1._ 모두절차

(1) 진술거부권의 고지

피고인은 진술하지 아니하거나 개개의 질문에 대하여 진술을 거부할 수 있다(제283조의2)는 취지를 고지하여야 한다(동조 2항).

(2) 인정신문

재판장은 사건번호를 호명하며 피고인의 성명, 연령, 주민등록번호, 주소, 직업 등을 물어서 피고인임에 틀림없음을 확인하여야 한다(제284조). 이와 같이 피고인으로 출석한 사람이 공소장에 기재된 피고인과 동일인인가를 재판장이 확인하는 절차를 인정신문이라 한다.

(3) 검사의 모두진술

재판장은 인정신문이 끝나면 검사로 하여금 공소장에 의하여 공소사실, 죄명 및 적용법조를 진술하게 할 수 있다(제285조). 이를 검사의 모두진술이라고 한다.

(4) 피고인의 모두진술

검사의 모두진술이 끝난 뒤 피고인은 공사사실의 인정 여부를 진술한다(제286조).

(5) 재판장의 쟁점정리 및 검사·변호인의 증거관계 등에 대한 진술

피고인의 모두진술이 끝난 뒤 재판장은 피고인 또는 변호인에게 쟁점의 정리를 위해서 필요한 질문을 할 수 있고, 검사 및 변호인으로 하여금 증거조사를 하기에 앞서 공소사실 등의 증명과 관련된 주장 및 입증계획 등을 진술하게 할 수 있다(제287조).

2._ 사실심리절차

(1) 증거조사

1) 의 의

사실심리절차는 증거조사에 의하여 시작된다. 즉 증거조사는 법원이 피고사건의 사실인정과 형의 양정에 관한 심증을 얻기 위하여 증거방법을 조사하여 그 내용을 알아내는 소송행위를 말한다.

2) 증거조사의 절차

① 증거조사의 신청   i) 신청권자 : 재판장의 쟁점정리 등이 끝나면 증거조사를 실시한다. 증거조사 절차의 개시는 검사·피고인·변호인·범죄피해자 등의 신청에 의하는 경우(제294조·제294조의2)와 법원의 직권에 의하는 경우(제295조 후단)가 있다.

ii) 신청시기 : 증거조사를 신청하는 시기에는 제한이 없다.

iii) 신청순서 : 공판기일에서는 거증책임이 있는 검사가 먼저 신청한 후에 피고인·변호인이 신청한다(규칙 제133조).

iv) 신청방법 : 증거신청은 서면 또는 구두에 의하여 할 수 있다(규칙 제176조).

② 증거결정   법원은 증거신청에 대하여 결정을 하여야 한다(제295조). 법원은 증거결정을 내릴 때 필요시 그 증거에 대한 검사·피고인·변호인의 의견을 들을 수 있다(규칙 제134조 1항).

3) 증거조사에 대한 이의신청

검사·피고인 또는 변호인은 증거조사에 관하여 이의신청을 할 수 있다(제296조 1항). 법원은 이의신청에 대하여 결정을 하여야 한다(동조 2항). 이의신청은 서면 또는 구두로 할 수 있다(규칙 제176조).

4) 이의신청에 대한 법원의 결정

이의신청이 시기에 늦거나 소송지연을 목적으로 한 때에는 결정으로 이를 기각하여야 한다(규칙 제138조). 다만, 이의신청이 중요한 사항을 대상으로 하는 경우에는 시기가 늦었다는 이유만으로 기각해서는 안 된다(규칙 제139조 1항). 이의신청이 이유 없다고 인정되는 경우에는 결정으로 기각하여야 한다(동조 2항).

(2) 피고인신문

1) 의 의

피고인신문이란 피고인에 대하여 공소사실과 그 정상에 관한 필요한 사항을 신문하는 절차이다.

2) 피고인신문의 순서

증거조사가 끝난 후에 피고인신문을 한다. 검사 또는 변호인은 순차로 피고인에게 공소사실 및 정상에 관하여 필요한 사항을 신문할 수 있다. 다만, 재판장은 필요하다고 인정할 때에는 증거조사가 완료하기 전이라도 이를 허가할 수 있다(제296조의2 1항).

(3) 최종변론

증거조사와 피고인신문이 끝나면 당사자의 의견진술이 행하여진다. 의견진술은 검사·피고인과 변호인 순으로 진행된다.

1) 검사의 의견진술

검사는 사실과 법률적용에 관한 의견진술을 하여야 한다. 이러한 검사의 의견진술을 검사의 논고라 하며, 특히 양형에 관한 의견을 구형이라고 한다.

2) 피고인과 변호인의 의견진술

재판장은 검사의 의견을 들은 후 피고인과 변호인에게 최종진술의 기회를 주어야 한다(제303조). 따라서 피고인과 변호인에게 최종진술기회를 주지 않은 채 심리를 마치고 판결을 선고하는 것은 위법이며 상소이유에 해당한다.

3._ 판결의 선고

판결은 공판정에서 재판서에 의하여 선고한다(제42조). 판결의 선고는 재판장이 하며, 판결을 선고함에는 주문을 낭독하고 이유의 요지를 설명하여야 한다(제43조). 형을 선고하는 경우에는 재판장은 피고인에게 상소할 기간과 상소할 법원을 고지하여야 한다(제324조).

Ⅵ) 증인신문

1._ 의   의

증인신문이라 함은 증인으로부터 그 체험사실의 진술을 듣는 증거조사절차를 말한다. 증인이란 법원 또는 법관에 대하여 자기가 과거에 실험한 사실을 진술하는 제3자를 말한다.

2._ 증인의 의무와 권리

증인에게는 출석과 선서 및 증언의 의무가 인정되며, 또한 증언거부권과 비용청구권을 인정하고 있다.

3._ 증인신문의 방법

증인신문은 개별신문을 원칙으로 하되, 구두로써 교호신문제도를 취하고 있다.

Ⅶ 국민참여재판절차

1._ 의   의

사법의 민주적 정당성과 이에 대한 국민의 신뢰성을 높이기 위하여 국민이 배심원으로서 형사재판에 참여하는 재판을 국민참여재판이라고 한다(국민의 형사재판 참여에 관한 법률 제1조).

2._ 대상사건

국민참여재판의 대상사건은 다음과 같다(동법 제5조 1항).

(1) 「법원조직법」 제32조 제1항(제2호 및 제5호는 제외한다)에 따른 합의부 관할사건

(2) 제1호에 해당하는 사건의 미수죄·교사죄·방조죄·예비죄·음모죄에 해당하는 사건

(3) 제1호 또는 제2호에 해당하는 사건과 「형사소송법」 제11조에 따른 관련 사건으로서 병합하여 심리하는 사건

단, 피고인이 국민참여재판을 원하지 아니하거나 제9조 제1항에 따른 배제결정이 있는 경우에는 국민참여재판을 하지 아니한다.

3._ 배심원의 권한

배심원은 국민참여재판을 하는 사건에 관하여 사실의 인정, 법령의 적용 및 형의 양정에 관한 의견을 제시할 권한이 있다(동법 제12조 1항). 다만 배심원의 평결과 의견은 법원을 기속하지 못한다(동법 제46조 5항).

4._ 배심원의 자격요건

대한민국 국적을 가진 만 20세 이상인 자 중에서 동법이 정하는 바에 따라 선정 한다(동법 제16조). 그러나 배심원의 업무수행의 난이도 및 공공성을 고려하고 공정한 재판을 담보할 수 있도록 하기 위하여 배심원으로 선정될 수 없는 사유를 결격사유(동 법 제17조), 직업에 따른 제외사유(동법 제18조), 제척사유(동법 제19조), 면제사유(동법 제20조) 등으로 구분하여 규정하고 있다.

[국민참여재판의 배심원 합의방식]

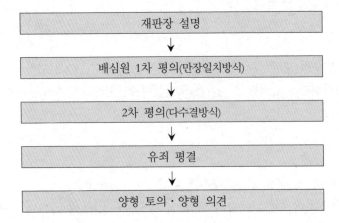

제2절 증 거

I 증거의 의의와 종류

1._ 증거의 의의

형사소송은 형법의 적정한 적용에 의하여 구체적 법률관계를 형성·확정하는 것 을 목적으로 한다. 이러한 사실관계를 확정하는 데 사용되는 자료를 증거라 한다. 즉, 증거란 사실인정의 근거가 되는 자료를 말한다.

2._ 증거의 종류

(1) 직접증거와 간접증거

직접증거란 직접사실을 증명하기 위한 증거로서 피고인의 자백·범행의 목격자 등이 있고, 간접증거란 간접사실을 증명하기 위한 증거로서 정황증거라고도 한다. 범행에 남아 있는 지문·혈흔 등은 간접증거이다.

(2) 인적 증거·물적 증거·증거서류

인적 증거란 사람의 진술내용이 증거로 되는 것으로서 인증이라고도 한다. 인적 증거에는 증인의 증언, 피고인의 진술 등이 해당된다.

물적 증거란 물건의 존재 또는 상태가 증거로 되는 것으로서 물증이라고도 한다. 물적 증거에는 범행에 사용된 흉기 등이 해당된다.

증거서류란 증거서류와 증거물인 서면을 총칭한 개념으로 서증이라고도 한다.

(3) 진술증거와 비진술증거

진술증거란 사람의 진술이 증거로 되는 경우로 피고인의 진술·증인의 증언 등과 진술이 기재된 서면인 피의자신문조서·진술조서 등이 포함된다.

비진술증거란 단순한 증거물이나 사람의 신체상태 등이 증거로 되는 경우이다.

(4) 본증과 반증

검사가 제출하는 증거를 본증, 피고인이 제출하는 증거를 반증이라 한다.

(5) 실질증거와 보조증거

실질증거란 범행을 목격한 증인의 증언과 같이 주요사실의 존부를 직·간접적으로 사용되는 증거를 말하고, 보조증거는 증명력을 증강하기 위한 증거인 보강증거와 증명력을 감쇄하기 위한 탄핵증거가 있다.

Ⅱ 증명의 기본원칙

1._ 증거재판주의

(1) 의   의

형사소송에서의 유죄의 인정을 위한 사실인정은 반드시 증거에 의하여야 한다는 이념을 증거재판주의라 한다(제307조). 제307조에서 '사실'이라 함은 엄격한 증명을 요하는 사실을 말하고, 그러한 '사실의 인정'은 증거능력이 있고 적법한 증거조사를 거친 증거에 의하여야 한다.

(2) 증명의 유형

증명의 유형으로는 엄격한 증명과 자유로운 증명이 있다. 엄격한 증명과 자유로운 증명은 증거능력의 유무와 증거조사의 방법에 차이가 있을 뿐이고, 심증의 정도에 차이가 있는 것은 아니다. 엄격한 증명과 자유로운 증명은 모두 합리적 의심 없는 증명 또는 확신을 요한다.

(3) 엄격한 증명

엄격한 증명이란 어떤 사실을 증명하는 데 있어서 법률상 증거능력이 있고 적법한 증거조사를 거친 증거에 의하여야 하는 증명을 말한다. 엄격한 증명의 대상으로는 공소범죄사실, 법률상 형의 가중 · 감면의 이유되는 사실, 간접사실, 경험법칙, 법규 등은 엄격한 증명을 요한다.

반면에 정상관계사실, 소송법적 사실, 보조사실 등은 자유로운 증명으로 족하다.

2._ 거증책임

거증책임이란 요증사실의 존부에 대하여 증명이 불충분한 경우, 불이익을 받을 당사자의 법적 지위를 말하는데 형사소송의 거증책임은 원칙적으로 검사에게 있으므로 공소범죄사실, 처벌조건인 사실, 형의 가중 · 감면의 사유가 되는 사실, 소송법적 사실에 대한 증거를 제출한 책임은 검사에게 있다.

3._ 자유심증주의

자유심증주의란 증거의 증명력을 법관의 자유로운 판단에 맡기는 주의를 말한다 (제308조). 즉 자유심증주의에 의하여 법관은 사실을 인정하는 데 아무런 법률적 구속을 받지 아니하고 구체적으로 타당한 증거가치를 판단하여 사안의 진상을 파악할 수 있게 된다.

Ⅲ 자백배제법칙

피고인이 자백을 하더라도 그 자백이 고문 · 폭행 · 협박 · 신체구속의 부당한 장기화 또는 기망 기타의 방법으로 임의로 진술한 것이 아니라고 의심할 만한 이유가 있는 때에는 증거능력이 부정된다.

> **30시간 잠재우지 않고 받아낸 자백의 증거능력**
> 피고인의 검찰에서의 자백은 피고인이 검찰에 연행된 때로부터 약 30시간 동안 잠을
> 재우지 아니한 채 검사 2명이 교대로 신문을 하면서 회유한 끝에 받아낸 것으로 임의로
> 진술한 것이 아니라고 의심할 만한 이유가 있는 때에 해당한다고 보아, 형사소송법 제309
> 조의 규정에 의하여 그 피의자신문조서는 증거능력이 없다(대판 1997. 6. 27, 95도1964).

Ⅳ 위법수집증거배제법칙

위법한 절차에 의하여 수집된 증거의 증거능력은 부정된다(제308조의2). 위법수집
증거배제법칙은 증거수집절차에 중대한 위법에 있는 경우(영장주의에 위반하여 수집한 증
거, 적정절차에 위반한 압수·수색 등)에 한하여 적용되므로 위법의 정도가 경미한 경우에
는 증거능력이 부정되지 않는다.

Ⅴ 전문법칙

사실인정의 기초가 되는 경험적 사실을 경험자 자신이 직접 법원에 진술하지 않
고 다른 형태에 의하여 간접적으로 보고하는 것을 전문증거라하며 이러한 전문증거
는 증거가 아니다. 따라서 증거능력이 인정될 수 없다는 원칙을 전문법칙이라 한다.

그러나 전문증거의 경우에도 특신성(공판정 외에서의 진술의 진실성을 신용할 수 있는 상
황)과 필요성(증거로 사용할 필요성이 있는 특수한 사정의 존재)이 있는 경우 등에는 전문법칙
의 예외를 인정하여 전문증거에 대해서도 증거능력을 인정한다.

또한 검사 및 피고인은 증거의 전문법칙에 의하여 증거능력이 없는 증거에 대하
여 증거로 할 수 있음을 동의한 서류 또는 물건을 전문법칙에 의하여 증거능력이 없
는 증거라 할지라도 증거로 사용할 수 있다.

Ⅵ 당사자의 동의와 증거능력

검사와 피고인이 증거로 할 수 있음을 동의한 서류 또는 물건은 진정한 것으로

인정한 때에는 증거로 할 수 있다(제318조 1항).

Ⅶ 탄핵증거

증거능력이 없는 전문증거로서 증인뿐만 아니라 증인 이외의 자의 진술의 증명력을 다투기 위한 증거로 사용할 수 있다(제318조의2).

Ⅷ 증명력

1._ 자유심증주의

자유심증주의란 증거의 증명력을 적극적 또는 소극적으로 법정하지 아니하고 법관의 자유로운 판단에 맡기는 원칙을 말한다(제308조). 이와 같이 사실인정은 법관의 자유판단에 의하지만, 통상인이면 누구나 의심하지 않을 정도로 보편타당성을 가져야 한다. 이러한 보편타당성을 확보하기 위해서는 법관의 사실인정이 논리와 경험법칙에 위배되지 않아야 한다.

2._ 자백보강법칙

피고인이 임의로 한 자백이 증거능력이 있고 신빙성이 있어서 법관이 유죄의 심증을 얻었다 할지라도, 자백이 유일한 증거이고 다른 보강증거가 없는 경우에는 유죄로 인정할 수 없다.

3._ 공판조서의 증명력

공판기일의 소송절차로서 공판조서에 기재된 것은 그 조서만으로 증명력을 인정한다(제56조).

제 *05* 장

재 판

I 재판의 의의와 종류

1._ 의 의

재판이란 협의로는 유·무죄에 대한 법원의 종국적 판단을 의미하며, 광의로는 법원 또는 법관의 법률행위적 소송행위를 말한다.

2._ 종 류

(1) 종국재판과 종국전의 재판(기능에 의한 분류)

1) 종국재판

피고사건에 대한 소송계속을 그 심급에서 종결시키는 재판으로 유·무죄판결, 관할위반·공소기각·면소의 재판과, 상소심에서의 파기자판·상소기각의 재판과 파기환송과 파기이송의 판결이 종국재판에 속한다.

종국재판에는 원칙적으로 상소가 허용된다.

2) 종국전의 재판

종국재판에 이르기까지의 절차에 관한 재판으로 중간재판이라고 한다. 종국재판 이외의 결정과 명령이 여기에 해당한다.

종국전의 재판에는 원칙적으로 상소가 허용되지 않는다.

(2) 판결·결정·명령(형식에 의한 분류)

1) 판 결

종국재판의 원칙적 형식으로서 가장 중요한 재판이다. 유·무죄판결, 관할위반판결, 공소기각판결, 면소판결 등이 있다.

판결에 대한 상소방법은 항소 또는 상고이다.

2) 결 정

결정은 법원이 행하는 종국전 재판과정의 기본형식으로 보석허가결정, 공소장변경허가결정, 증거신청에 대한 결정, 공소기각결정이 여기에 해당한다.

결정에 대한 상소방법은 항고이다.

3) 명 령

명령은 법원이 아니라 재판장·수명법관·수탁판사로서 법관이 하는 재판으로 모두 종국전 재판에 해당한다. 재판장의 공판기일 지정, 피고인에 대한 퇴정 등이 여기에 해당한다. 명령에 대한 일반적인 상소방법은 없으며, 다만 특수한 경우에 이의신청 또는 준항고가 허용된다.

(3) 실체재판과 형식재판(내용에 의한 분류)

1) 실체재판

실체재판이란 유·무죄의 판결을 말하며 본안재판이라고도 한다. 실체재판은 모두 종국재판이며 판결의 형식에 의한다.

2) 형식재판

형식재판이란 실체재판 이외의 재판, 즉 절차적 법률관계를 판단하는 재판을 말한다. 종국전의 재판은 모두 형식재판이며 종국재판 가운데 관할위반·공소기각 및 면소의 재판은 형식재판에 해당한다.

Ⅱ 종국재판

피고사건에 대한 해당 소송을 그 심급에서 종결시키는 재판을 종국재판이라고 한다. 종국재판에는 실체재판과 형식재판이 있다.

Ⅲ 재판의 확정과 효력

재판이 통상의 불복방법에 의해서는 다툴 수 없게 되어 그 내용을 변경할 수 없게 된 상태를 재판의 확정이라 하며, 이러한 상태에 있는 재판을 확정재판이라고 한다. 재판이 확정되면 소송계속이 종결되며, 유죄판결인 경우에는 형벌의 집행권이 발생한다.

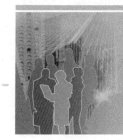

제06장
상소 · 비상구제절차 · 특별절차

제1절   상   소

I 상소의 의의

상소라 함은 미확정재판에 대하여 상급법원에 구제를 구하는 불복신청제도를 말하며, 항소 · 상고 · 항고가 있다.

II 상소의 종류

1._ 항   소

항소는 제1심판결에 대한 상소이다. 단독판사의 제1심판결에 대해서는 지방법원본원 합의부에, 지방법원합의부의 제1심판결에 대해서는 고등법원에 항소할 수 있다(제357조). 항소는 판결에 대한 상소이므로 결정이나 명령에 대하여는 항소할 수 없다.

2._ 상   고

상고는 제2심판결에 대한 상소이다. 상고사건의 관할법원은 대법원이다(제371조).

3._ 항   고

항고는 법원의 결정에 대한 상소이다(제402조). 제1심법원의 결정에 대한 항고는 단독판사의 결정에 대해서는 지방법원본원 합의부에, 지방법원합의부의 결정에 대해서는 고등법원에 항고할 수 있다. 재항고는 대법원에 할 수 있다.

제2절   비상구제절차

Ⅰ 재   심

재심이란 유죄의 확정판결에 대하여 중대한 사실오인이나 그 오인의 의심이 있는 경우에 판결을 받은 자의 이익을 위하여 판결의 부당함을 시정하는 비상구제절차이다(제420조). 재심판결의 대상이 유죄의 확정판결이므로 결정과 명령은 재심청구의 대상이 아니다.

Ⅱ 비상상고

비상상고란 확정판결에 대하여 그 심판의 법령위반을 시정하기 위하여 인정되는 비상구제절차이다(제441조).

제3절   재판의 집행과 형사보상

Ⅰ 재판의 집행

재판의 집행이란 재판의 의사표시 내용을 국가권력에 의하여 강제력으로 실현하는 것을 말한다. 형의 집행뿐만 아니라 추징·소송비용과 같은 부수처분, 과태료·보증금의 몰수·비용배상 등 형 이외의 제재의 집행, 강제처분 내지 영장의 집행 등이 포함된다.

재판은 확정된 후에 즉시 집행함을 원칙으로 하며(제459조), 재판을 한 법원에 대응한 검찰청 검사가 지휘한다(제460조).

Ⅱ 형사보상

형사보상이란 형사절차에서 억울하게 죄인이 누명을 쓰고 구금되거나, 형의 집행을 받은 사람에 대하여 국가가 그 피해를 보상해 주는 제도를 말한다. 이러한 형사보상의 청구권자는 무죄·면소 또는 공소기각의 재판을 받은 본인(형사보상 및 명예회복에 관한 법률 제2조·제26조) 또는 기소유예처분 이외의 불기소처분을 받은 피의자(동법 제27조 1항)이다. 다만 본인이 보상청구를 하지 않고 사망하였을 때에는 상속인이 이를 청구할 수 있다(동법 제3조 1항). 형사보상의 청구는 무죄재판이 확정된 사실을 안 날부터 3년, 무죄재판이 확정된 때부터 5년이며, 불기소처분의 고지·통지일로부터 3년 이내에 청구하여야 한다(동법 제8조·제26조·제28조 3항).

제4절 특별절차

I 약식절차

약식절차란 지방법원의 관할사건에 대하여 검사의 청구가 있는 때에 공판절차를 경유하지 않고 검사가 제출한 자료만을 조사하여 약식명령으로 피고인에게 벌금·과료·몰수의 형을 선고하는 재판절차를 말한다. 이러한 약식절차에 의한 재판을 약식명령이라 한다.

법원은 검사의 약식명령청구를 심리한 결과 약식명령으로 하는 것이 적당하다고 인정하는 경우에는 약식명령청구가 있은 날로부터 14일 이내에 약식명령을 하여야 한다.

약식명령에 불복이 있는 경우에는 7일 이내에 정식재판을 청구할 수 있다. 정식재판의 청구기간이 경과하거나 그 청구의 취하 또는 청구기각결정이 확정된 때에는 확정판결과 동일한 효력이 있다(제457조).

II 즉결심판절차

즉결심판절차란 지방법원·지방법원지원·시군법원의 판사가 20만원 이하의 벌금·구류·과료에 처할 경미한 범죄에 대하여 통상의 공판절차에 의하지 아니하고 간단하고 신속한 절차에 의하여 형을 선고하는 절차를 말한다(즉결심판에 관한 절차법 제

1조·제2조).

즉결심판은 경찰서가 아닌 공개 장소에서 열린다(동법 제7조). 피고인이 출석하는 것이 원칙이지만, 피고인이 불출석 심판을 청구하여 법원이 이를 허가한 경우에는 불출석 재판을 할 수 있다. 공판절차에 의하지 아니하고 즉결하는 심판절차를 말한다. 즉결심판절차는 공개된 법정에서 직접 심리하는 절차이나 통상의 공판기일에 행하는 형사소송법상의 절차가 아니며 공판전의 절차라고 할 수 있다.

즉결심판은 판사가 피고인에게 사건 내용을 알려주고 변명의 기회도 주며, 피고인은 변호사를 선임할 수도 있지만 신속·간편한 심리를 위하여 피고인의 자백만을 증거로 삼아 유죄를 선고할 수도 있다.

즉결심판이 확정되면 확정판결과 동일한 효력이 생긴다. 즉결심판에 의한 형은 경찰서장이 집행하며, 그 집행결과를 지체없이 관할 검사에게 보고하여야 한다(즉결심판에 관한 절차법 제18조 1항).

판사의 즉결심판에 불복이 있는 피고인 또는 경찰서장은 그 선고 또는 고지를 한 날로부터 7일 이내에 정식재판을 청구할 수 있다(동법 제11조). 이 경우 경찰서장은 관할지방검찰청 또는 지청 검사의 승인을 얻어 정식재판청구서를 판사에게 제출하여야 한다.

Ⅲ 형사사건의 피해자보호를 위한 절차

1._ 배상명령제도

배상명령이란 법원이 직권 또는 피해자의 신청에 의하여 피고인에게 피고사건의 범죄행위로 인하여 발생한 손해의 배상을 명하는 절차를 말한다. 배상명령절차는 소송촉진 등에 관한 특례법에 규정되어 있다. 배상명령은 피고사건으로 인하여 직접 발생한 물적 손해와 정신적 손해에 대한 위자료를 포함한다.

배상신청은 제1심 또는 제2심 공판의 변론종결시까지 사건이 계속된 법원에 신청할 수 있다. 배상명령은 유죄판결의 선고와 동시에 선고하여야 한다(소송촉진 등에 관한 특례법 제31조 1항). 배상명령의 신청을 각하하거나 그 일부를 인용한 재판에 대해 신청인은 불복할 수 없다(동법 제32조 3항).

2._ 범죄피해자 구조제도

헌법 제30조는 범죄피해자구조청구권을 기본권으로 규정하고 있으며, 이에 근거하여 1987년 범죄피해자구조법이 제정되었으며, 이후 2005년 12월 31일 '사람의 생명 또는 신체를 해하는 범죄행위로 인하여 사망한 자의 유족이나 중장해를 당한 자를 구조함을 목적'으로 범죄피해자 보호법이 제정되었다(법률 제7731호).

구조대상 범죄피해는 대한민국의 영역 안에서 또는 대한민국의 영역 밖에 있는 대한민국의 선박이나 항공기 안에서 행하여진 사람의 생명 또는 신체를 해치는 죄에 해당하는 행위로 인하여 사망하거나 장해 또는 중상해를 입은 것을 말한다(범죄피해자 보호법 제3조 1항 4호).

구조금의 지급요건은, 범죄피해를 받은 사람이 ① 구조피해자가 피해의 전부 또는 일부를 배상받지 못하는 경우, ② 자기 또는 타인의 형사사건의 수사 또는 재판에서 고소·고발 등 수사단서를 제공하거나 진술, 증언 또는 자료제출을 하다가 구조피해자가 된 경우 중 어느 어느 하나에 해당하면 구조피해자 또는 그 유족에게 범죄피해 구조금을 지급한다(동법 제16조).

구조금은 유족구조금·장해구조금 및 중상해구조금으로 구분하며, 일시금으로 지급한다(동법 제17조 1항). 유족구조금은 구조피해자가 사망하였을 때 제18조에 따라 선순위인 유족에게 지급한다. 다만, 순위가 같은 유족이 2명 이상이면 똑같이 나누어 지급한다(동조 2항). 장해구조금 및 중상해구조금은 해당 구조피해자에게 지급한다(동조 3항).

구조금의 신청은 주소지·거주지 또는 범죄발생지 관할 지구심의회에 피해발생을 안 날로부터 3년 내에, 피해발생일로부터 10년 경과 전에 신청하여야 한다.

Ⅳ) 형사조정절차

1._ 의   의

형사조정절차란 범죄피해자의 피해회복을 위한 수사절차상의 제도로 피의자와 범죄피해자 사이에 형사분쟁을 공정하고 원만하게 해결하여 범죄피해자가 입은 피해를 실질적으로 회복시키고자 하는 제도이다.

2._ 신청권자

당사자의 신청 또는 검사의 직권으로 수사 중인 형사사건을 형사조정에 회부할 수 있다(범죄피해자 보호법 제41조).

3._ 대상사건

1) 차용금, 공사대금, 투자금 등 개인 간 금전거래로 인하여 발생한 분쟁으로서 사기, 횡령, 배임 등으로 고소된 재산범죄 사건

2) 개인 간의 명예훼손·모욕, 경계 침범, 지식재산권 침해, 임금체불 등 사적 분쟁에 대한 고소사건

3) 위에서 규정한 사항 외에 형사조정에 회부하는 것이 분쟁 해결에 적합하다고 판단되는 고소사건

4) 고소사건 외에 일반 형사사건 중 위의 ①부터 ③까지에 준하는 사건이다(동법 시행령 제46조). 다만 여기에 해당하는 형사사건이라고 하더라도 ① 피의자가 도주하거나 증거를 인멸할 염려가 있는 경우, ② 공소시효의 완성이 임박한 경우, ③ 불기소처분의 사유에 해당함이 명백한 경우(다만 기소유예처분의 사유에 해당하는 경우는 제외한다)에는 형사조정에 회부하여서는 아니 된다(동법 제41조 2항).

4._ 형사조정위원회

각급 지방검찰청 및 지청에 2명 이상의 형사조정위원을 구성한다(동법 제42조 1항·2항).

5._ 조정결과

검사는 형사사건을 수사하고 처리할 때 형사조정 결과를 고려할 수 있다. 다만 형사조정이 성립되지 아니하였다는 사정을 피의자에게 불리하게 고려하여서는 아니 된다(동법 제45조 4항).

제03편

제 **03** 편

민사소송

제*01*장

민사소송과 민사소송법

하 정 철*

제1절 민사소송

누구나 자신의 권리가 침해되었을 때 자기 권리의 실현방안을 모색할 것이다. 사인의 실력에 의한 자력구제가 원칙적으로 금지되어 있는 우리 사법제도 하에서 당사자는 서로 한 발씩 양보하여 화해하거나 법원에 조정을 신청할 수 있다(소송에 갈음하는 분쟁 해결제도). 하지만 원칙적으로 가장 명확한 강제적인 분쟁해결절차는 민사소송이다.

통상의 민사소송 절차는 크게 사법상의 권리 관계를 확정하는 판결절차와 확정된 사법상의 의무가 임의로 이행되지 않을 때 국가기관의 힘을 빌려 강제적으로 집행하는 강제집행절차로 나뉜다. 한편 이러한 통상의 민사소송의 기능을 충분히 발휘케 하기 위해 증거보전절차, 가압류, 가처분절차 등의 부수절차가 있으며, 간이·신속하게 집행권원(채무명의)을 얻게 하는 소액사건 심판절차, 독촉절차 등이 있다.

민사소송은 사인의 권리 보호와 사법질서의 유지를 목적으로 하여 국가가 마련한 제도인 만큼 그와 관련된 법 규칙은 적정·공평·신속·소송경제·신의칙의 이념에 따라 해석·적용되어야 한다.

---

* 대통령직속 정책기획위원회 전문위원.

제2절 민사소송법

민사소송법은 형식적으로는 「민사소송법」이라고 불리는 법전을 가리키지만, 실질적으로는 민사소송제도를 규율하는 법규의 총체로서, 민사소송에 관한 헌법, 민사소송법·민사집행법 등의 각종 법률, 그리고 소송에 관련된 대법원규칙을 포괄한다. 민사소송법은 절차법으로서 법률이 개정된 경우 개정 전의 사항에도 소급적용하는 것이 원칙이다.

제 **02** 장
독촉절차와 보전처분

앞으로의 논의를 전개하는 데 기본이 되는 사실관계를 설정해 본다.

사 례 1

서울시 서초구 반포동에 사는 갑은 2001. 9. 1. 충청남도 천안시 동남구 안서동에 사는 을에게 5억원을 빌려주었는데, 을이 2011. 10. 1.이 될 때까지 이 돈을 갚지 않고 있다. 갑은 민사소송을 통하여 자신이 빌려준 5억원을 받고자 한다. 이 경우 갑이 취할 수 있는 방법에는 어떤 것이 있는지 순서대로 살펴보자.

제1절 　독촉절차

채무자인 을이 5억원을 지급할 능력도 있고 지급할 의사도 있으면서 아직 돈을 주고 있지 않고 있는 것이라면 갑은 굳이 통상의 민사소송을 할 필요가 없다. 이 경우 갑이 법원에 지급명령을 신청하면 법원은 채무자를 심문하지 않고 바로 지급명령을 한다. 채무자인 을이 그 지급명령에 대하여 이의가 있는 경우 그는 지급명령이 송달된 날로부터 2주일 내에 이의 신청을 할 수 있고, 그 이의신청이 적법하다면 지급명령은 이의한 범위에서 효력을 상실하고 지급명령 신청 시에 소를 제기한 것으로 되어 민사소송으로 넘어간다. 하지만 채무자인 을이 적법한 이의신청을 하지 않으면 지급명령은 확정되고, 이 후에 갑은 그 지급명령을 채무명의로 하여 강제집행을 할 수 있다.

제 2 절 보전처분

[사례 1]에서 을이 갑에게 5억원을 갚을 의사가 없는 경우 갑은 을을 상대로 소송을 제기할 수밖에 없다. 이 경우 갑은 우선 채무자 을이 어느 정도의 재산을 어떤 형태로 가지고 있는지 파악하고, 을이 자신의 재산을 빼돌릴 가능성이 있다고 판단되면 가압류를 해 둘 필요가 있다. 많은 시간과 비용을 들여 재판에서 이기더라도 을이 아무런 재산도 가지고 있지 않다면 갑은 자신이 받아야 할 돈을 받지 못하기 때문이다.

가압류를 해 놓으면 그 후에 을이 가압류해 놓은 자신의 부동산이나 유체 동산, 채권 등을 처분하더라도, 재판에서 이긴 갑이 가압류를 본압류로 전이하여 해당 재산에 대해 강제경매신청을 하여 자신의 채권의 만족을 받을 수 있다.

만약 갑이 받아야 할 것이 [사례 1]에서와 같이 금전이 아니고 특정물이라면(가령 을 명의의 주택) 그 특정물의 이전을 막기 위해 가처분을 할 수 있으며, 그 효과는 가압류와 유사하다. 즉, 갑이 을을 상대로 주택의 이전등기청구 소송을 진행하는 중에 을이 타인에게 팔아 타인 명의로 이전등기를 해버리면 갑은 소송에서 승소하더라도 일반적으로 이전 등기를 할 수 없다. 하지만 갑이 해당 주택에 대하여 가처분을 해 놓으면, 설령 그 이후에 을이 그 주택을 타인에게 팔고 이전등기까지 경료한다고 해도 갑은 해당 주택을 받을 수 있다.

제*03*장

소의 제기

제1절 소 제기와 당사자처분권주의

[사례 1]에서 갑이 을을 상대로 재판을 받고자 한다면 그 개시를 요구하는 원고 갑의 신청, 즉 소가 있어야 한다. 판결절차는 소로 시작하여 판결의 확정으로 종료하는 것이다. 소는 판결을 신청하는 행위로서 소송행위이고, 피고인 을에 대한 청구가 아니라 법원에 대한 신청이다. 실체법상 개인이 자신의 권리와 관련하여 최종적인 처분권한이 있는 것처럼 민사소송에서도 갑은 자신의 권리를 실현할지 말지에 대한 최종적인 결정권을 가진다. 원고의 소 없이 재판이 있을 수 없다는 원칙을 당사자처분권주의라고 한다.

제2절 소의 종류

소에는 이행의 소, 확인의 소, 형성의 소가 있다. 이행의 소는 원고가 자신의 이행청구권에 기하여 피고에 대해 의무이행명령을 할 것을 요구하는 소이다. 이행의 소는 원칙적으로 실체법상의 청구권이 바탕이 되어야 한다. 이에 반하여 확인의 소는 다툼 있는 권리·법률관계의 존재·부존재의 확정을 요구하는 소이다. 당사자 간에 다툼 있는 법률관계를 확정하여 법률적 불안을 제거하는 것이 주된 목적이다. 한편, 형성의 소는 판결에 의한 법률관계의 변동을 요구하는 소로서 소로써만 행사할 수 있는 형성권을 바탕으로 한다. 형성의 소는 그 대세적 효력으로 인하여, 법적 안정성을 보호하고자 명문의 규정으로 허용되는 경우에만 인정하는 것이 원칙이다.

[사례 1]의 갑이 생각할 수 있는 것은 이행의 소와 확인의 소이다. 만약 갑이 을을 상대로 자신이 채권의 존재와 그 액수에 대하여 법원의 확인을 구하고 아직 그 이행까지 원하고 있지 않은 경우에는 확인의 소를 제기할 것이다. 하지만, 갑이 을을 상대로 5억원을 받는 것이 목적이라면 이행의 소를 제기해야 한다. 이행의 소를 통하여 갑은 자신에게 이행청구권이 있음을 확정하고 을에 대하여 이행명령을 해달라고 구하게 된다.

제 3 절   소송요건

I   소송요건의 의의

원고가 승소판결을 받기 위해서는 일반적으로 소장이 적식이어야 하고(소장의 적식에 관하여는 제5절 참조), 소가 적법해야 하며, 원고의 주장 자체가 실체법상 이유가 있어서 정당하고 그 주장사실을 증명해야 한다. 이 중 소의 적법성과 관련된 요소를 소송요건이라고 한다.

II   소송요건의 종류

소송요건은 크게 법원에 관한 것, 당사자에 관한 것, 그리고 소송물에 관한 것으로 구분할 수 있다. 법원에 관한 것으로는 피고에 대한 재판권을 가지고 법원이 해당 사건에 대해 토지·사물·직분관할권을 가지는 것이 기본적으로 요구된다. (관할권은 제4장 제1절 참조) 당사자에 관한 소송요건으로는 당사자가 실재하고, 당사자능력·당사자적격·소송능력을 가지고 있을 것이 요구된다(당사자는 제5장 참조). 그리고 소송물에 관해서는 소송물이 특정되고 소의 이익이 존재하며 중복소제기나 재소금지에 저촉되지 않을 것, 그리고 기판력이 존재하지 않을 것이 요구된다.

Ⅲ 소송요건의 조사와 조사결과

소송요건은 주로 공익적 성격을 띠고 있어서 항변사항을 제외하고는 기본적으로 법원의 직권조사사항이다. 소송요건이 충족되지 않으면 법원은 본안에 대한 판결을 내릴 수 없고 대신 소각하판결을 해야 한다. 단 소송요건의 흠이 보정할 수 있는 것인 경우에 법원은 상당한 기간을 정하여 보정을 명하고 기다려야 한다.

Ⅳ 소의 이익

무익한 소송제도의 이용을 통제하고, 불필요한 소송에 응소함으로써 피고에게 초래될 수 있는 불이익을 배제하기 위하여 소의 이익이 소송요건의 하나로서 요구된다. 그에 따라 기본적으로 청구가 재판상 청구할 수 있는 구체적인 권리 또는 법률관계에 관한 것이고, 법률이나 유효한 계약에 소제기를 금지하는 사유가 없어야 한다. 그리고 이행의 소의 경우 집행이 불가능하거나 현저히 곤란하지 않아야 하고, 확인의 소는 현재의 권리·법률관계의 확인을 구할 이익, 즉 권리 또는 법률상의 지위에 현존하는 불안·위험이 있고, 확인판결이 그 불안·위험을 제거하는 데 유효·적절한 수단일 것이 요구된다.

제 4 절 소송의 객체 – 소송물

민사소송에서 소송의 객체를 소송물, 소송상의 청구 혹은 심판의 대상이라고 한다. 법원은 결국 원고가 소로써 청구한 것이 이유 있는지 유무를 판단하는 것이므로 소송물은 원고의 소송상 청구가 된다. 소송물은 원고가 특정하는 것이므로 피고가 방어방법으로 제출하는 것은 영향이 없다. 소송물은 청구의 병합, 청구의 변경, 중복소제기의 금지효, 기판력의 문제 등과 직접적으로 관련된 매우 중요한 개념이지만, 우리 법은 소송물에 대한 개념을 정의하고 있지 않다. 이에 소송물의 구체적 범위와 관련하여 학설이 대립하고 있다.

실체법상의 권리 또는 권리관계의 주장을 소송물로 보고, 실체법상의 권리마다 소송물이 별개로 된다는 구실체법설(구소송물이론)과 소송법적 요소인 청구취지만으로

(일원설) 혹은 청구취지와 청구원인에 기재된 사실관계만으로(이원설) 소송물을 구성해야 한다는 소송법설, 그리고 수정된 의미의 실체법상의 청구권의 주장을 소송물로 파악하는 신실체법설 등이 대표적인 이론이다. 현재 판례는 기본적으로 구실체법설의 입장을 취하고 있지만, 소송의 종류에 따라 소송법설을 취하기도 한다.

제 5 절 소장 기재사항과 소장심사

I 서 론

[사례 1]에서 갑이 을을 상대로 이행의 소를 제기하기로 마음을 먹었으면, 갑은 소장을 작성하여 법원에 접수하고 소정의 인지를 납부해야 한다. 소장에는 당사자, 청구의 취지, 청구의 원인 등의 필요적 기재사항을 기재해야 하고, 그 방식에 하자가 있는 경우 이를 보정하지 아니하면 재판장은 소장각하명령을 할 수 있다. 필요적 기재사항 중 당사자는 별도의 장에서 살펴보고 그 이외의 기재사항을 간략히 살펴본다.

II 청구취지

청구취지는 원고가 소로써 바라는 법률효과를 적는 일종의 소의 결론부분으로서, 판결의 주문에 대응한다. 원고는 청구취지에서 어떤 종류의 판결을 구하는지, 어떤 내용과 범위의 판결을 구하는지 명확히 밝혀야 한다.

[사례 1]에서 갑이 이행의 소를 제기한다면 갑은 "피고는 원고에게 금 5억원을 지급하라는 판결을 구한다" 하는 식으로, 피고에 대한 이행명령을 구하는 취지를 표시해야 한다.

III 청구원인

청구원인은 소장 중 원고의 청구를 이유 있게 하는 사실을 기재하는 부분이다. 원고가 그와 관련하여 어느 정도 상세한 사실을 기재해야 하는지 학설의 대립이 있었지만 오늘날 청구원인에는 청구취지에서 주장한 법률효과를 끌어내는 데에 필요한 사실관계를 기재하면 충분하고, 청구의 법적 성격을 특정할 필요는 없다는 신식별설이 일반적인 견해이다.

따라서 [사례 1]에서 갑은 청구원인과 관련하여 을이 자신으로부터 2001. 9. 1. 1억원을 빌려간 사실과 그 이후에 이를 갚지 않아 자신이 그 대금의 지급을 청구한다는 사실을 기재하면 충분하다.

Ⅳ 기타의 기재사항(임의적 기재사항)

소장에는 필요적 기재사항 이외에 자세한 공격방법이나 증거방법 등 이후에 준비서면으로 제출하여도 될 사항을 소장을 이용하여 미리 기재할 수 있다. 이러한 임의적 기재사항은 기재하지 아니하여도 소장각하명령을 받지 않는다.

Ⅴ 소장심사

소장이 법원에 접수되면 각 재판부에 사건이 배당되고, 그 사건을 담당할 재판부의 재판장은 소장을 심사한다. 재판장은 필요적 기재사항이 제대로 기재되었는지 그리고 소정의 인지가 붙어 있는지를 심사하고, 하자가 있는 경우 상당한 기간을 정하여 흠결을 보정하라고 명한다.

원고가 보정명령에 응하여 보정을 하면 그 하자는 치유된다. 하지만 보정한 경우 언제 소장이 제출된 것으로 볼 것인지에 관하여 인지의 보정의 경우 소장제출 시로 소급해서 소장이 제출된 것으로 본다는 것에 이설이 없지만, 청구의 내용이 불명확하여 보정한 경우에는 보정 시에 제출된 것으로 보아야 한다는 견해와 소장제출 시로 소급시켜야 한다는 견해가 대립한다.

한편 원고가 소장의 흠을 보정하지 아니하면, 재판장은 명령으로 소장을 각하한다. 이로써 소송이 종료된다는 점에서 소장각하명령은 소각하판결과 동일한 효력을 가진다.

Ⅵ 그 이후의 절차

재판장은 소장이 방식에 맞는 경우 소장의 부본을 피고에게 송달하고, 소장부본을 받은 피고는 원고의 청구를 다툴 의사가 있으면 송달받은 날로부터 30일 내에 답변서를 제출해야 한다. 피고가 제출의무를 이행하지 않으면 법원은 원고의 청구의 원인 사실에 대하여 피고가 자백한 것으로 보고 원칙적으로 변론없이 판결을 선고할 수 있다. 반면에 피고가 답변서를 제출하면 재판장은 사건을 검토하여 변론기일을 지정하거나 변론준비 절차에 회부할 수 있다.

제 6 절   소제기의 효과

[사례 1]에서 갑이 을을 상대로 소를 제기하면 소송법상 소송계속의 효과가 발생하고, 실체법상 시효중단의 효과 등이 생긴다. 소송계속은 특정한 청구에 대하여 법원에 판결절차가 현실적으로 걸려있는 상태를 말하는 것으로 소장부본이 피고 을에게 송달되는 때에 소송계속이 발생한다고 보는 것이 통설과 판례의 입장이다.

사건이 계속되어 있으면, 그와 동일한 사건에 대하여 당사자는 다시 소를 제기하지 못한다. 따라서 [사례 1]에서 이미 소송이 계속되었다면 갑은 을을 상대로 재차 자신이 빌려준 5억원을 달라고 청구할 수 없고 을 역시 갑을 상대로 동일한 소송물에 대해 소를 제기할 수 없다. 이러한 중복제소 금지효과는 원칙적으로 전소의 소송계속 중에 전소와 후소의 소송물과 당사자가 동일한 경우에만 인정된다.

제04장

법   원

제1절 법원의 관할

[사례 1]에서 갑은 을을 어떤 법원에 제소할 수 있는가?

I 서   론

소송법상으로 법원이라 함은 재판사무를 처리하기 위하여 1인 또는 수인의 법관으로 구성된 재판기관을 말한다. 우리나라의 법원은 기본적으로 대법원, 고등법원, 지방법원으로 이루어져 있다. 대법원은 하나뿐이지만 고등법원은 서울, 대전, 대구, 부산, 광주, 수원에 설치되어 있다. 지방법원 역시 서울, 부산, 제주, 광주, 대구, 대전, 춘천, 창원, 청주, 인천, 수원 등지에 설치되어 있고(서울에는 총 5개의 지방법원이 설치되어 있음 – 서울중앙, 서울동부, 서울남부, 서울북부, 서울서부), 각 지방법원마다 주변 지역에 지원들을 두고 있다. 3심제를 채택하고 있는 우리 사법제도 하에서 제1심은 지방법원과 그 지원에서 맡게 되는데, 사건의 경중이나 직무의 내용에 따라 합의부가 맡는 경우와 단독판사가 맡는 경우로 나뉜다.

원고는 여러 지역에 있는 법원 중 어느 법원에서 소송을 할 것인지 결정해야 하는데, 원고가 아무 법원에서나 소송을 할 수 있다고 한다면 피고에게 현저한 불이익이 초래될 수 있다. 이에 민사소송법과 기타 법규에 법원의 사건 담당 관련한 기준(관할)을 상세하게 규정하고 있으며, 그러한 법정관할에는 토지관할과 사물관할 등이 있다.

Ⅱ 토지관할

　　토지관할은 소재지를 달리하는 같은 종류의 법원 사이에 재판권의 분담관계를 정해 놓은 것이다. 토지관할은 기본적으로 제1심 사건을 어느 지방법원이 담당 처리하느냐를 결정하는 것이다. 「각급 법원의 설치와 관할구역에 관한 법률」에서 토지관할에 대해 정해놓고 있는데, 이러한 토지관할 발생의 원인지가 되는 인적·물적 관련점을 재판적이라고 한다.

　　이러한 재판적에는 보통재판적과 특별재판적이 있다. 보통재판적이 모든 소송사건에 대하여 공통적으로 적용되는 재판적인 반면 특별재판적은 특별한 종류, 내용의 사건에 대해서 한정적으로 적용되는 재판적이다.

　　민사소송법은 피고와 관계있는 곳을 기준으로 보통재판적을 정하여 피고가 자연인인 경우 그의 주소 내지 거소를 보통재판적으로 하였다. 피고가 법인인 경우에는 그 주된 사무소 있는 곳이 보통재판적이 된다.

　　한편 특별재판적은 여러 가지가 있는데 그 중 주요한 것은 다음과 같다. 부동산에 관한 소는 부동산이 있는 곳의 법원에 제기할 수 있고, 재산권에 관한 소는 의무이행지의 관할법원에 제기할 수 있다. 계약상의 의무뿐만 아니라 법률의 규정에 의하여 발생하는 불법행위·부당이득·사무관리 상의 채무를 전제로 한 청구도 재산권에 관한 소에 포함된다. 의무이행지는 인도청구 이외의 채무에 대해서는 지참채무의 원칙상 원고의 주소지가 의무이행지로 된다.

　　[사례 1]에서 갑의 주소는 서울시 서초구이고, 을의 주소는 충청남도 천안시이다. 갑이 원고이고 을이 피고이다. 따라서 을의 주소지인 충청남도 천안시는 피고의 보통재판적이 된다. 갑은 채권자라고 주장하는 사람이고 지참채무가 민법상의 원칙임을 감안하면(민법 제467조) 갑의 주소지인 서초구 반포동은 의무이행지의 특별재판적이 된다. 그러므로 [사례 1]에서 서울중앙지방법원과 대전지방법원에 이 사건에 대한 토지관할권이 있다.

Ⅲ 사물관할

　　[사례 1]에서 갑이 을을 토지관할권이 있는 대전지방법원이나 서울중앙지방법원에 제소한 경우, 그 법원의 합의부와 단독판사 중 누가 관할하는가와 관련된 문제가

사물관할이다. 제1심 법원인 지방법원과 그 지원에는 단독판사와 합의부가 있는데, 단독판사는 독자적으로 재판하는 1인의 법관을 말하고 합의부는 3인으로 구성된 합의체를 말한다.

사물관할에 대해서는 「법원조직법」과 「민사 및 가사소송의 사물관할에 관한 규칙」이 정하고 있는데, 단독판사는 합의부의 관할사건을 제외한 모든 민사사건을 관장하게 된다. 합의부는 원칙적으로 소송목적의 값(소가)이 5억원을 초과하는 민사사건과 합의부에서 심판할 것으로 합의부 스스로 결정한 사건(재정합의사건), 그리고 경제적 이익을 목적으로 하지 않는 권리관계에 관한 소를 관장한다. 소가는 민사소송 등 인지규칙에 따라 산정하며, 소제기한 때를 표준으로 결정한다. 단 단독판사에 계속중 원고의 청구취지의 확장에 의하여 소가가 5억원을 초과하게 된 때에는 변론관할이 생기지 않은 경우 합의부로 이송해야 한다.

[사례 1]에서 갑은 5억원을 청구하고 있다. 합의부는 5억원을 초과하는 사건을 맡으므로, 5억원 사건은 재정합의사건이 아닌 한 단독판사가 관장한다. 따라서 갑의 소는 원칙적으로 단독판사가 관장한다. 물론 대여금 5억원 이외에 이자 및 지연배상액 등을 추가로 청구하는 경우에는 합의부 사건이 된다.

Ⅳ 합의관할

토지관할이나 사물관할 같이 법으로 정해진 관할 이외에 당사자의 합의에 의해서도 원칙적으로 관할이 생길 수 있다. 원래 관할에 관한 규정이 법원 간 재판사무의 공평한 분담을 고려하는 외에 주로 당사자의 편의를 고려하여 정해진 것인데, 합의관할을 허용한다고 하여 그것이 법원 간 부담의 균형을 깨뜨릴 만큼 빈번한 것도 아니고 오히려 당사자의 편의에 이바지 할 수 있기 때문이다. 단 「약관규제에 관한 법률」은 약관상의 관할의 합의 조항이 고객에게 부당하게 불리한 경우 해당 조항이 무효가 되게 하였다.

[사례 1]에서 갑과 을이 갑의 제소 전에 자신들의 금전대차관계와 관련하여 양당사자의 주소의 중간 지점인 수원지방법원을 제1심법원으로 합의하였다면, 수원지방법원은 관할권을 가질 수 있다.

Ⅴ 변론관할(응소관할)

변론관할이라 함은 원고가 관할권 없는 법원에 소제기 하였는데, 피고가 이의 없이 본안 변론하는 경우 생기는 관할을 말한다. 관할의 합의에 준하여 그 법원에 관할을 인정하는 것이 당사자의 이익과 소송촉진에 도움이 된다는 고려 하에 인정되는 관할이다.

Ⅵ 관할권의 심사와 이송

소가 제기된 법원의 관할권 유무는 소송요건의 하나이므로 법원이 직권으로 조사할 사항이다. 관할권의 존재가 긍정되면 법원은 심리를 그대로 진행시킬 수 있지만, 조사 결과 관할권이 없다면 소각하 판결 대신 관할권이 있는 법원으로 직권 이송한다.

제 2 절   법관의 제척 · 기피 · 회피

재판의 공정성을 유지하기 위하여 법관이 자기가 담당하는 구체적 사건과 특수한 관계가 있는 경우에 그 사건의 직무집행에서 배제하는 제도를 법관의 제척 · 기피 · 회피라고 한다. 법관의 제척은 법관이 구체적인 사건과 법률에서 정한 특수한 관계(가령 자신이 사건의 당사자이거나 배우자가 당사자인 경우)에 있는 경우 당연히 그 직무집행에서 배제하는 것이다. 기피는 제척 사유 이외에 재판의 공정을 기대하기 어려운 사정이 있는 경우 당사자의 신청을 기다려 재판에 의해 법관을 직무집행에서 배제하는 것이다. 그리고 회피는 법관이 스스로 제척 또는 기피이유가 있다고 인정하여 자발적으로 직무집행을 피하는 것이다.

제 **05** 장

소송의 당사자

[사례 1]에서 갑은 소장을 작성하여 법원에 접수해야 하는데, 소장에는 당사자, 청구의 취지, 청구의 원인 등을 기재해야 한다. 이 중 소송의 당사자는 원고, 피고를 말하는 것으로, 분쟁의 해결을 요청하는 자를 원고라 하고, 그 상대방을 피고라 한다.

당사자와 관련하여서는 당사자가 누구인지(당사자의 확정), 당사자가 소송의 주체가 될 수 있는 일반적인 능력인 당사자능력(소송상의 권리능력)이 있는지, 제기된 특정의 소송사건에서 당사자로서 유효하게 소송행위를 할 능력이 있는지(소송상의 행위능력) 등이 문제될 수 있다.

제1절 당사자의 확정

사 례 2

[사례 1]에서는 갑과 을이 당사자인 것은 명백하다. 하지만 만약 [사례 1]에서 갑이 을을 상대로 소를 제기하려고 하였는데, 을이 돌연 사망하고 을의 상속인으로 병이 있는 경우는 어떠한가?

[사례 2]와 관련하여 통설과 판례는 당사자가 누구인지 소장의 당사자란의 기재를 원칙적 기준으로 하되 청구의 취지·원인 그 밖의 일체의 표시사항 등을 합리적으로 해석하여 확정해야 한다고 한다. [사례 2]에서 갑이 이미 사망한 을을 상대로 소를 제기한다면 법원은 소장에 표시된 을을 당사자로 파악하여 소각하 판결을 할 수 있다. 갑은 병을 상대로 소를 제기해야 하고, 만약 을을 피고로 기재하였다면 피고경정

을 통하여 상속인인 병을 당사자로 보정해야 한다.

제2절　당사자능력

　당사자능력과 관련하여 민법상의 권리능력을 가지는 사람은 누구나 당사자능력을 가진다. 따라서 [사례 1]에서 갑과 을이 자연인이라면 그들은 모두 당사자능력을 가진다. 법인 역시 모두 민법상의 권리능력자로서 당사자능력을 가진다. 갑이나 을이 법인 아닌 사단이나 재단이더라도 대표자나 관리인이 있으면 사단·재단의 이름으로 당사자가 될 수 있다.

제3절　당사자적격

　타인의 권리에 대하여 아무나 나서서 소송하는 이른바 민중소송이나 기타 무의미한 소송을 방지하기 위하여 우리 법은 당사자가 소송승패에 대하여 이해관계를 가질 것을 요구한다. 그러한 이해관계를 가리켜 당사자적격이라 한다. [사례 1]에서 갑은 자신이 5억원을 받을 청구권이 있음을 주장하는 것이므로 당사자 적격이 쉽게 인정된다.
　단 당사자적격은 실제 청구권자인지 여부로 결정되는 것이 아니고 청구권을 주장하는 자에게 인정되는 것으로 주장 자체에 의해 결정된다는 점을 주의해야 한다. 실제로 갑이 돈을 받을 권리가 있는지, 을이 돈을 줘야 할 의무가 있는지는 본안심리 끝에 판명되는 것이다. 만약 갑이 을을 상대로 이행의 소를 제기하였는데, 실제로 돈을 빌려간 사람이 을이 아니고 병인 경우, 법원은 갑의 을에 대한 청구를 기각해야지 각하해서는 안 된다.

제4절　소송상의 행위능력(소송능력)

　소송능력은 당사자로서 유효하게 소송행위를 하거나 소송행위를 받기 위해 갖추어야 할 능력을 말한다. 민법상 행위능력을 가지는 자는 소송능력을 갖는다. 하지만 미성년자·피성년후견인은 원칙적으로 소송능력이 없고, 법정대리인이 소송행위를 대리해야 한다. 다만 피한정후견인은 가정법원이 한정후견인의 동의를 받도록 한 행위 이외에 대해서는 원칙적으로 소송능력이 인정된다.

[사례 1]에서 갑이나 을이 미성년자인 경우 그들의 법정대리인이 대리해야 그의 혹은 그에 대한 소송행위가 유효하게 된다. 소송무능력자의 소송행위나 소송무능력자에 대한 소송행위는 법정대리인의 추인이 없는 한 무효이다.

제5절 변론능력

변론장소인 법정에 나가 법원에 대한 관계에서 유효하게 소송행위를 하기 위한 능력을 변론능력이라고 한다. 법원에 대한 소송행위에 국한된 능력이라는 점에서 소송행위 전반에 관한 소송능력과 구별된다. 우리 법에서는 원칙적으로 변호사강제주의를 채택하고 있지 않으므로, 일반적으로 소송능력이 있으면 변론능력이 인정된다.

제6절 소송상의 대리인

소송상의 대리인이란 당사자의 이름으로 자기의 의사 결정에 따라 소송행위를 하고, 법원과 상대방의 소송행위를 받는 이를 말한다. 대리인에는 법률의 규정에 의하여 대리권이 수여되는 법정대리인과 당사자 본인의 행위에 의하여 대리권이 수여되는 임의대리인이 있다. 임의대리인에는 개별적 대리인과 소송대리인이 있다.

당사자가 소송능력이 없으면 법정대리인은 소장에의 필요적 기재사항이다. 그리고 이와 유사하게 당사자가 법인이나 기타 사단이나 재단인 경우에는 그 대표자나 관리인 역시 필요적 기재사항이다. [사례 1]에서 갑이 미성년자인 경우 갑은 자신의 법정대리인을 소장에 기재해야 한다.

제06장

변 론

제 1 절 서 론

소가 제기되었을 때, 피고가 소장 부본을 송달받은 지 30일 이내에 답변서를 제출하였으면 재판장은 특별하게 변론준비절차를 필요로 하는 경우를 제외하고는 변론기일을 지정하여 변론에 들어가 소송의 심리를 진행한다.

제 2 절 변론(심리)의 의의

변론은 기일에 수소법원의 공개법정에서 당사자 양쪽이 말로 판결의 기초가 될 소송자료, 즉 사실과 증거를 제출하는 방법으로 소송을 심리하는 절차이다. 변론이라는 말은 넓게는 소송주체가 기일에 하는 일체의 소송행위를 포함하지만, 가장 좁은 의미의 변론은 재판기관의 증거조사도 제외한 당사자의 소송행위만을 말한다.

제3절 심리에 관한 제원칙

Ⅰ 공개심리주의

재판의 심리와 판결의 선고를 일반인이 방청할 수 있는 공개상태에서 행해야 한
다는 원칙이다. 여기서 재판은 법률상의 실체적 권리관계 자체를 확정하는 소송사건
의 재판만을 의미하며, 공개대상도 변론절차와 판결의 선고에 국한된다.

Ⅱ 쌍방심리주의

소송의 심리에 있어서 당사자 양쪽에 평등하게 진술할 기회를 주어야 한다는 원
칙이다. 소송구조제도와 석명의무·지적의무의 활용을 통한 당사자의 소송상 지위의
실질적 평등의 실현이 요청된다.

Ⅲ 구술심리주의

심리에 임하여 당사자 및 법원의 소송행위 특히 변론 및 증거조사를 구술로 행해
야 한다는 원칙으로서 서면심리주의에 대립한다. 현행법은 구술심리주의를 원칙으로
하면서, 서면심리주의로써 그 결점을 보완하고 있다.

Ⅳ 직접심문주의

판결을 하는 법관이 직접 변론을 듣고 증거조사를 행해야 한다는 원칙이다. 이 원
칙에 따라 증인신문에 있어서 단독판사나 합의부 법관의 과반수가 바뀐 경우에 당사
자가 다시 신문의 신청을 하면 증인을 재신문해야 한다.

Ⅴ 처분권주의

절차의 개시, 심판의 대상과 범위 그리고 절차의 종결에 대하여 당사자에게 주도

권을 주어 그의 처분에 맡기는 원칙이다. 구체적으로 민사소송절차는 당사자의 소의 제기가 있어야만 개시되고, 심판의 대상도 원고가 특정해야 하고 법원은 당사자가 신청한 범위를 넘어서는 판결할 수 없다. 개시된 절차를 종국판결에 의하지 않고 종결시킬 것인가의 여부도 당사자의 의사에 일임되어 있다.

하지만 처분권주의에 위배된 판결은 원칙적으로 상소 등으로 불복하여 취소를 구할 수 있을 뿐이고 당연무효가 되는 것은 아니다. 처분권주의는 당사자의 소송물에 대한 처분 자유를 의미한다는 점에서 당사자의 소송자료에 대한 수집책임을 뜻하는 변론주의와 구별된다.

Ⅵ 변론주의

변론주의는 소송자료 즉 사실과 증거의 수집·제출의 책임을 당사자에게 맡기고, 당사자가 수집하여 변론에서 제출한 소송자료만을 재판의 기초로 삼아야 한다는 원칙이다. 직권탐지주의에 반대되는 개념으로 변론주의의 주요 내용은 크게 3가지로 요약된다.

우선, 주요 사실은 당사자가 변론에서 주장하여야 하며, 당사자에 의하여 주장되지 않은 사실은 법원 판결의 기초로 삼을 수 없다(사실의 주장책임). 그리고 다툼이 없고 시인하는 사실은 법원이 증거조사를 할 필요 없이 그대로 판결의 기초로 하지 않으면 안 된다(자백의 구속력). 마지막으로, 증거도 당사자가 세워야 하기 때문에 당사자가 신청한 증거에 대해서만 증거조사하며, 원칙적으로 법원은 직권으로 증거조사해서는 안 된다(증거의 제출책임).

단, 변론주의는 사실과 증거방법에만 적용되고, 그 주장된 사실관계에 대한 법적 판단과 제출된 증거의 가치평가는 법원의 재량에 속한다. 그리고 현실적인 당사자간의 불평등을 고려하여 변론주의의 보완책으로 통설은 사실주장의 책임이 당사자에게 있다고 하여도 진실에 반하는 것으로 알고 있는 사실을 주장해서는 안 된다는 진실의무를 인정한다.

Ⅶ 적시제출주의

적시제출주의는 당사자가 공격방어방법을 소송의 정도에 따라 적절한 시기에 제출해야 한다는 원칙이다. 민사소송법은 이전의 수시제출주의를 버리고 적시제출주의를 택함으로써 소송촉진과 변론집중을 꾀하는데, 적절한 시기는 결국 개개의 소송절차에서 구체적인 상황에 비추어 판단한다. 적시제출주의의 실효성을 확보하기 위해 민사소송규칙은 재정기간을 넘긴 공격방어방법, 실기한 공격방어방법 등을 실권시키고 있다. 적시제출주의는 변론주의가 적용되는 범위에 한정되어 적용되며, 직권탐지주의나 직권조사사항에 대하여는 그 적용이 배제된다.

Ⅷ 집중심리주의

집중심리주의는 소송의 초기단계에서 사건을 분류하여 각 사건에 적합한 처리방법을 정하고, 조기에 쟁점과 증거를 정리하여 증명의 대상이 되어야 할 사실을 명확히 한 다음 이에 초점을 맞추어 효율적이고 집중적인 증거조사를 실시하는 심리방식을 말한다.

제4절 변론의 내용(변론에서의 당사자의 소송행위)

Ⅰ 본안의 신청

변론은 먼저 원고가 낸 소장의 청구취지에 따라 특정한 내용의 판결을 구하는 진술을 함으로써 시작된다.

Ⅱ 공격방어방법

당사자는 본안의 신청을 뒷받침하기 위해 소송자료를 제출해야 하는데 이를 공격방어방법이라고 한다. 원고가 자기의 청구를 이유 있게 하기 위해 제출하는 소송자료를 공격방법, 피고가 원고의 청구를 배척하기 위해 제출하는 소송자료를 방어방법이라고 한다.

공격방어방법에는 자신이 증명책임지는 주장사실을 진술하는 주장과 상대방이 증명책임지는 주장사실을 아니라고 부정하는 부인, 그리고 자기에게 불리한 상대방의 주장을 시인하는 자백이 있다. 상대방의 주장사실을 알지 못한다고 진술하는 부지는 부인으로 추정한다. 이에 반해 침묵은 변론 전체의 취지로 보아 다툰 것으로 인정되는 경우를 제외하고는 자백한 것으로 간주된다.

[사례 1]에서 갑은 자신이 을에게 5억원을 빌려준 사실에 대해 증명책임을 진다. 그가 자신의 주장사실을 진술하는 경우, 을은 방어방법으로 부인 내지 자백할 수 있다. 을이 갑의 주장에 대해 침묵하는 경우에는 자백한 것으로 간주될 것이고, 을이 갑이 자신에게 빌려준 사실이 있는지 모른다고 진술하는 경우에는 부인으로 추정할 것이다.

Ⅲ 증거신청(입증)

당사자가 자신이 증명책임을 지는 진술을 하고 그에 대해 상대방이 부인(부인으로 추정되는 부지 포함)을 한 경우에는 그는 법관으로 하여금 사실상의 주장이 진실이라는 확신을 얻게 할 필요가 있다. 그러한 확신을 얻게 하기 위해 하는 행위가 증거신청이다.

[사례 1]에서 갑이 자신이 을에게 5억원을 빌려준 사실을 진술하고 을이 해당 진술을 부인 내지 부지하면 갑은 증거신청을 통하여 법관이 자신의 주장이 진실이라는 확신을 갖게끔 할 책임을 진다.

Ⅳ 항변과 재항변

피고가 원고의 청구를 배척하기 위하여 소송상 또는 실체상의 이유를 들어 적극적인 방어를 하는 것을 항변이라고 한다. 부인이 단순히 원고의 주장사실이 진실이 아니라는 주장인데 반하여 항변은 원고의 주장사실이 진실임을 전제로 이와 별개의 사실을 주장하는 것이다. 이 경우 항변사실의 증명책임은 그 제출자인 피고에게 있다. 항변은 권리근거규정의 반대규정의 성질에 의하여 권리장애사실, 권리소멸사실, 그리고 권리저지사실로 구분된다.

한편 원고는 피고의 항변사실에 대해 단순 부인을 할 수도 있지만, 자백(자백으로 간주되는 침묵 포함)하면서 새로운 사실을 진술하는 재항변을 할 수도 있다. 이 경우 재항변사실의 증명책임은 원고가 진다.

[사례 1]에서 을은 갑의 주장에 대해 자신이 갑으로부터 5억원을 빌린 사실이 없

다고 부인하는 대신, 자신이 5억원을 빌린 것은 맞지만, 갑이 자신의 채무를 면제해 주었다고 항변할 수도 있다. 만약 갑이 을의 항변사실을 부인한다면, 을은 자신의 항변사실을 입증하기 위해 증거신청을 해야 한다.

만약 갑이 을의 항변사실을 부인하기보다는 자신이 을의 채무를 면제해 주었지만 그 의사표시는 적법하게 취소되었다고 주장한다면 그것은 재항변이 된다. 재항변사실에 대해서는 갑이 증명책임을 진다.

제5절 변론기일에 있어서의 당사자의 결석

Ⅰ 양쪽 당사자의 결석

적법한 기일통지를 받았음에도 불구하고 양쪽 당사자가 모두 결석한 경우에는 일정한 요건이 충족되는 경우 소의 취하가 간주된다. 하지만 1990년 법 개정으로 기존의 취하간주 요건이 강화되어 양쪽 당사자가 제1심에서 2회에 걸쳐 결석한 것만으로 소의 취하가 간주되지는 않는다.

Ⅱ 한쪽 당사자의 결석

법원은 한쪽 당사자가 소장, 답변서, 준비서면 등의 서면을 제출한 채 기일 해태한 경우 그가 제출한 소장·답변서 등에 기재한 사항을 진술한 것으로 간주하고 출석한 상대방에 대하여 변론을 명할 수 있다(진술간주). 이에 반해 한쪽 당사자가 소장, 답변서, 준비서면 등의 서면을 제출하지 않은 채 기일 해태한 경우 출석한 당사자의 주장사실에 대하여 자백한 것으로 간주한다(자백간주).

제 **07**장

증   거

제1절 **증거의 의의**

증거는 법규적용의 대상이 되는 사실을 인정하기 위한 자료를 말한다. 공격방어
방법 중에서 한 당사자가 주장하는 사실을 상대방이 다투거나 부지라고 진술하면 그
사실이 진실임을 나타내기 위한 객관적 자료를 제출해야 하고, 그 객관적 자료를 증
거라고 한다.

이러한 객관적 자료에는 증언, 감정결과, 문서의 기재내용, 검증결과, 당사자신문
결과, 그 밖의 증거인 사진·녹음테이프 등의 조사결과, 그리고 조사촉탁결과가 있다.

제2절 **증거방법**

증거방법에는 증인, 감정인, 당사자본인, 문서, 검증물이 있고 이러한 유형물이 증
거방법이 될 수 있는 능력을 증거능력이라고 한다. 형사소송법과는 달리 민사소송법
에서는 증거능력에 대한 제한이 문제되는 경우가 많지 않다.

제3절 증명의 대상

법원은 쟁점정리를 하면서 증명의 대상인 사실과 그 필요가 없는 사실을 명확히 가려, 증명의 대상인 사실에 초점을 맞추어 증거조사를 실시한다.

I 요증사실

원칙적으로 사실이 증명의 대상이 되고, 경우에 따라서는 경험법칙도 증명의 대상이 된다. 여기의 사실은 인식할 수 있는 외계의 사실과 고의·과실 같은 내심의 사실을 의미한다. 법규의 존부확정이나 적용은 법원의 책무이므로 증명의 대상이 되지 않는 것이 원칙이다.

II 불요증사실

당사자간에 다툼이 없는 사실(재판상의 자백과 자백간주), 공지의 사실 등의 현저한 사실 그리고 법률상의 추정받는 사실은 증명을 요하지 않는다.

제4절 증거조사

I 증인신문

증인의 증언으로부터 증거자료를 얻는 증거조사이다. 증인은 과거에 경험한 사실을 법원에 보고할 것을 명령받은 당사자 및 법정대리인 이외의 제3자를 말한다. 소송무능력자라도 증인이 될 수 있다.

증인에 대한 신문은 교호신문, 격리신문, 구술신문의 원칙에 의한다. 특히, 교호신문은 당사자간에 주신문, 반대신문, 재주신문(再主訊問)의 과정을 거치는 것이 일반적이다. 재판장은 당사자에 의한 신문이 끝난 후 보충신문을 하는 것이 원칙이나 당사자의 신문도중이라도 개입신문을 할 수 있다. 다만 상당하다고 인정하는 때에는 당사자의 의견을 들어 증인을 비디오 등 중계장치에 의한 중계시설을 통하여 신문할 수 있다.

Ⅱ 감 정

감정은 특별한 학식과 경험을 가진 자에게 그 전문적 지식 또는 그 지식을 이용한 판단을 소송상 보고토록 하여, 법관의 판단능력을 보충하기 위한 증거조사이다. 감정증거조사는 법원의 직권사항이며, 다른 증거와 마찬가지로 감정의 결과를 현실적으로 증거로 채용할 것인가는 법관의 자유심증에 의한다.

Ⅲ 서 증

1._ 서증의 의의

서증은 문서를 열람하여 그에 기재된 의미 내용을 증거자료로 삼기 위한 증거조사이다. 문서의 기재내용을 자료로 하는 것이 서증이므로, 문서의 외형존재 자체를 자료로 할 때에는 서증이 아니라 검증이다.

2._ 서증의 증거능력

서증의 사본도 증거능력이 부인되지 않으며, 소제기 후 계쟁사실에 관하여 작성된 문서라도 증거능력이 인정된다.

3._ 서증의 증거력 – 형식적 증거력과 실질적 증거력

문서의 증거력은 형식적 증거력과 실질적 증거력이 있는데, 형식적 증거력이 인정될 때 비로소 실질적 증거력을 검토한다. 형식적 증거력은 문서의 진정 성립에 관한 것으로서 문서가 증거의 제출자가 주장하는 특정인의 의사에 기하여 작성되었으면 해당 문서는 진정 성립한 것이다. 이에 반해 실질적 증거력은 어떤 문서가 요증사실을 증명하기에 얼마나 유용한지, 그 증거가치를 의미한다. 이러한 실질적 증거력의 판단은 법관의 자유심증에 일임된다.

Ⅳ 검 증

검증은 법관이 그 오관의 작용에 의하여 직접적으로 사물의 성질과 상태를 검사하여 그 결과를 증거자료로 하는 증거조사이다. 검증의 대상이 되는 것을 검증물이라고 하는데, 이에는 토지, 가옥, 사고현장, 상처, 사고차량 등이 포함된다.

Ⅴ 당사자신문

당사자 본인은 소송의 주체이지 증거조사의 객체가 아닌 것이 원칙이다. 하지만 예외적으로 당사자본인을 증거방법으로 하여 그가 경험한 사실에 대해 진술케 할 수 있다. 이러한 증거조사를 당사자신문이라고 한다.

구법은 당사자본인신문을 다른 증거방법에 의하여 법원이 심증을 얻지 못한 경우에 한해서 허용되는 것으로 규정했었지만, 개정된 민사소송법은 그러한 보충성을 폐지하였다. 법원은 독립한 증거방법으로서 직권 또는 당사자의 신청에 의하여 당사자본인을 신문할 수 있다.

Ⅵ 그 밖의 증거(각종증거 등)

민사소송법은 앞의 5가지 증거조사방법 외에 '그 밖의 증거'를 추가하여, 도면·사진·녹음테이프·비디오테이프·컴퓨터용 자기디스크·그 밖에 정보를 담기 위하여 만들어진 물건에 대한 증거조사는 감정·검증·서증에 준하여 조사한다고 규정하고 있다.

Ⅶ 조사·송부의 촉탁(사실조회)

법원은 공공기관·학교, 그 밖의 단체·개인·외국의 공공기관에게 그 업무에 속하는 사항에 관하여 필요한 조사 또는 보관중인 문서의 등본·사본의 송부를 촉탁할 수 있다.

I 자유심증주의 의의

자유심증주의는 증거능력이나 증거력을 법률로 정해 놓는 법정증거주의에 대립하는 원칙으로서 사실주장이 진실인지 아닌지를 판단함에 있어서 법관이 증거법칙의 제약을 받지 않고, 변론 전체의 취지와 증거자료를 참조하여 형성된 자유로운 심증으로 행할 수 있다는 원칙이다.

II 자유심증주의의 내용

우리 법은 증거원인으로 변론 전체의 취지와 증거조사의 결과 두 가지를 인정한다. 법관이 해당 사건에 대하여 개인적으로 알고 있는 지식은 증거원인으로 할 수 없다. 판례는 사실인정에 필요한 확신은 의심을 완전히 배제할 수는 없지만 의심에 침묵을 명할 정도의 정확성, 즉 고도의 개연성의 확신을 의미하는 것으로 보고 있다.

주의할 것은 자유심증주의가 형식적인 증거법칙으로부터의 자유를 의미하는 것이지, 결코 법관의 자의적인 판단을 허용하는 것이 아니라는 점이다. 사실 판단은 일반의 논리법칙과 경험법칙에 따라서 사회정의와 형평의 이념에 입각해 이루어져야 한다.

제6절 증명책임(입증책임)

I 증명책임의 의의

증명책임은 소송상 어느 증명을 요하는 사실의 존부가 확정되지 않을 때에, 즉 진위불명일 때에 해당 사실이 존재하지 않는 것으로 취급되어 법률판단을 받게 되는 당사자 일방의 불이익을 말한다.

Ⅱ 증명책임의 분배

다수설과 판례는 각 당사자가 자기에게 유리한 법규의 요건사실의 존부에 대해 증명책임을 지는 것으로 보고 그에 따라 증명책임을 분배한다(법률요건분류설). 즉, 권리의 존재를 주장하는 사람은 요증사실 중 권리근거규정의 요건사실에 대하여 증명책임을 지고, 권리의 존재를 다투는 상대방은 요증사실 중 반대규정의 요건사실(항변사실)에 대하여 증명책임을 진다. 일반적으로 권리를 주장하는 자가 원고이고, 이를 다투는 자가 피고이므로, 원고가 권리발생사실에 대해, 피고가 권리의 장애·멸각·저지 사실에 대하여 증명책임을 지게 된다.

Ⅲ 증명책임의 전환 내지 완화

특별한 경우에 입법 내지 법률의 해석에 의하여 증명책임의 일반원칙에 수정을 가하여 권리근거규정의 요건사실 중 일부의 증명책임을 상대방에게 전환시키는 경우가 있다. 이와는 별도로 증명이 곤란한 경우에 형평의 이념을 살리기 위해 법률상의 추정이나 일응의 추정 등의 방법으로 증명의 곤란으로 불이익을 받는 당사자의 증명책임을 완화시켜주기도 한다. 이러한 추세는 최근 공해소송, 의료과오소송, 제조물책임소송 등 현대형 소송에서의 인과관계의 증명이 곤란하여 자칫 피해자의 권리구제가 어려울 수 있다는 문제의식에 기인한 것이다.

제*08*장

소송의 종료

제1절 소송종료사유

소의 제기에 의하여 개시된 소송은 법원이 종국판결을 함으로써 종료된다. 하지만 소의 취하, 재판상 화해, 조정, 청구의 포기 등 당사자의 행위에 의해서도 소송이 종료될 수 있다. 이는 민사소송이 사적 자치의 원칙이 지배하는 사적 분쟁을 대상으로 하기 때문이다. 이 밖에 소송계속중 양쪽 당사자 중 한쪽만이 남게 되어 대립당사자구조가 소멸되어 소송이 종료되는 경우도 있다. 이하에서는 판결에 대해 살펴본다.

제2절 판결의 선고

I 판결의 종류

판결에는 중간판결과 종국판결이 있다. 중간판결은 소송의 진행 중 당사자 간에 쟁점이 된 사항에 대하여 미리 정리·판단을 하여 종국판결을 쉽게 하기 위해 내려지는 판결이다. 이에 반해 종국판결은 소·상소에 의해 계속된 사건의 전부·일부를 그 심급에서 완결하는 판결이다. 본안 판결과 소각하판결이 전형적인 예인데, 소송종료선언도 이에 포함된다. 종국판결은 사건을 완결시키는 범위에 의하여 전부판결·일부판결·추가판결로 구별되고, 소의 적법요건에 대한 판단인지 청구의 정당여부에 대한 판단인지에 따라 소송판결과 본안판결로 구별된다.

Ⅱ 판결의 성립절차

법원은 심리가 판결하기에 성숙한 때에 변론을 종결한다. 이후 판사가 판결의 내용을 정하면 법원은 판결서를 작성한다. 이 서면을 판결원본이라고 한다. 판결은 법원의 선고에 의하여 대외적으로 성립하고, 그로써 기속력이 생긴다. 판결선고 후 판결원본은 당사자에게 송달된다.

Ⅲ 판결의 효과

1._ 서   론

판결이 선고되면 그와 동시에 판결법원에 대한 관계에서 기속력이 생기고, 이후 판결이 확정됨으로써 당사자에 대하여 형식적 확정력, 법원 및 당사자에 대한 관계에서 실질적 확정력(기판력) 등이 생긴다.

2._ 기 속 력

판결이 선고되어 일단 성립하면, 판결을 한 법원도 이에 구속되며, 원칙적으로 스스로 판결을 철회하거나 변경할 수 없다.

3._ 형식적 확정력

법원이 한 종국판결에 대하여 당사자의 불복상소로도 취소할 수 없게 된 상태를 판결이 형식적으로 확정되었다고 한다. 상소할 수 없는 판결은 판결선고와 동시에 확정되지만, 상소 가능한 판결의 경우에는 원칙적으로 상소기간 만료 시 혹은 상소기각 판결이 확정되는 때에 확정된다. 형식적 확정력은 판결의 정본이 적법하게 송달되었을 것을 전제로 하는 효과로서 상소의 추후보완이나 재심의 소에 의하여 배제될 수 있다.

4._ 실질적 확정력

확정된 종국판결에 있어서 청구에 대한 판결내용은 당사자와 법원을 구속하여,

뒤에 동일한 사항이 문제된 경우 당사자는 그에 대하여 소송으로 다툴 수 없고, 어느 법원도 재심사하여 그와 모순·저촉되는 판단을 할 수 없다. 이러한 효력을 실질적 확정력 내지 기판력이라고 한다.

5._ 그 밖의 효력

그 밖에 판결은 집행력, 형성력, 법률요건적 효력, 반사적 효력, 참가적 효력을 가질 수 있다.

제*09*장

판결에 대한 불복절차

제1절 상 소

상소란 재판의 확정 전에 당사자가 상급법원에 대하여 그 재판의 취소·변경을 구하는 불복신청방법이다. 이에는 항소, 상고, 그리고 항고가 있다.

I 항소와 상고

항소는 제1심의 종국판결에 대한 불복신청이다. 상고는 원칙적으로 제2심항소법원의 종국판결에 대한 불복신청이지만, 예외적으로 제1심의 판결에 대하여 직접 상고심 법원에 불복신청을 할 수 있는 경우가 있다. 항소는 사실심에의 상소인 반면, 상고는 법률심에의 상소이다.

II 항고와 재항고

항소와 상고가 판결에 대한 상소인 반면, 항고는 결정·명령에 대한 불복신청이다. 특히 항고법원의 결정에 대하여 다시 항고하는 것을 재항고라 한다. 항고에 대해서는 항소의, 재항고에 대해서는 상고의 규정이 원칙적으로 준용된다. 다만, 항고는 소송법에서 명확하게 정한 경우에 한하여 허용된다.

제 2 절 재 심

　재심은 확정된 종국판결에 재심사유에 해당하는 중대한 흠이 있는 경우에 그 판결의 취소와 이미 종결되었던 사건의 재심판을 구하는 비상의 불복신청방법이다. 확정판결의 취소를 구하는 점에서 일종의 형성의 소이다. 판결이 확정되면 기판력이 생기고 그에 따라 법적 안정성이 확보되는데, 재심은 구체적 정의를 위해 예외적으로 이미 확정된 판결을 뒤집을 수 있는 기회를 인정한 것이다.

제 *10* 장

소액사건심판절차

　　현행법은 통상의 소송절차에 대하여 쉽게 빨리 끝나는 간이한 소송절차로서 소액사건심판절차와·독촉절차 두 가지를 마련해 놓고 있다. 독촉절차는 제2장에서 간략히 살펴보았으므로, 여기서는 소액사건심판절차만 설명한다.

　　소액사건심판절차는 금전 그 밖의 대체물의 지급을 지급을 목적으로 하는 채권을 대상으로 하는 점에서 독촉절차와 공통적이지만, 독촉절차와는 달리 쌍방심문주의에 의하고 여전히 판결절차의 일종이다. 소액사건은 소가 3,000만 원 이하의 금전 그 밖의 대체물·유가증권의 일정수량의 지급을 구하는 사건을 의미한다.

　　소송의 제기가 간편하여 법원의 종합 접수실 또는 민사과에 가면 누구나 인쇄된 소장 서식용지를 무료로 얻어서 해당 사항을 기재하면 소장이 되도록 마련되어 있고, 당사자 쌍방이 출석하면 구술로 소를 제기할 수도 있다.

　　재판도 단 1회로 끝나는 것을 원칙으로 하므로 당사자는 모든 증거를 첫 변론기일에 제출할 수 있도록 준비해야 한다. 소액사건에서는 판사가 증인을 신문하며, 판사가 합당하다고 인정하는 때에는 증인신문을 하지 않고 증언할 내용을 기재한 서면을 제출하게 할 수도 있다.

제**04**편

제 가사소송 편

가사소송

제*01*장

의 의

이 우 진*

　가사소송법은 인격의 존엄과 남녀의 평등을 기본으로 하고 가정평화와 친족 간에 서로 돕는 미풍양속을 유지·향상하기 위하여 가사에 관한 소송과 비송 및 조정에 대한 절차의 특례를 규정함을 목적으로 제정된 법률이다(제1조 참조). 이 목적을 달성하는 수단은 조정과 재판이며 이를 실시하는 기관은 가정법원이다.

　현행 가사소송법은 가사재판사항을 가사소송사건과 가사비송사건으로 대별하였다(제2조 참조). 즉 가사소송사건을 가류(6개 항목), 나류(14개 항목), 다류(4개 항목)사건으로 나누고 가사비송사건은 라류(48개 항목), 마류(10개 항목)사건으로 나누었다.

---

* 백석대학교 경찰학부 교수.

제 **02** 장
가사소송절차의 특징

가사소송사건 중 나류, 다류 사건과 마류가사비송사건에 관하여 가정법원에 소를 제기하거나 심판을 청구하고자 하는 자는 먼저 가사조정을 신청하여야 한다. 조정은 당사자 사이에 합의된 사항을 조서에 기재함으로써 성립하고 재판상 화해와 동일한 효력이 있다(제59조).

가정법원이 가류 또는 나류 가사소송사건을 심리할 때에는 직권으로 사실조사 및 필요한 증거조사를 하여야 하며, 언제든지 당사자 또는 법정대리인을 신문할 수 있다 (제17조).

가정법원, 조정위원회 또는 조정담당판사의 변론기일, 심리기일 또는 조정기일에 소환을 받은 당사자 및 이해관계인은 본인 또는 법정대리인이 출석하여야 한다. 다만,

특별한 사정이 있을 때에는 재판장, 조정장 또는 조정담당판사의 허가를 받아 대리인을 출석하게 할 수 있고 보조인을 동반할 수 있다(제7조).

제4절 보도금지

가정법원에서 처리 중이거나 처리한 사건에 관하여는 성명·연령·직업 및 용모 등을 볼 때 본인이 누구인지 미루어 짐작할 수 있는 정도의 사실이나 사진을 신문, 잡지, 그 밖의 출판물에 게재하거나 방송할 수 없다(제10조).

제 03 장

가사비송절차의 특징

제1절 　개　요

　　가사비송절차는 법령에 규정된 가사비송사건을 가정법원이 후견적 입장에서 합목적적인 재량에 의하여 처리하는 재판절차이다. 대부분의 가사비송사건은 가정법원이 후견적 입장에서 폭넓은 재량으로 당사자의 법률관계를 형성하고 그 의무의 이행 등을 명하게 되므로, 가사비송사건을 심리함에 있어서는 직권으로 사실조사 및 필요한 증거조사를 하여 재판하게 된다. 한편 가사소송법이 규정하는 가사비송사건은 상대방의 존재를 전제로 하지 아니하는 비쟁송적인 것으로서 조정의 대상으로 되지 아니하고 가정법원의 후견적 허가나 감독처분이 요구되는 라류 가사비송사건과 상대방의 존재를 전제로 하는 쟁송적인 것으로서 조정의 대상으로 되고 가정법원의 합목적적인 재량에 의한 판단이 요구되는 마류 가사비송사건으로 구분된다. 가사비송절차에 관하여는 특별한 규정이 있는 경우를 제외하고는 비송사건절차법의 규정을 준용하고 이 법과 대법원 규칙으로 관할 법원을 정하지 아니한 가사비송사건은 대법원 소재지의 가정법원의 관할로 한다(제34조 내지 제35조).

제2절 　청구의 방식

　　가사비송사건의 청구는 가정법원에 심판청구를 함으로써 하고, 심판의 청구는 서면 또는 구술로 할 수 있으며, 심판청구서에는 다음 사항을 기재하고 청구인 또는 대리인이 기명날인하여야 한다. 즉 ① 당사자의 본적·주소·성명·생년월일, 대리인이 청구할 때에는 대리인의 주소와 성명, ② 청구의 취지와 원인, ③ 청구의 연월일, ④ 가정법원의 표시 등이다(제36조). 구술로 심판청구를 할 때에는 가정법원의 법원서기관·법원사무관·법원주사 또는 법원주사보 앞에서 진술하여야 하며, 심판청구에 관하여 이해관계가 있는 자는 재판장의 허가를 받아 절차에 참가할 수 있다.

제 3 절　이해관계인의 참가와 증거조사

재판장은 상당하다고 인정하는 경우에는 심판청구에 관하여 이해관계 있는 자를 절차에 참가하게 할 수 있으며(제37조), 가정법원은 필요하다고 인정할 때에는 당사자 또는 법정대리인을 당사자 신문의 방식에 의하여 심문할 수 있고, 기타 관계인을 증인 신문의 방식에 의하여 심문할 수 있다(제38조).

제 4 절　라류 가사비송사건

미성년후견·성년후견·한정후견·특정후견 및 임의후견에 관한 사건은 각 피후견인(피후견인이 될 사람을 포함한다)의 주소지의 가정법원이 관할한다. 실종에 관한 사건, 성과 본의 창설에 관한 사건 등은 사건 본인의 주소지의 가정법원이 관할한다. 부재자의 재산관리에 관한 사건을 부재자의 최후 주소지 또는 재산소재지의 가정법원 관할로 한다. 부부 간의 재산약정의 변경에 관한 사건, 공동의 자에 대한 친권행사 방법의 결정사건은 제22조 1호 내지 3호의 가정법원 관할로 한다. 입양 또는 파양에 관한 사건은 양자 또는 양자될 자의 주소지의 가정법원 관할로 한다. 친권과 후견에 관한 사건(부부 간의 공동의 자에 대한 친권행사방법의 결정사건을 제외한다)은 미성년자인 자 또는 피후견인의 주소지의 가정법원 관할로 한다. 상속에 관한 사건은 상속개시지의 가정법원 관할로 한다. 유언에 관한 사건은 상속개시지의 가정법원 관할로 한다. 다만, 민법 제1070조 2항의 규정에 의한 유언의 검인사건은 상속개시지 또는 유언자의 주소지

가정법원 관할로 한다. 위의 경우에 해당되지 아니하는 사건은 대법원 규칙으로 정하는 가정법원 관할로 하고, 위에 해당하는 가사비송사건의 심판은 사건관계인을 심문하지 아니할 수 있다(이상은 제44조 내지 제45조 참조).

제 5 절   마류 가사비송사건

마류 가사비송사건은 상대방의 보통재판적 소재지의 가정법원 관할로 한다. 다만, 친족회의 결의에 대한 이의사건은 피후견인의 주소지 가정법원 관할로 하며, 청구인 또는 상대방이 수인일 때에는 민사소송법 중에 공동소송에 관한 규정을 준용한다(제46조 내지 제47조). 마류 가사비송사건의 심판은 특별한 사정이 없는 한 사건관계인을 심문하여야 한다(제48조).

제 **04** 장
이행확보

    가사사건의 소의 제기, 심판청구 또는 조정의 신청이 있는 경우에 가정법원, 조정위원회 또는 조정담당판사는 사건을 해결하기 위하여 특히 필요하다고 인정하면 직권으로 또는 당사자의 신청에 의하여 상대방이나 그 밖의 관계인에게 현상을 변경하거나 물건을 처분하는 행위의 금지를 명할 수 있고, 사건에 관련된 재산의 보존을 위한 처분, 관계인의 감호와 양육을 위한 처분 등 적당하다고 인정되는 처분을 할 수 있다(제62조 1항). 또한 가정법원은 가사소송사건 또는 마류 가사비송사건을 본안사건으로 하여 가압류 또는 가처분을 할 수 있다(제63조 1항). 이 외에도 가사소송법은 원활한 강제집행을 위하여 여러 제도를 두고 있다. 가령 양육비 직접지급명령(제63조의2), 담보지급명령(제63조의3), 이행명령(제64조), 금전임치제도(제65조) 등이 있다.

색　인

공저자 약력

김영규

단국대학교 법학과, 동대학원 졸업(법학박사)
고려대, 창원대, 서울사이버대, 단국대 강사
고려대학교 연구교수(의사법학연구소)
감정평가사, 공인중개사 시험위원
법무부 남북법령연구특별분과위원회 위원장
현, 백석대학교 경찰학부 교수

〈주요저서 및 논문〉
북한민법연구(공저, 신양사, 2004)
의료과오의 민사책임(공저, 신양사, 2005)
보건의료관계법규(법문사, 2009)
부동산사법(부연사, 2020)
민법총칙(진원사, 2019)
물권법(진원사, 2019)
북한민법주석(공저, 법무부, 2015)
북한가족법주석(공저, 법무부, 2015)
중국 민법의 물권제도에 관한 연구
최근 북한 민법의 변모와 특색 외 다수

나달숙

이화여자대학교 대학원 법학박사
전, 서울대학교 법과대학 BK 계약조교수, 한국 법과
　인권교육학회 회장, 인사혁신처 소청심사위원회
　비상임위원, 대전교정청 행정심판위원회 위원 등
현, 백석대학교 경찰행정학과 교수, 대한법학교수회
　부회장, 한국토지공법학회 부회장, 중앙선거관리위
　원회 자금정책자문위원, 한국법과인권교육학회 편
　집위원장, 충남경찰청인권위원회 위원, 수사위원회
　위원, 천안지원 조정위원 등

〈주요저서 및 논문〉
여성과 법률, 헌법(1), 신헌법개론 등
양심의 자유와 양심적 병역거부에 관한 연구
경찰상 공무집행방해의 대응현황과 법적 허용수단
탈북자 지원제도 현황과 인권의 법적 보호 방안
체류 외국인의 실태와 여성 이주자의 법적 지위
여군 인권의 실태조사 분석 연구
학령기 아동인권 보장의 전개와 법적 실현 외 논문
　다수

박성혜

이화여자대학교(법학사, 법학석사, 박사과정 수료)
(주)기아 재직(법무실)
법무법인 삼흥 재직(연구원)
이화여자대학교 법학연구소 재직(연구원)
이화여대, 백석대, 국민대 등 강사

박영준

중앙대학교 법과대학 법학과 졸업
고려대학교 대학원 졸업(법학석사, 법학박사)
고려대학교 법학연구원 상임연구원
백석대학교 법정학부 교수
사법시험 출제위원

보험중개사, 손해사정사 시험출제위원
한국상사법학회 편집이사
한국경영법률학회 총무이사
한국해법학회 연구이사
한국보험법학회 편집이사
현, 단국대학교 법과대학 법학과 교수

박종선

중앙대학교 대학원 박사과정 졸업(법학박사)
현, 백석대학교 경찰학부 교수
유관순연구소 소장
법무부 법무자문위원회 남북법령연구 특별분과위원
　회 위원
대검찰청 전문수사자문위원
대전고등법원 상고심위원
대통령직속 국가균형발전위원회 자문위원
충청남도 행정심판위원회 위원
한국형사법학회 정회원
유관순열사기념사업회 이사

〈주요저서 및 논문〉
형사소송법(도서출판 윤성사, 2021)
형법총론(도서출판 삼진, 2017)
형법각론(도서출판 삼진, 2017)
스마트 자치경찰론(청목출판사, 2022)
탐정수사의 이론과 실제(도서출판 한수, 2020)
증명력 판단기준(한국학술정보(주), 2008)
북한형사소송법상 예심제도와 인권
「진술분석」 10년의 성과와 개선방향
전문가 의견조회의 성과와 발전방안
진술조력인 제도의 시행과 향후과제
목격자진술에 의한 범인식별의 신용성 평가 외 다수

배유진

이화여자대학교 대학원 법학박사(행정법, IT법)
이화여자대학교 법학연구소 전자법연구센터 책임연구원
백석대, 가천대, 명지대, 단국대, 이화여대 등 강사
고려대학교 연구교수(법학연구원)
현 한국사회보장정보원 연구위원
　사회복지법제학회 지식분과 위원장

〈주요저서 및 논문〉
인터넷과 법
사회복지법제와 실천
전자문서 기반 법률콘텐츠 구조화 ─온라인 행정심판
　에의 활용─
IT 컨버전스의 이해와 법·기술 방향
스마트바우처와 법·기술 쟁점 ─사회복지전달체계의
　개념확대와 관련하여─
지식관리를 통한 재량기준 구체화 ─식품위생법상 '청
　소년 주류제공' 사건을 중심으로─
사회복지 데이터관리와 법제방향 연구 외 다수

안은진

이화여자대학교 대학원 법학박사과정 수료
이화여자대학교 법과대학 BK21 연구팀 연구원
이화여자대학교 법과대학 분쟁해결센터 연구원
중앙경찰학교 외래교수
백석대학교 경찰학부 외래교수

〈주요저서 및 논문〉

미국의 행정분쟁해결법, 분쟁해결과 법(이화여자대
  학교, 2007)

이우진

성균관대학교 대학원 법학과 졸업(법학박사, 민법전공)
대구과학대학 부동산과 전임강사
한국토지공사 국토도시연구원 책임연구원
사법시험 출제위원
중등교사 임용시험 출제위원
공인중개사, 가맹거래사, 경비지도사 출제위원
한국부패학회 부회장
현, 백석대학교 경찰학부 교수

〈주요저서 및 논문〉

채권자위험부담에 관한 연구
대규모개발사업 주변지역의 토지시장 안정화 방안
국외사업 관련 법제도에 관한 연구—몽골을 중심으로
채권자위험부담에 있어서 채무자의 이익상환의무
일의 완성 전 도급인의 계약해제와 손해배상
종교계 대학에 있어서 교직원 채용의 자유와 제한 등
  다수

최호진

경북대학교 대학원 법학과 졸업(법학박사)
사법시험, 입법고시 출제 및 채점위원
5·7·9급 공무원시험, 경찰시험 시험출제위원
한국형사법학회, 한국비교형사법학회,
한국형사정책학회 등 상임이사
현, 단국대학교 법과대학 법학과 교수

〈주요저서 및 논문〉

온라인 게임 아이템에 대한 형법적 해석방향
양형기준의 합리성 검토와 개선방향
새로운 해킹기법과 관련된 형법적용의 흠결과 해결
  방안 등 다수

하정철

서울대학교 법과대학 졸업
미국 조지타운대학교 법학석사(LL.M.)
미국 에모리대학교 법학박사(JD)
미국 뉴욕주 변호사
전 백석대학교 법정경찰학부 조교수
현, 대통령 직속 정책기획위원회 전문위원
  (가급~3급 상당)

〈주요저서 및 논문〉

변호사와 의뢰인간 사건관련서류 제공의 문제
변호사법상 이익충돌법리의 주관적 적용범위
변호사의 종전 의뢰인과의 이익충돌
비변호사와의 동업금지 원칙에 대한 입법론적 고찰
소송대리인과 관련한 법관의 기피사유 등 다수

제 7 판
신법학개론

초판발행	2011년 2월 20일
제 7 판발행	2022년 9월 1일
지은이	김영규·나달숙·박성혜·박영준·박종선·배유진·안은진·이우진·최호진·하정철
펴낸이	안종만·안상준
편 집	이승현
기획/마케팅	오치웅
표지디자인	이솔비
제 작	고철민·조영환
펴낸곳	(주) **박영사**
	서울특별시 금천구 가산디지털2로 53, 210호(가산동, 한라시그마밸리)
	등록 1959. 3. 11. 제300-1959-1호(倫)
전 화	02)733-6771
f a x	02)736-4818
e-mail	pys@pybook.co.kr
homepage	www.pybook.co.kr
ISBN	979-11-303-4284-9 93360

copyright©김영규 외, 2022, Printed in Korea

정 가   28,000원